U0568781

文化译品园
译介文化 传播文明

NISA
THE LIFE AND WORDS OF A !KUNG WOMAN

妮 萨
一名昆族女子的生活与心声

【美】玛乔丽·肖斯塔克（Marjorie Shostak）◎著
杨 志◎译
李 娟 刘文尧◎校

中国人民大学出版社
·北京·

不容随风而逝：玛乔丽和她的《妮萨》

(译序)

非洲昆人（!Kung），知者不多，但看过电影《上帝也疯狂》（1980）的不少，片里的土著就是昆人，生活在喀拉哈里沙漠（Kalahari desert）边缘，靠采集狩猎为生。他们到非洲已达万年，却非黑人。哪来的？仍是个谜。至于他们的生存技能，着实令人惊叹：能辨识几百种可食植物，可从沙上足迹辨认熟人，能看出猎物的大小和健康状态。

昆人为人类学热门，别说欧美，连日本也有人研究。大家感兴趣，原因是他们属于采集狩猎社会。如今采集狩猎社会已消失殆尽，但万年前几乎是唯一的社会形态。农业社会八千年，工业社会三百年，跟它比年头，望尘莫及。可以说，研究昆人，就是研究人性最古老的层面。

昆人跟欧洲人接触已有五百年，航海家达·伽马环球航行时就见过他们，但引起学界注意是在19世纪末期。到了1950年代，马歇尔一家（Marshall family）专程来非洲考察昆人，女儿伊丽莎白·马歇尔·托马斯（Elizabeth Marshall Thomas）写了《无害之族》（*The Harmless People*，1959，她也是《狗的秘密生活》的作者），文笔优美，颇为畅销，昆人由此广为人知。1963年，哈佛大学的理查德·李（Richard Lee）组织团队来非洲"蹲点"，出了很多成果，如理查德·李的《昆桑人》（*The !Kung San*）、南希·豪威尔（Nancy Howell）的《多比地区昆人的人口统计》（*Demography of the Dobe !Kung*）等，把昆人研究推向高峰。后来人类学家萨林斯（Marshall Sahlins）提出最具争议的"原始丰裕社会"（Original Affluent Society）理论，认为原始社会的生活远比农业社会和工业社会轻松，部分论据就出自理查德团队的研究。《上帝也疯狂》选择昆人为主角之一，也因资料丰富。

不过，理查德团队的研究，普遍过于学术，圈外读者不多，唯一例外是玛乔丽·肖斯塔克（Marjorie Shostak，1945—1996）的《妮萨：一名昆族女子的生活与心声》（*Nisa：The Life and Words of a !Kung Woman*，以下简称《妮萨》）。跟其他同仁不同，玛乔丽并非人类学科班出身，学历也只是本科。她本无意于此，只是婚后陪丈夫梅尔文（Melvin Joel Konner）调查昆人，跟妇女泡在一起，才萌发兴趣，十年磨一剑，于1981年出版《妮萨》，一举成名。该书是饱含先锋意味的人类学著作，也是灌注个人情感的文学作品，影响超出学界，比诸《无害之族》又后来居上，读者至今不衰。

一、玛乔丽与妮萨

玛乔丽属于"战后婴儿潮"，大学赶上欧美文化造反大潮，热情参加了女权运动。这样的倾向，又是新婚妇女，她很快意识到，以往的昆人研究缺乏女性视角，于是计划自己写一部，便积极采访妇女，由此结识了本书传主妮萨（化名）。

两人初遇时，玛乔丽26岁，新婚"文青"，如同欧美造反的其他"六八一代"，有浪漫的憧憬，也难免青春的迷惘，情绪用鲍勃·迪伦的歌词形容，那就是"答案就在风中飘"；妮萨呢，约50岁，有无数情人（宣称"跟我的手指和脚趾一般多"，"有不喜欢我的男人吗？"），结过五次婚、生过六个孩子（全死了）。插一句，分娩，哪个社会都习以为常，但昆人大不同——孕妇必须独自到野外去生娃，不能有人陪，分娩时坐着，不许动也不许哭，否则被视为懦弱，族人鄙夷，丈夫抛弃。生育对昆族孕妇考验之大，非现代妇女能想象。妮萨虽然历尽沧桑，但生命力仍然强悍，张扬恣肆。最初结识，玛乔丽印象不佳，妮萨老来营地晃悠，要这要那，"声音很大很尖，有点狂暴，老想引人注意，没个消停"，"还有点莫名其妙地卖弄起风情"。玛乔丽烦得不行，东藏西躲，躲不掉；最后无奈，心想不如干脆采访她算了，结果意外发现妮萨出口成章、经验丰富、逻辑清晰。

一次，妮萨谈到自己的"最初记忆"，说曾陪母亲分娩，母亲生下弟弟后，要她回家找挖土棍来埋了，免得她断奶太早。妮萨一听，哭了，苦苦哀求，说自己不吃奶，只求弟弟好好活着，救了弟弟。这故事，玛乔丽听得毛骨悚然，又疑云满腹：母亲要女儿帮自己杀婴，有这样的事？她怀疑妮萨撒谎。人类学家被信息人哄骗，屡见不鲜，玛乔丽钦佩的前辈玛格丽特·米德（Margaret Mead）就栽了大跟头。玛乔丽起了戒心，疏远妮萨，转去采访其他妇女。

不料，采访其他妇女，有了比较以后，玛乔丽愈发觉得妮萨不寻常。首先，妮萨谈的很多事，其他妇女也谈到了，可见并非杜撰。其次，妮萨会讲故事，故事有头有尾，有细节，波折起伏，其他妇女望尘莫及。再次，妮萨耐心，会在意她听懂没有，说话也坦诚风趣。最后，可能也是最重要的，依我看，是妮萨的"野蛮生长"，让温文尔雅的玛乔丽不

译序　不容随风而逝

自觉受其吸引,甚至暗暗羡慕。比如,妮萨被前夫反复纠缠,忍无可忍,盛怒下脱光衣服,大喊:"这儿!这儿是我的阴门!……看着!这就是你要的玩意儿。"把前夫赶跑了!玛乔丽想必咂舌不已——要知道,《小二黑结婚》里到老涂脂抹粉的三仙姑,就让某些美国女权主义者五体投地了……

玛乔丽再访妮萨,终于找到了"梦寐以求的内容"。此后的访谈,妮萨很投入,也很享受,除了少数时候要玛乔丽提示,多数时候自由发挥,滔滔不绝。两人彼此玩笑,说玛乔丽是妮萨的"侄女",正要妮萨"姑妈"传授生活的"真谛"。玛乔丽说自己想以妮萨为传主,把访谈录音整理成书,征得了妮萨的同意。

《妮萨》,从采访到出书,历经十几年。其间,玛乔丽从初出茅庐的少妇变成了母亲。她承认,在长年的整理中,妮萨给予她诸多精神滋养,这场跨文化交流成了她的"小清新成长史"。书一出版,好评如潮,不断再版。

因为《妮萨》的成功,两人有了个"小团圆":

玛乔丽成了女人类学家，当上了大学教师；妮萨呢，也拿到部分稿酬，买到奶牛，改善了生活。

二、活历史·死文字

玛乔丽用女性视角研究昆人，意在探究：史前社会，女性生活如何？情感如何？女性身份对她们有何意义？在她看来，这些是人类学的"学术问题"，也是女权主义的"政治议题"。

史前史料，哪都匮乏，通行做法是以残存原始社会的情况来补充。就中国而言，《妮萨》就很适合跟先秦典籍对读。比如，昆人妇女吵架，多因食物，彼此指责的常用词是"小气"。妮萨承认，自己跟闺蜜再好，也为吃的天天吵架，指责对方"小气"。她给人类学家理查德和南希干过活，说："他们是最好的人！"原因是："我们要什么……就给什么……"她有一句话很经典："什么都让我开心，除了小气鬼。我讨厌小气鬼。"不只她如此，昆人妇女大都这思维，有个妇女给玛乔丽反复讲这类故事——"她在东南西北的父母、兄弟姐妹、姨父姨妈，曾经拒绝给她根茎、浆果、坚果或者肉，然后第二天、下一周或者下个月，当她也有某种根茎、浆果或者其他东西时，她爸妈以及其他人等前来讨要，她便获得了拒绝对方的大好机会，然后她真这么干了！"

这些，我们不宜只视为个人性格，还应从社会层面理解。采集狩猎社会，食物匮乏，互助才能生存，对"小气"的指控，实为一种实现公平的"经济伦理"。比如，昆人还有一个规矩，那就是强调"谦恭"。谁要打到大猎物（对"肉饥渴"的昆人，这可是天大的喜讯），回村后，不但不能张扬，反要表现低调，一声不吭坐着，旁人问才能开口，说出后，还得强调是个小猎物，"不值一提"，要是不这样，就会被视为无礼之徒，遭到舆论抨击。这样的规矩，意在打击"个人英雄主义"，维护群体团结。理查德最初不知道这，曾特意买了头肥牛，宰杀后请昆人大快朵颐，满心以为他们会夸奖一番，不料昆人一边吃一边指责肉太瘦，难吃，他急得直瞪眼……据观察，昆人经常彼此馈赠，没什么私人财产,擅长合作,可见这些"道德监控"的成功。由此推论,先秦诸子讲"以义制利",讲"谦恭",不是精英的发明,而是采集狩猎社会的传统。人类社会演进到国家形态,有了国家主导的再分配机制,经济伦理才又添了孔子讲的"不患寡而患不均"。从昆人的"小气",到周人的"不均",我们可以看出生产力与经济伦理共同演进的"草蛇灰线"。

不过,最合适跟《妮萨》对读的先秦典籍,我以为,是女性"众声喧哗"的《诗经》。《诗经》时期的周人处于农耕社会,已有国家;昆人处于采集狩猎社会,连酋长都没有。两个社会有差别。但从《诗经》来看,采集渔猎仍是重要家计,特别是采集(《诗经》开篇的《关雎》就提到了采集,周人采集也由妇女来干)。由此推论,《妮萨》的"活历史"与《诗经》的"死文字",不少地方可以相互发明。比如,玛乔丽发现,昆人不论男女,"饮食男女"经常"混为一谈",大讲荤笑话。一次,她随妇女外出采集,有女孩过来,说玛乔丽是不是"饿肚子"。她没听懂,回答说自己有吃的。女孩又问了一次,表示玛乔丽听岔了。玛乔丽抬头一瞅——那女孩直直站着,撩起遮羞皮裙,露出阴部——才恍然大悟讲的不是"饮食",而是"男女"。旁边的妇女捧腹大笑,然后裸露全身,跳起舞来……这般场景,《诗经》时代想必也不鲜见吧?

又如,在《诗经·国风》中,情诗很多。《野有死麕》:"野有死麕,白茅包之。有女怀春,吉士诱之。林有朴樕,野有死鹿。白茅纯束,有女如玉。舒而脱脱兮!无感我帨兮!无使尨也吠!"我们可参照《妮萨》来读:"你得找些情人。一个男人能给你的很少,只能给你一种食物。但有几个情人,这个给你些,那个给你些。这个晚上送肉,那个送钱,再一个送珠子。你的丈夫也做各种玩意儿送你。""只跟一个男人过?我们不这样。男人会只想着你吗?"太缺食物了,所以妮萨认为,情人如同丈夫,不可或缺。她有情人,母亲和姨妈有情人,很多昆人妇女也有。至少,这是部分昆人妇女的"情人经济学"。《野有死麕》的"女"与"吉士",什么关系?没有"标准答案",但《妮萨》为《诗经》开了扇毛玻璃的窗，你可以浮想联翩……

昆人社会，女人地位很高，男女平等程度远超农业社会，没有重男轻女这回事。事实上，采集狩猎社会，两性平等程度都高，不独昆人。但玛乔丽发现，昆人在迈向农业社会的过程中，女性的社会地位下降了：随着生产力提高，食物增多，男性逐渐获得更大权势，女性因为得照顾更多孩子，反倒淡出了集体事务——生产力发展加剧了男权。她推测：或许，男权就是这样强化的。

这个结论，实为卢梭"越文明越堕落"的当代版。因为卢梭和基督教的影响，不少人类学家热衷到原始社会找"伊甸园"［也有反其道行之的人类学家，比如拿破仑·查冈（Napoleon A. Chagnon），热衷寻找"地狱"，立场如此不正确，导致他在欧美声名狼藉］。米德就到南太平洋的萨摩亚找了个"伊甸园"，写了《萨摩亚人的成年》，宣称那里没有性压抑，没有强奸和暴力，该书畅销欧美，至今仍是销量最高的人类学著作。这书，嬉皮士当寻欢作乐的"理论根据"，大哲罗素也深信不疑，50年后才被另一位人类学家弗里曼（Derek Freeman）证伪：事实是，萨摩亚社会的强奸率比"堕落"的美国社会还高，暴力程度也毫不逊色。米德做"田野调查"时，萨摩亚人跟欧洲接触已有百年，文献不匮乏，但米德的"满纸荒唐言"，赢得了五十年喝彩，弗里曼捅破以后，反被米德的仰慕者痛批，也真是"一把辛酸泪"。玛乔丽钦慕米德，对昆人颇多赞美，不过她毕竟本分，没刻意掩盖"伊甸园"的黑暗。比如，妮萨的家祸——女儿十四五岁嫁人，丈夫强行求欢，推推搡搡，摔断她的脖子，致其身死，也就赔了五头羊了事（其中两头还得送给法官为谢）。这只是冰山一角，后来玛乔丽又记录到更多暴力事件。她老实承认，采集狩猎社会再平等，也还是男权社会。儒家的"三皇五帝"，并非天堂；卢梭的"高贵野蛮人"，只是神话。

玛乔丽为了探索史前女性的境遇，对昆人妇女的生活，大到杀婴、婚育、宗教、情人，小到性游戏、荤话、月经，都留心考察，仔细询问。这些私密事，妇女不可能跟男人启齿，但肯跟玛乔丽谈，所以她也就能秉笔直书，详细记录妇女们的喜怒哀乐，特别是专门谈情人关系的第十二章，读来真像个原始社会的"张爱玲"（其实，张爱玲只比妮萨大一岁左右）在侃侃而谈，不加忌讳。而读到妮萨下面这段话的人，我想，都不免要为她的际遇难过吧：

>神不肯留给我孩子。我的孩子全死了。生下来，又死了。因为神拒绝给我孩子。我生了好多孩子，但神把他们全杀了，一个都没留。现在，我怎么可能再生呢？就连我的月经也去了。神把它也带走了。于是我知道，我终究是没有孩子，不能生孩子的了。因为，你还来月经的话，过几个月，就可能怀孕。但停经后，就不可能怀孕了。然后你就老了，只是过一天算一天。
>
>这就是现在的我。头发全白了，老了。所以我不再来月经，跟这一切都没关系了。
>
>现在……我仅仅是活着而已。

总之，在《妮萨》中新鲜活泼着的，是一个

译序　不容随风而逝　13

"痛并快乐着"的女性。喜欢也好，不喜欢也好，这就是有血有肉的毫不矫情的妮萨，估计也是我们昨天的《诗经》女性的真面目。

后来，人类学家布兰卡·穆拉托里奥（Blanca Muratorio）到南美洲亚马逊雨林调查，有土著妇女瞅见他的《妮萨》，请求译几段，结果听后大起共鸣，由此可见玛乔丽的成功。

三、像"文学"一样的"人类学"？

形式上，《妮萨》属于"实验人类学"。

玛乔丽没受过专门的人类学训练，但喜欢美国人类学家奥斯卡·刘易斯（Oscar Lewis，1914—1970）。刘易斯以"贫困文化"理论知名，认为穷人之所以穷，根在有导致贫困代传的文化。为验证这理论，他访谈了墨西哥、波多黎各等地的贫困家庭，将其口述整理成书。老实说，他的理论未必全错，但到底立场不正确，逐渐被人淡忘了；然而他的著作始终销量不错，原因是口述生动，人物鲜活，吸引了很多读者，有的还拍成了电影。这些口述，家人之间的攻讦也好，扯谎也好，刘易斯一概不删，留给读者自己揣摩，有点像俄国作家陀思妥耶夫斯基的"多声部小说"（复调小说）。留居美国的张爱玲也爱读刘易斯，评价很高，认为有"中国古典小说的好处"（《谈看书》）。理论被人淡忘，故事流传世间，正印证了歌德讲的"理论是灰色的，而生命之树常青"。玛乔丽写《妮萨》，为"抓住读者"，特别注意文学效果，她取法刘易斯，便意在叙事的文学性。

其实，叙事本是人类学萦绕不散的"幽灵"。早期人类学家不讨厌讲故事，甚至爱讲故事。但结构主义兴起后，列维-斯特劳斯等人类学家更在意故事背后的"结构"，对叙事缺乏兴趣，人类学也就多了ABCD，少了喜怒哀乐。直到"解释人类学"兴起，强调人类学是关于"意义"的学科，故事是阐释意义的重要形式，探索新的人类学叙事形式才蔚成风气。

玛乔丽也是探索者之一。她后来谈到，《妮萨》

运用了三种"叙事声音":(1)妮萨的声音(妮萨自述);(2)人类学家的声音(对昆人的介绍);(3)玛乔丽的声音(记述自己跟妮萨和其他昆人的交往)。这话体现了叙事学(特别是苏联文艺理论家巴赫金的"多声部叙事")的影响。玛乔丽读大学时,叙事学迅速发展,它对"叙事声音"的强调,不但影响了文学,也影响了人类学。

实际上,"叙事声音"之于人类学,因牵扯田野调查,比文学更棘手。小说家处理"叙事声音",可以随心所欲,无中生有,人类学家不成,因为"叙事者"(人类学家)与"信息人"(研究对象)的关系是现实存在的:双方关系如何?人类学家如何获取信息?又如何处理这些信息?双方在"面对面互动"中的"利益博弈""文化误读"与"文化对接",不宜回避。

如今,"面对面互动"是微观社会人类学的重要内容,美国社会学家戈夫曼(Erving Goffman)的研究脍炙人口,但这已是20世纪中后期的事,早期人类学家不怎么在意"面对面互动",更关注对象本身，视为"客观实在"，很少意识到自己和研究对象是"主观VS主观"的关系。马林诺夫斯基（费孝通的老师），田野调查开山祖，公开出版的著作同情土著，痛斥种族主义。不料，去世后，其田野调查日记刊布，其中不乏对土著的种族主义鄙夷，跟著作的反种族主义姿态恰成反比，震惊学界。人类学家由此反思，汲取福柯的"权力关系"理论和萨义德的"东方学"批判，认为"田野调查"到底不是"物理研究"，难免主观，也应容许主观，但人类学家理当展示人类学制作的"后台车间"，"裸露"跟研究对象的"权力关系"，而不应"美人细意熨帖平，裁缝灭尽针线迹"。

玛乔丽用三个声部来结构《妮萨》，就体现了这种学科反思：第一个声音是"妮萨的声音"，按时间顺序，从童年讲到老年；妮萨放浪不羁、际遇坎坷，在哪个社会都是异数，但个性再强，也生活于特定的社会文化土壤，玛乔丽为此设了"人类学家的声音"，综合对其他昆人的访谈，汇成情况介绍；第三个声音是她自己的声音，马林诺夫斯基有意无意把自己塑造成"反殖英雄",玛乔丽则再三申明自己是有点浪漫情怀的"新婚妇女",对婚姻忐忑不安,接人待物毫不老练——倒也暗合现代主义文学的"反英雄"潮流。她坦承,跟丈夫调查之初,怀抱"不破坏"昆人生活模式的念头,不肯送烟草送礼物,同事苦劝不听,却不想想:一点好处不给,你们凭什么骚扰人家?结果激怒昆人,给了个下马威,禁止他们来打水,最后他们"被迫妥协";也不讳言访谈不顺时,"沮丧""烦躁""疲惫"……世间没有免费的午餐,原始社会也如此。人类学家得为信息付酬,"叙事者"(人类学家)之于"信息人"(研究对象),首先是利益交换关系,这是田野调查的通例。她与妮萨也如此。玛乔丽承认,虽然双方交流深入,但自己"没有成为妮萨的'闺蜜',反过来也如此。她很少问我的事,看来对我的生活不怎么感兴趣。毫无疑问,她主要考虑的是好处"。话虽如此,她有时还是难免想从妮萨那得到些感动,结果呢?每每被妮萨要钱要物的赤裸裸的"物质主义"挫败。如前所述,采集狩猎社会,技术原始,衣食匮乏,现代社会视为"蝇头小利"的东西，昆人趋之若鹜，玛乔丽的小清新思维，于沙漠中的他们如同大海里的巨鲸一样难以理解。这些沮丧经历，玛乔丽也秉笔直书，"迂"得可爱的模样跃然纸上，令人莞尔。玛乔丽自述，为平衡这三个声音，先后数易其稿，可见"看似寻常最奇崛，成如容易却艰辛"。

探索人类学的新叙事形式，反省"叙事者"与"信息人"的互动关系，是1980年代前后的一股潮流，《妮萨》不是第一部，也不是最后一部。但《妮萨》的"多声部"结构的确别出心裁，又不像其他人类学家如拉比诺（Paul Rabinow）的《摩洛哥田野作业反思》、文森特·克拉潘赞诺（Vincent Crapanzano）的《图哈米：一名摩洛哥人的肖像》（*Tuhami：Portrait of a Moroccan*）那么形式化，内容与形式结合得恰到好处。所以《妮萨》一问世，后现代主义人类学的两部经典《写文化》与《作为文化批评的人类学》都给予积极评价。

《妮萨》虽然成功，也不是没有批评。有人质疑玛乔丽是否真能"让土著说话"。因为，"妮萨的声音"虽为妮萨自述,但毕竟剪裁过,玛乔丽也承认剪裁时"无疑怀有或显或隐的偏见"。这个批评或许苛求,但有女学者指出:按照昆人习俗,玛乔丽和妮萨为侄女与姑妈关系,妮萨是依照昆人的"辈分模式"跟她聊天的,叫她"女儿",讲什么,不讲什么,当有昆人的"规矩"在;但玛乔丽对此认识模糊,有时还宣称妮萨是她"远方的姐姐",混淆了两人的辈分。由此推论,她对妮萨的误读之处当不少。这一批评独具慧眼,值得参考。

四、风,带走了……

玛乔丽与妮萨,故事并未就此结束。

1989 年,结识妮萨 20 年以后,玛乔丽身为人母,第三个孩子才 15 个月,突然被告知已患乳腺癌。晴天霹雳,死亡的阴影压上身来,深感绝望的她想起 14 年不见的妮萨——妮萨经历了丧父丧母丧夫丧子等重创,却始终意志顽强,生命不息,向来激励着玛乔丽。于是,她孤身抱病重返非洲,希望从妮萨处获得些生活的勇气，寻找青春的美好回忆，也不讳言自己想接受巫医治疗（妮萨就是个女巫医）——没准有效呢？

重逢时，玛乔丽已至中年，头发白了，却发现妮萨仍然精神矍铄，一如往昔。她跟妮萨及其族人共同生活了四个星期，抱病从事田野调查。回国前，妮萨等人为她举行治疗仪式，宣称说服神灵，祛除了疾病——当然，这我们只能视为祝福了。不过，再见妮萨，的确使玛乔丽焕发了奋斗求存的勇气。回国后，她一面跟病魔抗争，一面写作《重访妮萨》(Return to Nisa)。这一次，她不再采取"多声部"结构，完全只有"玛乔丽的声音"，坦然记录了一名身患绝症的人类学家在重访故地、寻找青春时的迷惘、观察与反省，有人类学家的敏锐，也有身患绝症的忧郁，充满对爱与死的思考，虽说叙事探索收缩了，但抒情色彩反而更为浓郁。

从《妮萨》到《重访妮萨》，20年过去，玛乔丽发现，妮萨的某些回忆发生了微妙改变：原先说跟某某正式结过婚，现在说没有；原先说生过四个孩子，现在说只生了三个；更诡异的，是杀婴的最初记忆，原先宣称是苦苦哀求母亲，救了弟弟，现在跟弟弟关系恶化，改称自己当时配合母亲，巴不得弟弟死了有奶吃……孰对孰错，这里不是重点，倒是说明了田野调查的复杂，记忆的易变。

跟《妮萨》相比，《重访妮萨》更像工作笔记，如同"后台车间"，更充分地体现了人类学家与研究对象的互动，特别是利益交换过程：这次重逢，妮萨大骂原先赞为"最好的人"的理查德，因为嫌玛乔丽托他转来的礼物不够丰厚，疑心理查德"拔了毛"；玛乔丽请人为她举行治疗仪式，某个昆人拒绝借鼓，除非给钱，偏偏这哥们刚大病了一场，全靠玛乔丽才捡了条命。病还没好呢，恩全忘了。玛乔丽想不通，跑去论理，对方振振有词，说救我是你自愿的，跟借鼓要钱两码事。玛乔丽气得直落泪……

作为读者，我们或许纳闷，甚至寒心：要这样"一地鸡毛"，玛乔丽干吗念念不忘非洲？很简单，田野调查是苦不堪言，信息人也是百般索要，没个消停，但人类学家获得的"文化震惊"体验如同橄榄,回味无穷。玛乔丽的委屈还是小的,写《天真的人类学家》(Adventures in a Mud Hut,1980)的人类学家巴利(Nigel Barley),调查时出了车祸(掉了几颗牙),遭了贼(被偷个精光),患了疟疾(病得撒尿时全尿脚上),"不可抑制地放声大哭",回到英国"像返回地球的太空人,跟跟跄跄","想到自己是西方人就谢天谢地",但田野调查"阴险地让人上瘾",没几个月,他对非洲思念不已,卷铺盖又回去了。同样,要不是回国后生了三个娃,玛乔丽也不会拖了14年才重返非洲。正所谓"走得更远,离自己更近",玛乔丽坦承,自己一而再、再而三地重返非洲,意在寻找自我、理解自我,所以她感谢妮萨的故事,视为"珍贵的礼物"。相形之下,田野调查的辛苦窝心,当然也就不值一提了。

1993年,玛乔丽买好机票,计划再赴非洲,因医生阻止,未能成行。又过了三年,《重访妮萨》基本完成,年仅51岁的她便撇下丈夫和三个孩子,走了。次年,妮萨得到消息,已是约76岁高龄,叹息说:"伟大的神带走了我的女儿,弄瞎了我的眼睛。她就像我的眼睛，神带走她，我的眼睛也就瞎了。不知道还能再见不，因为神把我的女儿带走了……"2000年，《重访妮萨》经亲友们整理后问世，妮萨这话用作终篇。

玛乔丽的事业，起于《妮萨》，开篇是妮萨的话："我会打开话匣，告诉你这里的生活。讲完后，风会带走它，如同这沙上消失的其他事物。"她喜欢这话，后来写《妮萨》创作谈，又起名为《风带不走的》。她的生命，也终于妮萨的话。这样的因缘，恐怕当初玛乔丽也没想到吧？海子有诗云："我请求熄灭／生铁的光、爱人的光和阳光／我请求下雨／我请求／在夜里死去／／我请求在早上／你碰见／埋我的人……"

玛乔丽已经无法感慨，我们却不免喟叹因缘的无常。

初读《妮萨》是多年前，为笔者读的第一本人类学英文原著，无论是对传主妮萨，还是作者玛乔丽，都印象深刻。后来，中国人民大学出版社的编辑让我推荐些英文书目，便推荐了本书。没想到最后由自己来译此书，甚觉与有荣焉（最近，中国人民大学出版社还取得了本书续篇《重访妮萨》的版权，到时将与此书一同推出）。

关于昆人研究，中文资料甚少，笔者仅见霍莉·彼德斯-戈尔登的《改变人类学：15个经典个案研究》中译本（北京大学出版社，2012年版），其中一章专门介绍了昆人近况，时间跟《妮萨》前后相续。读者如有兴趣，也可找来一读。笔者翻译时主要参考伊丽莎白·马歇尔·托马斯的《无害之族》、理查德·李的《昆桑人》、南希·豪威尔的《多比地区昆人的人口统计》等英文著作，就不再一一注明。此外，原书的注释是附在书后的，为了方便读者，笔者将这些注释移到正文页下，同时为了增进读者的理解，还自行增加了些注释。

在语言上，本书主要由作者玛乔丽的书面语以及妮萨的口语组成。玛乔丽虽然写的是学术著作，包含了人类学的诸多内容，但她在行文上力避晦涩拗口，比较清浅流动，而妮萨因为是昆人，没有文字传统，就更口语化了。在译文里，笔者也尽量体现她们两人的语言区别和特色,避免太过翻译腔。

本书的翻译,得到了中国人民大学出版社刘汀、周莹、郦益编辑的大力支持;部分译文蒙云南大学李娟副教授及美国加州大学圣塔芭芭拉分校的刘文尧博士仔细校阅,甚为受益;而翻译期间所做的笔记,蒙《书城》杂志不弃,刊于2015年第11期。在此一并致谢。

最后,翻译期间,正逢小女加菲出生。所以,翻译本书之于笔者,既是贴近妮萨女性生命体验的过程,也是体会妻女成长艰辛的过程,在此感谢妻子、加菲及岳父岳母的支持与宽容。

因笔者才学有限,加上可资参考的资料不多,翻译难免有舛错之处,敬请读者批评指正。

杨 志

2015年12月于北京师范大学

献给妮萨及其族人，愿他们未来的奋斗求存，仍如过去成功。

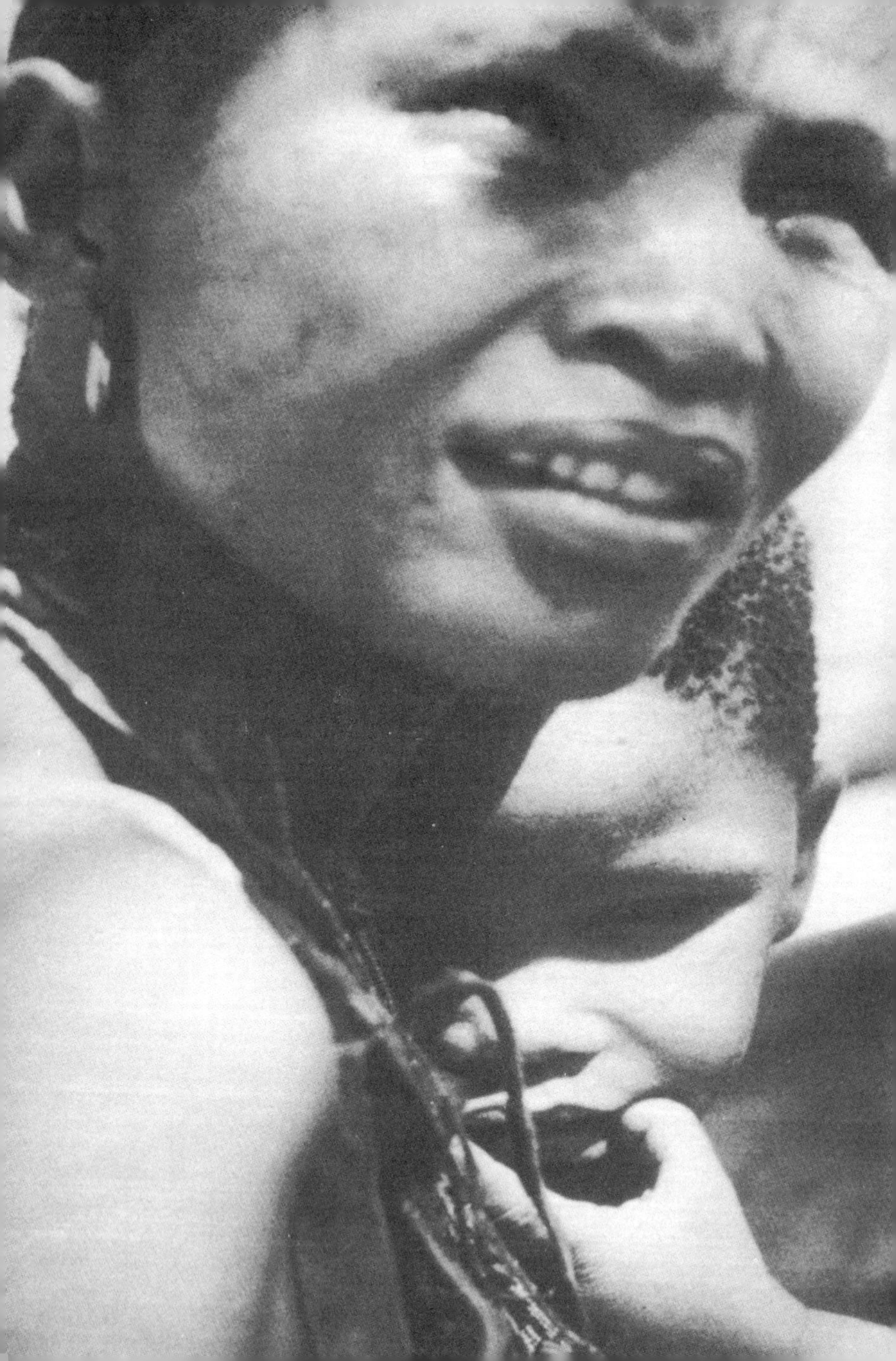

我会打开话匣，
告诉你这里的生活。
讲完后，
风会带走它，
如同这沙上消失的其他事物。

——妮萨

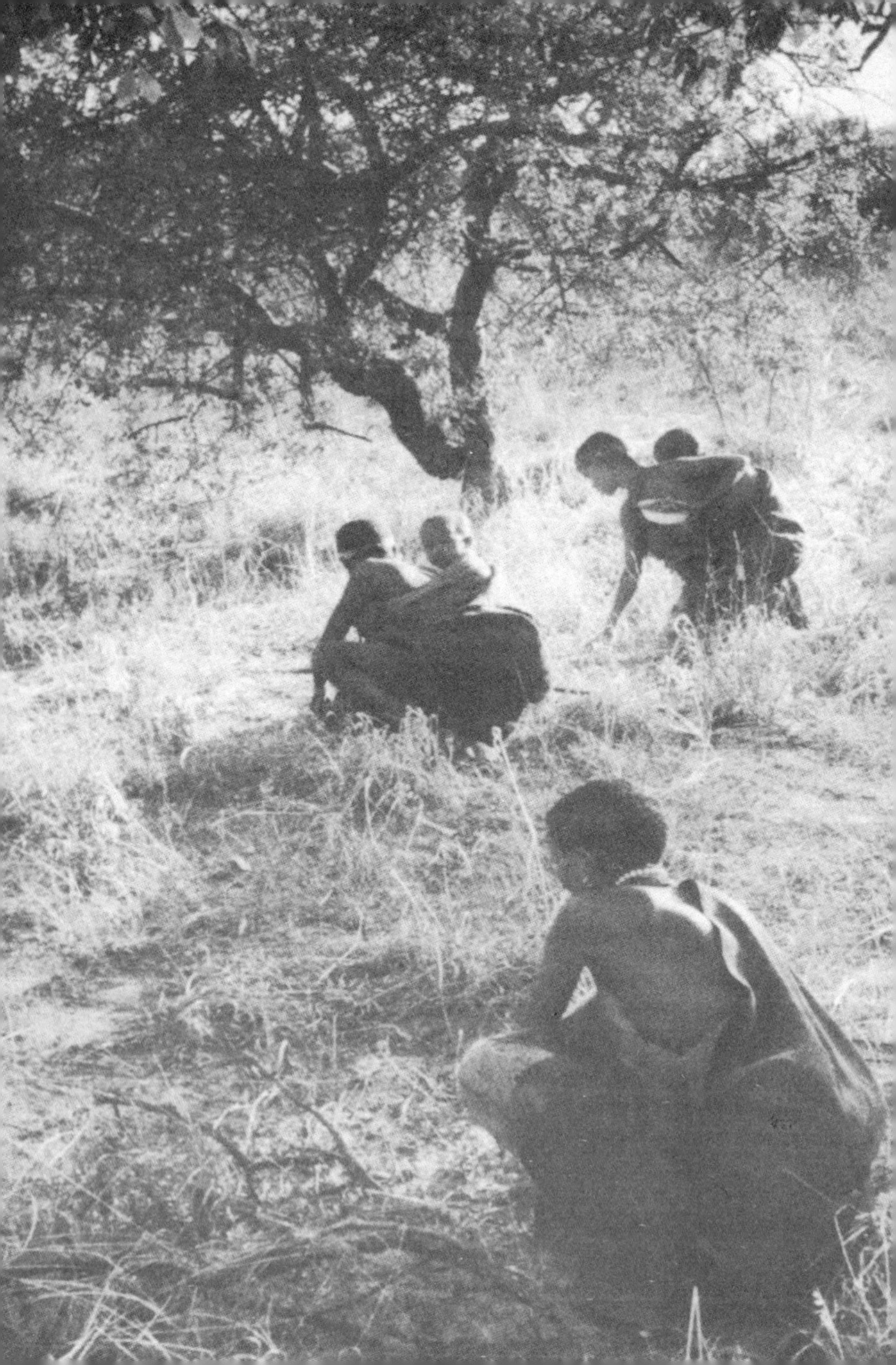

序 言

躺着又疼了，一阵又一阵的。然后我感觉到羊水破了，要生了，我心想："哎哟，可能是娃要出来了。"我起身，塔沙伊（Tashay）还在睡，我拿起毯子盖住他，又拿条毯子和小块小羚羊皮裹住自己，就出门去。你是问我就一个人出去？[①] 家里是还有个女人，塔沙伊的奶奶，还在她的屋里睡呢。我就自个儿出去了。

我离开村子，走了一小段路，在一棵树下坐着等；她还不想出来。我躺下，但她还是没出来。我又坐起来，靠着树，这回真开始生了。疼痛一次又一次涌过

[①] 此处为传主妮萨在回答作者的提问。——中译注

来，没完没了。感觉这娃要撑开肚皮蹦出来！然后又不疼了。我自个儿叨叨："干吗不赶快出来？快点出来，让我歇一会儿啊！你这小家伙在肚里赖着干吗？神①啊，你就不能帮帮我，让她快点出来？"

正说着，孩子开始出来了。我心想："可别哭。就坐着。看，就要出来了，会没事的。"但真的好痛啊！我大喊，但只有自己听见，心想："噢，我差点在公婆的村里大哭。"又想："生了没？"因为原先拿不准是不是要生，以为可能只是不舒服，结果我走时，和谁都没说。

生下娃娃以后，我就坐着，不知道该干啥，傻乎乎的。她躺着移动小手，想吮吸自己的手指。她开始哭，我只是坐着看，心想："这就是我的娃？谁生的？"又想："这么大？它怎么从我那里出来的呀？"就坐着看，看了又看。

天冷了。我脱下肚上的小羚羊皮盖住娃，又扯

---

① 昆人信仰很多神，他们相信，其中有一位叫"Kauha"的神地位最高，统辖诸神，其余的神，昆人称为"Ilganwasi"。——原注

下更大些的斗篷①盖好自己。过了一会儿，胎盘脱落，我把它埋了。我开始发抖，坐在冷风中哆嗦。我也不懂该把孩子的脐带扎紧，只看着娃娃想："她不哭了。我把她留在这，回村去拿些木炭来生个火。"

我用毛皮把孩子裹住，走开了（我哪懂该做什么呀？），用小毛皮裹紧肚子，往村里跑去。路上，孩子哭了一下，又停了。我跑得喘不过气来。你是问我下身疼不疼？那时候我只顾命令自己跑，但已经没有感觉了，真不知道自己到底疼不疼。

到村后，我的心怦怦跳，坐在屋外的火边歇歇，暖暖身子。塔沙伊醒了，发现我肚子瘪了，腿上有血，问我咋了。我说啥都好。他问："我好像听到有哭声？"我告诉他，娃娃还躺在生下来的地方。他问

---

① 斗篷用较大的羚羊（通常是大角斑羚或者大羚羊）的皮制成，为昆人常见服饰，一般只有女人才穿。这皮也可以用作睡觉的毯子。斗篷披在后背，两端在肩膀处系好，身前垂下的部分绳子绑在腰间，既可护身，又可遮盖。斗篷在穿着人脖颈处折叠形成了个袋子，可用来放鸵鸟蛋壳做的盛水器、食物，甚至用作背巾来背年纪稍大的孩子。用来做这种斗篷的羚羊皮上常常装饰有珠子。——原注

是不是男孩。我说是女孩。他说:"噢!你这么个小妞自己把娃娃生下来了?身边连个帮手也没有!"

他叫醒还睡着的奶奶,骂她:"你到底咋回事?你这老女人,自己待在这里,却让小女孩自己到外面去生娃?生不下来害死她咋办?你就把她丢在那里,等她妈来帮她?她妈还不在这里。你不知道生娃多疼?生娃就像在过鬼门关!但你没去搭把手!她只是小女孩。这没准要了她或者娃的命,她估计吓坏了。你作为大人,就不该多操点心吗?"

这时,娃开始哭了。我怕有胡狼来伤害她,就拿起火把,跑回她身边。生了火,坐着。塔沙伊还在骂骂咧咧:"还不快去找她!割脐带去呀!你到底咋回事,居然让我老婆自己生娃?"

他奶奶起身,跟塔沙伊找到我和娃娃。她凑过来,柔声柔气地跟我说:"媳妇哟……我的媳妇哟……"她跟娃娃说话,用各种亲昵的名逗她。她割掉脐带,抱起孩子,我们走回村里。到家后,他们让我进屋里躺着休息。

第二天,我老公出去找吃的,带回沙根和檬戈果（mongongo nut，也叫 mangetti nut）①，砸碎了给我吃。但我肚子还疼，人也不舒服。他又出去，捉了只野兔回来煮了，熬肉汤给我喝。大家都说，肉汤催奶。但奶水没来。

我们生活在树丛里，没人帮我们奶孩子。娃娃只能躺着，三个晚上都没吃东西。后来，我的一只乳房开始涨奶，晚上另一只也满了。我挤掉不能吃的头茬奶水，当乳房里满满都是好奶水以后，我的娃吸呀吸呀吸呀，吸饱后，就睡了。

这个故事是妮萨（Nisa）用昆族语言跟我讲的。她是一名50岁左右的非洲妇女，生活在喀拉哈里沙漠（Kalahari desert）北边的博茨瓦纳②的偏僻角落。

---

① 檬戈果产量丰富，整年都可捡拾，为昆人主食。果肉也可食用。大多数昆人认为，它的美味只有肉可匹敌。——原注（檬戈果产于檬戈树。该树最高可达15～20米，常见于非洲喀拉哈里沙漠的山林和沙丘。檬戈果不但可直接食用，还可榨油。——中译注）

② 非洲国家，1966年从英国殖民统治下独立，边界跟南非、津巴布韦、纳米比亚和赞比亚相邻。本书研究的昆人居住在其西北边境的多比（Dobe）地区，在喀拉哈里沙漠北边。博茨瓦纳独立前是英国保护领地，被称为贝专纳（Bechuanaland）。——原注

那是1971年3月,我在昆人中进行为期20个月的田野调查的最后一个月。昆人已经开始放弃传统的生活方式——采集狩猎,但妮萨及其家人,还有她的熟人,还像他们的祖先一样——住在半沙漠化的环境里,花大部分时间采集狩猎。①

以采集狩猎为生,这种生活方式现在几乎消失了。但在过去的10万年里,人类在近90%的时间里都以此为生。如果扩大到人类祖先出现以来的300多万年,这个比例要接近99%。因此,跟只有1万年历史的农业和200年历史的工业相比,采集狩猎是人类更普遍的生活经验。人类的特征以及人性都是在采集狩猎社会里形成的。

这绝不是说,昆人或者如今还在以采集狩猎为生的人比其他民族低等。就生物层面而言,人类是基本相同的,很多万年来都是如此。就情感和智商而言,今天的采集狩猎族群跟其他人类并无差别。他们展示了一种延续至今的生活方式;至少从持续

---

① 为保护传主及其他人的隐私,本书出现的人名和地名均为化名。——原注

时间而言，它是人类适应环境最成功的生活方式。

妮萨就属于这样一个最后残存的传统采集狩猎民族。他们自称"尊瓦人"（Zhun/twasi），意为"真正的人"，目前散居于博茨瓦纳、安哥拉和纳米比亚。过去，他们被称为松夸斯人（Sonquas），在博茨瓦纳被称为巴萨尔瓦人（Basarwa），也被称为昆布须人（!Kung Bushmen）、昆桑人（!Kung San），或者简称为昆人（!Kung）。① 这族人比较矮——平均身高大约5英尺②——瘦削强健，比其他非洲人白些。他们高颧骨，眼睛更像东方人。跟从事游牧的邻居科伊人（Khoi-Khoi）一样，他们的身体特征跟周遭的非洲黑人不一样，人口生物学家把两者合称为科伊桑人（Khoisan）这一种族。[Khoisan源于两个词，其中"Khoi"指霍屯督人（Hottentot），"San"指桑人或布须曼人。霍屯督人和布须曼人的称呼更常用，已用了300多年，但有较强贬义。]

---

① 为方便读者起见，如非必要，下文均统称为昆人或者昆族。——中译注
② 1英尺约合0.3米。——中译注

1963年，哈佛大学人类学家艾芬·德沃尔（Irven Devore）和理查德·李（Richard Lee），最先跟妮萨的族人——居住于博茨瓦纳西北的多比地区的昆人——取得联系。他们计划在此长期考察，专门对昆人开展多学科研究，内容涉及健康和营养、人口统计、考古、婴儿发育、育儿方式、基因遗传、治疗仪式、民俗及女性生命史等。1969年，该项目开展六年、接近尾声时，我丈夫和我也加入进来，到非洲跟昆人一起生活和工作。

去非洲前，我拿到部分考察成果，从中了解了昆人和他们的生活方式。但是，我问起昆人是怎样一个民族，他们怎样看待自己的生活时，人类学家给出的答案不尽相同，对昆人的不同描述似乎都带有他们的个体认知。不管是问人类学家，还是读材料，我都还是感觉自己摸不透昆人：他们怎样看待自己、孩子和父母？他们夫妻间有爱吗？他们吃醋吗？婚后还有爱情吗？他们有什么梦想？怎样对待自己的梦想？他们怕老吗？怕死吗？其中，我特别关注昆族女人的生活。她们在这个跟我们社会截然不同的社会里怎么生活？如果她们的生活存在某种共性的话，我是不是能对其产生认同感？

我开展第一次田野调查时，我自己的社会正在质疑关于婚姻和性的传统价值观念。[①] 妇女运动开始取得突破，敦促我们重新检讨传统设定的妇女角色。我期望这次田野调查能帮我厘清妇女运动提出的某些问题。昆族女人没准能提供某些答案；毕竟，她们为家庭提供了大部分食物，照顾孩子，还终身不离婚。此外，她们的社会跟我们不同，没有老被各种社会政治派别干扰，告诉她们女人应该这样或者那样。昆人也在经历文化变迁，但这是晚近的事，而且变化很小，传统的价值体系基本完好无损。有研究表明，昆族女人的生活模式可能维持了很多代，甚至可能几千年没变。

抵达后，我竭力理解昆人的生活：学习他们的语言，随同他们去采集狩猎，有一度天天只吃树丛食物，住进昆人村子的草棚里，坐在火边听他们聊

---

① 指1960年代欧美世界兴起的第二波妇女解放运动。——中译注

天、争吵、讲故事，获得了一个参与和观察的弥足珍贵的视角。他们对环境了如指掌，能从沙地上辨析动物和人的痕迹，能从纠缠的枯藤上发现地下的水根。这些都令我吃惊。我观察他们分享食物①、肉类和物品，结果谁的物品都不比其他人多。我目睹他们为了解决争议如何长时间讨论，通宵达旦，谁都可以畅所欲言，直到大家达成一致。我听猎手回忆得意的狩猎往事，听他们唱歌，演奏自己和他人的乐曲，还听他们讲故事，听众捧腹大笑。我注意到大家都表现谦恭，炫耀和傲慢被视为无礼。我还近距离目睹他们的治疗仪式，观察他们如何在强劲动人的仪式中团结成一个群体。

只调查了几个月，我就被目睹的一切弄得激动不已。尽管如此，除了学会许多基本的本地用语之外，我觉得自己并不清楚这些对于昆人的确切意义。比如，我看得出他们彼此很依赖，经常亲密地坐在一起，但我不清楚他们如何看待彼此的关系，如何

---

① 因为罕有肉吃，昆人对食物的区分跟我们和欧美人略有不同，他们提及的"食物"一般都指来自植物的食物，跟"肉类"相区别。——中译注

看待他们自己的生活。我想了解的信息是观察不到的，得他们自己开口说。

于是跟人们聊天，问问题，鼓励他们跟我谈自己，成了我田野工作的重心。因为我渴望了解妇女的生活，也因为我发现跟妇女聊天比跟男人聊天轻松，我的工作对象几乎都是妇女。我坦诚告诉她们我是什么人，我是怎么看待自己的：刚结婚，在爱情、婚姻、性和身份各个方面都有自己的困惑挣扎，从根本上，我最想知道的是女人这一身份对自己究竟意味着什么。我问她们身为妇女对她们意味着什么，什么在她们的生命里是重要的。

其中，有一位妇女妮萨，给我留下了深刻印象，因为她实在很会讲故事。我被她讲故事的才能打动了；她精心选择词语，把故事讲得波折起伏，涉及方方面面的生活经验。我对昆人进行过几百次访谈，这让我确信，人类的大部分情感生活是共通的。尽管妮萨讲的是其他文化的事，却也能深化我们在情感方面的认知。

走进传统的昆人村子，游客会惊愕于它在无垠的蓝天底下是多么渺小，在树丛的高草和稀疏的灌木之间是多么不起眼。游客会发现，那六七间低矮小草棚彼此挨着，围成或大或小的圆形空场。孩子们经常在村中心玩耍，昆人除掉了那里的杂草和灌木，这样蛇出没的话很容易发现。

游客如果在寒冷的季节（6月和7月）来访，又赶上日出，会在屋前看到一团团毯子和兽皮，下面盖着仍在火堆边酣睡的人们，醒来的人添加柴火，拨旺篝火，就这样在早晨凛冽的空气里取暖。对于大多数昆人，在这些寒冷的早晨迟些起身算得上一件奢侈的事情。游客如果在其他季节的早晨（炎热干旱的10月和11月）来访，则发现人们甚至黎明时就已起身，要赶在中午前花几个小时采集和狩猎，到了中午，他们可就得待在浓阴下躲日头了。

多比地区位于喀拉哈里沙漠的边缘地带，属于半干旱地区。这里覆盖着草、荆棘、灌木和细长的树，地势平坦，分布着丘陵、沙丘、平原及河床。河流十年才有两次水。平均海拔大约3 300英尺，年度温差较大，冬天冰点以下，夏天则超过100华氏度①。湿季持续四到六个月；年度降雨量差别很大，从5英寸②到40英寸不等。随后是短暂的秋季（4—5月），接着是三四个月的冬季，其间约有六周，夜间温度降到冰点，或者接近冰点。8月后期春天才开始，很快变成炎热干旱的夏季，温度高于110华氏度③的时期不罕见。

长期以来，除了偶尔前来的欧洲人和班图人④之外，外人都不来此居住，首先是因为缺乏稳定的水源，其次是在它与最近的大的人口聚居地中间有大片干旱地区，最后是环境普遍恶劣。但是，采集狩猎者能在这种环境里生活；考古发掘表明，采集狩猎者在多比地区持续活动了11 000多年。

昆人在这里是主人，能应付变化多端甚至极端的自然条件。适应能力是他们成功的关键。人们生

---

① 约合37.8摄氏度。——中译注
② 1英寸约合25.4毫米。——中译注
③ 约合43.3摄氏度。——中译注
④ 指讲班图语的许多民族，在多比地区从事放牧的昆人邻居如赫雷罗人、茨瓦纳人都属于班图人。——原注

活在半永久的村庄和营地里,人数从10人到30人不等。个人物品很少(人均物品的全部重量不足25磅①),因为集体搬家时,东西全都得带走。制造工具和用具的技术也相对简单,哪个家庭都能制造。

昆人没什么私人财产,谁都可以随便使用别人的物品。多数物品最后送人,进入不断交换的物品网络。昆人全都交换礼物,不过对象只限于少数同伴。交换礼物是正事,大家都清楚记得谁给了什么给谁,什么时候给的。这些交换关系可能延续一生,甚至传给儿女辈,从而有助于弥平贫富差异。再加上每日互赠食物和肉,昆人由此获得了大致的平等。这种慷慨大方也保证他们在患病和急需时,别人也过来帮忙。②

家庭生活和村庄生活都发生在家门外。屋子太小了,除了睡觉,干不了别的。屋子之间没有几英

---

① 1磅约合0.45千克。——中译注
② 原始社会因为技术落后,人们互相帮助才能共存,所以礼物交换是非常重要的风俗,所起的功能近似中国人常说的"人情往来",人类学家所见的原始社会几无例外。法国的莫斯是最早研究礼物交换的人类学家,有名著《礼物》。——中译注

尺远。家家门前都烧着火堆，屋前以及环绕着它的区域，便是这家人和访客经常活动的地方。所有家庭的门都面朝村中心。这样的安排看来是要特意促进社会生活的紧密。因为地方大，想找个私密的角落不难。但是，除了偶尔到树丛幽会之外，大多数昆人不怎么看重隐私，更看重的是同伴情谊。

营地是不断移动的，到哪随情况而定。但每个营地都有自己的核心成员，他们是彼此有亲属关系的年长者，也是公认的在谋划生计和协同劳作方面很有经验的人。其他成员成年后，基本都跟这名长者共同生活，共同分享食物和物品，共同出行，到传统上属于他们的地域寻找食物。尽管这里地方很大，但其实也是有边界的，这块大约250平方英里①的区域，往往"属于"最早在此生活的人的后代，尽管所有权也追溯不到几代人。跟昆人生活中的其他情况一样，土地所有权属于集体，不由个人独占，并且很灵活：许多人在生活中在这是客人，在那是

---

① 1英里约合1.6千米。——中译注

主人，他们可能是这片土地的主人，也可能在别人领地的水坑边暂住一阵子。客人从食物暂时匮乏的地区过来，在使用此处的水、猎物和食物前，理当征求"主人"的同意。但接受别人的恩惠后，你也得在对方需要时给予回报。

主人几乎没什么特权，因为客人几乎都跟他的主要成员沾亲带故，有权随意使用这里的资源。有些人资格比较老，祖上几代的地位也比较高，但他也得显示出自己有领导才干才成。大体而言，昆人没有等级制度，也没有头人、酋长之类的正式领袖。族里通过共同商议进行决策。尽管有少数男女像领导那样发挥作用，但他们的影响主要靠其他人的敬重，其实不是正式领袖。

昆人在经济上自给自足（只有铁必须通过跟外界贸易获取）。孩子、15岁以下的少年和60岁以上的老人在食物上贡献甚少，其他人每周大约只花两三天采集狩猎。剩余时间用来干家务：觅食做饭，看孩子，制造和修补用具、衣服和屋子。不过，他们还有足够的时间消闲，包括唱歌、创作歌曲、弹奏乐器、制作图案复杂的珠饰、讲故事、玩游戏、串门,或者躺着休息。

在传统的昆人生活中,最重要的仪式是跳用于治病的降灵舞(trance dance),谁都得参加。治疗师进行降灵,仪式性地把疾病从病人体内驱除。其他成员在旁唱歌、拍掌和跳舞,给治疗师鼓气。这类舞随时随地都能举行,有时一月几次,有时一周几次,历史很悠久——悠久到连最老的昆人也不知起源于何时。如下这些全都证明它历史悠久:岩画上画过相关场景;岩石上刻过跳舞场景①;考古发现;生活在几百英里外的桑人族群,语言跟昆人不同,但舞蹈在形式、内容和音乐风格上都很类似。

出行——不管是找食物,还是去看望远处村子的亲戚——总集中在雨季或雨季以后进行。那时热带草原上到处有水,食物多种多样。到夜晚就得停下来扎营,赶紧清理灌木和草,搭起小草棚,燃起大的篝火,抵御树丛和黑夜。如果他们打算待在那

---

① 昆人擅长岩画,这是他们文化的一个重要组成部分。——中译注

里，草棚就得搭得牢靠些，特别是担忧大雨和雷电的话。但是，在某地住了几周，耗尽主要的食物资源以后，就得接着走了。只有猎到大动物时才可以多住些天，甚至干脆搬到捕到猎物的地点住。

积水和半永久的泉眼干涸以后，昆人开始返回永不干涸的水源，扎营过冬。有一段时间，大树下的水坑使出行很便利，但随着温度下降，湿度减低——这意味着冬天来临、雨季结束——就只能靠深埋沙下的富含水分的根和遍布四处的西瓜获取饮水了。当夜晚变得寒冷异常，多风无云，大批昆人族群有三四个月聚集在某个永不干涸的泉眼边，有时多达2 000多人，更频繁地进行社会活动和个人活动，更频繁地跳降灵舞（每周两三次），举行很多同龄孩子参加的成人仪式，交换礼物，举办婚礼。

太多人依赖一个地区的资源，矛盾不可避免，特别是随着觅食距离增加，炎热的旱季逐渐到来，出行变得艰难。加上大批人马聚集在一片小地方，冲突必然逐渐增加，结果是各个营地会发生较大规模的冲突。即使冲突比较剧烈，大部分也都能很快解决，不会造成严重后果（但在1948年政府指派某位班图族的酋长出任多比地区法官前，这里发生过严重械斗，有人中箭身亡）。到了雨季，昆人再度散居到各个暂时的绿洲，各个小团体出发去觅食，有的老成员离开，新人加进来，其成员变动不定。

当地的气候复杂多变，当地人的生计活动也相当繁复。女人提供了大部分食物（约占60%到80%）。她们平均一周花两三天从约105种野生植物中采集食物，包括坚果、豆、球茎、根、绿叶蔬菜、树脂、浆果及其他蔬菜水果。还从蜂窠中采集蜂蜜，偶尔捉到小哺乳动物、龟、蛇、毛虫、昆虫，还捡到鸟蛋。完好的鸵鸟蛋可食用——1颗大约相当于24颗鸡蛋，蛋壳还有其他用途。打破鸵鸟蛋末端，吃掉里面的蛋以后，蛋壳特别适合装水。在废弃鸵鸟窝里找到的破蛋壳可作饰物，悬挂或者缝在项链、头巾和遮羞皮裙上。

随处可采的檬戈果是昆人的主食，提供了过半的植物蛋白。其果核和果肉都备受昆人喜爱。其他来自植物的重要食物有猴面包果（baobab）、马鲁拉果（marula）、酸李、西瓜、青豆①、水根（water roots）及各种浆果。大多数妇女互相馈赠食物，但馈赠没有死板的规定，家里人多的妇女馈赠的食物可以少给些。

尽管食物位于村外不同的地方，但比较充足。清早，妇女三五成群出发，走向商定的地点。她们不慌不忙地走，沿途采集食物，放进斗篷，下午或者黄昏时归来。稍事休息后，她们把食物分类，挑出部分送人。多数食物在48小时内分吃完毕。

妇女还得照看孩子，干大量家务。每天平均花费近四小时维修用具，打理家务：打水、捡柴、维持篝火、搭屋（搭框架，盖茅草）、整理铺盖、觅食做饭（包括为自己和孩子砸碎坚果）。男人呢，每天平均花费三小时制造和维修用具，打理家务：砍树劈柴、搭屋、捡柴、屠宰、打猎、提供肉。有爱心又肯奉献的父亲也看孩子，尽管时间不长。

---

① 这种豆结在爬藤上，可以大量采集，是昆人的主要食物，在中喀拉哈里地区是主食。——原注

女人在昆人社会中地位很高，影响力相当大，经常对家庭和族里的重要决策（比如：搬到哪？何时搬？孩子跟谁结婚？）有重要影响。很多女人还是族里的核心领导，或者水坑和觅食地区的主人。她们具体如何发挥影响以及地位跟男人相比如何是个复杂问题：事实上，妇女可能跟男人几乎平等，但昆人貌似认为女性是弱者。换句话说，妇女的影响力可能大于昆人男女肯承认的程度。

男人贡献的最重要食物是肉，或许是因为什么时候有肉吃太难预测了——大家都特别爱吃肉——因此，带猎物回村总能引发轰动，大家甚至载歌载舞地迎接。男人平均一周打猎近三天，也是早晨出村，一人或者成对出去，往往日落回来，不过有时也整夜在外。再出色的猎手，四天里也就只有一天捕到猎物。猎物零星散布在喀拉哈里沙漠北部——跟往南的中喀拉哈里狩猎保护区（Central Kalahari Game Reserve）里数目众多的动物形成了鲜明对比——而且在过去的50年里，猎物日渐稀少了。

弓箭和短矛是必备的狩猎工具，还有大大小小的袋子和器具。但猎手主要依靠一种从甲虫的幼虫身上提取的毒液。这是剧毒，羚羊甚至长颈鹿被命中要害后，不到一天就会倒毙。毒素作用于动物的中枢神经系统，不影响食用；只有进入动物（和人）的血液才产生毒性。在村里，毒箭封藏在箭袋里被妥善挂好，成人一般不去碰，孩子也够不着。为防万一，毒液只涂在箭杆上，不涂在锋利的箭头上，以免发生意外。昆人定期检查毒箭，涂上新的毒液。

妇女定期采集食物，男人去打猎则没有固定日程。他们往往集中几周外出狩猎，然后歇一阵。因为狩猎是否有收获，取决于季节与猎手的人数，很不稳定，所以肉在昆人饮食比例里只占20%~40%。

男人跟女人一样，也能辨别植物，但他们不按时去采集，所采集的数量也只占全部采集食物的20%。他们对家庭生计的首要贡献是猎物。最受欢迎的是大动物（弯角羚、牛羚、长角羚、大羚羊、马羚、麋羚和长颈鹿）和小些的动物（疣猪、石羚、小羚羊、野兔），也捕捉爬行动物（蛇和龟）、两栖动物、昆虫、穴居动物（豪猪、大食蚁兽、跳兔和食蚁兽），设陷阱捕鸟类（珍珠鸡、鹧鸪、大鸨、沙鸡和鸽子）。昆人嗜蜂蜜，经常男女共同去采集。除了特别小的猎物之外，猎物的分配比采集的食物的分配更正式些，不过结果也差不多。

可能是狩猎手段不多，昆人只猎杀他们要吃的猎物，且不浪费猎物的任何部位。骨头和蹄子连骨髓都吃净；皮吃掉，或剥下做毯子；肌腱制成绳子或弓弦。就连某些动物的尾巴也有用途：毛发制成乐器的弦，或编成手镯，或者把整条尾巴用作通灵道具，在治疗的降灵舞中使用。

食物很难贮存太久。昆人把自然视为可依赖的食物储藏库，需要时才去采集。有时，某些重要野菜会匮乏，但檬戈果几乎从不缺，檬戈树特别适应多比的环境，就算长年干旱，还能结出成千上万的坚果落到地上烂掉。

他们的饮食营养很高。1968年，理查德·李研究昆人的饮食，发现人均摄入的卡路里和蛋白质超过了美国为国民的体格和身高推荐的数量。他们的饮食低盐、低脂肪、低碳水化合物，特别是低糖，富含不饱和脂肪、纤维食物、维生素和矿物质。事实上，他们的饮食结构基本符合关于良好营养的当代理念。1968年旱季是非洲南部近年来最严重的干旱；但即便如此，昆人似乎吃得比正常年景时还好些。(更新的研究表明，因为在整个旱季热量摄入不够，大部分昆人体重下降了。但旱季一结束，他们大都恢复到原先的体重。不管旱季怎么缺少食物，昆人的饮食来源还是种类多样，富含营养。)

他们的饮食，再加上悠闲的生活节奏，看来使他们免于某些我们社会的常见病：他们没有高血压、心脏病、静脉曲张，也没有胃溃疡、结肠炎这类跟压力相关的疾病。

这不是说昆人的健康状况大体良好。事实并非如此：近50%的孩子活不到15岁；其中20%死于出生头一年，多数是因为肠胃感染。人均预期寿命只有30岁，但15岁及15岁以上的昆人，平均预期寿命可达55岁。我们年老后才有的疾病只有少数昆人才会得，这是因为仅有10%的昆人能活过60岁——只有到了这个年龄，他们才开始容易患上这类疾病。

呼吸道感染与疟疾是致使成年人死亡的元凶。不过跟很多非工业社会的人们相比，昆人的健康状况好多了，我们社会在现代公共卫生设施与现代医学出现前也不如昆人。

考虑到昆人所处的环境，他们可谓异常成功了。在这样一个需要非常熟悉才能适应的环境里，他们活了下来——甚至可以说是人丁兴旺。他们的传统历经几千年的经验积累，已经延续了几百代。这些传统（比如涂在箭上的毒液、降灵仪式）源于何时，没人记得，也没有任何传说可以追溯。他们能辨别500多种动植物：哪些可食，哪些可药用，哪些有毒，哪些可美容，哪些有其他用途。昆人善于利用环境，从而使他们有闲暇关注家庭关系、社会生活和心灵成长。他们的生活充满人性的温暖、审美的情趣，在工作与爱情、仪式与游戏之间保持了一种令人羡慕的平衡。

在采集狩猎社会，昆人不算特例。有科学家比较了当代各个采集狩猎社会的社会经济组织，认为它们之间的共同点远远大于它们跟毗邻的农业社会、游牧社会、工业社会的共同点。不管在地点、气候与环境上存在何种差异，当代采集狩猎社会都存在某种不容否认的"总体规划"。关于这种一致性，最好的解释是：在采集狩猎模式下，可供选择的替代模式有限。哪个民族要在大地上生存，都面临同样的生态问题，从而发展出大致相似的体系。由此推测，这种模式——或者更确切地说，这套模式——在农业革命前盛行于大部分人类社会，贯穿了人类演化的主要时期。

但是，这跟我们有何关系？我们能从我们祖先生活过的采集狩猎社会中学到什么？或许，最重要的是意识到它留下了丰富的遗产。我们史前祖先的生活不是无休无止的贫困，反而通常是营养充足、活儿不多、比较闲暇，大家共享资源，男女一起为家庭、经济和社会提供食物。今天，包括昆人在内的采集者和狩猎者主要在大部分边缘地区活动，但是，史前的采集者和狩猎者活动的区域拥有丰富的水源、蔬果和猎物。因此，要说关于当代采集狩猎者的数据有什么误导的话，那就是它可能令我们低估了他们（和我们祖先）的生活质量。

我开展田野调查的第一个月主要做几件事：适应喀拉哈里沙漠的生活，跟生活在那儿的三位人类学家相处，学习昆人的语言。昆人没书面语也没文字，根本就没有关于他们的语言的语法书或词典。起初，我向其他人类学家求助，他们介绍了昆人语言的基本知识。这种语言有四种吸气音、两种喉音。发音很容易掌握。但很多发音在我们西方人听来难以区别，实际上，它们是靠四种甚至更多声调来区分意思的——声调很难区分，更别说掌握了。我学了两个重要的短句："这叫什么？""我这样做，怎么说？"靠这两个问题，加上意思明显的手势，我几周内问到了很多词。但是，其他人类学家计划短期内离开，研究工作又忙。虽然他们热情解答了种种问题，但我不好意思占用他们的时间，于是尽可能自学。

第一个月，我雇了两个男子陪我坐下来学习，我指示物品，打手势，反复提出那两个问题："这叫什么？""我这样做，怎么说？"然后努力记下他们的回答，就这样一点点记下了我以前从未听过的所有发音。我用标准的拼字法记录吸气音：/＝齿音（发音在英语里写成"tsk，tsk"），≠＝齿龈音（我们有时吃东西会发出这个音）;!＝齿龈后音（从舌根转向舌尖的爆破音）；//＝舌侧音（像骑马喊"giddyap"后的尾音）。其他元音和辅音，我主要用英文字母记录。

三个月后，昆人语言不再那么陌生了，我能稍稍掌握吸气音、喉塞音和摩擦音，终于听懂了声调的变化（尽管快20个月后我才能准确运用）。现在可以和当地人很有礼貌地打招呼了："早上好吗，侄女？""我很好，叔叔。"

但是，除了从昆人的语言里找到英语的同义词之外，要做的事儿还很多；当然了，不但要发音准确，还要用对场合，说话得体，这都很重要。我第一次尝试没做好，很尴尬。但生活了六个月以后，我的语言运用得更纯熟了，有时也能成功问些问题，让对方回答。此后，只要妇女态度不错，肯聊天，我就会"采访"她们，想方设法弄清楚她们认为什么最重要。我问她们怎么看待婚姻，她们的婚姻生活如何。如果对方怀孕了，就问她怀孕的状况，对当妈有什么想法。一夫多妻婚姻里的女人，我就问她跟别人共有一个丈夫是什么感受。这些访谈帮我把握到了正确的研究方向，但没取得我想要的效果。我得对方反复解释才能听懂，词汇量又少，所以只能得到些空泛的、没什么针对性的回答——这不是我想要的。为了更好开展研究，我必须掌握更丰富的词汇，分辨这种语言的微妙之处。

我坚持访谈，语言能力逐渐提高。第 10 个月，情况有了突破：我跟一个名叫宝（Bau）的妇女在几周里友好而随意地聊了好几次，她开始信任我，谈到些其他人只会暗示的事，她谈起她自己的生活，说性游戏很常见，连孩子间都有。她告诉我村里的孩子谁和谁是"一对儿"，怎么玩游戏。她说很多人都有婚外情，还告诉我村里哪些男女是情人。她说，过去女人要不想怀孕，就喝某种恢复月经的药草，"弄死胎儿"，导致流产，但不损害她们的怀孕能力。她还说，她祖母那代女人有时杀婴，但现在不敢了：

博茨瓦纳政府严禁杀婴,抓到会被严惩的。

简直是奇迹,宝随意谈着我梦寐以求得知但至今未得知的事。我们两周谈了七次;我记下了所有听懂的内容。她解释孩子们最后如何发现父母夜晚在同一个屋里悄悄办事。这就是孩子们想到玩性游戏的原因。最初,他们跟朋友玩,甚至跟兄弟姐妹玩。大些后,他们不再跟兄弟姐妹玩,只跟其他异性孩子玩。她自己小时候也干过,还记得有一次两个小伙伴躲在毯子下假装"做爱"时被逮住了。

更熟以后,宝谈起最近做的一个梦。她在梦里跟一位妇女对骂,动起手来,撕咬抓挠对方的脸。其他妇女把她们拉开了。梦里这位妇女让宝回忆起丈夫以前的某个情人。丈夫曾把这告诉宝——这是严重侮辱:"男人不跟老婆谈他的情人,只是做,但不会说。"后来,宝也有了情人。一次丈夫外出,她跟情人到檬戈林里过了几晚。他们离开时被人发现,告诉了她丈夫,丈夫打她,"差点被打死呢!"后来她就和情人断了往来,不敢再有这种事了。

赢得宝的信赖是第一步,理解她的秘密是下一步。我清楚,不能认为她的话就全是真的。信息人(informants)经常告诉人类学家他们认为对方想听的话。有人甚至彻底撒谎——为了隐瞒,出于冷淡,或者仅仅是开玩笑。也有可能,宝的表达方式受她文化的影响,我不了解她的文化,但她以为我了解。可能在按字面意思翻译她的话的过程中,我遗漏了其中真正的含义。

我没法判定真假,只能期望宝没撒谎。我根据自己对她的了解来猜测哪些话是真的。她人很安静、矜持,也不常来找我。直到我们聊了多次,她才开始信任我。她对言谈间说起的人没什么私心,也没必要乱嚼舌根。她说"有些女人在外面有情人"时有名有姓,还提到其中的关系纠葛。总之,我确信她告诉我的事,她自己相信是真的。要是这样,那么不管她有怎样的个人偏见,现在我都有了进一步拓展的基础。当然,我也会问别人类似的问题,以确定她的话是否大体可信,但她给了我能够继续推进的内容。

从那以后,直到10个月后离开,我都按照如下方式进行田野调查：采访信息人，询问她们的生活。经过多次尝试和挫折，我根据对宝的访谈经验逐步摸索出一套方法。跟原先相比，现在我更确定自己在找什么，也更清楚这样会获得什么内容。

我的诀窍是开门见山：要求某人跟我"进到工作里"（昆人的说法），有大约两周，我们坐着谈一个小时或者一天。访谈都录了音；录音可以捕捉笔记容易遗漏的细节，显示故事是如何发展如何讲述的。

我没有完全随机选择访谈对象——说得更确切点，有些人是随机挑选的，有些人则是为了有代表性而专门挑选的。采访了两名男子以后，我发现跟男人谈话不像跟女人谈话那样亲密。我选择采访那些感觉能建立良好关系，又能广泛代表昆人大体生活情况的妇女。除了妮萨之外，我还专门采访了8位妇女，她们年龄在14～70岁之间。14岁那位还没结婚，没来月经，跟父母一起生活。70岁那位是个大家族的主心骨，还"掌管"着该地区丰富的资源；跟丈夫与守寡好些年的妹妹共同生活（后者实为她丈夫的另一位妻子）。其他人——精力充沛的母亲，22岁，有个已经恋爱结婚的小姑娘；聪明但不孕的妇女，30出头，嫁给一名茨瓦纳人①，夫妻关系严重不合；30岁的新寡妇，降灵治疗师（healer），独自跟5岁的儿子过活，住在已婚女儿家附近；其他两名妇女都30多岁，在某种意义上属于典型的昆族女人，婚姻稳定，有几个孩子；还有一名沉默寡言的不孕妇女，40多岁，嫁给了一名德高望重的治疗师。这些妇女大体能代表1960—1970年代多比地区昆族妇女的各类生活状况。

我接触的妇女都渴望参与访谈，部分是为了报酬，部分似乎是想有机会谈论自己。我一开始就告诉每名妇女，我想花些时间跟她谈谈她的生活。我解释说，我想知道在她们的文化中身为女人意味着什么，以便在自己的文化里更好理解女人的意义。如果对方比我年长很多，我甚至扮得像个求助的孩子，需要对方帮助我为将来的生活做好准备。所有

---

① 茨瓦纳人是说班图语的民族，为该国人口较多的部族，约有50万。他们分布在这个国家大部分地区，不过主要居住在东南部。——原注

访谈中，每一名妇女都跟我单独谈话，我把她们当作人，也当作女人。

我也提到自己想谈的话题：童年记忆，对父亲、兄弟姐妹和亲友的感情，跟其他孩子在童年和青春期的交往，梦，婚姻，生娃，童年及成人时的性，跟丈夫和情人的关系，对死亡的感触，对未来的思考，还有任何她们认为在生命里重要的其他事件。我声明，只要我在这里或者重返这里，所谈的一切都守口如瓶。但我告诉她们，我将跟自己国家的人分享这些故事，让他们知道她们的生活。

我鼓励她们主动聊。有时，她们因为这件事又想起了另一件事，这对于展开话题似乎很有帮助，我尽量不打断，除非听不懂。如果她们讲得太简略，我就要求多讲点。如果有妇女发现某个话题很难再聊下去，或者不知道再聊什么，我也会提出建议。有的妇女，我每次访谈都得引导，但其他妇女一旦明白访谈的程序后，就很少需要我引导了。

妇女们在跟我工作时表现得很快乐，对被选中来指导我感到自豪，这些事她们习以为常，但我兴趣盎然。她们说，这些事永远不跟男人谈，因为"男人谈男人的，女人谈女人的"。无论何时，只要男人走近我们工作的屋子，她们就不吱声了。头次谈到情人，谈到早年的性经验，谈到离开村子生孩子，她们的声音总是又低又激动。

回忆与讲故事是昆人的重要文化娱乐。因为没文字，人们坐着没完没了地聊天。回忆采集狩猎经历时，说的人手舞足蹈，开怀大笑，突然提高嗓门，又突然压低嗓音，或者模仿动物、鸟儿、昆虫的叫声和移动的声音。好故事的特点就是一遍又一遍地重复，无休无止地渲染夸张。听故事的人一个个全都仿佛身临其境，听到曲折关键处还会忍不住议论纷纷。有人懂得技巧，故事讲得比别人好。在我访谈过的妇女里，妮萨在这方面很突出。她特别善于把故事讲得丰富多彩、扣人心弦、充满魅力，她又很细腻，懂得把故事讲得比它们本身更宏大也更丰富。这些故事有时蕴含了人类生活最微妙也最复杂的经验，有时揭示了人皆有之的复杂情愫。这就是她的叙述留给我的财富，也是它如此引人入胜的原因。

我记不起头次遇见妮萨是在何时了。或许,她曾来我们营地,夹在索要东西的人群里向我们要过烟草。① 但是,她给我的第一印象是在我跟宝的访谈结束两周后,即我20个月的田野调查进行过半之时。当时我丈夫和我在高沙(Gausha)附近扎营住了一周,那里有很多昆人和其他族群的村子,妮萨也住在那里。

那天我们从主营地沟西(Goshi)出发,到达高沙时,天早黑了。我们驾驶路虎越野车经过某个昆人的村子后,停在离路较远的一个废弃村子的遗址上。满月当空,看上去小小的,散着冷光。灌木和干枯的荆棘突然被车灯照到,拖出长长的影子;然后车灯灭了。

随行的两位昆族男子——库玛(Kxoma)与图玛(Tuma),建议我们在人类学家理查德·李和南

---

① 从前昆人不抽烟,但跟欧洲人接触前,烟草已经传到他们这里了。从人类学家跟他们接触起,他们就经常向人类学家们讨要烟草。——原注

希·豪威尔①四年前住过的地方扎营过夜。他们说，别人住过的地方正适合扎营，这把你们跟过去联系到一起了。理查德和南希住过的棚屋的细长木架还在，兀立在月光下，仿佛灌木中立起的诡异骨架。长树枝是从附近树上砍来的，扎在地上围成直径6英尺的基座；顶端部分被折向正中央，被用纤维植物制成的绳子捆住：这是传统式样的昆人房屋框架。屋上的茅草早被妮萨村里人抱走了。它就竖在那，既不能挡风遮雨，也不能遮掩外人的视线。

图玛从附近找来干柴，生了火。他拿起我们随车带来的5加仑②水罐，把水倒进壶里，架到火上。我们不希望村子有人过来。我们的车经过村子后，发动机突然熄火，村里人想必听到了。但现在太晚了，不是拜访的时候。明早我们还在：到时他们就会见到我们，知道我们打算干吗，待多久。昆人会前来讨要药品和烟草，他们放牧的邻居赫雷罗人

---

① 两人均为哈佛大学的人类学家，且是夫妻。——中译注
② 1加仑（美）约合3.79升。——中译注

(Herero)①，也会加入讨要的行列。

我们四人从车上慢慢卸下毯子和帐篷。库玛与图玛在一棵能遮阴的小树下搭起帐篷；我丈夫则在理查德·李和南希·豪威尔的房屋框架上挂我们的帐篷。我打开铺盖，在把它放到地上前抖掉毯上的土。我记得，一次南希在她的睡袋里发现条嘶嘶作响的蝮蛇。我躺到刚搭好的床上，摸遍整个毯子，查找帆布底下的荆棘枝和干牛粪，把它们清理掉。这次我们决定像昆人那样轻装简行，没带床垫和枕头。

我加入火边的伙伴，喝新磨好的菊苣咖啡。我向来惊讶，适应新环境是那么快：似乎有火堆、毯子和咖啡就够了。我累坏了，坐着享受这安静而没有压力的时刻，这一刻实在难得。人声从附近村子传来，有人笑，有人叫；知道他们在那真是让人欣慰。我感到一股喜悦的困倦，躺倒在我的夹克上，

---

① 说班图语的牧民，20世纪初期为纳米比亚的大族。1904年在跟德国的战争中，整个民族几被歼灭，幸存者逃往博茨瓦纳，在这里居住下来。——原注

因为声音和篝火而感到平静。

搬家向来令人疲惫。甚至到了开始把东西打包搬上车前，我们还有大量东西要处理：汽油、水和食物、笔记本、观察记录表、相机、录音机、提灯、帐篷、毯子、衣服等等。这形成了一种压力，谁都感受得到——为我们工作的人、我丈夫、我自己及那天我们就要离开的村里人。事情总是这样子——我们在哪住得越久，那里的人就越依赖我们，不停索要烟草，索要药品，索要商品，或者只是为了跟着我们瞧个热闹——村民越来越喜欢到我们这儿晃悠，待在我们这儿的时间比在其他地方更久。我们的离开打乱了他们的生活节奏，特别是住得最久的沟西。我们拖到很晚才动身。

喝完了咖啡，我们准备休息。这时我们听到有人过来了。只有两人：妮萨和她丈夫，波（Bo）。妮萨穿着件褪色的破旧印花衣服，尺寸有点大，外面松垮地披了块毯子。波穿了条旧西装短裤，连里面的补丁都磨破了。他们跟我们打招呼，然后坐到火堆边，这样我就看得更清楚了。两人快50岁了。波行动缓慢,说话斯文,深思熟虑,眼睛炯炯有神,透着精明劲儿。妮萨始终很活跃:不停动来动去,表情丰富,说话快,身体健壮,还有点莫名其妙地卖弄起风情。

波一坐下,就喊我丈夫的昆族名字,说:"嘿,塔沙伊(Tashay),给我些烟草。烟瘾折磨死我了!你没见我被它搞死了吗?"我以为丈夫会说:"明天吧,现在我们要睡了。现在讨要东西也会折磨死我们的。"但他没。太晚了,没必要争吵,何况也就两个人。有时,我们发现对方要什么就给什么更省心,直到他们要个没完,被弄得再也受不了为止。然后我们就会翻脸争吵,尽管知道其实不这样做比较好。最好的办法是也学着他们那种狡猾劲儿来对付他们——半真半假,半是理所当然的那种劲儿。但有时我们也没法这么做,所以就得挨他们挖苦:"你们这些有钱人呐,小气鬼!""这么点小事,连个忙也不肯帮!"

我丈夫起身,去打开路虎的后备箱,拿了些碎烟草回来,交给波和妮萨,告诉他们明早可以再多给点。这些原是打算给跟我们工作的其他昆人的。我丈夫正在研究母婴关系和婴儿的身心发育，我正想结识些妇女，让她们告诉我药用根的特性。宝已经给我介绍了几种据说能使人怀孕、流产和堕胎的药用根。

波往一根旧的木烟斗里塞烟草。这玩意儿肯定是他买来的，破得只有烟钵那儿是完好的。（他们很少用烟嘴儿抽烟，即使新烟斗也这样。）他打开一个破损的小布袋，掏出刚才我们给的烟草，往烟钵里填上烟草，点燃了，深深吸了四五次，努力把更多的烟吸进去，再呼出来，每次吸气都鼓着腮帮子，屏住呼吸。完事后，他转头在沙上吐了口痰，把烟斗递给妮萨。她也那样抽了烟，再递给库玛与图玛。他们也那样抽了烟。库玛把喝剩的加了糖的咖啡递给妮萨和波，他们一起喝光了它。

他们四人聊天，交流村里的新鲜事。我们的存在似乎变得跟他们无关，我也放弃了听懂他们话的努力。我困了；最后他们的声音变成了没有意义但令人愉悦的嗡嗡声。这时我突然意识到妮萨在唤我的昆族名字,说:"婉特拉(Hwantla)……婉特拉……你有我的好朋友理查德和南希的消息不?我好喜欢他们!他们也喜欢我们——送我们漂亮的礼物,到哪都带着我们。波和我为他们努力干活,因为我们不怕干活。我们四个就是这样好。对,南希和理查德……哎呀!好想他们在!"

她接着谈四年前的事,那时理查德和南希偶尔来高沙住。听她说着,我就想起了这10个月来我们克服的困难,我常常想到这些。我们差不多算是来这些偏僻村子工作的最后一批人类学家。在理查德之后,又来了六名人类学家,每人都在这生活了大约两年。

最后才来,对我们的确有好处。从前结识的一名同事把我们带到沟西,昆人也做好了迎接我们的准备。我们可以利用前面搜集到的资料,包括昆人的基本情况、家族历史、生卒婚姻记录等。靠这么多资料,我们在来之前就能把精力集中在自己最感兴趣的方面。

但我们渐渐意识到,我们也延续了先来者的严重问题。昆人也观察人类学家快六年了，对他们相当了解。之前研究者形成了一套与昆人相处的模式，昆人自然也希望我们按老规矩来。这很难做到，因为我们对眼前的很多做法不以为然：研究者另外住在设施完善的营地，给昆人分发烟草，掏钱雇昆人干活，向他们买工艺品，去树丛考察也只是不时地坐着车去。我们决心按照自己的方式行事，收起先来者留下的帐篷，搬到昆人村里，住进了昆人式样的草棚。

一旦按照自己的方式行事，我们这种颇有点浪漫的做法就遭到昆人抨击。他们要我们像之前的人类学家那样给他们活干，因为他们想要钱，想不再依赖越来越难维持生计的传统生活方式过活。

他们说，有了钱，他们可以买山羊、衣服和毯子。他们需要种子来种庄稼，像赫雷罗人和茨瓦纳人那样有自己的园地。还需要烟草："没烟草，人是醒来到处走了，脑子却稀里糊涂的，连天亮天黑都不清楚。"我们说烟草有害健康，他们不在意，甚至不信。他们辩称，我们不帮他们，他们就不得不跟附近的赫雷罗人讨，很丢面子。他们又说，我们应该给他们东西，让他们的生活好过些。毕竟，他们很配合我们，允许我们打扰他们的生活；反过来，我们理当回报些自己容易获得而他们急需的东西。

我们没被说服，至少还没被说服。我们不觉得应该屈服于压力分发烟草，也不觉得理当付酬或者雇人为我们干活。世上有许多问题本没有答案。他们的传统经济模式里没有钱这种东西，是最近才传来的。那么，将钱给部分人而不是全部人，会有什么长久影响？如果我们雇佣男女为我们干活，于他们从事狩猎和采集会有什么影响？或者，于他们儿女学习树丛生存技巧的态度会有什么影响？如果我们鼓励他们种庄稼，那要是雨水不足导致绝收，会出现什么情况？

最大的顾虑可能是：我们完成工作，像前面的人类学家那样离开以后，接下来会发生什么？昆人肯接受游牧部落提供的报酬低廉的工作吗？如果不接受，他们会回归完全靠采集狩猎为生的生活吗？如果接受了，他们干得了那些活儿吗？说班图语的牧人不断到来，带来了牲畜，也带来了外界的思想，这必然会改变昆人的社会生活。但是，我们作为人类学家，怎能认为暂时给人家点钱和物品也没什么关系？要是屈服于压力，那我们不是不负责任吗？

冲突看来不可避免，主要是由烟草引起的。起初，我们拒绝把烟草分发给我们所住村子外面的任何人，什么时候都不给。我们希望最后能完全不再给他们烟草。一天上午，我丈夫开车拉着空水桶去5英里外的水井打水，路上发现有堆荆棘条拦住了去路。附近村子的人们很快现身了："你不给烟草，还想来这里打水？"后来他们还是让他过去了（不让别人使用水井是违法的），但我们意识到不能再忽视这样强烈的抗议了。昆人根据他们自己的情况，而不是我们的情况，要求彼此建立一种互惠关系。最后，正如同事几个月前劝诫的那样，我们接受了这种规则。我们更大方地散发烟草，在村里工作时有人来要烟草也不再拒绝。

后来我们也意识到，即使离开了这里，我们也有责任帮助他们努力过上好生活。但是，跟妮萨和波坐在火堆前的时候，我们不知道应该怎么帮他们，还纠结于这个问题：我们是不是应该固守原则，完全不要影响昆人的生活方式？

妮萨赞扬理查德和南希，让我回想起这些让人不快的调适过程。他们真的相处得比和我们更好吗？关系真像妮萨说的那样融洽吗？妮萨的话激起了我的好奇心。现在我清醒了，要她多谈谈当时的情况。

"南希和理查德？他们是最好的人！南希，你好哇！南希，哈喽！你说为什么他们是最好的人？我们要什么，她和理查德就给什么：衣服、吃的和钱，各种各样的东西。他们从没拒绝过给我们任何东西！南希，我多爱她啊！她是这里最好的白人。写信告诉她我是这么说的。同时向她再要些衣服和钱。跟她比，谁都是小气鬼。她和别人不一样，她不是欧洲人，而是我们昆人！哦，好想她现在就在身边，她真的很照顾我。"

我觉得有些失望，这不是第一次了。我期望她告诉我什么：关于她们的冲突？关于南希和理查德拒绝的不计其数的索要？有多少次南希让她下次再来?不,我清楚那是怎么回事;不必问。昆人对待南希和理查德,就如他们对待我。

妮萨继续说着,她的声音开始让我心烦。我想如果我不再说话,她就会闭嘴,果然她很快就不说了,转头跟库玛、图玛和她丈夫聊天。现在太晚了。妮萨和波抽着烟,喝着加了糖的咖啡,交流着消息。他们该走了。走了后,我松了口气。

那次,我们在高沙住了一周,每天妮萨都来我们营地,每天都提醒我们南希和理查德对她多好。她早上就来,坐在一边,看着我们一出现就会引发的混乱,跟等着要药品和烟草的人聊天。她侄女3岁,总跟着她,她们一起玩一起笑。自第一天起,我就怕这些时刻。她的声音很大很尖,有点狂暴,老想引人注意,没个消停。每次,只要引起我的注意(甚至经常在我不注意她时也如此),她就要谈南希和理查德。我的害怕很快变成厌恶,起初还只是些微的,后来越来越强烈。我躲进自己的帐篷,关上纱门,但夏天快来了,天已经暖了;我没法在帐篷里待太久。我到昆人村里采访妇女,但回来时,妮萨经常还在。她的声音持续在营地回荡。我没法视而不见，那种几乎赤裸裸的指责直接扑进耳朵里。我感到自己需要有个地方可以躲她，捂住耳朵和眼睛，不听也不反应。我得采取对策了。

最后我决定，既然无论如何都得听她说话，那不如跟她谈谈自己想了解的事。我曾经要求高沙的其他女人告诉我各种根茎及植物的药用特性，但这些采访不怎么令人满意，她们似乎在回避问题，也可能她们没听懂我问什么。谁也说不清某种根有什么药效。她们说，我该去问那些帮人答疑解难的老女人。她们没说这些人是谁。或许妮萨就是其中之一？

我走近妮萨："我有些问题想问问你，你愿意跟我工作吗？"她中断跟别人的谈话，开怀笑了，直视我的眼睛说"Aiye!"，表面意思是"妈妈！"——但这里也是"当然，我很愿意"的意思。

现在看来，我们是以这种奇怪的方式开始了一段后来对我来说非常重要的关系；而也只有在我跟她搭话以后，她才改变了对我的态度。她一直想跟我搭话，但觉得我们只有南希和理查德这个共同话题。现在我去问她，开启了新的关系。仿佛她一直在等我明白，她可以给予我某些东西。

第一次访谈花了一个小时。她主要在回答我的问题，并且全答出来了。她讲了四种药用植物的名字，清晰介绍了每种的功效——她说，一种用于防止流产，一种会导致流产，另外两种用于避孕。她告诉我，她的妯娌生了10个娃，只活了4个，"被孩子的死伤透了心"。最小的孩子死后，她喝了使人不孕的药，从此再没怀过孕；孩子们的死伤了她的心，她不想再经历了。在整个访谈过程中，妮萨很配合，用不同方式重复讲述，以确保我能听懂。可能最让我惊讶的是，她自己似乎也很享受访谈本身。访谈结束时，我不得不承认，采访出乎意料地顺利。

第二次访谈，我向她询问孩子——他们玩什么游戏，怎么玩。关于孩子的性游戏，她证实了宝告诉我的大部分情况。她甚至讲了几天前目睹的一件事：一名大约6岁的男孩和他妹靠在他们家的墙上，男孩站在妹妹身后，互相摩擦下体。他们不是头一次这么玩，以前妮萨还见过他们躲在被子里玩。两次她都骂他们，告诉那小女孩，再这样玩，她的阴部会疼，会发臭。但他们父母不知道，妮萨也没说。她说，那岁数的孩子不懂事；不管怎样，要是他们母亲知道的话，肯定会揍他们的。妮萨又有点幽默地补了一句，说女孩成长时要没学会享受性事，脑子就会发育不好，像这里一名赫雷罗人的女疯子那样满地吃草。她宣称，成年妇女也要过性生活，要没有的话，她的脑子就会坏掉，总是气呼呼的。

过了一天，妮萨和我又谈了一次，接下来的两天又进行了两次。她开始告诉我她的童年：她的同性恋情人，她最初不肯跟男孩玩性游戏，她喜欢的男友教她试着干那事儿，最后她喜欢上了。至此，我入了迷——采访非常精彩。但最后一次访谈，她告诉我一件事，这事太蹊跷，让我怀疑它的真实性，甚至怀疑她之前说的是否全是真的。

当时我问到了她的最初记忆。她说，孩子太小时，除了吃奶和睡觉，记不得任何事。一次，她在路上走，回来告诉我，她突然想起一些事。妮萨的最初记忆是吃奶，这是她的最爱。但母亲怀上她弟昆沙（Kumsa）以后，她断奶了。这让她特别不开心。她说，断奶时她太小了，所以她比两个兄弟都瘦小。她去吃奶，发现母亲的乳房上涂满一种苦涩的糊糊。她又哭又叫，直到母亲把面糊擦净。但母亲告诉她，乳汁是留给肚里的胎儿的。如果她继续吃奶，会生病，甚至死掉。父亲也骂她。妮萨大哭大闹，坚持要吃奶，结果被揍了一顿；她非常痛苦。

讲到这里也还没什么奇怪的地方。其他妇女也回忆到类似的经历，我丈夫也观察到村里孩子在断奶时特别难受。

但这事还有下文。妮萨说，一天，她跟母亲出去觅食。出村没多远，母亲坐到树阴下开始生她弟昆沙。弟弟出生后，母亲要妮萨回去拿挖土棍，好把她弟埋了。母亲担心妮萨断奶过早。要没有婴儿的话，妮萨就能继续吃奶了。但妮萨听后哭了，说她不想再吃奶了，只要弟弟活着。她们争论起来，最后她说服了母亲。她们决定让她弟活下来，他吃奶，妮萨不吃。妮萨相信，是她让弟弟捡了条命。

是我理解错了吗？据说，杀婴在妮萨所说的时代是存在的。但一个小孩肯定不可能卷进这种事，特别是见到母亲生育之后。"再说说这个故事，"我说，"这次讲得详细些。你弟出生时发生了什么？"复述的故事基本相同。她真看见了她所说的全部故事？或者是别人告诉她的？她说："是真的，那是我亲眼看见的。"

我不知道如何解释这个记忆。它听起来太怪了，简直像谎言。要么我不得不换一个角度来理解？这个最初"记忆"，或许是她自己当时虚构的，用来安抚自己对弟弟的愤怒与嫉妒。或者，她母亲也只是开玩笑，其实不真是要杀婴，知道妮萨必然说不。她可能想让妮萨学会爱护弟弟。或者，这威胁更可能是要让妮萨内疚，不再为断奶抱怨。还可以想到其他解释。但有一点是清楚的，妮萨相信自己说的故事。

尽管如此，我又开始不信任妮萨了。我们计划次日离开高沙。我们本可以继续留在那里，但因为我对妮萨的感觉还是那么矛盾，不如离开来得轻松。

过了些天后，我发现自己不再那么受她困扰了，也不想承认和她交往有什么特别的地方。但我的确承认跟她谈话对我是有帮助的。以跟宝的访谈为基础，跟妮萨的访谈进一步给了我信心。现在，我决定更深入地询问其他妇女的私密生活。

后面的10个月，我又采访了7名妇女，多数非常成功。其他妇女证实了宝和妮萨告诉我的情况，而且补充了新的内容。到最后，我对于昆族女性情感世界的微妙之处、她们对生活的态度都有了说得通的深入理解。这是我最初就期望获悉的，我非常高兴。但另一方面，我并不满意。我需要有人告诉我更多她们的内心。我期望，至少有几名妇女能深入披露她们的生命体验，同时期望工作期间能发展出亲密的友谊。

回想起来，我也知道没能实现这些目标的原因是多方面的。毕竟，我们的访谈建立在交易的基础上：我为访谈付酬或者赠送礼物。或者可能是我有钱，有地位，又是外国人，这让她们无法信任我。或者，也可能是因为更微妙的原因，或许是因为我选择的妇女的类型——毕竟，这类妇女确信我会注意到她们。不管潜在的原因到底是什么，我很久以后才意识到，没有亲密的友谊，也没有主动的坦诚，这是访谈的严重缺憾。

其实，这种迹象从一开始就存在了。早在对宝访谈之前，或者在我正式开始访谈之前，我跟沟西的一名妇女差点建立起亲密友谊。我离开沟西时，她告诉我她会多么想我，我回来时，她肯定来迎接我。我偶尔会送她一些她索要的小礼物（比如瓶子、油、珠子）——这些东西不值几个钱，但昆人特别想要。我把这些礼物视为友谊的表示。但过了几周以后，我注意到她从没给过我任何东西。当然，我比她富有，不期望多有价值的回礼，但即便是不值钱的礼物，也是昆人表达友谊的方式。（几个月后，我从其他昆人那里收到些小礼物，证实了我对她的期望合乎情理。）我按照昆人的做法，直接去找她，说是我收礼物的时候了：根、浆果、坚果或者任何小东西都行。她不愿承认我说她小气（因为按照她们的习俗，她的表现真的是小气），但最后承认自己理当更大方些。我有一段时间没再给她礼物，等她来，但她再没上门。我再离开沟西时，她不再说她会多想我；到后来，我们只是见面打个招呼而已。

我之前跟婉特拉（Hwantla）的交往则是另一种情况。婉特拉人长得美，心灵手巧，很有魅力，比其他妇女更吸引我。到沟西的第一天，关于我取什么昆族名字引发了一场争吵。婉特拉和另一名年龄更大些的妇女各自劝我用她自己的名字。有了昆族名字以后，我将变成同名人的同宗姐妹，纳入她以血缘与同名人为基础的社会关系。（昆族男女各有近35种名字。名字相同的人之间有着一种特殊的联系，这种同名关系甚至相当于亲缘关系，即使没有血缘关系的人也能因此而互相联系。[1]）

我一开始就喜欢婉特拉，但不想刚来就疏远任何人。尽管如此，但当她递给我一件容易接受的礼物时，我马上接受了。那天，我在手记里写道：

---

[1] 因此在本书中，不少人物的名字相同，译者在必要时会加以注明。——中译注

今天到达后，婉特拉跟坐在营地周围的人激烈地吵了很久，随后冲进我的帐篷。她不仅再次要求我用她的名字，还送给我一件礼物——缀有珠子的遮羞皮裙，别人来找我，只关心我用了她们的"名字"后怎么回报她们。但婉特拉给了我礼物，甚至没要求回礼，尽管两人都清楚我会回礼的。

一旦我明白用她的名字意味着什么——这花了一段时间——我用自己所能想到的手势告诉她，我很高兴用她的名字。一下午，我都在练习念自己的新名字婉特拉，我喜欢它的发音。

我曾期望相同的名字能拉近两人的关系，甚至可能成为"闺蜜"。我迷上了她，愿意找借口亲近她。她能歌善舞，还会弹自己谱的曲子，才华横溢，精力旺盛，也特别聪慧风趣。但考虑到语言障碍，我又经常外出，一开始我没期望关系发展得多深，整整一年里，我们的关系没有更深发展。

对宝和妮萨访谈以后，我对昆族语掌握得更纯熟了，也熟悉了昆族女人的习俗，我开始努力跟婉特拉建立更亲密的关系：建议两人一起工作。她对此很热心，始终反应积极，但我期待建立的关系并没有建立。这倒不是因为她不信任我——她甚至在我面前跟她丈夫吵架。但大部分时候，她似乎不愿在我们的工作中过多披露自己，更不用说发展跟我的关系了。她有她的难题：她不能生孩子，她的茨瓦纳人丈夫跟他的女主人生活的时间越来越长，最近还跟对方生了个孩子。在付酬的访谈结束以后，我们几乎没再进行私人交流，她经常来我的帐篷，只为索要烟草。

我跟接下来访谈的两名妇女交情没有这样深。奈（Nai）是名 14 岁的女孩，就要成人。奴克哈（Nukha）是位 20 岁的母亲。两人作为信息人都很好，但没有婉特拉的朝气、魅力和聪慧，也没有宝的冷静成熟。我想知道奈如何看待成长，以及她对未来的希望和恐惧，但她对自己的说法变来变去，让我挠头不已，而且一直不肯回答我提出的大多数问题。奴克哈肯谈论跟丈夫的矛盾，也肯谈跟其他男人的偶尔韵事，但似乎不能或者不肯披露更深的情感。

接下来的两名女性，纳柯哈（Naukha）和克霞茹（Kxaru），更成问题。纳柯哈大约35岁，有三个孩子，（依据她自己的说法）婚姻很幸福，实际上把一个故事反复说了一遍又一遍。因为她讲的名字和地点不停地换，我花了好几天才意识到这一点。我有时怀疑，她只是简单地（或者也是故意地）把自己知道的那些人名、地点和食物的名称换来换去。那就是——她在东南西北的父母、兄弟姐妹、姨父姨妈，曾经拒绝给她根茎、浆果、坚果或者肉，然后第二天、下一周或者下个月，当她也有某种根茎、浆果或者其他东西时，她父母以及其他人等前来讨要，她便获得了拒绝对方的大好机会，然后她就这么做了！借着这个套路，她能轻而易举、没完没了地编，依我看，她就是这么干的。我可不觉得这有趣，也不太喜欢她这样推诿。我没强迫她跟我工作，也没坚持要她继续。最后我径直跟她说，她已经谈够了小气的事儿，现在我们得谈谈其他事。但采访从没取得什么进展。

克霞茹的问题又不同,她跟纳柯哈同龄,友善温柔,想跟我工作。但她在较南的地区长大,用的很多词儿我完全不熟,弄懂她的意思特别费劲,得聚精会神。常见的情况是:一起工作时,因为得不断弄懂她的意思,最后搞得太累了,结果是我停止了插话。后来我意识到,她的话我几乎都没听明白。

跟纳柯哈和克霞茹工作时,我在这已经住了超过19个月,满怀沮丧,不能再保持理智和耐心,这原本是我很擅长的。我离家太久了,想家了。适应别人的生活不断给我带来压力,搜集她们生活的可信资料很艰苦,环境也不容易适应。这些都让我精疲力竭,想结束了。如果还有精力,或许我该想方设法获得纳柯哈的信任,鼓励她更放开地谈论自己。尽管访谈克霞茹花费的时间是其他妇女的三倍,但她显然乐于参加访谈。但我不想这么做;我筋疲力尽,心情烦躁,做不到像前面的访谈那样敏锐。我需要顺畅的沟通,马上能理解对方,一下子就能相互信任。我很孤独,不再有足够的精力去让别人悦纳。我渴望待在这样一种地方:生活比较轻松,人们真的关心我,我想独处几小时的话,就可以独处而不被打扰。

一切表明是离开的时候了。我丈夫的工作已经接近尾声,我也就要结束对纳柯哈及克霞茹的访谈。我们根据实际情况,把离开的时间定为三周后。剩余时间还够采访贝(Bey),她75岁,是沟西最老的妇女。她擅长讲故事,几个月来劝我别跟年轻妇女浪费时间。她"真的懂"很多事。我干吗不去采访她呢?尽管筋疲力尽,但我还是起了兴趣。没准阅历会使她不同于其他妇女。我决定试试。

"贝,我们刚刚谈到人们不管多老,总会保留着某些童年记忆。你也这么看,还说自己也这样。那么,你能不能告诉我你的童年记忆?"

"好的,我当然记得小时候的事。我老了,经历太丰富了。你问什么,我就告诉你什么。"

"能不能告诉我,你记得小时候的事情吗?到现在还没忘的那些事。"

"你是说人们记不住他们的童年吗?他们记得的。问我,我就告诉你。"

"告诉我关于你父母的事情。"

"好的。他们把我养大,给我吃的,我长呀长呀,长大了。当父母的就这样。"

"有时候,父母可能让你开心,或者让你难过,这些事你是否还记得?"

"问得好。父母有时帮助孩子,有时惩罚孩子。"

"父母惩罚过你吗?"

"你是说父母不惩罚孩子?孩子做了蠢事,父母当然要惩罚。"

"你做过什么蠢事没?"

"我弄坏了东西,就像我孙女,她今早弄坏了屋里的东西,所以我媳妇要打她。你以为父母不该打孩子?不,父母打孩子,孩子才懂事。"

"贝,我们谈得很好;我知道你老了,经历很丰富……"

"很丰富,哦嘿,妈妈哟[①]……"

[①] 在昆人的语言里,"妈妈哟"或者"奶奶哟",意为"我发誓"。——原注

"……但我是想谈你,不谈别人。我想知道你自己的经历,你小时候你母亲是怎么对你的,你怎么长大、怎么结婚,有了孩子后,又是怎么对孩子的。刚才我们一直在谈的事情谁都懂,大家都同意该这么做。挺好。但现在,更具体地谈谈你,谈谈你一生遇到的事。"

"对……我们谈得很好。你问我答。我老了,什么都懂。"

"我正在问你啊!但我没法告诉你应该谈什么。只有你知道你自己的经历。试试告诉我某些你父亲或者你兄弟姐妹的事,或者你来例假以后、结婚以后及有孩子以后发生的事,或者告诉我你的家庭、你的平妻(co-wife)①、你的丈夫……你喜欢的所有事,只要跟你有关。"

"对……我们谈了我父母,谈了我怎么弄坏东西。现在问我其他事吧,我会告诉你的。我

---

① 昆人有一夫多妻制,妻子之间互称对方为"平妻"。一夫多妻制在古代世界很盛行,但需要说明的是,古代中国没有一夫多妻制,而是一夫一妻多妾制,所以不存在"平妻"一说。——中译注

老了,什么都懂。其他妇女都是娃娃,连管好自个儿都不会呢。我见多了。我真的懂。你问我,我就告诉你……"

就这样谈了几天,我们停止了合作。可能是她忘了早期记忆的细节,或者是她没法适应这种访谈方式,或者可能是我太不耐烦了,所以想不出够具体的问题来引出她的记忆。但是,也可能她认为她正在提供我需要的东西。第一批定居者抵达时,她已在此生活超过四分之一世纪,因此向来被昆人视为传统、习俗和信仰的传承者。大家很重视她的意见,经常来向她求教。不管怎么说,人们不总是认为人类学家就应该研究这些吗?

在这些访谈以后,我结束了对克霞茹的访谈,打点行李,准备离开。但一旦离去的时间临近,原先的疑问又浮出脑海。我之所以对访谈不满,真是方式的局限造成的吗?或者,我还是可以找到某个人——不像贝那样无法沟通,但同样阅历丰富,能成熟甚至豁达地谈论生活?事实很清楚,目前采访过的9名妇女,大多数都努力如实披露了她们的生活,但没一个访谈特别动人。

最后,我又想到了妮萨。我还是不确定能否信任她,但她的某些事让我感兴趣。我记得访谈她时,她是多么耐心,特别在意我听懂没有。她坦诚热情,甚至风趣;而且,她的确说过,还有更多事要告诉我。当然,我事先没想到,她会特别尽职地对我讲述自己的生活,态度认真,表达清晰,没有一个受访者及得上她。当时我只是想,不能放弃最后一次采访机会便离去。次日,我托人捎口信给妮萨,问她能否来我的营地住,跟我一起工作。她可以把丈夫和侄女也带来,我提供食宿,并为工作付酬。几天后,我收到了她的回音:她什么时候都可以来。

在妮萨身上,我终于找到梦寐以求的内容。她弄清楚访谈要求以后,按时间顺序概括了自己的人生;然后,在我的引导下,她深入讲述了生命的每个重要阶段。在第一次采访中,她重述了弟弟出生的故事,这个版本比之前讲得更详细,但故事本身没有变化。但这次,我不再特别介意了:我把它视为自己现在还不能理解的内容。这个故事及其他故事的最终解释,可能永远留待猜测,我把这视为游戏规则的一部分。

妮萨和我"合作融洽"。我们老开玩笑,说我是她的"侄女",像个孩子似的,需要她这样的"姑妈"来教我怎么生活,因为她阅历丰富。她的任务是教导我如何生活。我们愉快友好,关系融洽。每次访谈,她都很投入,看来也很享受整个过程。尽管她有时需要我提示,但多数时候由她主导访谈。每次访谈开始时,她总要求听上次录音的结尾,好发现谈漏了什么,有没有需要补充的。她这样说道:"让我们继续谈谈多年前的事。也让我们谈谈老一辈人的那些事。我教你,你就懂了。"一次,正讲一个故事时,她脑里冒出另一个故事,兴奋地叫道:"怎么办?我坐在这讲这个故事,另一个故事就撞进了脑里,进到我的脑子里了!"她像小孩子那样先忍住不说,还加上一句:"我先讲完这个,再讲它,现在先讲这个。"

讲完某个故事,她就提醒我:"讲完了,怎么样?现在讲下一个。"如果我没问题,她就继续。她有个说法我特别喜欢："风会引路。"有次她讲得更诗意："现在我跟你说另一个故事，我会打开话匣，告诉你这里的生活。讲完后，风会带走它，如同这沙上消失的其他事物。"

很多故事充满细节，有头有尾。要是她还没讲完我就插嘴提问，她总说："等等，我就要讲到了。现在，听着。"但是，有一次，她谈到了自己的婚姻破裂——很明显，对她来说这是痛苦时光。她如同先前那样讲完了："事情就是这样，然后生活继续。"随后是一阵不同寻常的长久沉默。然后，她慢慢回想着，又说："不。关于这，还有些事埋在心里，故事还没有完。我的心还在颤抖。这个故事还没讲完。我想再讲一下，直到讲完它。然后，我再讲别的故事。然后，我的心就会平静了。"

最后一次采访，我们谈到我要走了，她以后有什么打算。她说："你走后，我会在附近住一阵，然后去树丛里生活，吃东西。那里水源充足，坚果根茎很多，这样，就算冬天来了，我也住在那里。我不要跟黑人一起过，也不住在有牛的地方。

"因为我们是生活在树丛里的人，属于树丛，我们不是农夫。没有山羊，也没有牛，什么也没有。所以人们叫我：穷人。对，奶奶哟，我就是个没有山羊也没有小牛的穷人。甚至连头'咩咩……咩咩……'叫的小山羊也没有。也没有驴子。去外面还得自己背着袋子。所以我得在树丛里讨生活。"

她觉得她的计划多少被昨晚的梦伤坏了——这梦预言了她的未来："我做了个梦，梦见茨瓦纳人的酋长雇我去割草搭棚子。他表扬我说：'活儿干得不错。把茅草搭牢后，我给你燕麦吃。'我说：'我出卖劳力不是要换燕麦，我想要钱。'酋长答应了。但我醒来后心想：'神干吗让我干我不想干的活儿呢？很久以前，酋长也让我干这种活儿，我拒绝了，告诉他，我不要报酬，不想干。现在，神让我又去干这种活儿。"她停了一下，又说："但无论如何，我不肯再干这种活儿了。"

话题又回到我要走这件事，她说："你走后，我会继续过活，观察身边的事物，思考它们，正如你要求我做的那样。要是见到好玩的事物，我会说：

'嗯，这是玛乔丽和我谈到过的。都在我心里呢！我全都记得呢！现在，我有更多事情可以告诉她了。'我会记住这些，带着它。要是碰到别的事，我也记住它。我会记住这些事，等你回来后告诉你。"

然后她说："以后可能还会有白人来这儿，可能就是理查德。如果他来这儿待一阵，我会让他帮我带件礼物给你，玛乔丽。我会找些漂亮的东西——鸵鸟壳制成的珠子，或者，手头要有点儿毛皮，我会给你缝个袋子，缀上珠子，这真的很漂亮。我说：'理查德，你回去以后，帮我把这个给玛乔丽，只给玛乔丽！'我也会请他把我要告诉你的话写下来。我会说：'在纸上写清楚这袋子是给玛乔丽的。拿上它，还有袋子，带回去给她。我很喜欢她，她走后，我的心都要碎了。'"

"但现在，我没有袋子，连平常用来兜球茎回家的斗篷也没有。我不知道哪里能得到这些东西。所以，我没什么送给你。"她指指自己腕上的镯子，把它褪下来（手镯缀有光滑的银珠，用黑色的毛皮串着），然后递给我，"我一直在找能送给你的礼物，后来想到这手镯。它太小，套不上你的手腕。就这，拿去吧。以后交给孩子。"我不肯要，说："你怎么能把它送给我呢？"她说："给你，就是想让你收着。现在别把它给别人。留着。等你有孩子以后，给她起名'妮萨'，把它套在她的腿上。告诉她，这是同名人送她的。日后，你把她带来这里，我带她出去玩，再给她更多礼物。"

这一刻，我们俩都很动情——这是我没有预料到的，或许这也正可以说明我们之间交流之深。但是，我没有成为妮萨的"闺蜜"，反过来也如此。她很少问我的事，看来对我的生活不怎么感兴趣。毫无疑问，她主要考虑的是好处。够奇怪的，一旦访谈取得进展，我得到了她赠予的东西，其他的也就不成问题了。在某种意义上，她参与访谈，坦诚地全面披露了自己的生活，就是对这份友谊最有价值的礼物。对她来说，我不只是"女白人"或者"有钱人"；我也跟她一样，是一名尊瓦人，意为"真正的人"。为此，我值得她全心全意地给予帮助。

她的帮助，在我这里也有了成效。两周完成的

15次访谈，还有四年后我进行第二次田野调查时对她进行的另外6次访谈，使我得以对昆人生活进行最深刻的观察。这些访谈（占我跟昆族女人访谈的8%）足足有近30个小时的录音，还有几百页逐字翻译的打印稿。打印稿主要是英语，同时尽量保持很多昆人语言的表达方式，以便定稿能反映昆族生活的细微和独特。其中，本书中反映妮萨人生经历的故事在访谈中并不是按先后顺序讲的。有些地方，连续叙述的记忆合并了对同一事件的不同叙述。其他改动体现在删除相关的解释说明，还有删除或者修改重复的词和短语——重复是昆人表示强调的修辞方式，但在英文里重复太多会分散读者的注意力，所以我改为用增加形容词来体现这种修辞效果。除了以上改动，本书尽可能保持访谈的本来面目。只要有可能，我都尽量融进些按字面翻译的昆族用语，以表现昆人语言的优美微妙。有时这可能比妮萨讲得更诗意一点。

妮萨的故事只是昆人生活的一个视角。她的生命经验不能代表全部昆族女人，其他妇女的经历跟她大不相同。而且，也不可能把她说的全形之于文字，特别是她对早年生活的讲述。她喜欢跟那个"吞吃声音的机器"[①]一起访谈。为使故事活跃，有戏剧色彩，她经常使用高亢又有点童腔的嗓音，仿佛要用那个小女孩妮萨的眼睛来描述她的童年经历。她的早期故事可能有点夸张——杂糅了她的真实记忆、她长大后从别人那里听说的关于自己小时候的经历，以及她在昆人文化里的普遍经验和想象。讲着讲着，她的声音越来越成熟、自主，看来也更可信。依据其他信息来源，我能证实她讲述的后半生基本属实。因此，她谈自己的成人生活时是准确而又生动的。

---

① 指录音机。——中译注

目 录

一、最初记忆
1

二、家庭生活
27

三、树丛生活
47

四、性的萌发
77

五、试婚
105

六、婚姻
131

七、妻子与平妻
157

八、头胎
169

九、丧子
201

十、变化
219

十一、男女关系
247

十二、情人
283

十三、治疗仪式
315

十四、丧亲
333

十五、变老
353

后记
387

参考文献
423

致谢
439

主要译名对照表
443

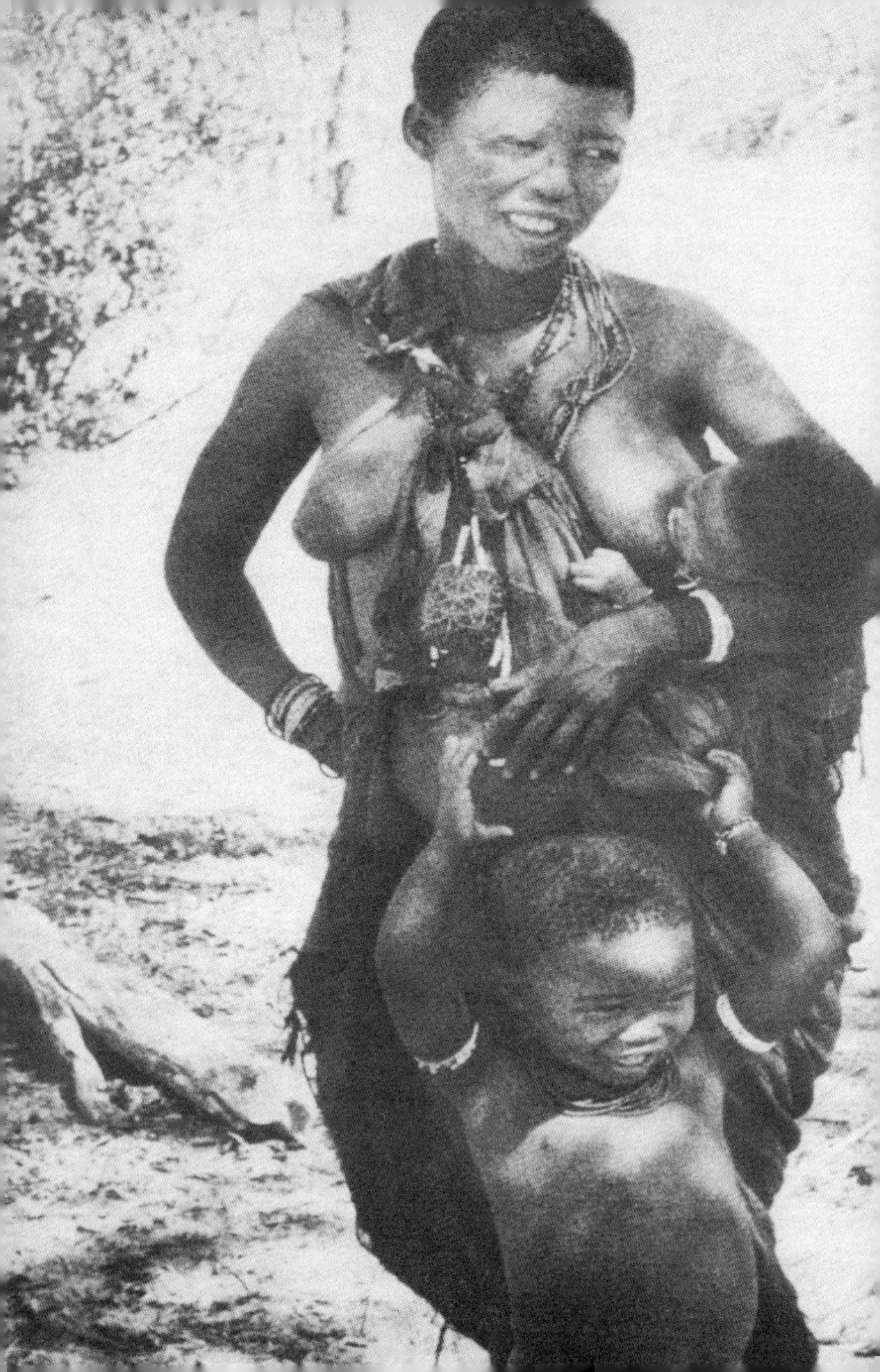

一、最初记忆

昆人孩子出生的最初几年，几乎都黏着母亲，昼夜喝奶，至少吃三年，一小时就要吃好几次。不管母亲去干活还是去玩，婴儿晚上都跟母亲睡，白天背在背巾里，紧紧贴着母亲的臀部（这位置可是大孩子逗小孩子的理想高度）。不背孩子时，母亲就陪他玩——拍拍他、给他唱歌或者说说话。如果母子分开一会儿，父亲、兄弟姐妹、祖父祖母、姨妈姨父、姑妈姑父及家人的朋友就来陪孩子玩耍，而母亲坐在旁边。一岁半以后，母子分开多起来，但这几乎都是孩子自己走开的，因为他开始跟村里的孩子们玩耍了。就是这样，母亲也总随叫随到。

昆族父亲如果特别疼爱孩子，也会常跟孩子玩。但男人陪伴孩子（特别是婴儿）的时间远远少于妇女，同时避免承担大多数不愉快的照管任务，比如把屎把尿、洗衣服、洗澡、擦鼻涕。他们也惯于把哭鼻子或者闹脾气的孩子交还母亲抚慰。跟母亲一样，父亲也不是令孩子害怕的权威，他们对孩子是慈爱的，也很亲昵。父母跟孩子一起生活，一起睡，就在孩子旁边，孩子很容易见到。随着孩子（特别是男孩）逐渐成长，父亲会花更多时间陪伴他们。

要没患有严重的疾病，孩子遭遇的第一次真正的痛苦是断奶，自此告别了婴儿期的舒适期和安全感。这一般发生在孩子3岁左右，母亲再次怀孕之时。多数昆族女人相信，母亲再孕以后，让孩子继续吃奶是有害的。她们说，孕妇的奶水属于胎儿；如果让前面生的孩子继续吃奶，就可能伤害他和肚里的弟妹。普遍认为，迅速断奶很关键，但孩子强烈反对断奶，实际上要好几个月才能断成。通常做法是将用苦根制成的糊糊（最近常用烟草树脂）抹在乳头上，希望苦味让孩子放弃吃奶。大人还给孩子施加压力，这可从一名妇女的断奶记忆中清楚窥见一斑："大人们说，我要再吃奶的话，肚里的小家伙出来后会咬我，还会打我。当然了，他们这么说只是不想我再吃奶。"

如果孩子刚断奶后，母亲流产了，或者婴儿是死胎，或者出生没多久便夭折，前面的孩子可以重新吃奶。但大家认为这不太好。有名妇女,她的婴儿死了,前面的孩子恢复吃奶,结果吃后就病了,这让她忧心忡忡。村里人认为,孩子患病是因为吃了为死去婴儿准备的奶水。孩子痛苦时,找母亲要奶吃,迫切寻找安全感,这让母亲很难忍心拒绝。尽管她认为不该给孩子喂奶,但也感到痛苦,狠不下心来。几周后,她终于狠下心断了奶,没多久,孩子的病也好了。

因为吃奶身心舒畅,多数孩子都不肯轻易断奶。而且,昆人没有家畜,缺乏可供代替的奶源,只能逐渐添加树丛里的食物,但这些食物根本比不上奶美味。因此,孩子断奶时往往很痛苦,总是强烈宣泄他们的痛苦。大吵大闹最常见,抑郁也比较普遍。有名男子回忆:"弟弟出生以后,我想吃奶,但我妈不准。我大哭大闹,奶奶把我带到另一个村子,要我忘掉吃奶这回事。但我老是想吃,问她干吗不带我回我妈身边,让我吃奶。我痛苦极了。"

30多岁或者40岁出头的妇女,她们生的最后一个孩子免除了突然断奶的痛苦。如果母亲不再怀孕,孩子可以吃到5岁,甚至更大,直到因为社会压力(比如被其他孩子讥笑)才不得不断奶。

新孩子出生以后,大孩子不得不立刻让出紧贴母亲的心爱位置。尽管他还可以在父母中间睡一阵,但最终他①得睡到弟妹的另一边。因此毫不奇怪,大孩子不断表达对父母的怨恨,有时甚至把气撒在弟妹身上。有一个清楚的例子,某个4岁的小女孩一再要求抱抱刚出生的弟弟。最后,母亲答应了,从斗篷里把弟弟抱出来,轻轻放在她手里。这小女孩坐着摇晃婴儿,对他唱歌,赞美他,母亲站在旁边看。但过了一会,她听到别的孩子在玩闹,突然站起来,把弟弟丢到沙地上,瞧也没瞧,撒腿就跑,任弟弟在后面哭,母亲在后面骂。

断奶不到一年的孩子,也要跟背巾"断"了。昆人的孩子喜欢被人背着,喜欢亲近母亲,出行时为了不落后,也喜欢让人背。母亲开始要求他们走路,随后一再坚持如此,他们又闹情绪。孩子不肯走路,要母亲背,母亲外出采集时不肯留在村里。其他大人很容易妥协,背起孩子,父亲总在长途中背孩子。但孩子六七岁以后,父母要求他自己走路,不再由人背,就算短途也是如此。

父母认为,这些事不会对孩子造成太大的伤害,但一

---

① 昆人的第三人称不区分性别,本书作者在英文中提及小孩子时,第三人称常用女性的"她"或者"它",为方便中国读者理解起见,如原文未清楚指明孩子性别,第三人称一律改为"他",特此说明。——中译注

件一件接踵而至时，孩子也是非常不好过的。父亲尽量多陪孩子，或者让孩子跟有爱心的祖父祖母或者姑妈姨妈（他们肯定溺爱他）到附近村子住一阵。但父母清楚，孩子在出生后的最初几年，如果获得非常充足的关爱，他们就会产生安全感，能够度过这段情感低潮期。跟母亲的亲密关系看来给了孩子力量：母亲几乎全身心照顾孩子，平均至少44个月，其中36个月是全天陪伴的，通过哺乳给予食物和安全感。而且，孩子三四岁以后，就不再需要母亲像以前那样来看护了，其他孩子喧闹的游戏最后变得比跟母亲没完没了吵架更有意思。在弟妹出生几个月后，可以看见大多数孩子一天都兴高采烈地在外玩耍，偶尔才跟家人怄气。甚至没过多久，随着大孩子享受到身为哥哥姐姐的权威，这些问题大部分也克服了。因为这些事情发生在孩子3到5岁时，所以很多成人都记得跟乳房和弟妹相关的断奶痛苦①，即使不记得细节。在回顾往事时，有些大人把这些视为他们生命中影响重大的事件。

昆人的经济以分享为基础，从小就鼓励孩子分享物品。

---

① 人的最初记忆大都不早于3岁，为何如此，至今众说纷纭。跟昆人不同，农业社会和工业社会的孩子断奶普遍早于3岁，所以基本对断奶没有记忆。——中译注

孩子最早学习的词是"na"（意思是"给我"）和"ibn"（意思是"拿走它"）。但对孩子来说，学会分享很难，特别是与那些自己憎厌的人分享的时候。给不给对方食物和物品，也是孩子们表达愤怒、忌妒、怨恨和爱的重要方式。

吃东西时还要考虑别的，这可不容易。昆人的孩子很少挨饿；即使食物匮乏，他们也得到特别照顾。有时候，父母不给孩子吃，是惩罚他们浪费食物，或者弄坏食物，不过这种惩罚向来时间不长。但是，很多成人都记得小时"偷"过食物。这些记忆反映了昆人对食物供给的普遍忧虑，也反映了他们好吃——这两种情感在童年时就流露得很明显。

昆人的父母对于孩子们闹情绪很宽容。年轻人的胡作非为大都被视为"孩子糊涂"，或者"还不懂事"。孩子犯错被处理、被评论，有时还被批评、被惩罚也不是不常见，但父母本质上认为孩子没什么责任。毫无疑问，父母们认为，无论是否经过特别教诲，只要孩子长大，因为有社会压力，又接受了族人的道德观念，自然也就懂事了。昆族的成人大都擅长合作，慷慨大方，艰苦耐劳，也不比其他民族更自我中心，由此可见昆人的育儿理念显然是正确的，至少对他们来说是这样。

尽管昆人父母认为孩子需要管教，但他们极少为之付出努力。但是，孩子也不怎么清楚大人对管教的这种态度——特别是父母压力更大的大孩子。有个女孩相信，母亲要是对孩子的辱骂无所谓，就像她儿子一般"傻"："他母亲什么也没做，甚至没骂他。大人就是这样——傻。孩子骂他们，他们只坐着笑笑。"

尽管如此，在昆人记忆里童年时期往往是父母子女剧烈冲突的时期。打孩子或威胁要打孩子，在昆人的童年记忆里几乎很常见。但观察表明，昆人的父母对各年龄段的孩子是高度放纵的，很少体罚。很有可能，少有的体罚在孩子的记忆里被放大，变得栩栩如生。因此，在回溯过去的时候，很多威胁要打孩子的记忆被修改成真的打了。不管事实如何，如同其他民族一样，这类记忆夸大了昆人家庭内部的真实冲突。

在记忆里，祖父祖母（以及其他亲戚）对孩子更友善。通常认为，中间隔了一代的两辈人具有某种特别关系，孩子跟祖辈是"同名人"时更是如此。那些不会跟父母谈的私密话题，孩子们经常跟祖父祖母谈，父母跟子女发生冲突时，祖父祖母总站在孩子一边。此外，因为老人不像壮年人那样经常出去觅食，有更多时间跟孙子辈玩耍，毫不奇怪，孩子们更愿意跟他们或者其他近亲住一起，特别是跟父母闹矛盾的时期。正如一名女孩所说的："小时候，我跟姑妈生活了好多周，有时一住就几个月，我跟姑妈过时从不哭；她是我的第二个妈妈。"

调一下这个机器，这样才能听清我说的话。我老了，经历太多了，有很多话要讲。我会谈我的事，谈我父母和其他人的事，但别让我身边的人知道。

我爸叫高（Gau），我妈叫雏果（Chuko）。当然了，他们结婚时还没我呢。但没多久，他们生了个儿子，给他起名道（Dau）。然后就生了我，妮萨（Nisa），然后是我弟，他们还存活的最小孩子，给他起名昆沙（Kumsa）。[①]

我还记得我妈怀昆沙的情形。那时我还小，我问我妈："妈妈，你肚子里的娃娃……他是要从你的肚脐里出来，还是长呀长呀，直到爸爸用刀子剖开你的肚子，把他取出

---

① 本篇的记忆大致发生在妮萨 3～6 岁之间（约 1924—1927）。南希·豪威尔根据已知日期的事件以及全部昆人的严格的年龄排序，制成了一份时间表，用它能估算准确的岁数（大人的误差在一两年左右，孩子和少年的误差则为几个月）。——原注

来?"她说:"不,他可不是这样出来的。以后你生孩子时,娃娃会从这里出来。"她指了指自己的阴道,然后说:"他出来以后,你可以背着他到处走。"我说:"好,我会的!"

后来,我问:"你干吗不喂我了?"她说:"你不能再吃奶了。你要吃了,会死的。"我出去玩了一会儿,又回来要奶吃,但她还是不让我吃,拿了些用蒂荼根(dch'a)的糊糊抹在乳头上。我尝了后,说好苦。

妈妈怀上昆沙后,我总是哭。我想吃奶!有一阵,我们家独自在树丛过活,没有别人,我的泪水特别多。老是哭。我爸说要打死我;我的泪水太多了,老是没完没了地哭。他拿起根棍子揪住我,但没打我;他只是想吓唬我。我大哭:"妈妈,来救我!妈妈,妈妈,来救我啊!"我妈来了,说:"别,高。你是男人。你打妮萨,会把她伤得很厉害。现在,让她自个儿待着吧。如有必要,我会打她的。我力气小,伤不了她;你是男人,手头有劲,会伤了孩子的。"

我最后哭不动了,喉咙肿痛。泪水呛坏了我的喉咙。

另一次,爸爸把我带到树丛,把我一个人丢在那里。当时我们正从一个村子搬到另一个村子,在途中过夜。天黑了,我哭起来。哭呀哭呀哭呀。爸爸打我,但我还是哭,可能哭了一晚上,但最后,爸爸起身说:"我要把你带到树丛去，丢你一个人在那里，让鬣狗把你吃掉。哪个孩子像你这样？你要吃了弟弟妹妹的奶水，你会死的！"他把我弄起来，带离营地，丢在树丛里，叫道："鬣狗！这里有肉……鬣狗！来吃肉！"说完转头回去。

他这一走，我可吓坏啦！我开始跑呀，哭呀，跑到他前面。我一面哭，一面跑回去找我妈，躺在她身边。我怕夜晚，怕鬣狗，于是躺着不吭声。爸爸回来了，说："今天，我真想把你打出屎来！你看看，你妈肚子都那么大了，但你还要吃奶。"我又开始哭呀哭呀哭呀，然后又不吭气了，安静躺下。我爸说："很好，今晚好好躺着。明天，我杀只珍珠鸡给你吃。"

第二天，他出去打猎，打到只珍珠鸡，带回来煮了给我吃，我吃呀吃呀吃呀。但吃完后，我说我还是要吃我妈的奶。我爸抓起根皮带就抽我："妮萨，你疯了吗？你怎么还不懂事呢？别去碰你妈妈的乳房！"我又开始哭了。

还有一次，我们一起在树丛里走着，我说："妈妈……背我！"她答应了，但我爸不准，说我够大了，该自己走路。而且，我妈怀孕了。他要打我，但我哥道阻止了他："你打她打得够厉害的了，她都皮包骨了！她这么瘦，全身只剩骨头。别这样对她！"于是道把我抱起来，背在肩上。

你是问我,我妈怀上昆沙后,我是不是总哭?哭一阵,然后不哭了,坐在旁边吃些东西:甜柠果(nin berries)、淀粉球(starchy chon)①、克拉茹球根(klaru bulbs),都是雨季常见的食物。一天,我吃饱了,说:"妈,干吗不让我吃点奶呢?请让我吃点吧。"她吼道:"妈妈哟!我的乳房里全是屎!屎!对,就像唾液,特别臭。你不能吃。要吃了,你会'哇啦哇啦……'跑出去吐的。"我说:"不会的,我不会吐的,我就要吃。"但她不给,说:"明天,你爸去抓跳兔,专门弄肉给你吃。"听了这话,我又高兴了。

第二天,我爸杀了只跳兔。我见他带了跳兔回家,喊道:"哈,哈,爸爸!哈,哈,爸爸回来了!爸爸杀了只跳兔,爸爸带肉回家了!我有肉吃了,一点都不留给她!"爸爸把肉煮熟以后,我吃呀吃呀吃呀。我告诉妈妈:"你很小气,不给我吃奶,现在我也不给你吃肉。你以为你的乳房是什么好东西?才不是,只是垃圾。"妈妈说:"妮萨啊,听我说——我的奶,再吃对你不好。"我说:"奶奶哟!我再也不要吃啦!以后我改吃肉了。我永远不会再碰你的乳

---

① 一种草状植物,有可食的小根。——原注

一、最初记忆

房,只吃爸爸和道给我带回的肉。"

妈妈的肚子变得很大。产痛先从晚上开始,一直拖到天亮。那天早上,大家都外出采集,就妈妈和我待在家里。我跟妈妈坐了会儿,然后出去跟其他孩子玩。后来,我回家吃妈妈给我弄好的坚果。妈妈起身,准备去生孩子了。我说:"妈妈,我们去水井那里吧,我渴了。"她说:"嗯,嗯,我正要去采集檬戈果。"我告诉小伙伴们我要走了,然后我们俩就出了村子;没有大人陪着。

我们走了小段路,妈妈坐到一棵大纳恒树(nehn tree)下,背靠树干,然后就把小昆沙生下来了。开始我站着看,后来坐下看。我想:"是这样生孩子的?就是那样坐着,然后孩子就从那里出来了?我也是这样生下来的吗?"我很懂事吧?

弟弟出生以后,躺着哭,我跟他打招呼:"哈,哈,我的小弟弟!哈,哈,我有了个小弟弟!将来可以一起玩啦。"但妈妈说:"你真这么想?干吗跟他说话?现在,你起身回村去,把我的挖土棍拿过来。"我说:"你要挖什么呀?"她说:"挖坑。我要挖个坑把他埋了。然后呢,妮萨,你就能再吃奶了。"① 我不肯："你要埋我的娃娃弟弟？我的小弟弟？妈妈，他是我的兄弟！把他抱起来，带回村子，我再不吃奶了！"我又说："等爸爸回家，我要告诉他！"她说："别告诉他。现在跑回去把我的挖土棍拿来。我把他埋了，你就可以再吃奶了。你太瘦了。"我不想去，开始哭，坐着掉眼泪，哭呀哭呀。但妈妈让我回去，说她想我能长得壮实些。于是，我转身回村去，一边走一边哭。

到了家门口，我还在哭。我走进屋子，找到了妈妈的挖土棍。我姨刚从树林回来，把采集的檬戈果堆在家门前，正坐着烤呢。她一见我就说："妮萨，出什么事了？你妈呢？"我说："她在那边的纳恒树下。我们俩去了那，妈妈刚生了个娃，要我回家拿她的挖土棍，想要……埋了他！太可怕啦！"我又哭了，说："我跟他打招呼，叫他'我的小弟弟'，妈妈不许我叫。这事太可怕啦……所以我就哭了。现在我得把挖土棍拿去给她！"

我姨喊道："哦哦哦哦……天哪！这个雏果，这么说话真是太混账了。就她自己和那个孩子在那！不管是男是女都该留着呀。"我说："是呀，是个小男孩，肚子下面有小

---

① 昆人杀婴其实也很少。——原注

一、最初记忆　13

鸡鸡。"她喊道:"妈呀!我们走!我们得去和她谈谈。等我到那里后,切了脐带,就把孩子带回来。"①

我丢了挖土棍,跟姨妈跑去找我妈,她还在那里等我。她可能已经改主意了,因为我们一到那里,她就说:"妮萨,因为你哭成那样,我决定让这娃活着,带他回去。"姨妈向躺在我妈身边的昆沙走去,说:"雏果,你想劈碎自个儿的脸啊?② 你看看,你生了多大一个小男娃啊,但你要妮萨回来拿你的挖土棍?真要埋了这么棒的大男娃?你爸辛辛苦苦养大你。这娃的爸,如果知道你杀了他的男娃,会弄死你的。你肯定疯了,居然想埋掉这么可爱的大胖小子。"

我姨妈切断昆沙的脐带,把他擦干净,放进自己的斗篷,把他带回村里去。没多会儿,妈妈也起身跟着回去,因为被她妹批评了,感到害臊。最后,她说:"你不明白吗?妮萨还小,没奶吃,我很内疚。她太瘦了,我想让她长得再壮些。"姨妈说:"高听到这话会揍你的。生过娃的女人不该这样做事。"我们回到村里以后,妈妈接过婴儿,

---

① 按昆人习俗,婴儿出生以后还不算"人",杀婴是允许的,但一旦他被带回到村里以后,就是人类了,不能再随便伤害了。——中译注
② 昆人语,意为"毁了你自己"。——原注

躺下了。

现在，大家都从檬戈林回来了。她们放下食物，过来看昆沙，都说："哇哇哇……这傻妈妈！生了这样一个大胖小子，却想杀了他！"我妈说："我是想他姐有奶吃，才这样打算的，要就我一人的话，我会的！我要带挖土棍就好了，但我妹也不该把他抱走。所以这娃才保住了条命。"其他妇女不以为然，对我姨妈说："你做得很好。你把这娃从雏果身边抱走，保住了她丈夫的孩子。真弄死了，她怎么跟她丈夫交代？"

太阳快落时，父亲打猎回来了。我迎接他："哈，哈，爸爸！哈，哈，爸爸回家了！爸爸回来了！"爸爸到家后，坐在屋子边，问我妈："出了什么事？你干吗躺着？谁伤害你了？"我妈说："没事，我只是躺着。"然后他问："哦嘿……我老婆生了？雏果，是男娃吗？"她回答："对，是男的。"接着她妹说："又是个大男孩！但是雏果说她要……"我打断姨妈，抢着说："杀了他！她要我回家拿她的挖土棍，好埋了我弟。我哭着回到村里。但克卡（Koka）姨妈跟我一起回去，把娃从她身边抱走啦。"我姨妈说："对，是我救了这娃，抱了回来。"然后我说："他躺在那呢。妈妈想杀了他。"

我爸说:"雏果,干吗想弄死我儿子?如果你做了,我就杀了你,就用矛戳死你,你以为我不会吗?我肯定会的。到底是什么让你这样痛苦,想杀掉这胖娃?现在你要养大这两个孩子。妮萨吃常吃的食物就能长大。"

昆沙出生以后,我有时自己玩,拿个斗篷,躺到下面。我想:"哦,我老自个儿玩。这有啥好玩的?"于是我坐起来,说:"妈妈,从斗篷里把小弟弟交给我,让我跟他玩吧。"但每次她把弟弟给我,我都打他,把他弄哭。尽管他还很小,我也打他。于是我妈说:"你还是想吃奶,但我不会让你吃的。昆沙想吃,我就让他吃。但不管哪次你想吃,我都用手挡住,让你害臊。"

我是想吃奶,每次她给弟弟喂奶,奶水出来时,我都眼睁睁地瞪着。我整晚哭呀哭呀哭呀,哭到天亮。有的早上,我就在旁边掉眼泪,哭呀,什么都不肯吃。因为我看见弟弟在吃奶。我亲眼看着自己想吃的奶流下来,心想那是我的。

一天,我哥打猎回来,带回只小羚羊。我正坐着自个儿玩,见他回来了:"妈妈!妈妈!看!大哥杀了只小羚羊!看哪,他杀了只小羚羊!"妈妈说:"嗯,上午不是告诉你别哭,等你大哥回来吗?现在,看他带了什么回来给你!"

哥哥给小羚羊剥皮,我在一旁看:"哦哦哦哦,是只公羚羊。妈妈……看,它是公的。"我指着说:"这是蛋蛋,这是鸡鸡。"我哥说:"对,这是蛋蛋,那是鸡鸡。"

他把皮剥好以后,给我羊蹄。我拿到火上烤,他又割了些肉给我,我也放在火炭上烤。烤熟后,我吃呀吃呀吃呀。妈妈让我给她些,但我不肯:"你不是舍不得你的奶吗?我不是说我还要吃奶吗?只有我能吃肉,一点都不分给你。"我妈说:"你想吃的奶是你弟的。你干吗还想吃?"我说:"我大哥杀了这小羚羊。你一点份都没有。你没份。他会把剩下的肉切成条,挂起来风干留给我吃。你不肯给我奶吃,把它留给你儿子。现在你还想要我给你肉吃?"

有一天,我妈跟昆沙躺着睡着了。我悄悄潜到他们身上,把昆沙抱走,放到屋子的另一头,然后回来躺在她身边。她还在睡,我就吸她的奶,吸呀吸呀吸呀。估计她认为是我小弟弟在吸奶。但其实他被我抱到别处了,是我在躺着偷吃。她醒来时,我已经吃饱了,心满意足。她一看是我,大叫:"哪里……快说……你把昆沙怎么了?他在哪?"这时,我弟开始哭,我说:"在那。"

我妈抓住我,把我从她身边猛地推开。我躺着哭。她冲向昆沙,把他抱起来,放回她身边。她骂我,诅咒我的阴部①:"你疯了?妮萨,你哪坏掉了?抽了哪门子疯,把昆沙抱走,然后躺过来吸奶?妮萨!你肯定疯了!我还以为是昆沙在吃奶呢!"我躺在那里哭,过了会说:"我已经吃饱了。现在让你的娃吃吧。去喂他吧。我要去玩了。"我起身出去玩耍,后来又回来,待在我妈和她儿子身边。就这样度过了剩下的一天。

后来,我爸从树丛回来了,我妈说:"你知道你女儿发什么神经吗?去,揍她!等你知道妮萨做了什么后,你会揍她的。你女儿几乎害死昆沙!这么小的娃,这么小的生命,她从我身边抱走,丢到别处。当时我抱着娃睡着了,她把昆沙抱走,孤零零丢到别处,然后回来躺着吃奶。现在,狠狠揍你女儿!"

我撒谎说:"什么?她骗你!我……爸爸,我没吃奶。我没把昆沙抱走,丢到别处。真的,我没有。她骗你。她在撒谎。我没吃奶。我早就不想吃她的奶了。"我爸说:"我再听到你干这事,会揍你的!别再干了!"我说:"好

---

① 昆人在开玩笑或者动怒时提到对方的生殖器很常见,但就算是在动怒时这么做,也不算特别严厉。——原注

的，他是我的小弟弟，不是吗？我的兄弟，我的小娃娃兄弟，我爱他。我不会再干了。他可以把奶全吃了。爸爸，就算你不在，我也不再偷吃妈妈的奶了。它是我弟的。"他说："好的，女儿。但如果你再吃你妈的奶，我可要揍你了，真会揍到你头破血流的。"我说："嗯，从现在开始，你去哪我就去哪。你去树丛，我跟着你去。我们俩一起杀跳兔，你要猎到珍珠鸡，就全给我吃。"

那晚，我爸睡在我身边。天亮后，他和我哥出去打猎。我见他们走了，心想："待在这儿，妈妈也不给我奶吃。"于是我起身跟他们去。但我哥一见我跟来，就把我推回村里："回村里待着去。太阳这样热，会晒死你的。你干吗要跟我们走？"

这时，我经常偷吃东西，尽管只是一阵一阵的。有一阵，我什么也不偷，只是玩，从不淘气。但有一阵，他们把我撂在村里，我就偷东西，搞破坏。结果他们骂我，打我，说我傻。

我几乎什么吃的都偷：甜柠果、克拉茹球根，还有檬戈果。我想："嗯，嗯，他们什么都不给我吃。但如果我偷的话，他们就打我。"有时，我妈出去采集前，把食物放进一个皮口袋里，高高挂在屋里的树枝上。如果是克拉茹球

一、最初记忆

根，她放进去前还会把皮剥掉。

但她一走，我就去偷袋里的所有东西，挑最大的球根拿，把袋子挂回去，然后找其他地方坐着吃掉。我妈回来发现了，说："噢！妮萨来过，偷走了所有球根！"她打我，骂我："别偷了！你有病啊，干吗老偷东西？别偷了！干吗老做这种事？"

一天，他们一走，我立刻爬到她挂口袋的树上，偷了些球根，再把口袋放回去，然后把球根放在研钵里，加水捣成了糊糊。我把糊糊放在锅里煮熟，全吃掉了。

另一次，我拿了些球根带在身边慢慢吃。这时我妈回来了，逮住了我。她揪住我，揍我："妮萨，别再偷了！只有你吃这些球根吗？现在，让我拿走剩下的，煮给大家吃。难道你真想自己一人吃光吗？"我没答话，开始哭鼻子。她把剩下的烤了，给全家人吃。我坐在旁边哭。她说："唉，这娃不懂事，就这样把那些克拉茹球根全吃光了。那些是我剥了皮放在袋里的。难不成她是个傻子？"我哭道："妈妈，别这样说我。"她想打我，但我爸挡住了。

还有一次，我和我妈、我爸、我哥出去采集。过了一会儿，我说："妈妈，给我些克拉茹球根吃。"她说："还没剥皮呢，等采集完，我们回村子就吃。"我也在挖克拉茹球根，准备带回村里，但我把自己挖到的全吃掉了。我妈说："难道你打算现在全吃掉吗？干吗不等回到村子再吃？"我哭起来。我爸也这样说我："别在这里吃光了，留在袋里，这样你的袋子很快就装满了。"但我不要这样："要全放在袋子里，那我现在吃什么？"

后来，他们到附近采集，我留在树阴下坐着。他们一走远，我就爬到树上拿他们挂的口袋，偷里面的克拉茹球根。我有个小口袋，是我爸给我做的，我掏出袋里的球根，放进自己的袋里。我越拿越多，把它们全放在一起。然后我下来坐着，等他们回来。

他们回来了："妮萨，你吃了球根！这回你没法狡辩了吧？"我说："嗯，嗯，我可没偷。"我妈说："还说谎，你现在倒是知道害怕了？怕挨揍了？"我说："嗯，嗯，我没吃那些球根。"她说："你吃了。肯定吃了。现在，再别这么干！干吗老偷东西？"

我哥说："妈妈，今天别打她了。你打得太多了。随她吧。我们都长着眼睛。她说自己没偷，那谁吃了它们？这里又没有别人。"

我哭了。妈妈折下树枝抽我："别偷了！你听不懂的吗！我跟你说过，但你就是不听。我跟你说话，你不长耳

一、最初记忆　*21*

朵的吗？"我说："嗯，嗯。妈妈老折磨我。我要去跟奶奶过。妈妈老说我偷东西，老打我，把我打伤了。我要去跟奶奶过。她去哪我就去哪，她睡哪我就睡哪。她去挖克拉茹球根，我就吃她带回来的球根。"

但我到了奶奶家以后，她说："不行，这次我可不能照顾你了。跟我过，你会挨饿的。我老了，好多天才出去觅食。早上基本只待在家里。一起过的话，你会饿死的。现在，回家去吧，回你爸你妈身边去。"我说："不要！爸爸打我。妈妈也打我。我身上还有伤。我想跟你一起过。"

我跟她生活了一阵，但还是泪汪汪的，一个劲哭呀哭呀哭呀。我跟她过，不管早晨还是中午都在哭。有一天，日落了，快满的月亮升起来，我回到我妈的屋子，说："妈，你恨我，老打我。我要跟奶奶过。你恨我，打我，我再也不能忍受了。我过腻了。"

还有一次，我跟奶奶过，住在附近的另一个村里。这时我爸跟我妈说："去，去把妮萨接回来，让她跟我们过。她到底做错了什么，你要把她赶走？"我听说他们要我回去，说："不，我不要回去。我才不听他的。我不要跟妈妈过。我想跟奶奶过；我身上的伤还没好哪。是的，现在，我只想继续跟奶奶过。"

于是，我接着跟奶奶过。后来有一天，她说："我得把你送回给你爸你妈了。"她带我回去见他们，说："现在，我把妮萨送回来给你们。但你们这儿没人肯照顾她吗？你们不能总打这娃。妮萨贪吃，爱吃。你们都太懒了，不管她，让她长得这么瘦。如果我那里食物多，我还愿意照顾她。她也会在我身边长大，直到大了才让她走。因为你们全把这娃饿坏了。你们打她，不当她是自己人。她老哭。现在看看，她多瘦弱啊。"但我妈说："不是这样的，您听我说。您的小孙女……只要见到吃的就哭。"

噢，但我多幸福啊！奶奶在骂我妈！我好高兴，咧开嘴笑！但奶奶丢下我，走了，我哭了又哭。我爸骂我，但没打我。他经常只是嘴上骂骂："你个笨蛋！难道你不知道你走了后，大家都很想你吗？我们想你跟我们过。是的，就是你妈也需要你，想你。现在，你回来跟我们过了，一切也就好了。你妈去哪就带着你；你们两人一起干活，一起采集。干吗还不舍得你奶奶呢？"

但我哭呀哭呀，不愿离开奶奶："妈妈，让我回去随奶奶过吧。"但我爸说："够了。别说了。不会再打你了。现在，别哭了。"我就不吭气了。从那以后，我爸挖克拉茹球根，我就吃克拉茹球根，挖琼球根（chon bulbs），我就吃

一、最初记忆　23

琼球根。给什么,我就吃什么,也不再挨骂了。

我长大的过程中,有时跟姨妈过,有时回家跟我妈过。后来,又去跟奶奶住一阵。

她们一起把我养大,全帮过我。我姨妈养我,我爸我妈养我,我奶奶养我。但我非常非常瘦小。我妈让我断奶太早了,所以我很瘦小!所以,直到今天,尽管我老了,还是很瘦小。你要见到我哥道和我弟昆沙,就会发现他们很大个儿。只有我很瘦小。

他们没把我养好。我太不好养了。

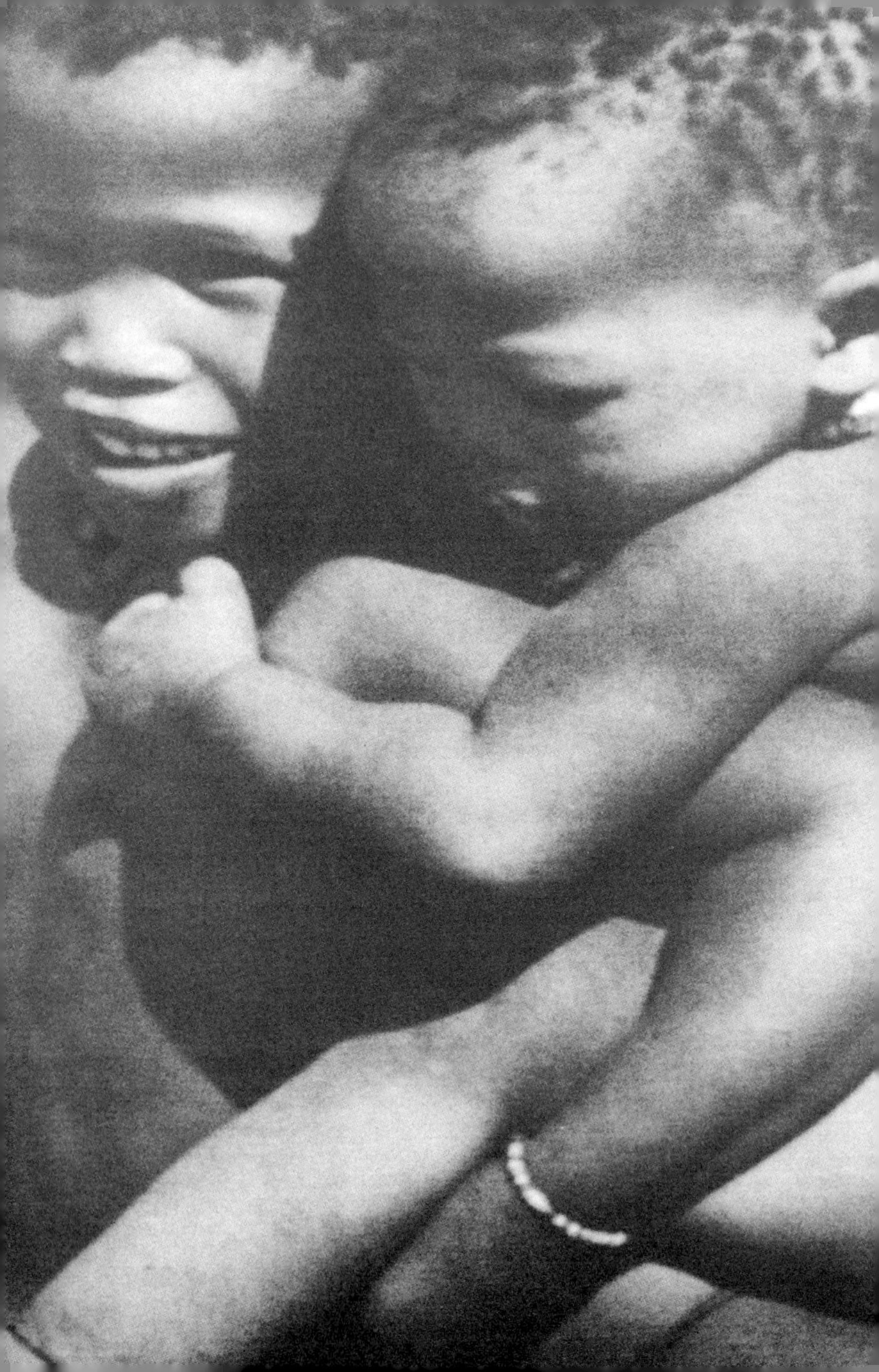

二、家庭生活

有时，因为弟弟妹妹出生而产生的怨恨，可能让双方关系紧张，持续几个月甚至好多年。有个女孩这样回忆她童年时期的情绪："我妹妹出生后，我记得自己看着她，心想：'这不是我妹，是别人的。'我想揍她，因为谁都说是我妹。但我就是知道她不是。一天，她出生一星期多以后，我真打了她。我爸惩罚我，于是我再没打过她。当然了，这不好。但那时我不懂事。"

昆人劝阻孩子打架，但他们认为孩子们最终得学会管好自己的脾气。势均力敌的孩子们经常在父母插手前自行解决矛盾。处理愤怒不容易，大人如此，小孩也如此。日常生活的压力容易激发冲突，导致尖锐对抗。外人想制止冲突爆发，但这总不是那么容易解决：矛盾爆发后，谁都很容易卷进去，有时会发展成暴力冲突。大家卷入冲突后，往往事后都会后悔，想做点补偿。幸好，大多数矛盾在演变成冲突前都能通过几个小时的谈判协商解决；也有少数情况是，整个群体暂时解体，或者永远解体了。

昆人的兄弟姐妹在年龄上大致相差四岁——对于这个不存在生育控制的民族而言，这么长的生育间隔可谓不同寻常。昆族女人怎么保持的，至今还是个疑问。昆人宣称，他们知道某些植物，按正确的方式采集和服用的话，可以导致流产。但尚无证据显示这些植物有此功效——甚至也无证据显示昆人真服用过它们。也有人说，起作用的是昆人在孩子出生六个月里不行房事的禁忌，但大多数夫妻在孩子出生后很快一起睡，不可能太久遵守禁忌。（就算他们遵守禁忌，这样也会让妇女六个月后再孕，至多造成两年的生育间隔而已。）

还有一种猜测是因为杀婴。现在，政府禁止杀婴，但即使在以前，杀婴可能也很少——杀婴不分性别，主要是因为孩子先天畸形，或者因为生育间隔太短，或者因为生了双胞胎。生育间隔的长短估计是杀婴的一个要因：如果某个妇女过早生了第二胎，新婴儿和大孩子（这时后者已备受父母疼爱）可能都活不成。哺乳孩子要求母亲摄入大量卡路里。尽管昆人饮食的营养是充足的，但一名妇女为两个孩子提供充足的奶水太过消耗身体，甚至难以做到。

(专家研究过她们的奶水，营养是够的，成分跟西方妇女几乎相同。)因为没有其他奶水来源，大孩子只能断奶，靠粗粝难消化的树丛食物维生。孩子要两岁多甚至更大才能吃这类食物。(现在，因为能得到牛奶，这个问题基本解决了。)

杀婴不是草率决定的，父母不是不痛苦，但有时别无选择。母亲可能独自分娩，孩子一生下来就被马上埋掉。(按照昆人的习俗，孩子没带回村里，就不算真正的人；因此孩子一生下来就弄死不算谋杀。)但这种事必定极少发生；死胎的发生几率只有百分之一，其中部分可能是被杀掉的。因此，只有少数妇女不得不直面这种抉择。

关于生育间隔较长，还有一种可能的解释是昆人延长哺乳时间的养育模式，尽管从六个月起，固体食物就开始添作辅食（一开始，每种食物都被嚼过或被碾成粉末），但在孩子出生后的最初几年，每小时要哺乳好几次。母亲的乳头不断受刺激，抑制了促进排卵的荷尔蒙分泌，使她无法怀孕。也可能是哺乳消耗了大量卡路里以及维持生存的养分，使母亲缺乏排卵的足够能量。

不管实际原因是什么，由此导致的四年生育间隔对于昆人的生活模式异常重要。孩子主要由女人照看，她们几乎去哪都背着孩子——一年估计得走 1 500 英里。妇女还是家里供应食物的主力，每周采集两三次，每次要走 2～12 英里。她们回村时，既要背孩子，还要背 15～33 磅的野菜，或许要背 40 磅甚至更重。她们在白天还经常走访几英里以外的村子，当整个村子搬迁或者去拜访远达 60 英里外的其他村子时，她们走的路更远。在长途出行中，妇女还要携带她们为数不多的物品——杵臼、炊具、水罐、挖土棍、饰品、衣服和水——这又加了 2～4 磅的负荷。

对于平均负重 90 磅的妇女而言，生育间隔再短的话，维持日常活动就很艰难了，虽说不是不可能维持。4 岁的孩子能跟大人一起走路，至少短途可以，或者母亲出外觅食时，他肯待在村里。更小的孩子更依赖母亲；母亲不管去哪，都不得不带着他和新生儿。（甚至，4 岁的孩子也黏着母亲，如下场景并不罕见：一名妇女采集归来，背着树丛食物，肩上扛着个 28 磅左右的 4 岁孩子，屁股的背巾里还有个至少 13 磅的婴儿。）

或许是因为两次怀孕的间隔里，昆族女人往往来不了几次月经，所以她们认为月经"不值一提"。尽管有时也把月经当作"生病"，承认它有时会带来不适（比如痉挛、乳房疼痛、头痛、腰酸），她们一般不认为月经会影响心情。

但多数昆族女人确实相信，如果一名妇女见到其他妇女腿上的经血，甚至只是得知对方来月经了，她也会来月经。（这种现象叫作月经同期，不是哪里都有，但在美国也发现有类似案例。）

昆族女人想遮住她们的经血，但不是都能做到。她们用树叶、碎皮来擦拭经血，最近则常用布片，因为便于洗刷和保存。她们也想用水清洗，但这里经常缺水，很难做到每天洗。有的妇女在经血流得厉害时减少出门，但也有妇女照常活动。有位妇女解释说："我晚上才出去串门。这样，谁也瞅不见我腿上的血。"月经结束后，水再少也要洗个澡。

昆人不怎么在意月经。月经期间，夫妻不分居，晚上照样躺在一起。性行为一般停止，但因为昆人认为，精液与最后的经血融合导致了怀孕，如果夫妻想怀孕，他们就不理睬禁忌，特别是在经期的最后一两天。

我们过呀过呀，我慢慢长大，开始扛着小弟弟到处游玩。① 我很开心；开始爱他，去哪都带着他。跟他玩一会，

---

① 本篇的记忆大致发生于妮萨 4~8 岁之间（约 1925—1929）。——原注

他一哭，我就带他去找妈妈，让他吃奶。然后我再带他回来，接着玩。

那是昆沙还小时的事了，但等他大些，能开口说话，到处跑了，我们就开始闹矛盾，整天打架。因为孩子们就是这么玩的。这个欺负那个，那个报复这个。如果爸爸哪天出去打猎，你就想："爸爸会不会带肉回家呢？这样我就有肉吃了，但我不给他吃！"你爸真的带肉回家时，你说："我爸带肉回家了，我一点都不给你吃！"别的孩子就说："我们一起玩的，但你干吗对我总这么差劲？"

昆沙再大些后，我们也还是那样。有时也打斗。其他时候，我逮着他咬，说："哦哦哦哦……谁长这么丑，这么弱智，这么小气？我从没亏待你，你干吗故意跟我作对？"然后他说："我要揍你！你以为有人护我就不敢揍你了？"然后我说："你就是个娃娃罢了！要揍也得是我揍你，你怎么可以对我这样差劲？"我骂他，他骂我，然后我又骂他。我们就这样过，就这样玩。

有一次，我爸带肉回来，我们两人都喊道："哈，哈，爸爸！哈，哈，爸爸！"我听到他也喊"爸爸，爸爸"，就说："你干吗来迎接我爸？他是我爸，不是吗？现在，你只能说：'哦，您好，父亲。'"但他照样喊：'哈，哈……爸爸!'我冲他吼道:"闭嘴!你干吗来迎接我爸?我说'爸爸……爸爸……'时,你得闭嘴。只有我能迎接他。他是你爸吗?我要揍你!"我们争斗起来,直到最后妈妈制止我们。然后妈妈弄肉,我们坐在旁边看。

她放了些肉在木炭上烤,其他肉放在锅里煮。肉还没好,我说:"我要拿些吃。"她说:"别从锅里拿!你从那里拿了啥?"我把肉放回去,开始哭鼻子。过会我又说:"我要拿些吃。"她把我赶走了:"去去,坐到别处去,等肉好了再吃。你想吃生肉吗?"过会儿,我又过来,二话不说就拿烤肉。她打我的手指,我坐下来又哭:"昆沙只是个娃娃,干吗他坐着吃肉,我都是大孩子了,为什么却坐在这里两手空空?"她从锅里舀出小块肉给我。我坐下来正要吃,昆沙跑过来抢了肉,撒腿就跑。我跳起来,往沙地上重重捶了一拳,起身追他。我抢回肉,然后狠狠揍了他一顿。他哇哇大哭,我走回火边坐下,接着吃剩下的肉。

肉好了,妈妈把锅从火上拿下来,给了我些肉,又给了昆沙些,说:"妮萨,你和你弟共用这个碟子,一块吃。"我不肯:"我不!昆沙的手指好脏。脏兮兮的,我不要跟他同碟吃。我自己用这个碟子。另给你的儿子肉吧!我干吗要跟他一起吃?"

二、家庭生活 33

我们分头吃肉,但很快又开始争斗。我们都不懂事!总是争斗。我恨他。昆沙?他也恨我。

我记得,还有一次跟昆沙在一起。他有个小皮袋子,挂在肩上。一天,我妈出去采集克拉茹球根,我们也跟着去。她走在前面,很快就撇下我们。我们落在后面找球根。但有一次,我找妈妈没找到,喊:"妈妈!"她没应答,我又更大声喊:"妈妈!"还是没有应答。我喊呀喊呀喊呀,但都没应答。我们不知道,她不应答是因为她正躲在附近的一棵树后等着我们。昆沙和我沿着她的脚印走,喊她。等我们走近她的藏身所,她突然跳了出来,大叫:"你们两个在干吗?在找路回去?干吗落下那么远?走到前面去!"她把我们吓坏啦!我们吓得浑身发抖。她又说:"你们两个要还这样,我就到前面挖球根,挖完就自个儿回家。然后树丛里的野兽来吃了你们。我采集球根时,你们两个干吗落那么远?"

我们坐下休息。过会儿,又开始聊天谈笑。

此后,我们紧跟着妈妈。昆沙挖到特别大一块球根,喊道:"看!看看我的!看看这!我的球根好大!"我说:"你管这叫球根?干吗叫我来看?"他又喊:"大伙儿!看看!看我挖到了什么?"然后他过来拿走了我挖的一块球根。我喊道："你真是疯啦！"说着操起挖土棍打他。我说："你傻啊？干吗拿我的球根？"我们接着走，很快就回到了村里。

起初，我不想吃自己挖的球根，我见昆沙在吃他挖的，就说："昆沙，给我些。你不会不给的，对吧？"但他只顾坐着吃，直到全吃完。我心想："啊，我先等他吃完，因为我挖的全没动呢。等过一会，我把它们拿出来烤了吃，但一个都不给他。"我就是这么干的。我把它们全拿出来烤，自个儿吃完了。

我们在那里生活，吃东西。后来我们走了，搬到别处去生活。

但生活继续，我接着长大。一天，我大些以后，发现我妈腿上有些红东西。那是血。我盯着看，看了又看。最后，我说："妈妈，那是什么？……你腿上怎么有血呀？"她叱责我："妮萨，你疯啦？你还只是娃娃，却盯着别人的阴部看？你以为那是你可以看的地方吗？"她来例假了："看看那月亮。"① 她又说："你以为自己懂了阴部的事，就

---

① 除了某个特指月经的词之外，昆人还有许多词表达月经，这些俗语全都和月亮相关，例如"去月亮那儿了""看见月亮了""和月亮做伴"等，从这些表达习惯中可以明显看出月亮在帮助妇女计算月经周期上起到了重要作用，也说明昆人认为月经周期是由强大的自然力决定的。——原注

二、家庭生活

可以这样盯着别人的阴部了？我要把你打出屎来！我要告诉你爸，他也会揍你的。你以为你可以这样跟我说话？"

我不吭气了。她起来，又坐下。我说："妈妈……那里有血……有血在那儿！"我又小声重复："妈妈……妈妈……有血在那儿！"她说："哪里有血？难道你不知道，有一天，你长大以后，你的身体也会这样，也会来月经？干吗盯着看？"我说："是吗？我？我不要来月经。我不要。我永远都不要来月经。"她说："看看你自己。你那里也有阴道，将来你会来月经的。你都不知道自己在说啥。"然后我说："你干吗不把血擦掉呢？妈妈，找些东西，拿些树叶把它擦掉。"她不听，打了我个耳光。我哭起来，哭呀哭呀。

第二天，我说："妈妈，那是什么？那些红色的东西哪来的？是爸爸用矛戳伤你了吗？"她说："不是的，你爸没戳我，等你长大以后，这些血也会从你那里流出来。将来有一天，今天你在我身上看到的，你也会在自己身上看到。"我说："啊……真的啊？"她说："对，女儿，真的。但我要告诉你，女儿跟她妈说看到她的经血，这是一种侮辱。所以，别说了，别再侮辱我。否则，我告诉你爸，让他狠狠揍你。"我说："别，别这样。爸爸现在不打我了。他不会打我的！你是有血。现在把它擦掉吧，妈妈。把血擦掉。"但她不肯。她不愿擦掉它。

过了几天,月亮走了,我看她的腿,心想:"嗯,嘿!她的腿干净了。"我悄悄跟她咬耳朵:"妈妈……妈妈……你的大腿好干净!没血了。妈妈,妈妈,你腿上没血了。"

我们接着生活,她的月经又来了。日落以后,月亮升到高处,月经又来了。一次月经过去,一次月经又来了,又过去了。然后是又一次,再一次;月亮不断过去。她又怀孕了。

这时,我已是大孩子。我弟昆沙也大了,但我们还是彼此怨恨,关系恶劣。每次他跑去找妈妈要奶吃,我都把他抱起来,带到树丛,丢在那里,打他,说:"你没见妈妈怀孕了吗?"

她刚怀孕那阵,有一次,我爸特别生我妈的气,用脚踢她的肚子,弄得她几乎流产。这事是我爸的几个亲戚来我们家住了一阵后发生的。

客人有个孩子叫宝(Bau),她和我都不喜欢对方,关系恶劣,总是彼此打架。一天,我和其他伙伴去一个水塘玩。我带着小弟弟昆沙去,到了那里以后,我丢下他自己在水塘边玩,跟其他大孩子到附近玩耍。这时宝把昆沙浸到水里,她抓住他,一遍又一遍地推到水里,几乎把他淹死!我发现后,问:"你干吗想杀我弟?"我跑过去,抓住她妹,也推到水里。我也抓住她,浸到水里,让她喝了很多水。我不停灌她,灌到她肚子圆鼓鼓的!我的弟弟几乎淹死,她妹也几乎淹死。

然后,我走向我弟,按摩他的肚子,帮他吐出所有喝下的水。过了一会儿,他缓过气来。宝也用同样的办法帮她妹妹——按摩她的肚子,直到她最后也吐出了所有喝下的水。我说:"别再让我见你想杀我弟!"

我们在水塘边又玩了一阵,然后,各自背着弟妹回村。到家后,我们的母亲把我们都揍了一顿:"别再把弟妹淹到水里玩!你们两个还小啊?"

(笑)嗯,不过我们小时候真是这样。

关于宝,还有一件事。一次,我跟我妈和别的妇女去采集,她跟我们走。但我们刚开始走,她就哭了,要她妈:"妈妈!"我听到她哭就说:"闭嘴。你哭什么?我们正跟着我妈走呢。"我们接着走,走近我妈要采集的地方时,她又叫起来:"妈妈!妈妈!"我说:"你疯啦?宝,闭嘴。我们现在跟着我妈呢。"我妈说:"随她吧,她正跟我们走。她只是找她妈。你骂她干吗?"我们接着走,挖了更多球根。

过了一会儿，她又哭了："妈妈……我的，妈妈！"我喊道："闭嘴！你妈走那条路去挖球根了。所以闭上嘴，跟着我妈走就好了。"又说："还有……把你的球根全放到我的袋里。全给我。一块都不准给你妈。"她说："不！我才不！我不会为你挖球根。你是我的小酋长啊？"① 我叫道："我把你干出屎来！你挖到的球根全给我，我再给我妈。"她叫道："妈妈！妮萨欺负我！"我说："我要把你的屎全打出来！你傻啊？你去跟你妈走，别跟着我。"我们往前走。接下来她小声说："妈妈……"我听见了就说："这次，我真要揍你了！"说着抡起挖土棍就打她，打了一遍又一遍。她哭起来。我说："你已经哭够了。擦干你的眼泪，闭上嘴，跟着我妈妈。我们跟着她走，最后，没准你妈就跟我们碰头了。"

她不哭了。我们往前走，她不吭声。我表扬她："因为你不再喊你妈，我又喜欢你了。"我们接着走，最后回到了村里。

但一到村子，她就一边哭一边跑向她妈："妈妈……妮萨太坏了！我跟着妮萨和她妈走，妮萨老欺负我！看看她

---

① 昆人没有酋长，这里大概指茨瓦纳人的酋长。——原注

二、家庭生活

是怎么打我的,打我的后背,打我全身。她就这么虐待我。"我喊道:"骗子!我没欺负你。"(当然了,我在撒谎。)"她撒谎,我没干。但因为她这么说,明天我们再不带她去采集了,永远也不!她疯了吗?"宝咒骂我说,"去死吧!你疯啦?不是你要我跟你和你妈去……"

她叫骂时,我只是站着,啥也没说,但不等她说完,我就冲过去,把她抱起来摔倒在地,咬她,说:"你有毛病啊?干吗这样侮辱我?还以为我们算朋友呢!"她说:"骗子!你还是孩子!干吗满肚子仇恨?你是个满肚子仇恨的蠢崽子。"我说:"我从没要你来我们这里过活。你爸妈干吗带你来?"我威胁要再咬她,她就逃向她爸妈的屋子。

她爸妈正坐在屋外的火堆旁,她穿过她爸妈。我也追着穿过她爸妈,追进屋子。我抓住她,咬她。她妈过来制止我,说:"唉!这孩子怎么这样?她在干吗?我相信她妈不会让她跑来这里咬我的孩子。干吗对她这样仇恨?我们还是走吧……"我听她妈这么一说,就喊道:"好啊!你就要走啦?带上你的娃!走吧!明早正合适。明天,带上你的疯女儿一块走。让她永远别再待在这里!"

第二天早上,他们还是待着没走。我问:"不是说要走了吗？干吗还坐在这？"

这时我妈加入战团，挺我："跟我们生活的都是大人了，但怎么老污蔑我女儿？她还只是个娃娃，干吗老骂她？"

后来我爸特别生气，这也是原因之一。他怪我妈不该这样侮辱他亲戚。

没多久，又出了一件事，我弟拿我爸的箭扎伤了来访的一个孩子。幸好，箭上没涂毒药。后面的事我记不清了，但记得我爸站在他们亲戚那边骂我妈："雏果，你坐在这，却不提醒你儿子……我们的儿子……你甚至没把箭拿走？现在可好，他扎了别的孩子！"

我爸怒火满胸，起身踢她。他本想踢高点的，没想正中肚子，踢得她肚里流血，从阴道和嘴里涌出来；简直要了她的命。我吓坏了："她要死了？我爸干吗杀她？干吗要踢她肚子，毁了胎儿？"那时我不是已经基本懂事了吗？当时我想到这，想到她如何流产，认为她肯定死定了。我哭哟，喉咙都哭干了。

在场的其他人给她泼水，昆沙和我能做的只是站在旁边哭。过了一会儿，她看起来苏醒了，尽管血还在往外冒。我爸洗她的腿，灌她喝水，想救她，还在她后腰割了口子

二、家庭生活

放血。① 日头快落时,血终于止了。最后,我们见到血不再从孩子那里流出来,而从别处流出来。后来,她好了,肚子又接着变大。胎儿没受影响。

我弟昆沙出生时,我妈说想杀了他,因为我太小,她想我有奶吃。后来,她生坎煦(Kxamshe)前,又说想杀了她,这样昆沙好接着吃奶。她怀孕时,跟谁都这么说,甚至告诉了我爸。谁都反对。

我爸说:"我不理解你。雏果,最初你说想杀了昆沙,妮萨还只是孩子,都要他弟活着。现在,你又说要杀掉肚里的娃。那你告诉我……你是想杀我吗?肯定是这样,因为这些孩子都是我孕育的②,但你这个也想杀掉,那个也想杀掉。你让我觉得你是个恶妇。你干吗要这么说呢?是怕孩子太多了吗?或者,可能你不再需要我了?"

他又说:"以前你是女孩时,你需要我。你住在我的屋子里,在我身边长大,我养你。我们有了娃后,你把他们照顾得很好。尽管如此,如果你杀掉肚里的孩子,我会离开你的。难道我找不到别的女人吗?"

---

① 昆人认为在患者疼痛处割些口子放些血,可以让部分疾病流出去。他们还可能在伤口上涂草药。——原注
② 昆族男女谈到"怀孕"与"生娃",都用同一个词。——原注

坎煦在我妈的肚子里继续长大。分娩时,只有我们两人,我们生活在树丛里,只有我们家,没有别的妇女。她要生时,就带我一块去。孩子出生以后,我说:"爸爸说了,如果你杀了这娃,他就带我和昆沙、道离开你。"但她说:"嗯,嗯……我不想杀她。这娃太可爱了。你看看,她皮肤多白多美啊。"[①]我很开心。我妈割断脐带,把她带回村里躺着。

我爸外出打猎,回来时,我妈正躺在附近一个临时遮蔽所的阴凉处。他问:"你妈哪去了?"我说:"躺在那边休息呢。她生了个皮肤好白的娃。"我爸过去看她,问:"是小男孩吗?"她说:"不,是小女孩。"

我爸去把带回的跳兔煮了,给她喝肉汤。肉汤给她力气,又能催奶。那晚我们睡了,但她的奶水没来。第二天,我爸出去打猎,抓到一只珍珠鸡,带回来煮了。我妈喝了肉汤,但奶水还是没来。后来,他又逮到一只珍珠鸡,也带回来煮了,这一次,我妈喝完鸡汤后,奶水终于充满了乳房。

那以后,我们继续过活。妈妈在屋里歇了一阵,坎煦

[①] 昆人的肤色比周遭的班图人白皙些。——原注

二、家庭生活

大点后，妈妈去哪都带着她。坎煦没有弟弟妹妹，因为我妈不再生娃了。坎煦不断吃奶，就这样长大了。她是自己断奶的，当时我妈还有奶水，过了一阵就没了。

坎煦断奶后，继续长大。她非常漂亮，皮肤是白的，像个欧洲人——她的皮肤就有那样白。我很爱她。她长呀长呀，长得很高，成了年轻姑娘，就要成大人了。后来，疟疾一类的病从别处传来，进了她的身体，杀了她，于是她死了。

那以后，我妈继续过活，一个月又一个月地来月经，来了很长一段时间。后来有一次，月亮来了，她却没来月经。此后，月亮来了又去，但跟她没关系了。

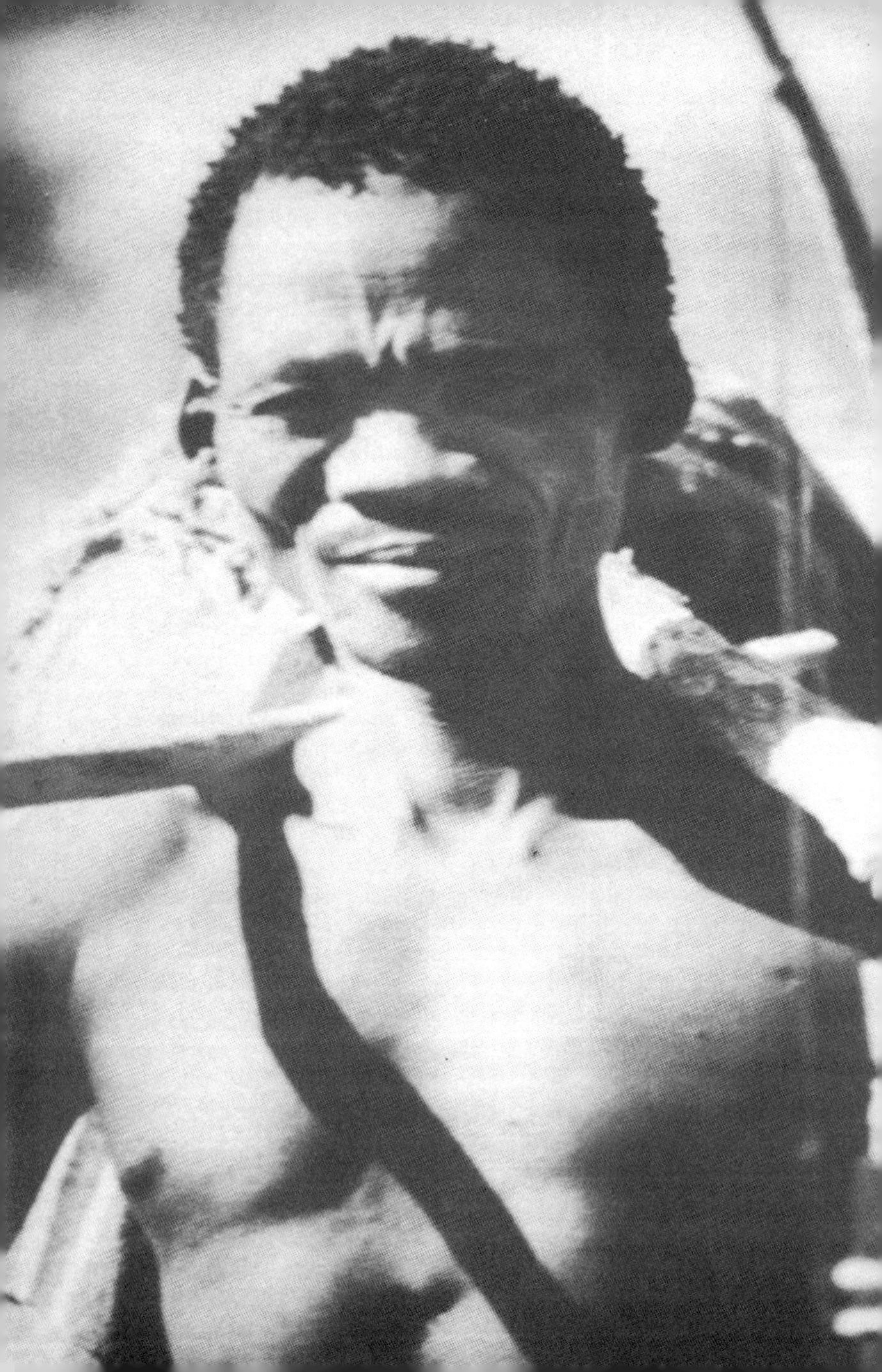

三、树丛生活

在喀拉哈里沙漠的北边,环境恶劣,变幻莫测。每年雨季的降雨量差异很大,最多时达到 40 多英寸,最少时只有 5 英寸。40 英寸的雨水流到洼地上,形成往往存在几周甚至几月的水塘。这时,到远处旅行比较便利,昆人分散成小群体觅食。有些几年才得一见的植物繁荣生长,但某些常见食物可能被雨水泡坏。持续降雨甚至可能导致最重要的食物——富含蛋白质的檬戈果——腐烂;甚至更糟的是,雨季初期罕见的大暴雨有可能损害檬戈树的花朵,让它不结果。

反之,5 英寸的雨水导致干旱,让昆族女人采不到很多食用植物。在多比地区,严重干旱平均每四年发生一次。知道哪有永不干涸的泉眼,懂得从枯藤上发现地下几英尺有大的贮水根,记得肥大的檬戈树或者摩乳拉树(morula tree)的树干的封闭树洞里藏有水——这些都能让人活命。

因为环境差异，同一季节的降雨情况也错综复杂；某个地区的降雨量可能是另一地区的两倍，虽然相距只有几英里。

在常见的春天（9月到11月），不熟悉当地情况的游客在遍布沙子和荆棘的树丛里，首先会寻找阴凉处，感谢某些地方的温度才只有100华氏度。这位游客可能发现没有水，食物也少（如果有的话）。即使树林的地上落了千百颗檬戈果，他还是会挨饿；因为关键在于他得找到可以砸开1/4英寸厚果壳的坚硬石块，知道如何把坚果放置于石块中间，懂得控制力度，砸得恰到好处，让檬戈果沿缝隙裂开，露出榛子大小的果仁，还不弄伤自己的手指。

假如这名游客看见了一头猎物，并且事先就懂得用骨头制成箭头，用芦苇秆一般的高草制造箭杆，用某种甲虫的幼虫提炼毒药，用半枯的绿枝做弓，还懂得把纤维植物编成弓弦，即使他懂这些，但要没经过多年训练，缺乏追踪、潜近和射击的经验，他得运气超好才能射中猎物。即使射中后，猎物多久才死，几小时还是几天？他是否懂得跟踪脚印，并在此期间找到足够的食物维持生存？

即使是昆人，每狩猎四天，也才能捕到一头猎物。猎手必须懂得如何辨认动物的脚印——知道它们是何时留下的，什么动物留下的，能辨认动物的年龄、大小、健康状况。狩猎不仅要懂得追踪,还要懂得潜近猎物,懂得看风向,能以最小距离接近动物进行射击。如果射中了,猎手必须能判断,毒箭入肉多深,动物多久才死,死前能跑多远。如果是大动物,猎手得先回村过夜,次日再带着帮手回来,重新辨认脚印,找到猎物。要是猎物没死,就用矛杀死它。要是死了,尸体可能招来狮子、豹子、鬣狗、胡狼、野狗或者秃鹫,它们有的单独来,有的成群来,昆人得赶走它们,有时要冒很大风险。然后他们屠宰猎物,小心剥下皮,以备日后制成衣服或者毯子。肝马上烤了吃掉,其他肉带回去。昆人不丢弃也不浪费任何器官。[1]

昆人从小就培养男性的狩猎技巧和狩猎兴趣,经常刚学步就开始了。小孩子往往从大孩子手里得到玩具弓箭。他们先选静止的物体当目标。很快,移动的生物,如草蜢和甲虫,也成了目标。大些以后,他们学习投掷木棒和木矛,以此提高水平。他们精于辨认动物脚印,如同他们能辨认当地的几百种动植物一样,也是通过实践与观察缓慢习得的。他们要想狩猎成功,必须了解很多知识,这得向

---

[1] 关于昆人屠宰猎物的细节,伊丽莎白·马歇尔·托马斯在《无害之族》的第三章里有详细描述,可以参看。——中译注

猎手们求教。孩子12岁左右,父亲第一次给他们箭袋,还给了小弓箭,让他们开始射鸟兔,还教他们如何设陷阱。下一步则是跟着他们的父亲、叔叔和哥哥外出打猎。

狩猎往往很危险。昆人勇敢地面对危险,但并不自找麻烦,也不为了锻炼勇气而冒险。主动回避危险被视为明智,而非懦弱或者缺乏男子气概。此外,昆人往往不要求男孩像成人那样克服恐惧。谈到不必要的危险,他们说:"但会死人的!"

听卡舍(Kashe,大约12岁)和他兄弟讲述亲身经历的一次猎杀后,我了解了这些态度。之前,这两个孩子只玩过打猎游戏。这一次,他们随父亲真正去打猎。回来以后,卡舍和他父亲来到我们营地,送给我们一块打到的大羚羊肉。我们祝贺他们(和我们的)好运气,然后聊了狩猎的细节,卡舍老是乐呵呵的。他父亲回忆了打猎的经过——他们怎样用箭射中大羚羊,追逐它,后来这头羚羊怎样停下反击,用又长又尖的犄角凶猛地抵挡长矛。卡舍在旁听着,又兴奋又自豪。我问他:"你帮你爸了没?""没有,"他回答说,"我当时躲在树上。"他的笑容变成了微笑。我很纳闷,又问了一次,他重复说,那头动物一停下反击,他们兄弟俩都爬到树上。我逗他说,如果它交由他和他兄弟对付，大家就得挨饿啦。他也笑了，说："是啊，但我们太害怕了！"他丝毫不觉得羞愧，也不觉得需要为自己辩解，而这么做在我们社会里是被视为懦弱的。但这绝不意味着他长大以后，再遇到同样情况时，他会缺乏勇气。对他而言，学会面对危险的动物并杀死它们，还要很长一段时间，在他看来（或从他父亲的表情可以看出），将来他无疑能做到这一点。我问他父亲，他微微一笑："躲在树上？当然了。他们只是娃娃。不那样可能会受伤的。"

大约在15岁到18岁之间，男孩可能第一次杀死大动物。昆人把这视为标志事件，分别举行两次仪式来庆祝——第一次杀死雄性动物庆祝，第一次杀死雌性动物也庆祝。他们都要进行仪式性的文身，在身上割小口子，以此象征性地保证这孩子成为猎人以后，又有力量又能得手。现在他可以结婚了，但实际上他10年内都不会结婚，时间主要用在提高狩猎技术，学习狩猎知识。

30岁时，这名男性进入了狩猎生涯的鼎盛时期，这一时期可能至少延续15年。这一期间，他每年步行1 200～2 100英里，追逐55种哺乳类、鸟类、爬行类和可食昆虫。他能用各种办法捕捉地上地下的动物，包括靠棍棒、陷阱、追逐（有时也用狗）或者常用的毒箭长矛。他依靠自己和

三、树丛生活

别人对周遭环境的知识,确定某天该往哪个方向狩猎,还密切关注巫术信息(比如梦和占卜),大家认为,这些能提供动物出没的信息。巫术还能给他信心,因为他们相信来自"神秘世界"的强大力量在狩猎时能帮助他们。他可能单独狩猎,也可能结伴。他跟他人结伴狩猎时,用代号暗指正在追逐的猎物,大家用手势和口哨交流,以免惊动猎物。

如果他们打到大猎物,会把它肢解,带回村里,根据规矩把肉分给村人。谁都直接或间接地得到些肉。昆人极爱吃肉——即使别的食物充足,他们还是说"肉饥渴"——尤其爱吃肥肉,因为大多数沙漠动物都很瘦。因为何时有肉难以预测,分肉容易引起纠纷;分多分少不只取决于远近亲疏这类明确问题,还有一个谁为狩猎做出了贡献这类微妙问题。多数猎手历来习惯带别人和自己的箭去打猎,这使情况变得复杂。因此,杀死动物的箭可能不属于射中动物的猎手。按昆人习俗,拥有这箭的人才是肉的真正"主人",他(或者她——女性有时也拥有箭头)负有公平分配肉这有面子(而又艰巨)的任务。所以,分肉必须深思熟虑,以免招来责难。部分肉可能风干留待日后吃,但大部分被大家当即兴高采烈地吃掉。如果没打到猎物,猎手就在归途挖些野菜,以免空手而归。

男子的狩猎水平各异，但水平差异不会造成地位差异。猎手逮到猎物以后，必须严厉自贬，保持低调。谦逊体现在他回村以后，不能马上散播消息，得默默进村，坐在自家或者别人家的火边，跟大家打招呼，等着。大家问他打猎如何，他说："没，今天没见到什么猎物。至少没见到什么值得一提的猎物。"谙熟这套规则的人就要求他披露狩猎的细节："那头不值一提的猎物……你有没有走近它，杀死它？"然后谈话逐渐披露，杀了头大角斑羚，或者大羚羊，甚至长颈鹿。消息传开，激动的涟漪传遍了营地；与此同时，猎手仍像原先那样坐着，平静讲述猎杀的过程。如果大家认为他在自我吹嘘，或者他不把这次成功解释为技巧加运气，就会严厉嘲讽他，打压他的气焰。稍后，才会产生关于这场狩猎的夸张叙述，而其他重要的狩猎事件也会被人们回忆起来。

特别出色的猎手（或者采集者、乐手、治疗师等）要做的，是尽可能低调，免得招人嫉恨。共用箭的习俗削弱了这种紧张关系，稀释了猎杀的功劳。另外，水平一般的猎手在用出色猎手的箭时，也会精神振奋，获得打到猎物的信心。猎手大都轮流外出打猎，这就给其他猎手提供了为村里带回肉、赢得赞誉和认可的机会。

猎手老了以后，开始跟年轻的男性结伴去打猎，传授自己约 40 年积累的经验。60 岁出头时，他结束了狩猎生涯，至此至少杀了 80~120 头（甚至更多）大动物、几百种小动物。如果身体状况良好，他就转向设陷阱，教导孩子怎样分辨树丛里鸟类和小动物的脚印，在村子附近捕猎。

我们在树丛里生活，父亲设陷阱，猎杀石羚、小羚羊、大羚羊，我们生活着，吃树丛里的肉和食物。我们采集植物，磨碎吃掉。我们还吃甜柠果、青豆。我长大时，这里没有牛也没有羊，从没见过赫雷罗人。我也没见过其他族的人，除了树丛生活之外啥也不知道。我们就在这里过活，就在这里长大。[①]

每次我爸杀了动物，我见他用木棍扛肉回家，都特别高兴，喊道："妈妈！爸爸回来了，他带肉回来啦！"我迎接爸爸时，简直乐坏了："哈，哈，爸爸！我们有肉吃啦！"

或者吃蜂蜜。有时候我爸外出，带了蜂蜜回来。我跟我妈待在一起，看到有东西从树丛里过来了。我使劲瞅："哦

---

① 本篇的回忆大致发生在妮萨 5~8 岁之间（约 1926—1929）。——原注

哦哦,爸爸找到了蜂窠!哦,我有蜂蜜吃了!爸爸带了蜂蜜回来给我们吃!"我感谢爸爸,用各种美妙的名字叫他。

有时候,是我妈先发现蜂窠,我们两人去采集,她在白蚁堆或者树下发现了蜂窠。我记得有一次,她发现蜂窠以后,我跳起来,蹦来蹦去,兴奋得停不下来。我们回到村里拿装的东西,再回到这个白蚁堆。我妈把蜂蜜从白蚁堆里取出来,我在一旁看。然后,我们就回家了。

很久以前,我们生活在树丛里,爸爸带回很多吃的!并且,很多动物很肥——好吃极了。每次我爸带肉回家,我都去迎接他:"哈,哈,爸爸带肉回来啦!"谢天谢地,总是高高兴兴的。

唯一令我不开心的是其他人捕到猎物,带肉回来。我见了会想:"嗯,嗯……那个人,他们家是不把肉分给别人的。他们有东西从不给我们。就算给了,也不够我们全家吃。他们是小气鬼。"我特别不开心,因为这意味着我们不得不去跟他们讨。

于是,第二天我们会坐在他们家旁边。如果他们给我们的肉很多,我就特别高兴,心想:"对,这些人,他们跟我们亲着呢。给了爸妈肉。"于是,谁都有肉吃了。

三、树丛生活

但是，村里总有那么一家人，跟他们要吃的，他们恨不得杀了你。我记得我们曾跟一伙族人一起生活，他们捕到猎物就自己吃。我爸跟他们讨，但他们不给。我坐着想："我就在这里等，我爸捕到猎物以后，我就有肉吃啦。"因为我爸是好猎手。

每次见别人带肉回村，我都问："爸爸，你干吗不去打猎？这样我们就有肉吃了。今天住那边的人捕到了猎物。"我爸说："嗯，但我的箭还没有新的毒液。等有了，我就像其他人那样出去打猎，带回来给你们吃。"然后我说："嗯，那些人总是去打猎。"

我们在树丛里生活时，有人大方，有人小气。但身边的大部分人都是彼此分享食物的，他们爱别人，一起过得很愉快，从不争斗。即使有人小气，大家也都会群起骂他，不管是为了肉还是为了其他东西："你干吗这样，不把肉分给我们？"

我长大以后，有人送吃的特别开心。什么都让我开心，除了那些小气鬼。我讨厌小气鬼。这些人让我很不愉快，心想："这人，我不喜欢。"有时我会直接说："我觉得你是坏人，永远不给你任何东西。"但其他时候，我只是哭。有时，我会哭一晚上，一直哭到早上。有一次，我哭了，因为有人捉到只很小的鸟儿，一点都没分给我。我想吃，就坐在那里哭呀哭呀。后来，人们跟我说："那只是一只小不丁点的鸟，别哭了。"

现在也这样。尽管我早就是大人了，但直到今天，如果有谁不给我东西，我也不会给他任何东西。如果我坐着吃东西时，有那样的人走过，我会说："哼，哼。我一点都不给你。你有食物时不给我，让我很不开心。哪怕你给过我一次好东西，我就肯定会分些给你。"因为那样的人非常坏。他们一有食物，只顾埋头自己吃。

过去，我爸早上背着箭袋离村时，我总目送他走。他经常出去一整天。要射中了什么猎物，他回来后就说："嗯，今天我到了丛林里，首先看到了头长颈鹿。但没追到。然后见到头大角斑羚，射中了。等明天，我们就去找它。"第二天，我们在鸵鸟壳碗里盛满水，动身去找那头斑羚。

有一次，我爸和别人结伴去打猎，带着狗。他们先遇到一头小牛羚，杀了它。然后，又遇到那头母牛羚，也杀了它。还杀了一头疣猪。

他们回来时，我看见了，喊道："哈，哈！爸爸带肉回家啦！爸爸带肉回家啦！"我妈说："你胡说。你爸还没回家呢！"接着她转向我看的方向，说："哦嘿，女儿！你爸肯定是打到了什么。带肉回来了。"

还记得有一次，我叔叔从老远过来，跟我们生活。他到达的前一天，猎到一头大羚羊。他把它留在树丛里，接着前来我们村子。到达时，只有我妈和我在。他跟我们打招呼，问他哥在哪。我妈说："嗯，他去察看一个豪猪洞口的脚印，日落就回来。"我们坐着，度过了剩下的白天。黄昏时，我爸回来了。我叔叔说："昨天来的路上，我遇到了头大羚羊——可能比较小——但我追了很久，终于打到了它，就在那个干水塘旁的灌木里。我们为什么不一起去把它弄回来呢？"我们整理行装，把剩下的东西挂到树上，然后前去那里。那可是个大家伙，很肥。我们在那住下，他们把大羚羊剥了皮，把肉切成条风干。几天后，我们才回家，男人用木棍扛肉，女人用斗篷装肉。

开始是我妈背着我。走了很长一段路以后，她把我放下，我就哭。她很生气："你是大孩子了，自己会走路。"这是真的，那时我是很大了，但我还想人背。我哥说："别骂她，她都哭了。"说着把我抱起来，背我。走了很长一段路以后，他也把我放下。最后，我们回到了村里。

我们吃着肉过活；过呀过呀，肉吃完了。

我哥哥，道，大我很多。我出生时，他已经有自己的屋子，不跟我们生活了。后来，他结了婚。在我还小的时候，他就出去打猎，带肉回来了。我爸懂得如何追踪猎物，捕杀猎物，我哥也都学会了。关于他的记忆，没有一个不令我高兴——那是我最乐和乐和的时代。

我过去总黏着我哥，他去哪我也去哪。我就是爱他！有时候，他要出去打猎了，就说："你干吗不留在村里呢？干吗老跟着我？"我就待在家里，他带肉回来时，我就去迎接他："哈，哈……我大哥回家啦！"

有时候，他带我去打猎，尽管我已经相当大了，但他还是把我放在他的肩头上，背着我。我总爱跟着他，这是一个原因！他发现猎物以后，就把我放下，跟踪它，向它射击。要射中了，我们就返回村里，他总是让我第一个去说："我大哥射中了一只大角斑羚！"第二天早上，人们就跟他去找那只羚羊。有时候，那里缺水，我怕口渴，就留在村里。

有时候，我待在村里，大哥教我设捕鸟夹。他只教我，从不教我弟，因为昆沙老是吃掉诱饵——小块的琼球根或者勾球根（gow bulbs）。他爱吃这些小球根，就自己拿走吃掉，不留给鸟儿。

三、树丛生活

有一次，妈妈在村外不远设了捕鸟夹。她走了以后，昆沙跟着她的脚印过去，吃掉了大部分球根。下午晚些时候，妈妈回来检查，发现套住了一只珍珠鸡，但其他夹子空了，既没有诱饵，也没有鸟儿。另一次，昆沙把手指伸进一个夹子里（他老这么干！），被夹住了，在那哇哇大哭，我跟我哥找到了他。道就揍他，说："如果你偷了诱饵，就抓不到珍珠鸡了！现在，不准再吃诱饵了！从夹子里拿诱饵吃，你傻呀？"

我从不这么干。我只拿球根去设夹子，把球根放在夹子里，放好就走，等鸟来吃。当天晚些时候，再去检查夹子。如果捕到了鸟，我就带回家，交给我哥拔毛。

我也帮我爸设过夹子。全是我自己干的。但我设好后，我小弟总留在那里，因为他真的很爱吃球根！

我过去爱吃炖檬戈果，谁要吃檬戈果却没我的份，我就哭呀哭呀，直到人家给我。但有一次，我哥把果仁汤和檬戈果仁全给了我，我就不哭了。

我哥常去檬戈林，带回好多袋檬戈果，装得满满的。一次，他回来告诉我妈："这些是檬戈果。把它们煮了，这样你和妮萨都有的吃。但别煮太多，免得你送人。我累了，所以记住我的话——我不想这些果子送人，因为我把它们全给了妮萨。其他人帮她煮这些果子，她什么时候想喝檬戈果汤都有的喝。现在，我去睡了，月亮落了后，我再去多收集些。"我得到了全部檬戈果，喝了很多汤，吃了很多果仁。

我也记得那次被烫伤的事。我妈刚挖克拉茹球根回来，把它们放在锅里熬粥。我不停恳求说："妈妈，给我些。干吗不给我些？妈妈，给我些。"最后，为了让我住嘴，她从锅里舀了些给我，因为以为凉了，就直接放到我手上，但它还是太烫了。我把它甩掉，结果落到我腿上。我还没来得及把它甩掉，它就把我的腿烫了一个大伤口。我哭呀哭呀，天黑了还在哭，我爸说："雏果，我跟你说了多少次，你不该这样让妮萨泪汪汪的。你听不懂的吗？耳朵长哪去了？你总把她搞哭。你都当妈妈了，还不明白事理吗？"

大家说，盐能治烫伤，所以他们洗净了我的伤口以后，把盐磨成小粒，放在伤口上。我不怕，就让他们放了。结果，我哭呀，瞅着盐在伤口上冒着小泡泡："噢，这盐太恐怖了……呃呃呃呃……呃呃呃呃……！"这盐疼死我了！真的，它好像要杀掉我的腿。我快疼死了。

烫伤很久都没好，让我行走很不便，站起来都困难。

必须到树丛里去①时，我只能爬着去。我爸责备我妈："你再这么对妮萨的话，我作为大人，又是她爸，也会这样对你，会把你丢进火里去的。你怎能差点害死这娃？现在，她连路都不能走了！我真想把你丢到火里。我没做，是大伙儿劝住了我。但你要再烫伤她的话，我就这么干了！"我妈说："你说的对，如果你把我丢到火里，我就不会再犯错了，因为是我把你的孩子烫伤的。但她真是糊涂，脑子如同糨糊。根本不懂事，连给她东西吃也不知道怎么好好吃。"

我们过呀过呀，过了一阵，烫伤好了。

我还记得另一次，我在灌木里发现了一只刚被狮子咬死的牛羚。母亲和我去采集时路过那里，她走在前，我稍稍落后。这时我发现了那头死牛羚。我走近一看，吓坏了，赶紧跑开，喊道："妈妈！妈妈！过来看这个！看那里躺着头又大又黑的家伙。"妈妈过来，我指给她看："就在那棵树边。"她一看："嗯！我的女儿！我的小妮萨！我的小姑娘！我女儿发现了一只牛羚！"然后她说："回村里告诉你爸，叫他过来。"她留在那里，我回去，但我们进到了檬戈

---

① "到树丛里去"是小便的委婉说法；有时昆人也直接明了地说。——原注

林的深处，我很快走乏了，停下歇息，然后又起身，沿着来时的脚印跑，再歇，再跑，最后回到村里。

天气很热，大家都在阴凉处休息。我哥最先发现了我："出了什么事？爸，你看。妮萨一个人跑回来了。是不是有什么咬了妈妈？"① 我跑向他们："没，妈妈没被咬……但我……我在树丛里发现了一只死牛羚！我们走过洼地，又走过密林，走到树丛边的空地，我在那里发现了它。② 我叫妈妈过来看，她留在那里，我跑回来通知你们。"我爸、我哥和村里所有人都跟我去了。到那以后，他们剥掉牛羚的皮，把肉割成条，用树枝扛回村子。

带肉回家以后，我父母把它送给大家。但我一点都不想分给别人，喊道："是我发现的！"只要一见肉被送走，我就跟到那人的屋里拿回来，说："是你发现牛羚的吗？妈妈和我一起去，是我发现它的！"我把肉取回来，挂回妈妈屋前的树枝上。大家都说："哦！这孩子！她不想跟我们分

---

① 谈到树丛的危险，昆人最先想到的是孩子一面跑一面叫，被蛇或者肉食动物咬了。——原注

② 当昆人说"在奈奈的猴面包树林附近的小山坡边的小金合欢树林"的时候，对方完全听得懂，就像纽约当地人说"在第五大道和第34街交叉口的珑骧（注：法国奢侈品品牌）专卖店前"一样明确具体。我们很难用英语传达昆人是如何谈论环境的，因为他们有许多形容地形和植物的细节的词汇，这些词在英语里没有同义词。——原注

三、树丛生活

享吗？牛羚是这孩子发现的，但她一点都不肯分给别人吗？"但我说："是你发现的吗？是我用我自己的眼睛发现的，这牛羚是我的。我要把它挂在我的屋前，全部吃掉。"

后来，我跑出去玩。我不在时，妈妈把肉拿走，分给大家。我回来以后一看，问我的肉都哪里去了，因为哪里都找不见。

母亲和我经常一起去树丛。两人一直走到她采集的地方。她让我待在树阴里，在附近挖树根、采果子。

有一次，我离开那棵树，到另一棵树的树阴里玩耍。我藏到草叶中时，发现了一只刚生的石羚。它躺着，小眼珠瞪着我。我想："我该怎么办？"我喊道："妈妈！"我站着，它躺着看我。突然，我知道该怎么办了，我扑向它，要逮住它。但它跳起来逃掉了，我开始追它。它在前面跑，我在后面追，它一边跑一边叫。最后，我拦住它的去路，它倒下了。我抓起它的腿往回拖，它哭叫着："嗯哼……嗯哼……嗯哼……"

它妈就在附近，听到它的叫声冲过来。我一见到它就跑，同时还拖着那只小石羚。我不要把它还给它妈！我一边跑一边喊："妈妈！快来！帮我抓住这只石羚！妈妈！它妈在追我！快来！拿走这石羚。"但是，后来母石羚不再追了，于是我抓住了这小石羚，捆住它的脚，重重往地上砸，把它弄死了。它不叫了，死了。我开心极了。我妈跑过来，我把它给了她。

剩下的白天，我们两人在树丛里走。我妈采集时，我就坐在树阴里等她，跟死去的小石羚玩。我把它抱起来，让它坐着，掰开它的眼珠子看。母亲挖够了沙根回来。我们起身回家。

有天我爸去打猎，打到只大石羚，剥了皮，用树枝扛回来。"哈，哈，爸爸杀了只石羚。"于是我说："妈妈！爸爸！我不要跟别人分享我的石羚。这次别给别人。你把肉煮好后，只给我小弟和我吃，只我们两人。"

还记得有一次我们出远门。路上，我爸和我哥追踪一只小食蚁兽，那动物几乎没有毛发，皮像人的皮，手像人的手。他们把它杀了，我们吃它的肉，我开始恶心呕吐。这时某种病魔进入我的身体，害我病得很厉害。我爸为我降灵治病，用手抚摸我，直到我好转。[①] 我还太小，不知道

[①] 治疗者举行降灵仪式，神灵附体后，用手触摸患者，以此治病，为世界各种文化都很常见的巫医疗法，被称为"神抚术"。本书多次提及这种医术。至于降灵，中国民间一般称为"扶乩""降僮"。——中译注

三、树丛生活

他在给我治病,因为我对这些根本不懂,只记得生病时的情绪,只想着:"我要病死了?"我爸为我治病,用他的治疗力量给我治病。我开始好转,很快能坐了;后来,就跟别人坐着了。一旦全好了,我又开始玩,不再想到死了。

大孩子懂事,知道人家在给她治病,心想:"这人在给我治病。没准他能治好我,因为我病得很重。没准他能治好我,把疼痛带出我的身体。然后,我就好了。"我爸给我们治病时,我很欢喜;他照料我们时,我也很欢喜。我记得他是怎么让我们好起来的。如果我病了,我爸为我治病,我就感到身体开始好转;如果别人病了,我爸进行降灵为他治病,我就坐着为我爸唱歌。大孩子懂这些,也知道考虑这些。但小孩还不懂。

我还记得另一次我吃肉后病了的事。当时我哥用毒箭杀了一只石羚,我见他背了很多肉回来,特别开心:"哈,哈,我大哥带肉回家啦!"我一再感谢他,赞美他。而且,是肥的!它特别肥!我得到一大块肉,全吃掉了,特别是肥肉。我吃呀吃吃呀,吃得太多了,很快就腹痛。肚子开始疼,拉肚子,我肚里塞满太多肥肉,拉出来的也全是肥肉。

没多久我就好了,我们又继续生活。

另一次,我打碎了鸵鸟壳碗,我爸打了我。我过去经常把它们揣在斗篷里去井边打水。但有一次,有个鸵鸟壳碗掉下来打破了,摔成了碎片。回家后,父亲拿起树枝说要抽死我。于是……噢!我逃了!

但是,这事又发生了一回。我拿着鸵鸟壳碗去装水,把水倒进一个时,另一个落到地上……乓!我说:"今天不逃了。就算我爸杀了我也不逃。"

我弟昆沙立刻跑去告诉我爸:"爸爸!妮萨又干掉了一个鸵鸟蛋壳!"我回来时,我爸正等着我,说:"告诉我,鸵鸟壳是怎么弄碎的?你不都是大女孩了吗?可你还把它弄碎了?"他打我,我哭了。过会他住了手:"算了……毕竟,它没那么重要。"

但自那以后,不管谁说"妮萨,拿鸵鸟壳去舀些水来",我都不去。我知道,要再打碎一个,他们又会打我了。"这些鸵鸟壳碗尽坑我。就把它们搁在那里吧。否则,你们会杀了我。"什么时候渴了,我就拿个小罐去井边喝水,装满后,用树叶盖着带回家。但我不去碰他们的鸵鸟壳碗。只有我妈去井边打水。

很长一阵,我都不去碰那些鸵鸟壳碗,我们继续生活。

我记得还有一次,我们去另一个地方。太阳很晒。这

三、树丛生活

是一个炎热的旱季,哪里都没水。太晒啦!昆沙已经生了,我还小。我们走了很久,我哥发现了个蜂窠,我们停下,他和我爸砍倒了树。所有人都帮忙采集蜂蜜。我用我的小罐装蜂蜜,装得满满的。我们停在那里吃蜂蜜,吃后我更口渴了。我带着我的蜂蜜和挖土棍起身,我们接着赶路。太热了,我们全渴得要命。我开始哭,因为太渴了。

走了一阵,我们又在一棵猴面包树①的树阴里坐下。哪里都没水。我们就这样坐在树阴下。最后,我爸说:"道,其他人都留在这猴面包树下。而你呢,带着水罐去找些水来。离这不远有口井。"道收集了空的鸵鸟壳碗,背上大陶罐就去了。我躺着,渴得要命,心想:"待在这,肯定会渴死的。干吗不跟大哥去,也喝点水?"我跳起来追他,跑呀跑呀,大声叫他,跟着他的脚印跑,但他没听见我叫他。我一直跑呀,喊呀,叫呀。最后,他听到了,回头看到是我:"哦,不!妮萨跟着我来了。现在她都跑到这了,怎么办?"他停下等我。我来到他身边以后,他把我抱起,高高放在他肩上,我们就往前走。

我们两人就一起走呀走呀走呀,最后走到了那口井。

---

① 非洲常见树种,树干很软,又宽又高(高达80英尺以上);树阴很大。果实是昆人的重要食物。——原注

我冲过去喝水，没多会我又舒坦了。我们给容器装满水，放在网兜里，我哥背在背上。他又抱起我，放到他肩上。

我们开始往回走，道背着水，还扛着我。过了一会儿，他把我放下，我跟在他旁边跑，过了一会儿，我开始哭，想要他背。他说："妮萨，我要打你了！我带这么多水，特别重。所以，就跟着我吧。我们得把水带回去。现在，他们肯定渴死了。你哭什么？你不懂事吗？"我哭着说："不要，背我。道，把我放在你肩上。"我跟在他后面跑，哭呀，一边跑一边哭。过了一会儿，道说："好吧，我还背你。"他又抱起我。我们走了很长的路以后，他又把我放下。我们走得特别远！我跟他一路跑，直到我跑累了，他又把我背起来。我们就这样回到那棵猴面包树下，父母正在等我们。

他们喝水，喝了又喝，一喝再喝："我们的孩子多好啊，带回了水！我们又活了！"我们在树阴下休息，然后动身去下一个水坑，尽管路远，我也不哭，就带着装满蜂蜜的小罐走。到了后，我们住了一阵，我吃着蜂蜜过活，感到很幸福。

一次，我们在一个水坑附近生活，但那里没水了。全家又渴坏了。仅有的水来自卡娃（Kwa）根，一种大的水

三、树丛生活

根。我妈削出它的白色果肉，堆成小堆，把水挤出给我喝。她说："妮萨还是个娃娃，可她快渴死了。"因为，尽管卡娃根很多，但它们也很苦。我一边喝，一边哭。

我们在那里生活，过了一阵，我们看见雨云来了。有一朵来得很近，但只挂在空中不动。过了一天，更多雨云来了，也是只停在空中。随后开始淅淅沥沥，后来哗哗落下。

雨季终于来了，太阳升起落下，雨一直下，落个不停，几乎不断。水塘很快就满了。我的心啊！我幸福极了。我们生活着，吃肉，吃檬戈果，吃更多的肉，全都很美味。

我幸福极了，就像条小狗动来动去，摇动尾巴，到处跑。真的！我太幸福了，我对着眼前的景色大声喊道："雨季来啦！呀！呀！"

那里有毛毛虫①吃，那些小家伙在地上爬着："嗯嗯嗯……嗯嗯嗯……嗯嗯嗯……"人们挖掘树根，收集食物，带回家的食物越来越多。猎物很多，人们不断把肉挂在树枝上带回家，挂在营地边的树上。我乐得要炸了，大吃特吃，我就像条小狗，尾巴不断摇呀摇呀。我摇着小尾巴笑，

---

① 至少有6种可食的毛毛虫。它们大约2英寸长，表皮光滑，随不同的季节出现，昆人视为美味。——原注

就像小毛驴那样笑。我把我的尾巴这样摇，那样摇，叫道："今天我家要吃毛毛虫啦……毛——毛——虫！"有人给我肉汤，有人弄好了毛毛虫皮，烤了给我吃，我吃呀吃呀吃呀！吃完就睡了。

但那晚，大家睡得很沉时，我尿床了。早上，别人都起了，我还躺着，躺在自己尿过的毯子里。太阳升到了高处，我还躺着，怕人们嘲笑我。妈妈说："妮萨是怎么了？干吗还睡？太阳那么高了，还不肯离开毯子？哦……她可能尿床了！"

我起床后，站着检查我的小遮羞皮裙。湿了！"哦嗬！我尿了自己一身！"我很沮丧，心想："我尿了自己一身，现在谁都会嘲笑我了。"我问朋友："我把毛毛虫全吃了，结果睡后尿床，怎么办？"又想："今晚，我不要跟别人睡了。万一再尿床，爸妈不会打我吧？"

我记得有一次，朋友和我抓到只啮龟。我们常在一口水塘里游泳，互相泼水玩。我们开始跟它玩——把它抓起来，你丢给我，我丢给你。但轮到我丢时，龟咬住了我的手指，我叫起来，但它不松口。我晃着手哭了："妈妈！我的手！救救我的手指！可雅（Keya）！诺尼（Noni）！来啊，救救我！你们都是笨蛋吗？来帮帮我呀！我被咬了！"

三、树丛生活

我把我的手往沙地上捶,但龟就是不松口。我一面看它咬我的手,一面呼救。我用另一只手扯它,最后,它掉到了沙地上。我的手伤了,疼的哟,"噗——噗——噗——噗",我坐在那里直喘气,其他孩子就把龟弄死了。我坐着检查自己的手指。它伤了,被咬坏了!其他孩子给我跳降灵舞,装作是在施展神抚术,给我治手指。他们在我周围蹦蹦跳跳,想治好我的手指。男孩们进行降灵,想让我手指不痛。天快黑了,我们把龟带回村里,煮了吃了。

到家后,我妈问:"发生了什么事?什么咬了你?"我说:"乌龟咬了我。就是这只。我们跟它玩,把它丢着玩。我抓起它时,它咬了我。咬得很厉害。"

从那以后,我一直怕乌龟,不去碰它们。其他孩子把它们丢来丢去时,我只站在一边看。小时候我真的很笨!那样危险的家伙也去碰。当时不知道害怕,就把乌龟抓起来。结果挨了咬。直到今天,我的手上还有块疤。你觉得自己小时候懂事吗?

还记得另一次,我跟朋友在树丛里走。我们家正要搬到另一个营地,我和朋友走在大人前面,轮流骑对方,装作我们是驴。这时,我朋友比萨(Besa)发现一头死牛羚躺在地上;接着又看见第二只、第三只,全是刚被狮子咬死的。我们跑回去找家人，大喊："我们发现了三只被狮子咬死的牛羚！"大人们说："哈，哈，我们的娃啊……我们的娃好了不起，我们的娃棒极了！"

我们回到死牛羚那里扎营住下，住了些天。第一天，大家把牛羚剥了皮，又找来了水，然后吃肉。第二天，妇女去找了更多水回来。我们吃了肉，躺下睡觉。这个晚上，狮子们回来了，要吃它们咬死的牛羚——它们只吃了三只牛羚中的一只。

那些狮子走近我们营地，在篝火周围晃悠。我们能看见它们的眼睛在树丛的黑暗中闪烁。一双眼睛在这，另一双眼睛在那，还有其他眼睛。狮子很多，它们想杀了我们。

我爸进行降灵。他的灵魂飞向灵界，跟神说话。神联手把狮子赶走了，因为过了一会儿，它们就走了，到远处的另一处水坑去了。我爸结束了降灵，回到我们中间。然后我们全睡了。

另一次，我已经很大了，跟朋友和我弟离开村子去树丛。在路上，我发现沙地上有一个小弯角羚的脚印。我叫起来："喂，大家！来这！看看这弯角羚的脚印！"其他人过来，一起查看脚印。

我们开始跟踪脚印，走呀走呀，走了一阵，我们看见

三、树丛生活

那只小弯角羚正安静躺在草里,睡得很沉。我跳过去要抓住它,它叫道:"嗯嗯嗯……嗯嗯……"我没抓牢,让它挣脱逃了。我们跟在它后面追,跑呀追呀追呀。但我追得太快了,把他们全甩在了后面,结果只剩下我一人在拼命追。最后我赶上它,跳到它身上,杀了它。然后我抱起它的腿,扛到肩上走回来,整个人几乎喘不过气来:"呼哧——呼哧——呼哧!"

我跟其他人汇合以后,我表哥说:"我表妹,我的小表妹……她杀了一只弯角羚!我们其他人做了什么?我们这些男人全留在这里……我们都杀不了它,为什么这小女孩却能跑这么快,杀了它?"

我把它给了表哥,让他背。回家路上,一个女孩发现了一只小石羚,跟她哥一起去追,追到后,她哥杀了它。那天我们带了很多肉回村,大家有很多肉吃。

你是问我童年幸福吗?等到长大,成了姑娘后,我知道自己经常很开心。但小时候不太懂事,也没想过自己到底是开心还是悲伤。

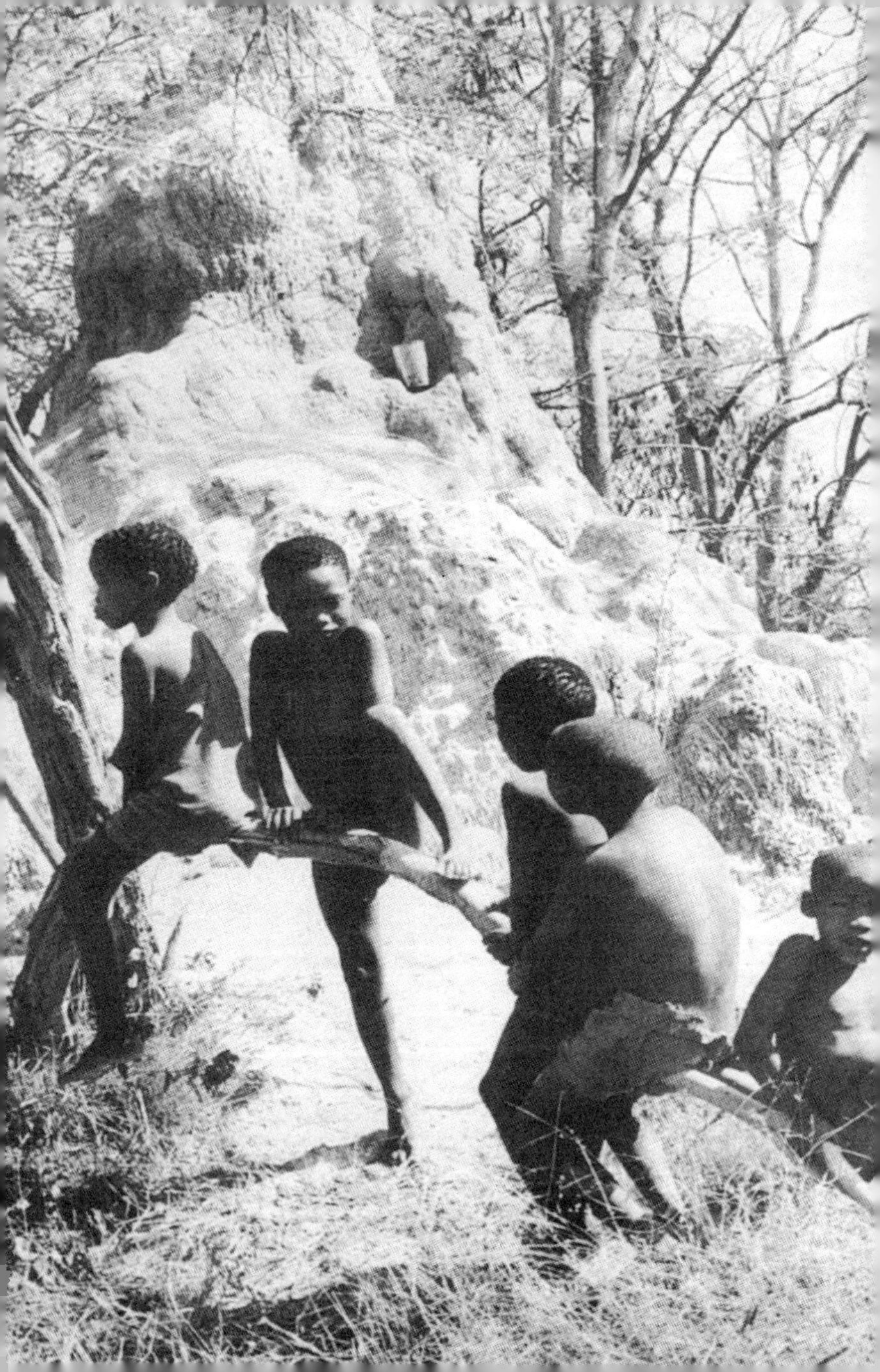

四、性的萌发

在村里也好，在家里也好，昆人都没什么个人隐私，父母和孩子一起睡，共用一条被子，同住在一间屋子，没有隔断，也没私人空间。大人过性生活时不想让孩子知道，但到树丛里去办事又不方便，而且不管去哪，小孩子总要跟着妈妈。可行的办法是等孩子睡后，悄悄地做。但孩子们，特别是大些的，都很好奇，总是不声不响地保持清醒（但装睡），偷窥父母在干什么。父母鼓励大孩子（特别是十多岁的）到别处去睡；这些孩子往往自己主动搬出去盖屋自己住，或者跟其他同龄的孩子住。有时候，他们也跟祖父祖母住一阵。

昆人孩子大部分时间都自由自在，没人管。他们最初的性意识以及对性事的好奇心萌发于这一时期。昆人的孩子没书读，除了偶尔打打水，家里不指望他们干活、照顾弟妹，也不指望他们对村里能有多大帮助。直到 15 岁左右，女孩不管嫁了没有，都开始定期陪母亲外出采集、捡柴火、打水，男孩则开始跟父亲去打猎。

外出采集时，许多父母喜欢把什么都丢村里，除了最小的孩子：这样采集食物比较有效率，也能走得远些。而且，大多数孩子想跟其他小伙伴留在村里：出行很赶，时间又长，比起来还是跟小伙伴玩耍更有意思。炎热干旱的夏季更是这样，这时沙地烫脚，沿途缺水，只能喝鸵鸟蛋壳装的一点水。孩子跟大人去采集时，根本帮不了忙，倒是把时间花在吃东西（食物是他们自己找的，或者是大人给的）和在树丛里玩上。因为妇女一周只去三天，总有人留在村里歇息或者干活，也就顺带帮忙看孩子。

有一位妇女这样说："如果你逼着他跟你去吧，他又哭又闹，你啥都干不成。如果留他在家，他不哭不闹，你还能带回很多吃的。"不过，回答下一个问题时，她又解释说："我要坐在村里，孩子们在旁边玩，那就没啥好担心的；看他们玩就行了。丢下他们去采集时，就老担心没人好好照顾他们，特别是如果村里只有一个大人，而且这人还生了病的话。"

大多数社会，大孩子和十多岁的青少年都给家里干很多活，但令人奇怪的是，昆人孩子不这样。这说明昆人的物质基础比较稳定，较有保障，也似乎表明，即使在这种恶劣环境里，采集狩猎也不是特别费力；要是活儿繁重，负担太重，昆人早就要年轻人干活了。（事实上，年轻人帮家里干活的时间甚至比更小的孩子还少。）

村庄生活为孩子们提供了一个亲密交往的安全环境，让他们能在这里玩耍。每个村子平均约有 30 人（包括亲戚、朋友和客人，孩子们全认识）。大家主要在户外活动，也就是在区分各家生活区域的火堆边活动。孩子们不难逛遍全村，或到别人家玩耍，或到大的公共场所玩耍。这个公共场所是各间屋子围成的村中心，铲掉了荆棘和杂草。有时候，他们到村外的树丛里玩，但即使这种时候，大人也经常待在附近，以免发生危险。孩子在村子附近的树丛里迷路，或者外出采集时迷路，这样的事很少见，即使有，孩子也总是很快就被找到。

尽管大人总是看着孩子，但很少干涉他们的游戏，更别说时常提建议了。他们有时会劝架，特别是不一样大的孩子发生矛盾的时候，防止孩子受伤。村里相对安全，但并非没有危险，最危险的是火，烫伤孩子（有时轻，有时重）这种令人揪心的事不时发生。尽管父母经常警告他们，但孩子们不怎么听，经常抓起火炭玩（很快又丢掉），或者

四、性的萌发

拿着燃烧的树枝和草在火堆之间追逐。他们也玩那些大人随手丢弃的刀子（双刃的，又长又尖），不过割伤的情况很少见。村里最危险的日常用具是毒箭和矛，它们被小心地挂在孩子碰不到的地方，因为昆人几乎没有什么物品，所以也就不担忧它们被孩子弄坏，孩子们想在村里干什么就干什么。

因为也就几户人家，村里玩耍的孩子们往往不在一个年龄段，有大有小——他们是流动的，只是暂时在这里生活而已。他们待在村里的大人身边，或到附近建立自己的"村庄"——大人听得见他们说话，但看不见他们。他们的游戏大都模仿大人：狩猎、采集、唱歌、降灵、过家家、扮父母和结婚。（由大孩子看管的小孩子经常扮演"父母"的"儿女"。）他们有时假戏真做——就到村庄附近找树根和浆果，甚至追赶小动物和鸟儿，设陷阱捕捉它们。因为昆人没有学校——孩子学习全靠观察和实践——正是在跟小伙伴们玩耍的时期，孩子们掌握了大量技巧，这些技巧使他们在日后成为有生产能力的成人。

搬家对孩子们影响很大。村子的成员过一阵就换一批，但对人数影响最大的是季节。冬天，大批人口聚集在几个永不干涸的泉眼边，有大量孩子一起玩耍。到了夏天，雨水灌注，地上都是积水，人们就分散了——去看望遥远村庄的亲戚，或者搬到食物和猎物较多的地区。少数家庭（或者只有一两家）可能一起走。大多数孩子很难接受这种变化，经常渴望重返永不干涸的泉眼。

昆人的女孩和男孩是一起玩耍的，大部分游戏都一块玩。包括我们文化在内的很多文化都认为有些活动适合女孩，有些适合男孩，从小鼓励两性分开玩。我们通常嘲笑的"假小子"和"娘娘腔"，在昆人的语言里没有同义词。昆人的孩子不被性别区隔开来，两性也不分别被培养成听话的和勇猛的，也不限制他们之间表达情感。尽管男孩和女孩都吵吵闹闹，但较少模仿大人的攻击性行为，很多社会都刻意培养男孩的战斗能力，昆人不在这方面花时间。因为昆人对孩子不作要求，不重视童贞，也不要求女性把身体遮掩起来，女孩跟男孩一样自由，无拘无束。

昆人孩子的游戏很少涉及竞争，甚至没有。孩子们一块儿玩耍，共同活动，但很少有什么共同规则。每个孩子都反复学习，以做得更好，但不是要击败对方，显示自己比别人厉害。可能是一起玩的孩子不多，缺乏同龄孩子比较优劣，从而促成了这种态度。但大人也努力避免竞争，避免比高论低。事实上，昆人社会有意不强调人与人的差异，避免在跳舞、打猎、治病、弹奏、制造珠子等方面区分孰优孰劣。当然，大家对身边某些人的才智印象深刻，并从这些人的才智中获益匪浅；但大家都觉得靠这些才能引人注意极其不礼貌。

更深入的观察揭示，昆人两性参与的活动种类存在微妙差异。有人研究游戏中的昆族孩子，发现男孩比女孩更有攻击性，而女孩跟母亲之外的其他大人的互动比男孩多。但是，跟其他社会孩子的游戏不同，研究发现，昆人男孩和女孩都同样活跃，都能够保持注意力去完成某项任务，而且他们花在玩具上的时间长短也没有什么差别。此外，昆人的孩子也没有表现出更喜欢和同性伙伴玩的偏好。

实际上，这是有意为之的。这种自由让昆人的孩子们不会厌倦，使他们玩得既富创造性又充满活力，而这也是他们大部分日常生活所具有的两大特色。尽管有各种各样的游戏，但大多数大人记忆犹新的还是性游戏。群体不同，性游戏的种类数量也不同，但大体情况差不了多少。孩子们玩性游戏，先是男孩跟男孩玩，女孩跟女孩玩，后来变成男孩跟女孩玩，而且往往由男孩发起（有时是他们强迫女孩玩的）。大孩子的性游戏往往包括触碰生殖器，但他们似乎要多年后才真正发生性关系。有些结婚较早的女孩，结婚时还没有过性经验。

大人不赞成孩子和少男少女玩这种游戏，但他们很少花费精力去管。他们记得童年时自己也这样玩过，而且清楚自己的孩子也正在玩这类性游戏，尽管他们嘴上不承认。只要没看到，他们就不会主动去管。但孩子们要是被逮到了，会挨顿骂，教训说要"玩正经点"，但也就这样了。孩子们知道在自己的"村庄"里玩的时候，就不会有人去管他们，并且，他们玩"结婚"游戏时，感到自己真大了，独立了——至少在需要食物和水，需要大人解决争端之前他们是这样想的。

因此，一般来看，昆人的孩子过得无拘无束，但在长大成人之前，近55%的孩子会丧生。所有孩子都活在疾病和死亡的威胁下，不仅他们如此，他们的兄弟姐妹也如此。实际上，就是他们的父母，也比我们社会的大人脆弱，大多数出世较晚的孩子长大前都会丧父或者丧母，甚至父母双亡。

我是老女人，懂得很多，因为别人聊天，我都凑过去听。[①] 我要说个我听来的事，是我外婆告诉我妈的起源神

---

① 本篇的记忆大致发生于妮萨6～12岁之间（约1927—1933）。——原注

话。那时人们还不知道性,也不知道如何办事。

很久很久以前,有两个女人盖了些屋子,村里只住了她们两个人。别处有两个男人,也就两人住在他们的村里。两个女人住在这,两个男人住在那。

一天,这两个男人发现了女人的村子。第二天,太阳刚升起,男人们就离开自己的村子,想去抢走那两个女人。但他们到达时,女人们不在,出去采集食物了。后来,妇女回到家,放下采集的食物坐下。这时,她们看见了那两个男人。一个女人说:"怎么?我们这里也有男人?我记得没有呀。真是男人!"

于是这两个女人想教这两个男人懂得什么是性。天色还早,女人们就坐着吃东西。但天黑以后,他们就分成两对,处到了一起。两对男女躺了很久。然后,一个男人起身,想在女人的嘴里办事。她说:"不对,不是这样。"他又换到女人的眼睛。她说:"不对,不是这样。"他又换到耳朵。"不对,不是这样。"又换成鼻孔。"不,不是这样,不是这样做爱的。看,这里有阴道,就在我的腿中间。这嘴,我用来吃。这眼,我用来看。这耳,我用来听。这鼻,我用来呼吸。那么,我这里的阴道是干什么的呢,你不想试试?只想跟我的脸干?"于是,他就把他的玩意儿塞进她的阴道,就这样做了爱——干了整整一夜。

天亮后,这两个男人离开村子,找到其他人,教他们:"昨晚我们搞明白怎么做爱了。有个叫阴道的东西是用来做爱的。"其他人听了,也就都懂了。

晚上,孩子躺在他妈前面,父亲躺在他妈后面,他妈和他爸做爱,孩子看到了。父母不在意他,因为他还是个娃娃嘛!只管办他们的事。[①] 因为,就算孩子看到了,甚至听到了,也不懂他们在干吗;他还太小,对性没有概念;他只是看着,不懂是在干吗。

后来,这孩子慢慢明白了,因为他大些后,开始知道他妈他爸在做爱。起初他会想:"是这样,大人还用阴道来干这事。"然后,如果这是个小男孩,他会找某个小女孩,没准是他妹,跟她干这事;他会自己学,装作自己正在跟她做爱,就像他妈他爸那样。学会以后,他见谁都想玩这个。

随着长大,他们越来越注意到自己的性欲。如果他们

---

① 在昆人语言里,做爱(make love)的同义词是"are akwe",字面意思是"爱(或者喜欢)某人",在这个语境里是性交的委婉说法。昆人还有其他委婉说法:"are an/te"(示好);"gu akwe"(亲热);"gu an/te"(好上了);"du si//kwasi"(办事)。通常认为,这里所说的性交体位能悄悄进行,不吵醒孩子。——原注

四、性的萌发

还跟父母睡，还没睡着父母就开始做爱……如果他们只躺在那儿听，什么都听得一清二楚，他们就很痛苦，心想："好吧，母亲和父亲只是在办他们的事而已。"但即使如此，他们这样听着，性欲就萌发了。因为大孩子快长大了，性欲很强；如果他们听到别人做爱，也会兴奋。于是他们就躺着，熬到天亮。但到了早晨，他们跟其他孩子一起玩，就告诉别人父母昨晚怎么怎么了。然后，如果这是个男孩，他见到某个女孩就跟她玩这种游戏。

大孩子是这样干的：他等着，等到跟小女孩玩，跟她躺下的时候，拿口水涂她的阴道，趴到她身上用半硬的龟头戳对方，装作在办事，但其实没有。因为，就算能变硬，也不会当真插入。他们也不懂射精。男孩只有在快成人时，才像大人那样办事。

一开始，女孩不肯玩这种游戏——她们说，被戳得很痛。但大些以后，她们同意这么玩，最后甚至喜欢上了。

当我还小的时候，男女之间的事，一起生活一起睡觉啦，成人在意和享受的跳舞等啦，男人躺在女人身上上上下下啦，我都不太懂。起初我想："嗯，嘿……这就是大人们的事。"觉得跟玩耍时孩子的事一样。

大些以后，我才开始明白父母躺在一起是在干什么。她躺下，然后他们躺到一起，然后……就开始办事。这时我就想："大人干这事时，是在杀女人？没准正发生什么可怕的事，这个大人在杀那个大人。爸爸不会杀了妈妈吧？"

因为到晚上，我爸跟我妈躺在一起。有时候，我还没睡，正躺在妈妈前面，我爸躺在她后面，我就留心观察。起初，这并没有使我不快。但等大些以后，我开始想："为什么我爸毫不在意我可能还醒着？我都大了，他怎么不尊重尊重我？大人应该考虑别人的感受，没看出我还没睡？干吗就搞起来了？"我躺着，脑子里尽想这些。或者想："父母怎么可以不在乎别人的感受？我都很大了。他们不该在别人还没睡着时办事，该等我们睡了再说。"后来又冒出别的想法："不，现在我不该躺在这儿，应该到别的屋里睡。爸爸显然不考虑我；他顾不上了，忙着要做那事。我不要看这个，不要待在这里。现在，还睡在这里有什么意思？"

这时，我给自己找了个小屋，到那里睡。他们留在他们屋里继续干那事，我猜的。他们爱干吗就干吗，但干吗不多考虑考虑我的感受？

还吃奶的孩子不懂这些，只顾吃奶。其他的根本不懂。就算他学会坐以后，还是什么也不懂，因为他还不长脑子

四、性的萌发　　*87*

呢。他哪懂什么？就知道吃奶。

但等他大些，开始走路以后，想法就多了。他开始坐着想各种事，想他的事——性游戏。因为孩子都玩性游戏。小男孩玩性游戏是自己学的，跟小公鸡一样。小女孩跟别人一起玩，也是自己学会的。

起初，小男孩跟小男孩玩性游戏——用鸡鸡戳对方的屁股——女孩也跟女孩玩性游戏。后来，要是某个小男孩见某个小女孩落单，就跑过去搂她，跟她"来一发"，小男孩和小女孩就是这样学会的。

小男孩最早尝到性的美妙，所以他们一有机会就要玩。是这样的。小女孩不懂这回事，还懵懵懂懂着呢。但小男孩有鸡鸡，没准就是胎里带。因为男孩知道怎么用鸡鸡办事，知道怎样去玩这玩意儿。他们只要抱住小女孩，把她们扑倒，就能跟她们搞了。就算是一群男孩和女孩一起时，他们也敢这么干。

女孩们自己一起玩时，有时也玩性游戏，但男孩们要在场的话，她们就不玩，因为男孩非要跟她们玩这个。女孩只能互相摸摸阴道，做不了真的。男孩有硬家伙，有鸡鸡，有他们的矛。女孩没有矛，什么都没有，只有软绵绵的东西。她们没有像鸡鸡那样动来动去的玩意儿，所以女孩们自己玩时，只能搂住对方，玩得不尽兴。小男孩最棒，玩得很好。

我还小的时候，什么游戏也不玩，什么都不懂，也不懂什么是性游戏。就算女孩们一起玩，我们也玩得规规矩矩。因为有好游戏，也有坏游戏。坏游戏就是碰彼此的阴道，好游戏则不这么做。

但等我大些，懂事以后，开始有性意识了。这时，小女孩和小男孩还不真正懂得怎么玩性游戏，只是嘴上说说。男孩们互相问："你是怎么搞的？"也问我们。我们就说："我们不懂怎么玩。就你老谈这种事。但我们是女孩子，我们不懂这些。总之，不管你怎么玩，我们都不参加。我们难道不能玩正经点吗？"男孩们就说："哪有游戏跟性交无关？"他们又说："你们女孩什么都不懂，那过来看，我们先一起玩，结婚，互相抚摸那地方，然后就可以搞了。"女孩们总不答应："这太恶心了。我们不要玩这个，你们干吗老让我们玩？"

后来，我的女友们开始跟别的女孩玩性游戏，把口水涂在手上，再抹到阴道，然后互相抚摸对方的阴道。我不懂怎么做，就干坐在一旁。她们问："干吗不来一起玩？"我说："如果玩了，我的阴道会发臭的。你们把口水涂在那儿，我可不喜欢那样。"我在旁等着，等到她们开始玩正经游戏时再加入她们，我们玩呀玩呀玩呀。

不久，有些小女孩开始跟小男孩玩性游戏。她们懂得比我早；她们学会了，而且没哭。在学会前，我很长时间都不肯干，不清楚这是怎么回事。每次男孩要求我玩，我都哭。他们说："干吗每次玩这个，你总哭？"我说："因为你要玩性游戏，就因为这个。"有时我说："我要告诉妈妈，说你们要我们玩这个。"因为我不想玩坏游戏，所以跟其他女孩待在一起哭，都不肯玩。

但我们在旁边观察，看他们到底在干吗。尽管这样，每次见他们那样玩，我们都哭。直到看了很多遍，觉得自己懂了以后——觉得自己清楚他们在干吗了——这时我们才不再那么怕了。最后，我们也同意玩了。我心想："所以，当你没长大的时候，就得这样玩。"因为见过别人怎么玩，我自己也开始那样玩，最后还喜欢上了。

小孩子的心理都差不多。他们就这样一起玩，就这样长大。

我们就这样长大。我们离开父母的村子，在附近建个小型的"大人"村子。我们装作到树丛里找吃的，带回村子吃。然后"结婚"，玩性游戏。我们能这样玩一整天。

要是谁的父亲打到了猎物,我们就回村里拿肉,带上小罐和锅,开开心心地带回我们的小村子。剩余时间都待在我们村里。一个男孩跟一个女孩配对。我们坐在那里煮肉,煮熟后送给别人,就像大人那样。肉吃完以后,某个男孩子会回去拿来更多的肉,再煮了分给大家吃。日落时,我们再回到父母的村里,但即使回了那里,还是照样玩。

再大些后,我开始担心大人发现我们在玩什么,就学他们那样闲坐着。之前,大人有时骂我们——特别是如果我们当他们的面玩性游戏的话。因为小孩子不怕大人,就算大人在也照样玩。他们不怕,也不懂,没想到大人见了会骂。

有时候,我跟我弟待在大人的村里。其他时候,我跟孩子们玩,有一阵只玩正经的游戏。随后他们就想抱我,要玩性游戏。有时候我不肯,他们就把我推倒,抱住我,脱掉我的遮羞皮裙,强迫我那个。这很痛的!鸡鸡不就像根骨头吗?他们到处戳,简直疼死我了。我哭了又哭。我还小,根本不懂它有多美妙。

但有时候我也同意玩。我们就这样生活,有时候玩正常游戏,有时候玩躺下来的游戏。

有时候,男孩们责怪我们,说我们不忠:"有人告诉我,你喜欢上了别的男人。"我们回答说:"我们没喜欢别

四、性的萌发

人呀,谁嚼的舌头?"他们走开了,说:"让那些女人自己待着去吧。"其他时候他们说:"不成,这些女的做了不要脸的事,找了情人。现在,我们要揍她们,揍到她们不敢跟别的男人鬼混。"

一次,我跟朋友回村拿毯子,回来以后,我们躲在毯子下玩。男孩们来了,也跟我们躺到一起。后来,我告诉大人:"大人们!大人们!今天我们一起玩,男孩们搞了我们。"大人们说:"要是男孩摸你们的阴道,离开他们,只跟女孩玩。让男孩玩他们的。"但我说:"就算我们自己玩,他们也会偷偷跟着我们,追我们,跟我们玩,弄坏我们的阴道(我们就是这么说的)。"大人说我们该要求男孩让我们自己玩,我们只该玩正经的游戏。他们说玩生殖器不好。

后来,我想我不该告诉大人。干吗要提?大人只会骂我,也不会干别的。所以从那以后,我什么也不说。我们只管玩呀玩呀,我再也不提这些了。

还有一次,男孩们要跟我们玩,我说:"可雅和我要出去,我们自己玩。你们想玩性游戏,就你们去玩。但我们不玩。你们想我们干坏事。"男孩们说:"你们撒谎!你们出去是想乱搞。"我们说:"我们都没小鸡鸡,怎么那个?两个女孩怎么做嘛?"男孩说:"你们总是一起乱搞。所以不肯跟我们玩。"我们说:"你们全疯了。玩你们的去吧。我们要自己玩。"我们走开了,他们就向我们丢树枝。我们回骂说:"你们别想得到我们……太坏了!"

后来,我们回来,问:"你们干吗撇下我们?不一起玩了?"他们说:"什么话?是你撇下我们。你们怕我们跟你们玩性游戏,所以走了。不是吗?"我们说:"对,因为碰对方的生殖器不好。我们的母亲都这么说。"男孩说:"她们骗你们呢。让我们扮作情人,悄悄跑到树丛里幽会吧。但别带妮萨去,因为每次她都跑去告诉大人。"

可雅和我盖了小屋,在里面玩,其他人也在他们的屋里玩。过了一阵,我们去偷窥,突然大叫:"呀!瞧这些人在干吗?"有个男孩说:"得马上把你们打出屎来。那个蠢妮萨,就像个娃娃——啥也不懂!你们干吗偷窥!"我们喊道:"你们在干那事!!你们在干那事!!你们还想干我们,但我们不肯!性好脏,会让你们那玩意儿变烂发臭的。"

我们就这样玩耍。我们回大人的村子以后,男孩们又说:"来吧……每个人……回我们的村子接着玩。"我们拿了毯子和东西又去。可雅和我进了我们的屋子,其他人随她们"丈夫"进他们的屋子。我们像大人一样互相串门。

有两个男孩过来找我们:"让我们一起睡,像其他人那样干那事吧。"我们说:"你们是怎么干那事的?你们说的事是什么事?"他们叫道:"我们说的事就是……我们会教你。我们当你们的情人,因为我们在那边的屋里有老婆了。我们来这里偷情,再回去。"我们说:"你们要说的就是这事?你们来这就为了跟我们做爱?好吧,我们的回答是不。我们两人没有丈夫,而你们两人结婚了。因为我们没有丈夫,我们可以跟你们回去你们村庄吃东西,一起过活。"他们不答应:"不行,我们只想做爱。我兄弟和我到树丛里找食物,带回来给你们吃。然后我们做情人。日后你们可以去拜访我们老婆。我们甚至可以回来,让你们当二老婆。"我们说:"看,我们还小。让我们只玩正常的游戏吧。我们只想这样玩。"我们跟别人玩的话,只玩其他游戏。

后来,可雅和我有了男友,也学会了性游戏。可雅跟比萨好,我跟提卡(Tikay)好。他们两人教了我们男人的事,懂了后,我们每天都玩。我们盖了小屋,在那里做爱。这时我才发现,这事很美妙,心想:"这事太美妙了,我为什么要拒绝玩呢?其他孩子知道它好,但我根本不懂。最后,我懂了,现在我才明白,在你还小的时候,你应该学会这个。你得自己学。"那时,我还不懂性有多美妙——我只是喜欢提卡,喜欢这种游戏。

提卡教会我以后，我真的喜欢上了他！一起玩时，男孩们说我该跟别的男孩玩，但我不干，只要提卡。我说："我不要抱丑男人。不要跟丑男人睡。"他们逗提卡："嘿……提卡……妮萨只要你！不要我们。"但提卡说："这很好啊。我跟她玩。"

一次，提卡撕掉我的遮羞皮裙，丢到树上挂着。他想跟我做爱，但我不要。他逮着我，我反抗；他按住我的胸，摸我全身。虽然我还没胸，但他还是紧紧抱着我。我说："你认为我的阴道可以做爱了？还不行，我甚至还没开始发育呢。你有鸡鸡，但我还没有可以做爱的阴道。因为，你已经有了鸡鸡，但我还没有阴道！神让你那里长了鸡鸡，却还没让我那里长阴道。我根本就没有阴道。那里什么也没有。你怎么可以去空空的地方做爱？"他说："我要跟你做爱！你撒谎！我们不是一对儿吗？年龄不是一般大吗？你是孩子，我也是孩子。你干吗对我撒谎？"

他又来抓住我，我不干，哭了。他撕掉我的遮羞皮裙，丢到了树上。我叫道："我不管！太不爽啦！你别碰我！"我站着哭，用手盖着阴部，因为那里什么遮羞的东西也没有。我抛开树丛里玩的伙伴，跑回村子。我妈又给了我条遮羞皮裙，我又赶回去找他们玩。

过了一阵，大伙去一个大水塘边玩，我说："提卡，爬到树上，把我的遮羞皮裙拿下来。"他不肯。我又要求，他还是不肯。最后我请我兄弟帮忙，他爬上去把它取了下来。我把它穿上，套在我妈给我的那条外面，就这样我穿了两条遮羞皮裙。

有时候，女孩都不肯跟男孩玩，自己结伴玩。有一阵，奈（Nai）①和我"结了婚"。我可喜欢她了——人很漂亮！有一阵，我又跟昆拉（Kunla）"结婚"，一起玩。有一阵，我们两人甚至不跟其他女孩玩，就昆拉和我出去玩。我们有时做爱，有时不。我们总是装作要生娃，轮流扮婴儿。我们一起那样玩，直到男孩们跟踪过来，分开我们。于是我们各自找了个丈夫，还是玩得很开心。

多雨的时候，水塘满了，我们就在水里玩。一天，我们到一口很大的积水塘里泼水玩，男孩们说要跟女孩在水塘正中间办事。我对提卡说："别，在这里做的话，你们会害死我们的。水会没过鼻孔，淹死我们。我们会呛水死的，别这么玩。"后来我咬他："说来说去，你就是个蠢货！我的阴道是你的吗？凭什么认为你可以这么要我？"

---

① 这与作者在"序言"中提及的信息人奈不是同一个人。——中译注

我们离开水塘后，又回到树丛的小村里玩。我们进了我们的屋子，在那里玩耍。男孩们装成大人，跟踪一只动物，用毒箭射死它。他们拿些树叶挂在一根树枝上，扛着走，仿佛扛的是肉条。女孩待在村里，男孩回来以后，我们假装在那里过活、吃肉——直到把肉吃光了。第二次打猎，男孩们带着女孩们一块去，我们跟着。我们发现了另一只动物，杀了它，大家把肉带回来：女孩放在斗篷里，男孩挂在树枝上。我们在树丛里就这样玩，假装我们在那里过活，打水、吃肉。

有一阵，我们全搬到东部[①]住，邻近赫雷罗人。我第一次见到牛奶，不肯喝，只是坐着看，不喝。我怕赫雷罗人，每次他们走近，不管男女，我都撒腿就跑。我很快就明白没必要跑了，但还是怕他们。跟赫雷罗孩子玩耍时，我不跟他们玩性游戏；如果他们想碰我，我就起身走掉。

在那里，提卡开始跟一名赫雷罗女孩来往，让我另找男友。我不愿意，就自己待着："我不要再找男友了，就在单身姑娘的屋里自己过。如果我不玩性游戏，有没有男友

---

① 东部指赫雷罗人、茨瓦纳人等其他族群居住更为密集的地区。在昆人看来，那里是跟其他文化接触，文化正在变化的地方。——原注

四、性的萌发

对我有什么区别？你们别顾我，结婚去吧。"因为我真的喜欢提卡，想他跟我玩，不要他跟别的女孩玩。我想他只有我一个。

提卡要我当他的一个"妻子"。我的屋子在这，赫雷罗女孩的屋子在那。提卡跟我睡一阵，再跟她睡一阵。但她嫉妒我，我也嫉妒她。她说："你的男朋友为什么不跟你睡，只跟我睡？"但她不知道事情可不是这样。提卡就像娶了两个老婆的大男人那样过：跟我住几天，又跟赫雷罗女孩住几天。

直到一天早上，我说："开始时你只有我。现在，你除了我，还找了别的女的。我不想再当平妻了。我们必须分手。"他说："是我对你不好，还是你不知道怎样当平妻？"我说："不是这样。当你还是小孩的时候，就不该玩这种娶几个老婆的把戏。一个女孩应该只跟一个男孩玩，其他女孩应该只跟其他男孩玩。当初我跟你说，我不想玩性游戏，但你说只是玩玩而已。如果我们只是玩玩，你怎能要求我和别的女孩都当你的妻子？"

我真的喜欢他！

前不久，我又遇到提卡，我们都大了。即使到了现在，他还是说："妮萨，我们还小的时候，我教了你男人的事。

既然现在我大了,我们为什么不再像多年前那样一起睡呢?"

有一阵,我们住在东部,跟老伙伴一起玩。但后来我们家搬到我姨妈住的朔塔纳(Chotana)水坑附近。到那以后,我不玩了;只跟大人待在一起,想念东部的朋友。我说:"我想念那些老玩伴。妈妈,你不是说我们要再回东部的吗?妈妈……爸爸……我们再回那里生活吧。"但他们说:"回去干吗?"我说:"我想跟伙伴们玩,这里没有孩子玩。"他们说:"就在那边……到那边去,你会找到玩伴的——你的婶子、侄女和表亲们。① 跟他们玩吧。"我说:"不对,那里根本没有孩子。让我们回东部吧。我不要跟表亲们玩。"我哭了,想我的朋友们,哭呀哭呀。父母说,我不想跟表亲们玩,肯定疯了。

但我坐着看他们,观察他们怎么玩耍,心想:"那边的孩子……不,我不要过去跟他们玩。"一天,我表姐塔莎(Tasa)来找我:"妮萨,来跟我玩吧。"我说:"我不要。"她说:"让我们去水塘里玩,游泳去。""我不想游泳。"我

---

① 因为昆人妇女在大女儿当了妈妈以后,她本人还可能接着生孩子,所以孩子跟年纪相仿的姨妈姨父、姑妈姑父一起玩耍很常见。——原注

四、性的萌发

坐着,她说啥都不干。最后,她把我拽起来,跟她同去,我们就一起去玩了。后来,我们又跟其他孩子玩。我们只玩正经的游戏:到水塘游泳,再回村里,然后又去玩水。有时,我们在路上收集浆果,带回村里。有时,我们边游戏边回村,接着又玩别的游戏。

孩子不懂事,总想模仿大人。因此,最后我们甚至跟兄弟姐妹也玩起了性游戏。每次我表哥图玛(Tuma)要跟女孩玩这个时,我们看不起他。他也看不起我们。他打我们,把我们打哭了。我说:"别烦我们。我男友跟我分手了,我不跟别人做爱。我男友在东部。"

你看,我也傻,啥也不懂——以为自己只有一个男孩,再不要别的男孩。

我说:"我老公在东部。此外,这里只有丑男人,哪个我都不想要。我老公很帅,跟这里的男人不一样,他们太丑了。我老公很帅,你们这里的男人都很丑!"又说:"总之,图玛,你那玩意儿太大了!我可不想要你这样的男人。"他说:"我们要搞这里的大阴门。"他指的是我:"大阴门!不就是妮萨你吗,疯丫头?""你干吗侮辱我?"我说,"图玛,你那玩意儿太大,永远别想跟我干那个!凭你也想睡我,你永远都该害臊!"

我们开始打架。我咬他,他打我。我说:"你别想跟我那个!想想吧!如果你做了,我就告诉我妈,她会把你揍出屎来的!"他说:"你以为我想睡妮萨大阴门吗?谁认为她的阴门好?"我说:"太不爽了!就是你想睡我!干吗不睡别人去?你来找我,我有什么好处?"他说:"以为你的阴门了不起,是不是?它没啥了不起的,你简直荒唐!"我说:"什么?这里叫妮萨的,没一个肯跟你这大玩意儿睡的。你要那么想,干吗不睡你妹?娃娃们不都这么玩吗?在东部时,比萨经常就这样跟他妹玩。所以,去睡你妹吧!你这都不会玩,还怎么来跟我玩?"他说:"妮萨大阴门,谁教你这样说话的?睡我妹?你不知道不该这么说话吗?"我说:"烦死啦!因为你想这么干!带你的玩意儿睡你妹去吧!"

图玛的妹妹说:"妮萨,你疯啦!干吗跟他说这些?"我说:"你才疯了呢,我可没疯。现在,叫他去找你吧。图玛,去,睡你妹吧。她才是你的女朋友。"塔莎和我又开始玩,我对她说:"现在,不许你跟他睡。睡了,他会把你的阴道弄裂的。"

我们全躺下了。塔莎和我一起躺,图玛和他妹也一起躺在毯子下面。毯子开始动起来。我们观察着,我悄悄跟塔莎说："看！你看到没？"我们都静静不做声，然后突然大叫："你疯啦？搞你妹？哦哦哦！大玩意儿在搞他妹！我们要说出去！"图玛大声回答："我发誓……你们要说了，我就拿我爸的毒箭射死你们两个！"我们说："不——要——脸！！！被我们逮住啦。你不该搞你妹的，懂不懂？蠢货。现在别再碰她了。"他说："我就要接着干。我才不怕别人怎么想呢。"我们说："好吧，我们的兄弟都尊敬我们。他们永远不做这种事。但你这么做是因为你太蠢啦。"

几个月后，我们离开朔塔纳，又回我们的老水坑了。我的老朋友全在那里，见到他们，我可开心了。我们玩呀玩呀，跳呀，唱呀，弹奏乐器，唱呀，跳呀，我特别幸福，因为又跟我亲爱的玩伴们一起玩了。

过去我们经常玩过家家。装作在煮饭，把锅从火上移开。装作跳降灵舞，唱呀，跳呀，跳呀，唱呀，然后男孩们就给我们治病。他们来了，"夏——伊扣——啊——迪——利"，给我们治病，我们又唱又跳，跳一整天。

有时候，我们跟别村的孩子玩；有时候，我们自己玩；其他时候，其他村的孩子来找我们玩，跟我们回到我们的小村玩。他们像大人那样跟我们打招呼："大家好不好？"

我们回答："嗯，挺好的。"我们总是待在一起，然后他们说要回他们的村子跳降灵舞。于是我们跟着去，跳呀唱呀。有时候，日落了，我们还待在那儿，就算天黑了，我们还待在村子中心玩耍。有时候，我们到了晚上还没走，跳呀，唱呀，直到该回家睡觉了才走。

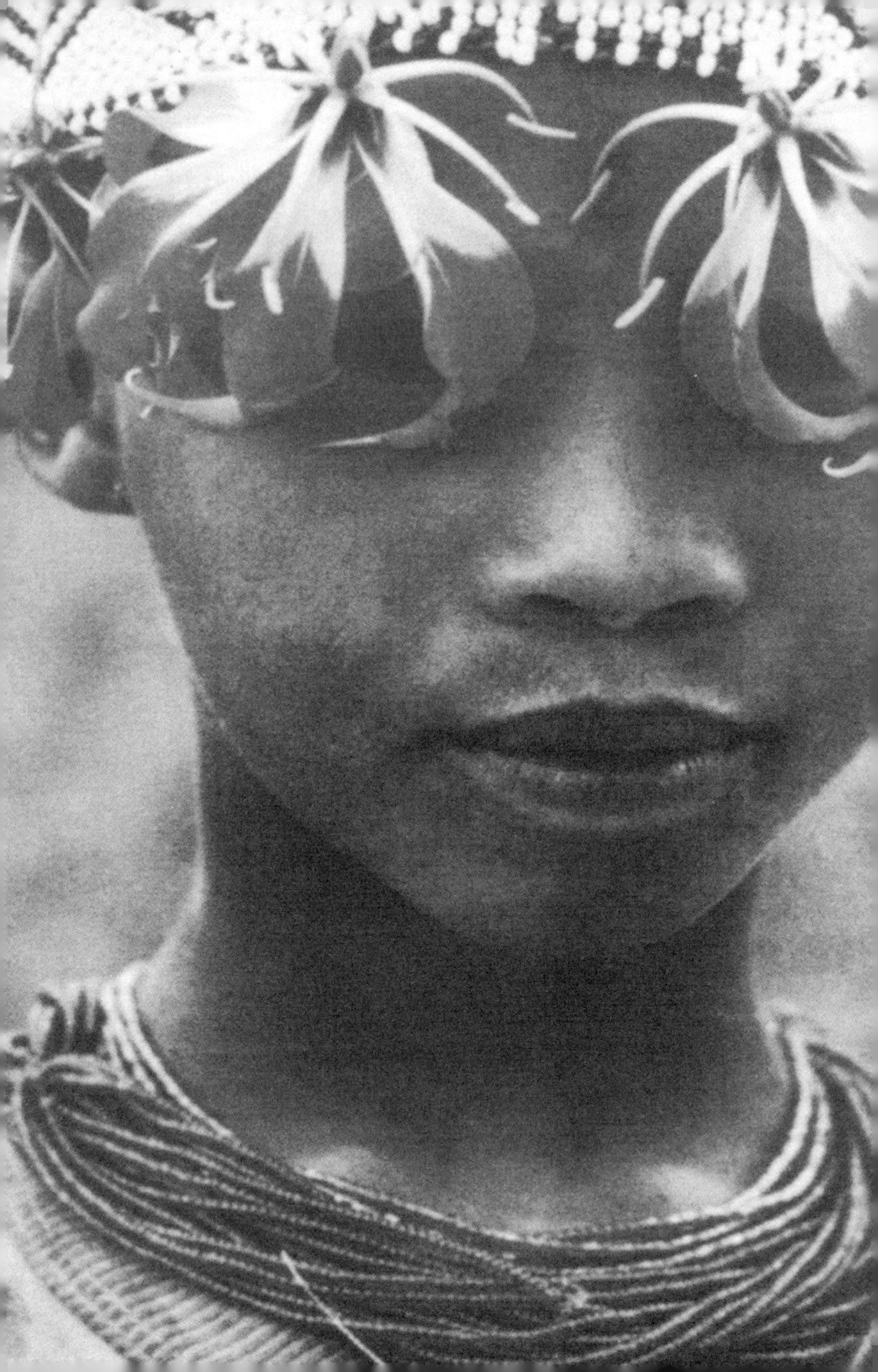

五、试婚

　　昆族女孩要到近 20 岁，来过月经，结了婚，快当妈妈以后，大家才把她真正看作大人，要求她们为自己及家人承担全部责任。尽管近年来，女性大约 16 岁半才结婚——也是首次来月经的平均年龄——以前，女人有时 10 岁或 12 岁时就结婚了。反之，大家认为，男性要大约 20～30 岁，并且捕到过一头大猎物，证明自己有能力养家糊口，才适合结婚。因此，丈夫往往比他们的妻子大 10 岁甚至更多。不管女孩结婚多早，在她显示出性成熟迹象前，夫妻之间不会发生性关系——昆人认为，这时间大致在头次来月经前后。早期的婚姻不稳定，维持的时间通常很短，一名女孩可能得结好几次婚，她一般要到有孩子后，才跟丈夫相伴一生。

　　父母和其他近亲负责安排女性的第一次婚姻，如果她离婚后还年轻，再婚也继续由他们操办。为了在这辽阔的地区帮孩子择偶，父母得外出寻觅，尽可能最大范围地挑选。但是，这里的人口密度太低，限制了可供选择的人数，再考虑是否合适与是否可能，选择范围就更小了。昆人社会跟其他社会那样，不允许近亲结婚，但跟大多数采集狩猎社会不同，他们还禁止第一代姑表亲结婚。此外，他们还反对跟父母兄弟姐妹同名的人结婚，甚至如果女方跟再婚对象的孩子同名也不成。

选择女婿时，父母要考虑年龄大小（男方不能比女儿大太多）、婚姻状况（未婚男子优先，要娶女儿做第二个妻子的已婚男子次之）、狩猎能力、承担家庭责任的态度，也看重富有合作精神、慷慨大方、性情温和的男子。世交的儿子或者能获得蔬菜、猎物或水源的男性也是理想人选。与此同时，第一任妻子应该年轻，勤劳，讨人喜欢，能生孩子。有个40岁出头的男子正在物色第二个妻子，我问他："你打算娶比你聪明的女人吗？"他毫不迟疑地回答："当然。娶了她以后，她得教导我，让我也聪明起来。"

一旦双方父母同意，婚事多半能成，即使女儿不乐意也只得接受。女孩一般都不肯结婚，这种时候大家都认为她是反对婚姻这回事，而不是厌恶要嫁的人。婚后，丈夫往往到岳父岳母村里住，因为女孩还小，家里不想她离开母亲。虽然没有明说，这种"入赘服务"是把女儿早早嫁出去的一个主要目的：丈夫能为女孩及其家庭提供肉食。她爸妈也要观察女婿对女儿和自己怎么样，在夫妻发生矛盾时维护女儿。婚姻也扩展了父母的圈子，使他们能通过交换礼物、彼此拜访、互相关心，跟女婿家紧密联系。这确保家庭食物匮乏时，能获得亲家的资源，到他们村里过活。因为在不同地区找到食物的情况差别很大，雨水也如此。这种渠道可能救命，即使两地距离不远。

女孩的父母尽可能让女婿过得舒心，好鼓励他们夫妻跟他们一起过。很多女婿长期住在妻子村里，至少平均住3到10年，甚至住一辈子。这使女方父母获得了额外的经济支持，同时还有孩子和外孙幸福相伴。因为这些原因，女婿的家人也争取新婚夫妻过去住。而很多年轻夫妻在确定主要跟哪边过活之前，一般得去双方家里各住一阵。

如果女方认为自己跟丈夫永远不会有感情，有可能坚持结束婚姻。她向有影响力的家族成员争取支持，或者故意让丈夫过得别扭，迫使他自行离去。大些以后，她可以自己决定嫁给谁，期望大人能够接受她的选择。如果怀孕了，她很可能跟孩子的父亲结婚，不管其他人怎么反对。（她自己选的丈夫往往比她父母选的年轻，也住得近。）

在婚姻的早期，大部分夫妻都有压力，尤其是年龄相差较大的夫妻。虽然婚后不会让女孩突然承担家庭责任，但一般要求她跟大她 10 岁的男人同屋睡，而这个男人她可能不熟。而且，她被逐渐要求承担部分家庭责任——而她未婚的同辈女孩基本上还是无忧无虑的。

与此同时，新郎往往都已成人，在性方面成熟了。娶个小女孩意味着他得慢慢等，有时要等五年之久。他在岳父岳母村里生活，大家指望他帮岳父打猎，带回食物。他可能不得不忍受妻子的冷眼，甚至拒斥。尽管处境不尽如人意，但大多数小伙子还是肯忍受。因为有些较大的男人娶两个老婆，适合结婚的女孩非常难得。如果小伙子想确保马上娶到老婆，而且娶的是女孩，不是年龄较大的寡妇或者离婚女子，他也就没有多少选择。女孩的父母可能百般操控他，但他们的确无意赶他走。尽管新郎愿意合作，也有足够的耐心，但是第一次婚姻往往都难以维持。

尽管婚姻协商和礼物交换通常早在婚礼前就开始了，但婚礼很简单。双方家庭在村里离其他屋子有一定距离的地方盖婚房。日落时，朋友们把夫妻送到婚房。新娘盖着头，被背进屋里躺着；新郎走路，被迎到门口坐着。取自双方家庭的火炭被带过来，在婚房前燃起新火。朋友陪着他们，又唱又跳，开玩笑。夫妻是分开的，客气地保持距离，不参加饮宴。大家走后，他们在婚房共度第一夜。第二天早上，双方父母把油仪式性地涂在他们身上——每一方都由对方母亲来涂。因为女孩跟陌生男人同睡可能会害怕，有时由某位年龄较大的女人（往往是近亲）陪妻子进婚房，并睡在她身边，直到她习惯她的新角色。

尽管大多数昆人结过不止一次婚，但都有过一次较长久的婚姻。离婚很常见，经常发生于结婚的最初几年，在夫妻有孩子之前，并且往往由女方提出。离婚并不需要举行什么仪式或者走什么法律程序，情感才是决定婚姻走向的最重要因素。关于离婚的争吵可能持续很多天，甚至很多周，因为村里谁都要发表意见。最后做出决定，如果选择离婚，那两人就到此结束。因为，结婚时并不存在嫁妆或聘礼的问题，离婚也就没什么好赔偿的。（在婚礼上是交换了礼物，但礼物主要用于婚礼本身。）只有屋里的很少财产或者生活物品需要处理，哪一方都很容易搬走。而且，所有这些物品都属于个人，不属于夫妻共有，因此也就消除了财产分割可能产生的纠纷。夫妻是否有过性关系不会成为问题。谁都不关心贞洁——真的，我在昆人的语言中从没找到过"贞洁"一词。离婚的女孩或者妇女又被想结婚的男子视为可以着重考虑的备选对象。离婚双方都可能一年内再婚，如果有孩子，则通常由女方照管。

结婚以后，妇女不会跟女友断绝来往。昆人特别重视友谊；他们有个词"≠dara"，意为朋友、同龄人或者同辈人，指的就是胜过亲缘关系和同名关系的友谊。[①] 如果女孩们是发小，婚后又同村，她们的关系不可能立刻改变，因为没什么压力要求年轻的新娘承担家庭责任。随着她们逐渐成熟，有了家庭，她们在工作和闲暇中密切来往。经常交换礼物是成人保持互惠关系的常见方式——这会确立和巩固她们的交情。她们的孩子大了后，她们甚至支持彼此在降灵和治疗方面的通灵修行。如果对方没搬走，她们的友谊可能持续终身。同样，在维持良好的一夫多妻婚姻里，妻子之间的交情也会维持多年。尽管性方面的嫉妒和竞争可能考验彼此的关系，但这些妇女强烈而忠实的友谊纽带总能维持多年。

我听大人讲过。我还没长胸时，他们就告诉我，女孩

[①] 近似中国南方的"同年"关系。——中译注

长大后,爸妈会给她个丈夫,让她在丈夫身边继续长大。①

他们第一次跟我谈这事时,我说:"我干吗要嫁人?我大了也不结婚,就自己过。干吗要结婚?结了婚能得到啥?"

我爸说:"你不懂自己在说什么。我,我是你爸,老了;你妈也老了。结婚以后,你要采集食物,给你老公吃。他也给你吃的。你要不结婚,谁给你吃?谁给你穿?"

我说:"这不成问题,我不要丈夫。干吗非要丈夫呢?至于我,现在嘛,还小,不要结婚。"我对我妈说:"你说要给我找个男人是吧?干吗你不嫁给他,让他跟爸爸待在一起?你跟他结婚,让他们都当你的老公。你要我结,我就得结啊?"

我妈说:"胡说。我说要给你找个丈夫,你干吗要我跟他结婚?还这样跟我说话?"

我说:"因为我还小。等我大了以后,你要给我找个丈夫,我会同意的。但我还小呢,我不要结婚!"

过了很久,我妈又开始谈结婚的事:"妮萨,我要给你

---

① 本篇的记忆大约发生在妮萨 12~15 岁之间(约 1933—1936)。——原注

五、试婚　111

找个丈夫。谁合适呢?"我知道她想要我嫁给谁,就说:"我可不嫁给他。"本想再说一句:"你跟他结婚,让他跟我爸待在一起吧。"但这次我有点害羞,没再多说,心想:"为什么不同意呢?我要这样说,不是侮辱她吗?"

我们继续生活,就这样生活。没过多久,他们又谈到婚事。

我有过很多丈夫——波(Bo)、提撒阿(Tsaa)、塔萨伊(Tashay)、比萨(Besa),还有另一个波(Bo)。他们都跟我结了婚。有不喜欢我的男人吗?

在我还没长乳房,阴道没发育,胸部也没鼓起时,有个叫波的男人从远方过来,人们开始谈论我的婚事。我还没长成女人呢。

一天,我父母和他父母开始盖婚房。结婚那天,他们把我带进屋子,让我躺在里面,我哭呀哭呀哭呀。后来,我跑回我父母的屋子,躺在我弟身边睡着了,睡得很沉。

第二天晚上,有个叫奴克哈(Nukha)的大女人把我带回婚房,跟我住。她躺在波和我中间,因为新娘还小,怕丈夫。所以,按我们的风俗,会叫一名大女人住进婚房,教导新娘别害怕。大家期望她帮这女孩爱上她丈夫。夫妻关系和谐后,这女人就走了,留下夫妻同处。

这就是大家要奴克哈做的事。他们见她跟我进了屋子,以为她会让我躺下,等我睡着后就回她丈夫那里。

但奴克哈有自己的算盘。我不接受波,因为我还小,但奴克哈喜欢他。因此,她让我跟我老公在屋里躺下,也是让我跟她情人躺下。她让我睡在前面,波睡在后面。我们这样躺了很久。我一睡熟,他们就开始乱搞。但他们不停撞我,撞得我睡不着。

我想:"我还小,不懂这。他们这样动来动去是干吗?她把我带进我的婚房,让我躺在我老公身边,但我开始哭时,为什么她就改变跟我的位置,躺到了他身边?他是她的?如果他是她的,那为什么妈妈爸爸都说我该跟他结婚?"

我躺着,翻来覆去地琢磨。天亮前,奴克哈起身回她丈夫那里。我躺着睡着了,天亮后,我又回到我妈的屋子。

第二天,天黑了,奴克哈又来找我。我喊道:"他是你的男人!昨天你把我带进屋里,但我们全躺下后,他跟你睡了!现在,你为什么要带我去见你的男人?"她说:"你说错了,他不是我的老公,而是你的。现在,去你自己的屋子,坐在那。然后,我们躺下睡觉。"

奴克哈把我带到那里,但我一进去就哭呀哭呀哭呀,

五、试婚

奴克哈跟我们躺下时，我还在哭。我们躺了很久，波又开始跟她做爱。我想："这是咋回事？我算什么？大家让我来看这个？他们没看到我在旁边吗？他们以为我还小吗？"后来，我起身告诉他们我要撒尿，穿过他们，跑回我妈屋里睡了，一直睡到天亮。

那天，我跟我妈我爸出去采集食物。采集檬戈果和克拉茹球根时，我妈说："妮萨，看你样子已经是姑娘啦。但你进了你的婚房躺下，又跑回来跟我们睡。你以为是我跟你结婚吗？不是的，是我生了你。现在，把那人当作你老公，那个强壮的男人会给你我肉吃。难道只有你爸爸能找到食物吗？丈夫杀死猎物，把肉给你吃；丈夫的事就是你的事；丈夫给你肉吃。现在，波是你老公；他跟你结婚了。"

我说："妈妈，让我跟你过吧。天黑以后，让我睡在你身边。我虽然还小，但你给我的第一个丈夫却是属于奴克哈的，你为什么要这样对我？"我妈说："什么意思？奴克哈的老公不是你老公，她的老公在别处，在别的屋子里。"

我说："那好吧……前晚奴克哈带我进了屋子，让我躺在她前面，让波睡在后面。但后来，他们俩就这样动来动去，把我弄醒了。昨晚也是这样。我又睡在前面，波在后面,然后他们老是动来动去,撞我。我不清楚他们在干吗,但这就是为什么今晚天黑以后我要回来跟你过,睡在你身边。别让我再去那儿了。"

我妈说:"哟!女儿啊!他们滚到了一起?"我说:"嗯。我睡着了,他们把我撞醒了。所以我才起身回你这里来。"她说:"哟!这个波太好色了!他在搞奴克哈!你要离开这个男人,现在我只想这么做。"

我爸说:"你说的事让我很难过。你还小,妮萨,得由大人给你操办婚事。但大人给你找了丈夫后,这丈夫跟别人做爱,说明大人事没办好。我知道你说的事了,我得说波骗了我。所以,今晚奴克哈来找你,我不会让你去了。我会说:'我女儿不会进她的婚房了,因为你奴克哈已经把她的丈夫弄成你的丈夫了。'"

我们一路说着话回来。回村以后,我跟父母坐着。波走向我们的婚房,然后奴克哈走向他。我坐着看他们说话,心想:"那两个家伙原来在乱搞!所以他们不停撞我。"

我跟妈妈和爸爸坐在一起吃饭时,奴克哈过来说:"妮萨,来吧,让我领你去你的屋子。"我说:"我不去。"她说:"起来吧。让我带你去那儿。它是你的屋子。你已经结婚了,你怎么可以不把你的婚房当自己的家呢?"

五、试婚

这时我妈妈满怀愤怒，过去冲奴克哈说："我站在这，要你给我解释解释。妮萨是个孩子，怕她的丈夫。但是，你把她带到她的屋子时，跟她丈夫搞到了一起。你不知道她丈夫要养她吗？但是你们两个谁都没考虑这一点！"

奴克哈不吭声，但我妈越说越火，开始大声骂她："荡妇，你就是个荡妇！别再来把妮萨带去见她丈夫了。而且，你要再跟他搞的话，我撕烂你的脸。你这个婊子！你该去搞你爸！"

这时我爸说："住口，你别啰唆了。你是个女人，说话前怎么可以不先征求我的意见？我是男人，由我来说。你听我说就行了。妮萨是我的娃。我也生了她。你是女人，现在闭上嘴，因为我是男人。"

他又说："奴克哈，我要跟你说些事。我是高，今天要把我的心里话说给你听。我们是为了这桩婚事才来的，但现在发生了很恶劣的、我完全不能接受的事。妮萨不再去那个屋子了，你占了它。她跟那所屋子没关系了。"

他又说："因为，我同意给女儿一个男人，那这男人就只能属于我女儿。妮萨是个孩子，她结婚不是为了和别的女人共用她的丈夫。所以你去吧，带走那个男人，他是你的了。现在，我女儿要留在我身边，跟我坐在这里，睡在这里。明天，我会带她离开。正是你的所作所为导致了这个结局。"

奴克哈啥也没说，独自走回那所屋子。波说："妮萨呢？你为什么一个人回来？"奴克哈说："妮萨她爸不让她来。她告诉他，你跟我做爱，这是他刚跟我说的。我不知道怎么办，但我不再去找他们了。"波说："我不要听这种话。去把她带回来。"她说："我不去找高了。我们谈完了。我说谈完了，意思就是我不再去了。"

她走开，走向自己的屋子。她丈夫一见她就说："是这样啊，你和波是情人！妮萨说，你带她去见波，然后你们两个……波到底有什么好的？"但奴克哈说："没这回事，我不喜欢波，他不是我情人。妮萨只是孩子，说的不过是孩子气的话。"

波走过来，想说些什么，但我爸说："你，闭嘴。让我来说，你听着就行。"于是波什么也没说，就我爸跟他说，说完这婚姻就完了。

第二天一大早，我爸、我妈和姨妈捆好行李，我们全走了。我们在檬戈林里睡了一晚，然后继续走，到了另一个水坑，在那里继续过活。

我们过呀过呀，有一阵没再发生什么事。过了很久，波串起些买来的木头珠子，放在一袋食物上，大老远来到我们水坑。

他到时已是傍晚，太阳快落了。我跟我妈出去采集，从树丛返回路上。回到村里时，我妈见到了他们："哎哟，波来了。他来这干吗？老早我就谢绝他，不准他来了。我很纳闷，他以为他能拿走什么？"

我们放下食物坐下，向波和他的亲人——他母亲、他姨妈、奴克哈和奴克哈的母亲——打招呼。波的母亲说："我想把妮萨带回去跟我们过，所以来了。"波说："我再次要求娶走你的孩子，带回去跟我过活。"

我爸说："不成，我已经把她从你身边带走了。事情结束了。我不会把她带回来，又送出去。难道上次你没听我说话？我已经拒绝过你了。波是奴克哈的丈夫，我的女儿不会再跟他过了。一个懂事的成年妇女不该跟妮萨的男人鬼混。"

他又说："现在，妮萨会继续跟我们过。将来，别的男人会来娶她。如果她身体健康，眼睛明亮，如果神没杀了她，并且支持她，帮助她，那我们会再为她找到个丈夫的。"

天黑了，我们全睡了。我睡在我妈身边。天亮后，波就和奴克哈、她母亲和其他人走了。我留下来。他们走了，终于走了。

我们继续留在那个水坑边过活，吃饭干活。没人再提给我找老公的事，我们接着过活。

我不喜欢波，但爱第二个丈夫提撒阿。我嫁给他时，乳房才刚发育。

跟波分手以后，过了很久，过了很多个季节，我和家人又搬到另一个水坑。一天，我爸去看望住在另一个水坑的人们，跟他们交换礼物。他在那里遇见了提撒阿。

回来以后，他告诉我妈："我在外面见到一个年轻人。我站在那里观察他。雏果，我想把你的女儿嫁给他。"我妈问："谁？"我爸说："提撒阿，是我的亲戚宝的儿子，提撒阿问我，他能跟妮萨结婚吗。"我妈说："好久了，我都不想妮萨再结婚。但这回，我同意了。我们应该带妮萨去见他，这样他就可以娶她了。他们结婚以后，我们要观察他对她好不好。毕竟，她还小。"

第二天早上，我们出发去他们村子，晚上睡在路上。到了早上又接着走，走了很长一段路，一路上采集食物吃。走了一天，我们又在晚上休息。到了早上又走，走呀走呀走呀。最后，我们走到了他们村庄，在那过夜，早上醒来

五、试婚

就不再走了。

那天早上，提撒阿的父母来到我爸坐着的地方。我爸说："现在，我来了，给你们带来了未来的媳妇。我们是从大老远赶过来的。"他爸说："你做得很好。我愿意接受你的女儿，把她交给我儿子。我不想把其他女孩给他，而希望给他自己人的女孩，亲戚的女儿。妮萨正是我想给我儿子的那个女孩。"谁都同意这桩婚姻，包括我自己。

那晚我们睡了，第二天早上，他们开始盖婚房。到了晚上，他们把我送进婚房，然后也把提撒阿送进婚房。就我们两个人待在屋里过夜。

到了早上，他们先在我脸上涂结婚油，然后在提撒阿脸上涂油。我把珠子送给他，他也把珠子送给我。

我们一起生活了很久，我爱上了他。但后来，他开始要跟我做爱。老实说我也没那么讨厌他，不会因为这事红脸，但我心里就是不乐意，心想："哦，我还小。要丈夫干吗？"又想："我还没长乳房，阴道也没开始发育。干吗非得给我弄个男人呢？"

记得有一晚，我们坐在火堆旁吃一头很大的小羚羊，这是提撒阿用陷阱捕到的。他把猎物给我爸我妈，大家把肉弄好一起吃。我们躺下后，我很快又起来坐到火旁，看着提撒阿背上多年前烧伤的疤，心想："这人的后背毁了，我干吗要嫁给这样一个男人？"后来，我起身进屋躺下。

还有一个晚上，我丢下他一个人，回去跟我妈一起睡，第二天晚上才回自己屋子。我有时睡在我妈的屋子里，有时睡在别的屋子里，有时睡在我们的屋子里。最后毁了这桩婚姻。

一天早上，我在我妈的屋里醒来，待在那里。提撒阿说："这女的都长成姑娘了，还在干啥？我娶了她，但她丢下我去跟大人睡。老是这样，什么时候我们两人才真正一块生活？她不喜欢我，我想走了。"我爸说："你干吗想走呢？她还跟孩子一样不懂事。"

但这时，我的心变了，不再爱他了。等到乳房开始发育，我就彻底排斥他了。

一天，他去附近的村庄，那里的人杀了一头猎物，他去找他哥讨些肉。回来后，他把肉丢在地上。但他没坐着，只是躺着。

我正烤豆子，烤好后把皮剥掉，弄干净，放到他面前。他一点也没吃。我心想："他不是我应该准备食物的老公吗？不是我嫁的人吗？他娶了我，为什么不肯吃我给他准备的食物？"

五、试婚　121

我爸问:"妮萨,提撒阿回来了,你干吗不把他带回的大羚羊肉分些给我?"我跟提撒阿说:"给我些肉,我好烤它。"但他不给。我又要了一次,他还是不给。然后我爸问:"你干吗不给我些肉,我好煮给你和妮萨吃?"他也不肯给我爸。

他起身拿起地上的肉,全挂到树上。尽管肉很多,但他全挂到了树上。

我爸看在眼里,于是说:"哼!你不肯把肉给我女儿,这真的没关系。你娶了她,她是你的老婆。所以就算你不肯给她肉,这也没什么。但我不同,我是她爸,你不该拒绝我的。因为,你这样做,让我特别生气。"他又说:"所以,今天你可以待在这里,今晚也可以睡在你的屋里。但你明天醒了后,得带上你的全部东西——什么也别留下——离开。如果你回来,别让我看见你跟我女儿在一起!"

提撒阿说:"这有什么。因为我还没结婚,没有老婆。这女孩把我弄烦了。我给了她很多珠子、很多肉。但她这样对待我,我灰心了。所以,今晚我在这里睡,明天我就带我的东西回我哥村子,再跟他回我父母那里去。"

我爸说:"好,就这样,按你说的办吧。"提撒阿说:

"嗯，但如果我走了，我要带走所有我妈送的礼物。"我爸说："嗯，很好。拿走你的东西吧。甚至我们当初相互赠送的礼物，我也都还给你。所有我们拿走的你的东西……全拿走！"

我收齐他给我的所有东西，还给他。我爸也是如此。提撒阿躺下睡了，什么肉也没给我们，甚至也没给自己做点吃的。第二天，天刚亮，他就收拾他的东西，又跟我妈拿了其他东西，把它们捆成一大包，走了。

他到了他哥住的地方，他哥问："你老婆呢？昨天你一个人来这里。今天你要跟她一块来的。明天她会来吗？"提撒阿说："我老婆……她爸妈对我恶言恶语。她爸为了肉骂我。我要带走她女儿，跟我到这生活，但他不肯。"

他们走回他们父母的村子。到了以后，提撒阿告诉他们："我岳父赶我走。"他父母说："他赶你走？他想干吗？他说了什么？"提撒阿说："她爸妈赶我走，是因为……她向我要肉，想烤了吃，但我没给。我告诉她，等到早上我再弄。她爸也来要肉，想烤了给他自己和我吃。我告诉他，自己现在还不想弄，得等一下。我岳父听了后，就说我可以留着肉，我今晚可以像以前一样，在这里过夜，但到了早上，我得捆好行李回来你这里。他说，我对他很差劲。

五、试婚　123

所以，我拿着我的东西回来这里。你们还想知道什么？"

那晚，他们睡了。第二天早上，他们捆好剩下的肉离开村子，前来我们村子。

全家都来了——提撒阿、他父母、他兄弟，甚至还有他姐姐。他父亲说："我们来这里谈谈。不为别的。我作为提撒阿的父亲，来跟我的亲家谈谈。你是我儿子的岳父，是你决定把你的女儿嫁给我的儿子的，现在又要把她带走？我儿子到底做错了什么，你要赶他走？为什么不许我儿子跟你女儿过了？"

我爸说："我老了，我的心不再坚强，很脆弱。如果我有女婿，他有食物的时候，我希望他能交给我，由我弄熟，因为我知道怎么烹调。我把肉弄好后，再交给他和我女儿，他们再分些肉给我吃。我老了，我的心很脆弱。"

他又说："现在，这桩婚姻完了。妮萨曾经嫁给个坏男人，我把他赶走了。现在，另一个娶了她的也是坏男人。所以，走吧，带走你的儿子。带上你们的东西。另为你们的儿子找媳妇吧。我女儿要自己待着，这就是我全部要说的。她不再是你的媳妇了。"

事情就是这样。他们又待了一阵，随后捆好行李走了。我留下来，跟我家人一起过。我很高兴。我不还是姑娘吗？

我还是不怎么懂事，只是很开心。我坐在我的屋里，看外面的孩子玩。我的胸大了，不再跟她们玩了。我坐着想自己有几分大人样了，是不是几乎已经成为一个女人了。

我跟第一个丈夫结了婚，离了；跟第二个丈夫结了婚，又离了。这时我开始跟坎特拉（Kantla）好了。他的心给了我，我的心也给了他。我这一生，他始终是非常重要的一个男人。甚至从我的乳房开始发育时起，我们就好上了。

但我没嫁给他。他已经娶了贝（Bey），直到今天，他俩还在一起。她年轻，我也年轻，而坎特拉想娶我们这两个年轻女孩。但我不肯。贝倒是同意，跟坎特拉说："我的朋友，妮萨，我喜欢她。我们俩可以跟她一块过。"

但我不肯。我的确跟他们处过一阵，但总在哭。最后，我从他们村里逃走了。天一黑，我就逃了出来，回到我父母的村子里住。

另一天，贝和坎特拉来找我，把我带回他们村子。他们从我妈的屋里，把哭着的我带走，带回他们屋子。贝告诉我："咱们是朋友。现在就坐在这，我们两人要一起坐在这。你说我会虐待你吗？我不会伤害你的。我们还小，一起长大吧。这个男人，坎特拉，会养我们的——养我们两个。他会在同一个屋里养我们。为什么你要拒绝我呢？"

五、试婚

我说:"我不是拒绝你,我喜欢你。我是拒绝那个男人。贝,我喜欢你。我们是朋友,永远要一块玩。我拒绝的是那个男人。"

她说:"不,你是在拒绝我。我的朋友,求你了。坐在这儿,别说话,我们一起躺。你躺在我前面,坎特拉呢,躺在我后面。我们全都在一起。"

我听了她的话,不再吱声。但我们躺下以后,我心想:"我怎么睡得着?不成,我得逃走。"我等他们都睡了,慢慢起身,悄悄拿走他们的一条毯子,蹑手蹑脚地绕开他们,偷偷溜走了。等到离那所屋子远了,我就拼命跑。这时是半夜,天黑得很。我跑呀跑呀,直到跑回我父母的村子,在我妈身边躺下。

没多久,贝醒了:"怎么?老公……妮萨哪去了?"坎特拉说:"我哪知道?她睡在你前面呀。你没看住她吗?"

他们就这样谈论我,一直谈到天亮。到了早晨,他们和坎特拉的父母来到我们营地,找到我妈,问:"妮萨是不是回来了?我们跟着她的脚印到了这里。你见她回来了没?"我父母说:"对,她可坏了,跑了回来,真不像话。现在她去井边取水了。"

我们在我父母的村庄里待着,直到天色已晚。他们又把我带回去。那晚,我躺在他们的屋里。这一次,我躺在坎特拉前面。我们都睡了。但天一亮,我又逃了。第二天早上,坎特拉一个人跟踪我,来到我父母的村子,说:"这女孩……我真的很喜欢她,想把她娶回去,留在贝身边。但我怕她哪晚又逃走,在回到你们村子前碰见什么猛兽。所以,你们代我好好照顾她吧。我这会儿还在这,但等下就回我的村子去了。明天,我们要到别处去。照顾好她,将来把她嫁给我。"

他走了。我很高兴,心想:"太好了,我能留在这了。"

几个月以后,他们回来了。我正跟我妈外出挖克拉茹球根、摘甜柠果,背着很多食物回来。归途,我们在水井边歇息。我给自己舀了水,又给我妈舀了些。我们喝了水坐下。

这时贝和坎特拉见到了我们,贝喊道:"我的平妻!我的平妻!你嫁了没有呀?"我说:"没,我不要嫁人,还不想把自己嫁掉呢。"我妈说:"没呢,她还没嫁人。现在有个赫雷罗人想娶她。"① 贝说:"别!我要把她偷走,再娶回

---

① 少数昆人妇女嫁给了赫雷罗人和茨瓦纳人,通常是当第二个妻子。赫雷罗人和茨瓦纳人的女人则从来不嫁给昆人。——原注

五、试婚

我们家。"

我们离开水井,回到我父母的村里。那晚,我没睡在贝和坎特拉身边。天亮后,他们要带我走。我不肯:"如果我就不想嫁人,你们要怎么办呢?那个赫雷罗人甚至要送给我牛呢,但我也没嫁。"

所以,我还是自己待着。贝和她丈夫走了,我还是自己过。

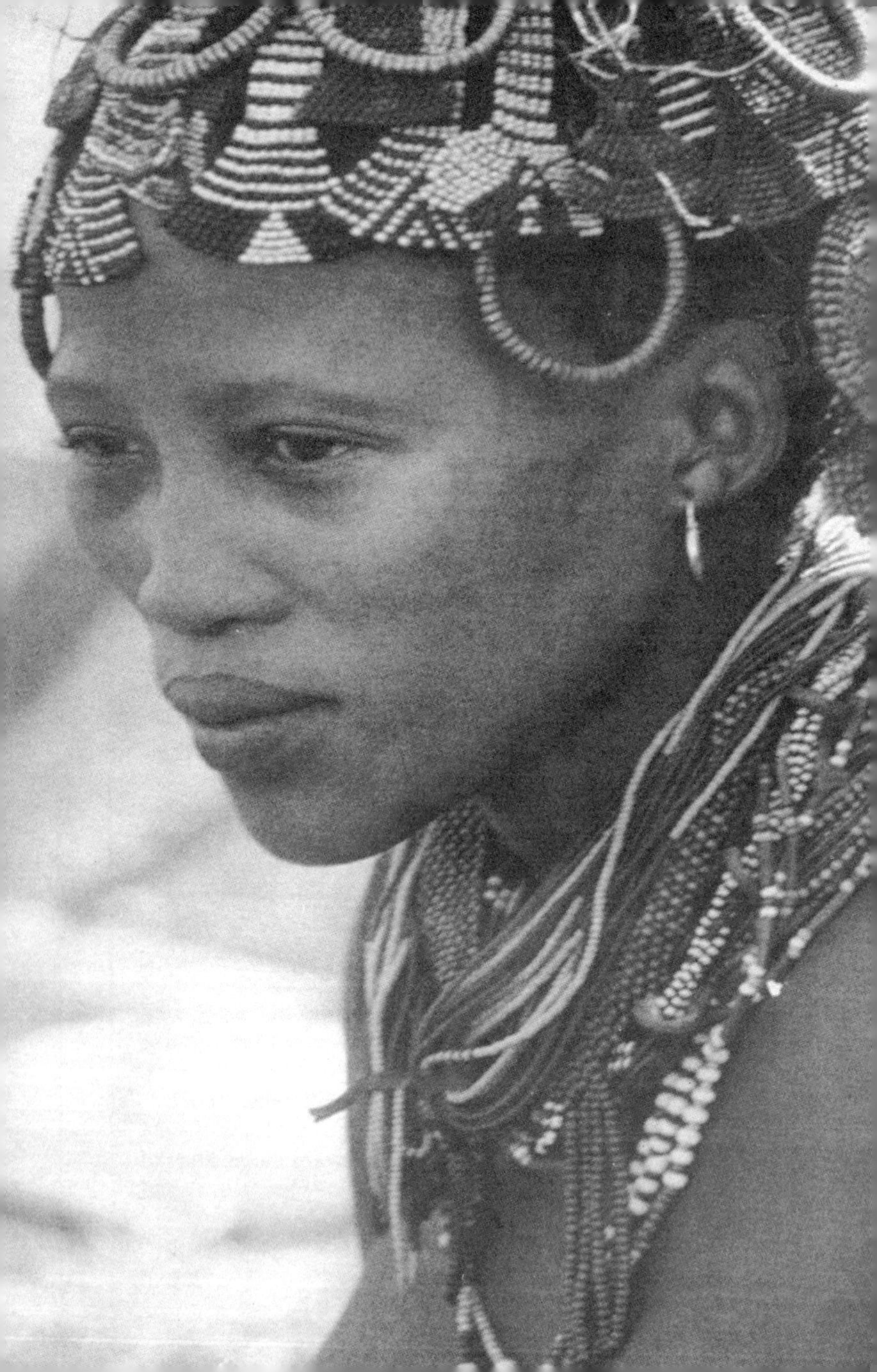

六、婚姻

结婚和第一次来月经是女性的两件大事,昆人会正式确认,举行庆祝仪式(相当于男性的首次打到猎物和成人仪式)。在这些仪式上,通常要求参加者表现得克制、虔敬甚至沉默。昆人有一个词"羞惧"(Kua),既指跟这些仪式相关的感情和行为,也指非仪式事件唤起的强烈感情,大致等同于"敬畏""恐惧"和"尊重"。某个女孩准备结婚的时候,或者她头次来月经的时候,或者她发现跟要与之结婚的男人独处的时候,"羞惧"指的是习俗要求她应具有的行为模式和(更可能是)情感模式。就算她跟丈夫很熟,或者曾经是情人,她在谈婚论嫁和婚礼期间,甚至日后很长一段时间,也还是会感到"羞惧"。就算姑娘想嫁给意中人,也要隐藏自己的情愿,假装很痛苦,这样才是得体的言行。

但是,有些妇女真的不肯嫁,要是对方年龄太大,或者完全不熟时更是如此。尽管她们童年都从性游戏里学了性知识，但大多数姑娘发现，跟同龄孩子玩耍与跟成年的丈夫做爱是两码事。因此，她们成年后的第一次性体验往往都很痛苦。夫妻可以推迟多年发生性关系，但女孩要是清晰显示出性成熟特征的话，她通常就得被迫接受丈夫的性要求。

昆人往往直接表达自己的强烈情绪，而不压抑它，所以不幸的新婚妻子可以公开表示不满。如果她太痛苦，又没离婚，可以采取更戏剧化的举动。最极端的办法是宣称要自杀。这样的威胁很少见，也没听说过谁真自杀了——但它仍是昆人（主要是妇女）引人关注她的情绪，赢得舆论支持的主要途径。这种威胁或者努力有可能就是吃箭杆上的毒，让自己恶心呕吐，或者暂时不适，但不会产生严重伤害。用箭自残可能有危险，别人得马上给她解毒，吮吸伤口或给伤口放血。但是，即使在这些案例里，妇女也会选择毒性较小的旧箭头，以防不测。

还有另一种戏剧性的策略是逃进树丛。如果妇女落日时进去，村里人会去找，但不太可能找到她，因为晚上很难看到脚印。只有太痛苦的情况下，妇女才会整夜自个儿待在树丛里——没有火，没有食物，没有毯子，还可能被狮子、豹子或鬣狗袭击。尽管如此,妇女有时肯冒这个险。跟她们宣称要自杀的情况一样,近年来没听说有妇女被动物伤害的事例。第二天早上,村里人再次去找时,通常都能找到。这时,她就肯回村了,因为大家已经知道她痛苦的程度。

人们往往宽容这些行为,特别是这名妇女还年轻的话。如果她刚结婚,他们知道她容易犯迷糊:她可能如她所宣称的,其实不喜欢这男人,或者仅仅是讨厌长大这回事,也可能是还没准备好接受性义务,承担家庭责任。但等她再大些,如果她再执意拒绝履行这些义务,人们就不会再对她这么包容了。

女孩第一次来月经的时候,成年妇人要为她举行庆祝仪式,有点像婚礼。女孩在很早就被告知,发现自己第一次来月经后,要坐好并遮住自己,不要说话也不要动。这样的行为很容易被其他妇女察觉,于是她们会将她带回村子,"打扮得漂漂亮亮",佩上饰品,抹上油,带进专门为仪式盖的屋子里。

除了那名女孩,参与仪式的妇女全喜气洋洋,在屋外又唱又跳,兴高采烈地裸露身体,包括臀部。女孩则坐在屋里,盖住脑袋,尽量不吃饭也不说话。男人不能看她的脸，"因为这可能让他们打猎时受伤"。通常认为，第一次来月经会产生跟降灵治疗相等的强大通灵力量。所以这事必须恭敬地按规矩来，小心处理。有妇女回忆："如果男人在仪式期间看女孩的脸，被女方发现的话，他们就拿走他们给她的所有东西，甚至割掉她的头发，然后告诉她仪式结束了。"因此，女人躺在屋里时，男人从不去看她。但屋子就在村里。男人坐得稍微远些，观看妇女的表演，评头论足。（反之，男性的成人仪式躲在妇女看不见也听不见的隐秘地方进行。）

这个仪式持续三四天，月经结束后也就结束了。然后，妇女给这个女孩洗澡，用药草摩擦她，把她带出屋子。尽管还要保持某些饮食禁忌，但她恢复了正常活动。不过她还得保持克制（即"羞惧"），直到她第二次来月经，人们又为她跳月经舞。

跟很多社会不同，昆人女孩来月经以后，并不意味着她成人了。如果女孩结婚了，还是主要由她母亲和婆婆操心生计，而她照样花大量时间跟朋友玩耍。但是，这的确标志着无忧无虑、不用操劳的青春期即将结束。如果她们之前想推迟跟丈夫发生性关系，那么现在，无论她们怎样反抗，这种关系都要发生了。身边人不再支持她，她丈夫也不太可能会放弃"应有的权力"。大约在 18~20 岁之间，年轻妇女有了第一个孩子，她们——最终——被视为成人。

甚至在当母亲之前，女孩可能就开始更乐观地看待自己的婚姻了。她会认同并享受婚姻的益处，比如接受丈夫及其家庭送的肉、珠子和其他礼物。她对丈夫的恐惧最后减弱，没准变成爱情。这个转变很难，但对大多数妇女而言，在第一次来月经和第一个孩子出生之间的光阴很幸福，甚至是浪漫的。

昆人女孩首次来月经的平均年龄为 16 岁半，比美国女孩晚很多，1970 年代的美国，这个年龄为 12 岁半。但在很多非工业社会，女孩第一次来月经都比我们当代女孩晚，甚至我们的祖母和曾祖母也如此。昆人女孩来月经后，往往几乎要过两年才生育。这种延迟生育现象被称为"青春期不孕"，很多社会都有，它使女孩在首次来月经后的一到三年内都不会怀孕。

对于很早就开始玩性游戏的昆人女孩，晚熟的好处显而易见。对于昆人，分娩往往很危险，尤其是十多岁的母亲。那些没比孩子大多少的母亲，不可能像更大些的母亲那样情感成熟到能照顾她们的婴儿。因为，婴儿和孩子的死亡率跟青年同样高，适宜的环境哪怕稍有恶化，死亡率就可能上升。如果我们以昆人为范例，人类生育模式看来是为女性设置了 20～30 岁的生育门槛。因为，提前来月经是相对晚近的现象，很可能，昆人的生育模式正是很多万年来人类的普遍模式。

很久以前，我父母到很远的一个水坑去，在那遇到了老坎特拉（Old Kantla）和他儿子塔沙伊，他们也到水边居住。[①]

到那以后没多久，有一天，我和朋友奴克哈（Naukha）[②]去井边打水。塔沙伊见到我，心想："那个女孩……我想娶她。"他把奴克哈叫过去，问："奴克哈，那个美女……叫什么名字?"奴克哈告诉他："叫妮萨。"他说："嗯……那个女孩……我要跟爸妈说我想娶她。"

奴克哈回来后，我们打好水就走了，走了很远才回村。奴克哈见到我妈后，说："妮萨和我去打水时，有人也来井边。有个年轻人见到妮萨，说回去要跟他父母说他想娶她。"

[①] 本篇的回忆大致发生在妮萨 15～18 岁之间（约 1936—1939）。——原注

[②] 与"序言"中提及的信息人奴克哈，以及前文提及的陪伴妮萨入婚房的奴克哈都不是同一个人。——中译注

我没说话。因为你是个孩子的话，有人要娶你，你是不能发表意见的。但他们第一次谈这事时，我心里是不愿意的。后来，我有点同意了；毕竟，他长得很帅。

第二天晚上，我们村有舞会。塔沙伊和家人过来时，我们正唱歌跳舞。他们也跟我们唱呀跳呀，直到晚上。我跟奴克哈坐着，塔沙伊过来摸我的手。我说："怎么？这人怎么回事？他要干吗？这人……我只是坐在这，他怎么可以过来握我的手？"奴克哈说："他是你老公……你老公抓住你的手。这不行吗？"我说："他干吗不碰你？你比我大。让他娶你吧。"但她说："他是我叔。我不能跟叔叔结婚。不管怎样，是他自己想娶你。"

后来他父母过来见我父母。他父亲说："我们来这里跳舞，但既然跳完了，我就过来跟你们——高和雏果——谈谈事。把你们的孩子，那个你们俩生的孩子，给我吧，我好把她给我儿子。昨天，他在井边见到了你女儿。回来以后，他告诉我她的名字，今天我前来要求带走她。这样我就能把她给我儿子。他说他想娶她。"

我妈说："嗯，但我没生出一个女人，只生出个孩子。她不想结婚，也不想进婚房。"然后我爸说："嗯，这是实话。我生的这孩子还小，不想结婚。她嫁了个男人，离了。

后来嫁给另一个男人，又离了。她已经抛弃了两个男人。"

我爸接着说："还有一个男人灯（Dem），屋子就在那边，也想娶她。灯的第一个老婆，要妮萨跟她过，当她的平妻。她出去为妮萨觅食，回来把吃的给妮萨，让妮萨给她丈夫做饭。但当这女人解开斗篷，把所有食物放在妮萨身边时，妮萨把它们全丢进沙里弄烂，踢走斗篷。我见了后说，妮萨可能还没长成女人。"

塔沙伊的父亲回答说："我知道了。当然，这的确孩子气。孩子们都这样。她第一次结婚，跟丈夫住一阵，就不要他了，然后换了一个丈夫。但有一天，她会跟某个男人过的。就这样。"

他们谈定了婚事。我待在姨妈屋里，见不到他们，但听得到他们的谈话。后来，我到我爸屋里去，一到那，塔沙伊就看向我。我坐下后，他还是看个没完。

塔沙伊的母亲一见我就说："哇哇哇！这孩子多漂亮啊！肯定是这姑娘啦！他们干吗说你不愿结婚？"塔沙伊说："对，就是她。我要你把这个刚进来的女孩给我。"

结婚那天，所有人全来了。塔沙伊的全部朋友坐成一圈，笑个没完。他弟说："塔沙伊，你太老啦！一边去，让我娶她。把她让给我吧。"他外甥说："舅舅，你太老啦。

还是让我娶她吧。"他们就这样坐在一起开玩笑。他们都想娶我。

我进了我妈的屋子坐着,佩戴很多珠子,头上全是饰物。

那晚又有一场舞会。我们跳舞,有人睡了,有人还跳。凌晨,塔沙伊和他亲戚回他们营地睡觉,我们回我们屋里睡觉。上午,他们又回来这里,他父母说:"因为我们只在这里住一阵——让我们明天开始盖婚房吧。"

第二天,他们开始盖婚房。来了很多人——塔沙伊的母亲、我妈,还有我姨妈,都来盖屋子,其他人坐在旁边聊天。当天晚些时候,年轻人来了,把塔沙伊带到盖完的婚房前,陪他在火堆旁坐着。

我还是坐在我妈屋里,听到他们说我的两个朋友来了,要把我带进屋子。我想:"哦哦哦哦……我要逃走。"他们过来找我,找不到人,说:"妮萨哪去了?逃走了?天要黑了。她不知道野兽可能咬死她?"我爸说:"去告诉妮萨,她要真这么干,我会揍她,揍到她不敢再逃。她到底为什么要逃?"

我远远逃进了树丛。他们来找我。我听到他们喊:"妮萨……妮萨……"我坐在一棵树下,然后听见奴克哈喊:

六、婚姻

"妮萨……妮萨哦……姐妹呀……豺狗来了……野兽会咬死你的……回来吧……妮萨……妮萨哦……"

奴克哈终于发现了我,我开始逃。奴克哈在后面追,最后逮住了我,喊其他人:"嘿!妮萨在这!大伙,过来!帮帮我!抓住妮萨,她在这!"

他们过来,把我带回村子,让我躺在屋里。我哭呀哭呀。人们告诉我:"男人不会杀了你,他是要跟你结婚,变得像你爸或你哥。他打到猎物,给你肉吃。甚至明天,你还在哭的时候,塔沙伊可能就杀了头猎物。但他回来以后,不给你肉吃,只自己吃;珠子呢,也是这样。他有了珠子,但不给你。你干吗这么怕你老公,哭什么啊?"

我听了,不吱声。后来,我们一起睡了。塔沙伊担心我可能又要逃走,就躺在门口,靠近火堆;我则躺在里面。他用毯子裹住自己就睡了。

醒来时,天黑了,我坐着心想:"我怎么跳过他逃走?怎么逃到我妈的屋子跟她睡?"我看着还在睡的他,在半夜想来想去:"嗯……这人刚跟我结婚……"我又躺下了,但总是在想:"人们干吗让我跟这个男人结婚呢?老人说他是好人,但是……"

我躺着没动。下雨了。雨水不断落下。后来,我睡着了。过一阵，天亮了。早上，塔沙伊起来，坐到火边。我好惊讶自己居然还躺在这里等他走开。他去撒尿的工夫，我起身到我妈屋里坐着。

那天，他的亲戚全来到我们的新屋子——他母亲、他父亲、他兄弟……每个人！所有人都来了，说："让妮萨过来，她亲家要给她涂结婚油。她不是坐在那边吗？干吗不过来，让我们给她涂油？"

我不肯去。他们不停叫我去，最后我哥说："嗯嗯。妮萨，你再这样，我就揍你了。现在，起身过去。坐到那里，让他们给你涂油。"

我还是不肯，照旧坐着。我哥从旁边的树上折下树枝，向我走来。我怕了，便起身跟他过去。塔沙伊的母亲给我涂油，我姨妈给塔沙伊涂油。

然后他们走了，只留下塔沙伊和我。

我们开始一起生活，但我一次又一次逃跑。我内心的某处总是在想："我还小，要丈夫干吗？"

一天晚上，我逃走了，睡在很远的树丛里。起初我们一起在屋里睡。但我醒来后，踮起脚尖绕开他的脚，然后飞快逃走了。我逃得特别特别远，跑过了我们旁边的檬戈林。天很黑,我也没带火种,躺在树下就睡了。

天亮了。人们开始找我,发现了我的脚印,沿着脚印穿过檬戈林,来到我昨晚睡觉的地方。但我已经离开了,到远处的树阴里挖沙根。他们又追近了。奴克哈跑在前面,跟着我的脚印找到我。她说她一路找我,其他人还在别处,说我们应该一起待着,一起挖根。我感谢她,说她是好姐妹。

我们挖沙根,过了一会儿,她说:"我们到树阴下,歇一会儿,再挖沙根,剩下的白天我跟你过,但太阳快落的时候,我就得离开你回村里去了。你又得自己待在树丛里了。明天,我烤些根带来给你吃。"我表扬她:"我的姐妹!你太好了。但回村后,别说见到了我。"

我们俩坐在树阴下休息。这时我四处张望,发现其他人走近了。我说:"奴克哈,人们来了!你骗我,说他们在村里,但他们来了。现在我跑不掉啦,只能跟你坐在这里了。"

大家发现我们坐在树荫下,身边堆满沙根。他们也跟着我们坐下。人很多——我哥、我爸和塔沙伊。我爸说:"半夜逃到树丛里睡,有毛病啊你?要是撞见了狮子,不把你吃掉才怪。或者是胡狼,或者是野狗,哪个都会吃了你。你有毛病啊?出了事谁负责?你自己,是你自己找死。"

我说:"对,如果我晚上睡在这里,身边就没有任何一样东西是属于你们的。我什么也没拿,就一个人走开,一个人睡。直到现在我还想逃得越远越好。因为我就想逃得远远的。如果我回来,你们又要给我找个丈夫。但我现在根本不想接受。"

我哥哥说:"干吗不要丈夫?丈夫不就像你爸一样?他帮你生活,给你吃的。如果你不肯结婚,你以为你能到哪找到吃的?"我哭了:"反正我现在就是这样,你们要带我回去,我就拿毒箭扎死自己。我不想结婚!"

我哥回答说:"再说用毒箭自杀,我就揍你,揍到你明白是什么毒箭,明白你该用毒箭来干什么。你在侮辱你自己。你是女人,活着不是为了说这样的话,是为了玩耍和幸福。"

他又说:"看看你的朋友,全结婚了。就是你身边的奴克哈也结了。你干吗就不想想,怎样像奴克哈一样结婚,有个自己的家?你的朋友全结婚了,你干吗不结婚?"

我说:"我这朋友应该结婚,她比我大,已经成熟了,但我还小,不知道怎样面对丈夫。"

他说:"嗯……把沙根放进你的斗篷里,跟我们走,因为跟你坐在这儿的男人就是你老公,不是外人。他就是我们给你的男人。你要跟他长大,跟他睡,跟他生孩子。"

我们全部起身,回到村里。我没走进我的屋子,而去了我妈的屋子,放下沙根,待在那儿。塔沙伊过来,坐在我们屋前。过了一会儿,他叫我:"妮萨……妮萨……"我心想:"他想要什么?"就走过去。他给了我些他挖的根,我拿了些交给我妈;又拿起剩下的回到我们屋子,待在那里。下午晚些时候,黄昏来了,天空变成了暗红色,我开始在我们屋外的火里烘烤食物,把食物从火炭中扒出来,拿些给塔沙伊。凉了以后,我们就吃了它们——两人一起吃的。

那个尊瓦人,那个塔沙伊,他真的伤害过我。

婚后没多久,他把我带到他父母的村庄生活。开始我的家人也来跟我住,但有一天,他们走了,留下我跟塔沙伊和他父母过。这时我哭起来,塔沙伊说:"你妈走前,你没哭。干吗不告诉我你想跟他们去?我们本来可以跟着去的。"我说:"我怕你,所以不敢说。"

但我还是想跟我妈在一起,所以那天的晚些时候,我逃走了。我竭尽全力飞奔,直到最后赶上他们。我妈发现了我,说:"总有一天,土狼会在树丛里吃掉这孩子。她跟着我们来了。在这儿呢!"我跟他们回村,生活了一阵。

过了很久。一天,塔沙伊来找我们。我一见他就开始哭。他说:"起来吧,我们回去。"我说:"这人干吗老跟着我。我是他的什么人啊,怎么走到哪跟到哪?"我爸说:"你疯了。丈夫来找妻子的话,妻子得跟他走。你干吗坐着不动?"

塔沙伊带我回去,我没有真正反对。我们继续在他的村里生活,又搬到另一个水坑生活。这时,我意识到我不再跟我妈过活了。我已经离开家人,随自己的丈夫过了。

我们过呀过呀,然后有一天,我心跳很厉害,头很痛,病得很重。我爸赶过来,进行降灵给我治病。我好转后,我爸走了,我还是住在那里。

后来,塔沙伊和我生活了很久,我们开始喜欢上了对方,愉快相处。真的,我们在一起很久以后,他才开始摸我的阴道。这时我的胸已经大了。

我们住在我父母村庄那晚,他第一次跟我做爱。我没有坚决拒绝,同意了,说只做一会儿,他就睡了我。但第二天早上,我觉得疼痛,拿树叶包住腰,但还是痛,心想:"哦哦哦……他在我体内干了什么,这样痛?"

我去找我妈说:"那个人,昨晚……我还小,但昨晚他跟我那了。你们过来吧,咱们吃东西,吃完就搬走。妈妈……妈妈……"

六、婚姻

我妈扭头冲我爸说:"起来,拿树枝抽这孩子。她要毁了我们。起身找东西抽她。"我心想:"怎么?我说错啥了?"

我爸去找树枝了。我起身逃到我姨妈屋里坐着,心想:"我闯什么祸了?难道我谈了什么……什么恐怖的事?"

我爸告诉我姨妈:"你让妮萨回来,让我揍她一顿。这孩子说的话,会让她耳朵裂掉的。"①

我妈说:"这孩子,说话太没遮拦啦。我要现在听了,非用毒箭扎死自己不可,但我怕疼才没这么干。但她要再这样说话,我会的!"

他们要我爱我老公,不要拒绝他。我妈告诉我,男人睡老婆这事是隐私,不能外说。

我起身走开,人在颤抖:"嗯……嗯……嗯……"我看着我的阴道心想:"哦,这人……昨晚,他那个了我,现在我的阴道毁了!"我拿水洗它,洗呀洗呀。

因为,我的阴道开始发育时,我很害怕,看着它哭②,心想:"出了什么事?"但人们告诉我:"没事,你会喜欢这儿的。"我也想到,像我老公那样的大男人会弄伤我的,他的阳

---

① 直译昆人习语,英语口语里没有对应的说法。——原注
② 昆人体毛少,妇女的阴唇很长,女孩进入青春期的表征是阴唇变长,而非长阴毛。(因此,性辱骂时经常提到长阴唇。)——原注

具太大,会弄伤我的。因为我只跟小男孩玩过性游戏,不懂大男人是怎么回事。塔沙伊第一次睡我时,那里很痛,我就不干了。我告诉大人,但他们不骂他,反倒骂我,弄得我很羞愧。

那天傍晚,我们又一起睡。但这次,他进来前,我拿皮带把遮羞皮裙紧紧捆在腿上,捆住阴部,再把皮带系在梁上。我怕他弄伤我,不想再跟他做爱了。

我们躺了很长时间以后,他过来摸我,摸到了肚子上的皮带。他摸了半天,才搞明白是什么,说:"这女人在干吗?昨晚,我进入她时,她跟我好好躺着的。现在干吗这样捆住阴部?她这是干吗?"

他让我坐起来,问:"妮萨……妮萨……发生什么了?你这是干吗?"我没吭声。他说:"你怕什么,要把阴部绑起来?"我说:"嗯,嗯。我什么也不怕。"他说:"不,现在告诉我。告诉我你为什么要这么干,我在问你。"

他又说:"你以为你这是在干吗?你跟我,你的亲人躺在一起,却像是跟陌生人躺在一起似的。我们都是一家人,但你把自己绑了起来!"

我说:"谁想插进我的阴道,我都不要跟他睡。昨晚你睡我,今天我里面很痛。所以我把自己绑起来,我不想再跟你那个。"

六、婚姻

他说:"把皮带解开。你看我像杀手吗?我会吃了你?我不会杀你,但是我娶了你,就要跟你做爱。你以为我娶了你,却不要跟你做爱?你以为我们就只是住在一起?你见过哪个男人结婚只跟女人生活却不做爱的?"

我说:"我不管。我不要做爱。现在我里面很痛,不要做那事。"他说:"嗯,今天你可以就这样躺着,但明天,我要睡你。如果你不肯,我就把你的腿拉开,强暴你。"

他解开皮带,说:"如果你用它是为了这个目的,那我要毁掉它。"他拿出刀子,把皮带切碎。

然后,他让我睡在他身边,没碰我,因为知道我怕。然后我们睡了。

第二天,我们起床,吃饭干活。晚上,我们回屋一起睡。这时他爬过来强迫我,分开我的腿,我使劲挣扎。但我知道他会得逞的,心想:"这根本没用。这男人,他要强暴我,真会弄伤我的。所以我只能躺着,静静躺着,让他找他要的食物。但我真心不知道我有什么东西给他,因为就算他吃了,也不会满足的。"[①]

---

① 昆人常用食物和饮食比喻性,但他们宣称不知道口交这回事,也没做过。——原注

于是我停止抗争，就躺着。他自己弄，这次不怎么痛了。然后他躺下睡了。

从那以后，我们就这样过活。我开始喜欢他了，他也不再打扰我，也不跟我做爱。很多个月过去了——先是雨季，后是旱季，然后又是雨季。他只是让我自己待着，我长大了，懂事了。因为在这之前，我真的不了解男人。

但我开始了解了，人们告诉我："男人就是跟你做爱的人。他不会娶了你后，只让你待着，就像面对一串珠子。不会的，男人娶你，是为了跟你做爱。"他们告诉我更多："男人娶你，不是为了你的脸蛋，也不是为了你的美丽，而是为了跟你做爱。"

此外，我妈告诉我："女人嫁给男人以后，男人不仅摸她的身子，还要摸她的阴道，跟她做爱。"我姨妈说："男人娶你就是要跟你做爱。你干吗反对？你那里的阴道有毛病？"甚至塔沙伊也这样说。"我过去经常观察共处的夫妻，"他说，"大人告诉过你，人是要跟其他人做爱的，对吧？他们做爱，那就是他们所做的事。"

我听大家都这么说，就懂了，最后也接受了。

我的乳房开始变大时，又到他父母村里生活。我的乳房越来越大，最后凸了出来。我心想："我的乳房干吗要害

六、婚姻　149

我呢?"因为它们又脆弱又疼。

有时候,我告诉塔沙伊,我要跟别的女人出去采集。但是,他经常不许我去:"我们两人,就我们两人去。"他不许我去,是因为嫉妒。他说,我跟其他女人出去后,会有别的男人跟过去睡我。

他不想我离开他,我们总待在一起:他出去采集,都是我们两人去;打水,也是我们两人去;就算捡柴火,还是一起去。

一天,我觉得乳房出奇地又酸又痛。这天早上,有妇女说:"塔沙伊,你为什么不让我们带她去采集?你拿着兔子钩和你弟推(Twi)去捉跳兔吧。妮萨跟我们去采集食物,摘西瓜,我们回来前会到井边去。"

塔沙伊不答应:"我不要妮萨干那个。她要跟我和推出去。我带他们两人一块去。如果你找到了本该由妮萨采集的食物,就自己采了吧。妮萨跟我们去猎跳兔,帮我们把肉带回来。"

我很不高兴,因为想跟妇女们去,但还是跟他们走了。没有其他妇女相伴,只有他们和我。我们走了很久,找到一个跳兔洞。他们套住兔子,杀了它,交给我放在斗篷里。我们走呀走呀走呀。他们走在前面,我稍稍落后,停下尿尿，发现有点红，心想："这是红尿，还是我来例假了？"我找些东西擦阴道，查看它："噢，我来月经了！我跟男人出来，现在在这种地方来月经了！咋办？"

因为按照我们的规矩，女孩第一次来月经时，不能告诉任何人，也不能说话。我吓坏了，开始哆嗦，把自己的挖土棍丢到一边，按照我们昆人女孩在这种时候应该做的去做。我脱下斗篷，一部分垫在身下，另一部分盖在身上。

我很悲伤，心想自己还小，可别来月经。我不清楚自己为什么这么害怕，或许是害怕月经仪式时挨饿吧。我真的不太清楚。

塔沙伊和他弟走在前面，到了前面的树林。塔沙伊喊我："妮萨……嘿——！妮萨……嘿——！"[①] 但我没吭气。

塔沙伊对他弟说："推，妮萨的乳房很大，可能要来月经了。或者，没准跟那些跟着我们来的男人跑了。你去找她，喊她，看能不能找到她的脚印。如果她跟其他男人跑了，由她去；但如果是她来月经了，你就回来找我。"

推，沿着他们的脚印往回走，一路走一路喊我。我躺着，一声不吭。他走近我躺着的地方，见到挖土棍以后，

---

① 昆人分散开时，为了保持联系，通常不时呼唤其他人。——原注

就按习俗要求的小心行事,因为大家认为,女人第一次来月经时,男人不该在场。他站在那里,捡起挖土棍,回去见塔沙伊。

他说:"这是你老婆的挖土棍。就在今天上午,妈妈还说:'你老婆还小,别老黏着她,让她们带她去活动。'但你不肯。现在,她开始来月经了。我发现她躺在树阴下。"

塔沙伊沿着脚印走呀走呀,直到看见躺在那儿的我。他想:"哦,我老婆在那里。她开始来月经了,但是这里没有其他女人!"他跟我待着,推回去找其他女人,告诉她们:"今天塔沙伊和我带妮萨出去,她在树丛里第一次来月经。我们两个男人不知道怎么办。"

女人全过来看望我,带上珠子和饰物,把它们系到我头上,往我的皮肤上抹油。然后塔沙伊的妹妹(我的朋友)把我背回村里。她们清理一块地方让我躺下,然后盖屋子。她们把草盖到屋上以后,让我躺进去,开始又唱又跳,我躺着听,她们是这样唱的:

Ouh -- eh ---- Ouh, Ouh- eh,　　Ouh- eh,　　eh - hi - hi.

她们又唱又说,跳个不休。我想:"嗯……我没见到我妈……我生活在塔沙伊家人中间……"又想:"什么时候我能像其他人那样呢？我很害怕。什么时候他们给我吃的呀？"

因为她们给我的食物和水不够。我在早上醒来，待在屋里歇息，几乎不吃不喝，就躺着。我开始变瘦，瘦得要命。到了第三天，我老公说："这是咋回事？我老婆只是孩子，几天前才来月经，却没吃没喝。干吗这样？"

他起身去找吃的，挖了沙根，煮了跳兔。他把沙根烤熟，剥掉皮，交给他妹说："去，给我老婆。一个孩子不能好几天都饿着。"她过来把吃的给我，但我只吃了一点点。不会是我的肠胃出毛病了吧？我只吃了一点，其他的全给了别人。他妹也打水给我喝。

她们每天跳舞，直到我的月经结束，然后给我擦洗身子，我们又接着生活。

不久，塔沙伊问我："想去见你妈不？"我说："想。"于是我们走了老远去我妈的村子。当然了，那时我非常漂亮，又年轻又漂亮，而不像现在这样，憔悴又满脸皱纹，像张马脸。

我们到了我父母的村子以后，我妈见到我，问："是哪个姑娘来了这里，坐在那边？那是谁的女儿？"我爸说："是妮萨和她丈夫。"我妈哭起来："我的女儿……小妮

六、婚姻

萨……我的女儿……我的小妮萨!"

出于尊重,也是因为习俗,我坐在另一所屋子边,跟我妈的屋子保持一定距离。我老公过去跟他们坐。然后我妈和我姨妈过来,把我带回她们屋子。我妈问:"瞧你坐的样子……还有走路的样子……因为你坐到了那所屋子边,这么说你开始来月经了?"我说:"嗯。"① 她哭了:"哦,我的女儿!像你这样的小姑娘,第一次来月经的时候却是在别人的村子里,没有亲戚在旁边,过得怎么样?他们照顾得周到不周到啊?"

我跟她住了一段时间。塔沙伊把我留在那里,我就跟我妈待在一起,心想:"现在,我很开心。回到妈妈身边,我很开心。我一直住在塔沙伊的村里,过得闷闷不乐。但现在开心了。"

塔沙伊让我跟我妈生活了一阵,又把我带回他的村子。我们继续生活,然后我又来月经了。我的这两次月经都在塔沙伊的村里来的,而不在我妈的村子。月经期间,女人们又为我跳舞,直到月经结束。我离开屋子,她们给我洗身子。

---

① 昆人风俗,女孩来第一、第二次月经以及举行月经舞会期间,言行要保持克制,妮萨的克制(尽管见到母亲很激动)是遵循这一习俗。——原注

我们继续生活，我好像变成大人了。因为，月经开始让你懂事了。直到这时我明白事理了，直到这时我才成了妇人。

现在塔沙伊要睡我，我不会拒绝了。我们天天做爱。早晨起来，我坐在我们屋前，不说话，心想："现在我老公真的是我老公了。人们说我老公属于我，这是真的。"

我们过呀过呀，过了一段时间，我开始真正喜欢上了他，再爱上了他。我大了，学会如何去爱了。我心想："男人要跟你做爱，是的。男人就是这样。我原来以为他可能不这样。"

我们一起过活，我爱他，他爱我。我用年轻人所能知晓的方式爱着他，反正就是爱他。每次他外出，我都跟在后面，想他，心想："哦，我老公啥时回家呀？干吗出去那么久？"我想他，需要他。他回来以后，我会很快乐："哎哟！我老公出门回来了。"

我们一起过活，他要睡我，我不会拒绝。我心想："干吗这样在意自己的阴道？毕竟，那不是那么重要。我干吗要拒绝？"

想到这，我就把自己给了他，给了又给。我们躺在一起，我的乳房长得非常大，我成了妇人了。

六、婚姻

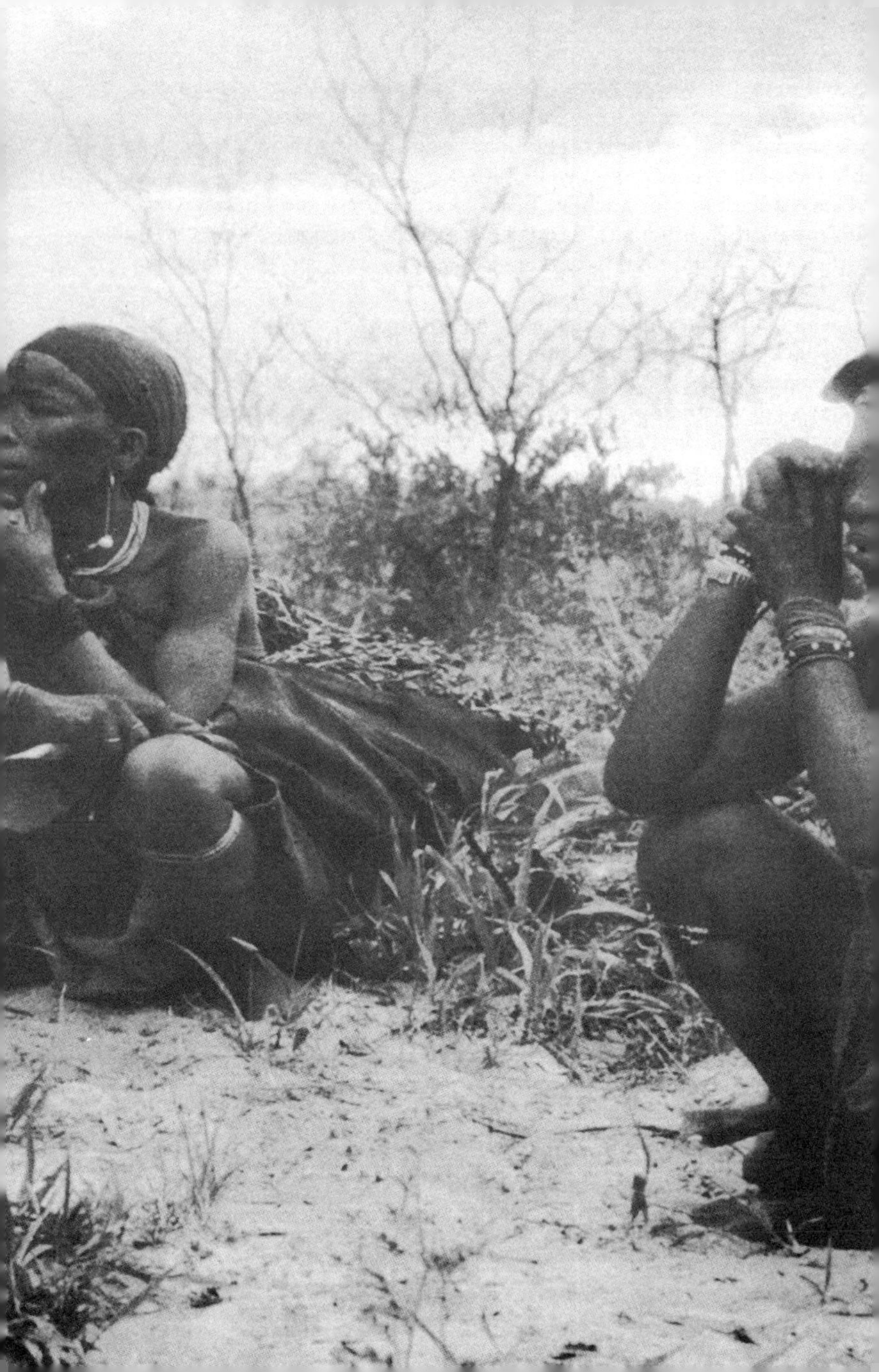

七、妻子与平妻

在妻子来过第一次月经，婚姻维持了几年以后，夫妻关系会变得更甜蜜也更平等。他们彼此沟通顺畅，轻松交流对各种事务的意见。妻子越成熟，生的孩子越多，她的才智和禀赋越可能得到发挥。如果她能干聪明，又热衷于指挥别人，也可能左右族里的事务。村里其他女强人是她的楷模。

在采集狩猎社会（包括昆人），两性平等可能胜过很多其他社会。但是，不管女性多么能干，还是男人地位高。他们支配地位的一个体现是，他们能迫使妻子接受另一个女人当平妻。大部分男人都渴望一夫多妻，大约 5% 的昆人拥有这样的婚姻。在任何时候，一夫多妻婚姻给男人的益处都显而易见：他们获得了新的性伴侣，能生新的孩子，还为家庭找到了新的食物提供者。再婚还会获得与第一次婚姻相同的好处：丈夫获得了社会的认可，提升了自己的地位，把他的社会和政治影响力拓展到新的亲家及其村子和他们的觅食地。因此，如果某个男人证明自己是好猎手，而且他和第一个家庭的生活过得不错，他会认真考虑再娶一名妻子。如果第一任妻子有个未婚的年轻妹妹，她会是理想人选。过世兄弟的妻子则是另一个合乎逻辑的考虑对象。

但是，妇女大多不想进入这种关系。丈夫要求再娶时，她们往往会大发雷霆，认为性方面的嫉妒、竞争和微妙的（或者没那么微妙的）偏爱，加上关于家务和其他责任的争执，会让一夫多妻生活极其不愉快。妻子们同住一屋，或者分住在几步之遥的屋子里；不管怎样，某方跟丈夫的生活都会被另一方拿来斤斤计较。如果第二个妻子既非近亲也非朋友，这种强加的亲密关系极其难以忍受。

因此昆人认为，在一夫多妻婚姻里，姐妹更易和平相处，因为她们长期亲密沟通，彼此合作。对于共处的平妻们，这样的安排的确有益：有长久的友谊，有人共同打理家务、照顾孩子，患病或者残疾时有人接手，还能联合起来跟丈夫抗争。这样的婚姻过得怎样，很大程度上不但要看个人是否愿意，还要看妻子们好不好相处。如果她们彼此和谐，合作良好，甚至可能发展出忠实的情感纽带。

有一位跟妹妹关系好的妇女，认为一夫多妻婚姻比一夫一妻婚姻好："我爱我妹。当时要是她没嫁给我老公，嫁了别人，那我就没法常常见到她了。"但这名妇女是第一任妻子，充分意识到这对自己有利："我地位高，因为我年龄大，也因为我先跟我老公结婚，就算我没孩子也是这样。因为，如果现在需要，我可以让我妹去打水，但她从不这样要求我。有时候，她出去采集，而我不去。但从没有出现过我去而她不去的情况。"在回答另一个问题时，她说："是的，如果她先跟我们老公结婚，情况就会颠倒过来。"

尽管一夫多妻的婚姻其实大都维持很久，但有时候，微妙的平衡关系会转变成激烈的争斗。妻子们的争斗，甚至在姐妹之间也是司空见惯。妻子们接受这类婚姻纯属半心半意，她们的接受动机通常没有宽大到足以经得起压力。如果地位高的妻子存心让新妻子和她丈夫不好过，就可能成功赶走新人。

大部分男人，不管他们多么老练，都不太可能在这类婚姻里做到让大家称心如意，两个妻子要都年轻的话更是如此。无论从经济关系来说，还是从社会关系来说，在一夫多妻的婚姻中都很难处好关系。食物和物品、态度及性偏爱，都难免逐渐破坏防止嫉妒产生的公平。本来什么样的婚姻都有压力，何况在这种婚姻里，三人代替了两人，

七、妻子与平妻

三种关系代替了一种关系。男人说:"家有两女,不得安逸。"这种观察往往是正确的。

有位妇女在一夫多妻婚姻里过得很愉快,问及她的两个女儿将来是否也嫁给同一个男人时,则不怎么赞成,说:"我反对她们给任何堂表姐妹当平妻,因为只有亲姐妹在这种情况下才能处得好。但就算是亲姐妹也会打架。当然了,我姐和我没有这样——我们父母早就过世了,相依为命。但要是我的两个女儿都嫁给同一个男人?不行。她们会打架的。"

昆人认为,一夫多妻婚姻的多数问题跟其他问题不同,并非因为神漠不关心或者施加报复,而是人的自作孽。95%的昆人过的是一夫一妻的婚姻,生活稳定。谈论一夫多妻婚姻里三方斗争的八卦,是他们乐此不疲的一大娱乐。

某个男人娶了一个老婆后,又娶了一个,让她待在第一个老婆身边,三人一起过日子。晚上,丈夫跟这个睡,又跟那个睡。一开始,他先跟老的做爱,再跟年轻的做爱。但是,他去找年轻老婆时,老的忌妒了,抓他,咬他。两个老婆开始打架,撕咬对方。老的跑到火边,抓起燃烧的

木炭丢向他们,叫道:"当我,你的第一个老婆,躺在这里时,谁叫你过去睡别的女人的?难道我没阴门?那你为什么撇下我的不睡?反找那个年轻的!"有时候,他们就这样整夜打闹到天亮。

平妻,真是可怕的玩意儿!

我爸从没真正娶过两个老婆,只有一次——只有两晚。我爸跟我妈说,他和他兄弟要去另一个村庄过夜,交换礼物,但没说他要娶莎歌莱(Saglai)当新老婆。

两人去了,到了别的村子,交换礼物后过夜。第二天,他带莎歌莱回来,日落时回到我们村子。

那天我妈、我姨妈和我到附近的树林捡檬戈果。回来路上,我们停在井边歇息。我姨妈在那里认出了莎歌莱的脚印;我姨妈认识她,认出了她的脚印[①],说:"雏果,看这里,有个女人坐在你老公身边。"我妈说:"噢?高去那里干吗?不是说去换珠子吗?你说他带了女人回来?"我妈特别愤怒。

[①] 昆人能轻松辨认出熟人和其他人的足迹,还能从对方留在沙地上的痕迹判断这个人的身体状况如何,他做了什么。——原注

我们往回走，背着檬戈果回到村里。我妈一见我爸就满腔怒火，不断用拳头捶他，说："坐在屋那边的是你的真正老婆，对吧？你干吗不说你要去娶新老婆，莎歌莱，那个大阴门，莎歌莱，那个冷血女人？"我妈辱骂莎歌莱，骂到她怕了，不敢进屋，天黑后只敢睡在外边。

第二天上午，我爸还是怕我妈，一声不吭。他弟说："干吗不告诉你老婆，你要留下莎歌莱？在她村子时，我就告诉你，别立刻带她回来。你甚至告诉我，回家以后，雏果会反对。但你说你会告诉她，你已经娶了莎歌莱，给她作平妻。但是，你没跟她说这些。当雏果这样说这样做时，你该告诉她，莎歌莱要睡在这个屋里。你不该让她睡在外面。"我爸说："我实在没办法。雏果一直冲我们叫骂，命令莎歌莱睡在屋外。这种情况下，我怎么可能把她带进屋里？"

我妈跟我爸说："如果我曾对你说，'高，你看我这样，老了，走路很慢。所以，去吧，再娶个老婆，把她带到这儿来。她要打水给我喝，捡柴火给我们用，坐在我们身边'，那么你听了后，可以再娶一个。但你偷偷摸摸娶老婆，再迫使我接受，所以我要让你害臊。"

那晚我们睡了。第二天，公鸡开始啼叫时，莎歌莱起身回她的村子——就她一个人。她在我们村只待了两个晚上，第三天上午就走了。

我叔跟我爸说:"起来。跟她去，送她回她的村子。"我爸说:"我不去。我把她带来这里，但雏果不肯接纳。现在我跟着她干吗?"他弟说:"什么话? 你不明白吗? 如果她路上遇到野兽，被杀了，或者，即使她安全回到她村里，她亲戚也会过来找你，要你为这事负责。"我爸说:"我不去。她是大人了，只是走了而已。除了为这事哭鼻子，我还能干啥?"

我祖父图卡(Tuka)，也就是我爸的父亲，娶了很多老婆! 先娶一个，再娶一个，最后又娶了一个。他先跟第一个老婆睡，再跟第二个睡，最后跟第三个睡。他的一个老婆自己睡一个屋子，其他两个同睡一屋。他跟两个老婆住一阵，又跟另一个住一阵，然后再回来跟她们两人住一阵。[①]

有时候，他跟两个老婆睡在同一间屋时，悄悄起身去找第三个。第一个老婆，也就是最老的那个，就叫道:"图卡，你跑到那里干吗?"因为她非常妒忌。于是，图卡丢下第三个老婆，又回到第一个老婆身边躺下。他躺在那儿，

---

① 妮萨的祖父显然同时有三个妻子，这极其罕见。——原注

七、妻子与平妻

等她睡着。当她开始入睡以后,他又起身去找第三个老婆。他小声说:"你又要醒了?"要是她不回答,他就去找第三个老婆,共度后半夜。公鸡第一次啼叫时,再回来。第一个老婆问:"你去哪了?"他说:"嗯嗯,我去尿尿了。"

但有一晚,他跟第一个老婆过时,丢下她去找第三个老婆,第一个老婆醒了,说:"图卡,你在干吗?干吗不睡觉?半夜出去干吗?"

他回答说:"老婆呀,我跟别人一样娶了别的女人,你以为我是图个啥?我娶她们是为了做爱。我也跟你做爱。只有你有阴门吗?女人全都有。想想吧,如果我娶了别的女人,难道我不睡她,只跟你睡?少废话!"

我有过一个平妻。我跟塔沙伊有孩子前,他又娶了一个老婆。那时我还年轻,另一个老婆提克娜(Tiknay)也年轻。他娶了我们两个,养我们两个。[①]

他第一次要求再娶时,我拒绝了。他要求了一次又一次。最后,我说:"好吧,去吧,把她娶了,带到这来。"但他带她回来时,我并不想要她来,甚至没跟她

---

① 妮萨当平妻大约在17~19岁之间(约1938—1940)。——原注

打招呼。

我们三人共同过了不到一年。在这期间,我不许塔沙伊碰我,也不许他跟我做爱。我说,他会把她的脏东西传给我,他会把她阴道的液体弄到我身上。我一点都不想沾上那些玩意儿。

我们经常争斗,特别在夜里。半夜时,大家睡得沉沉的,塔沙伊就跟她做爱,但他们做爱时,撞我,推我,把我弄醒。有一次,我心想:"干吗这样折腾我,不让我好好睡觉?"我起来,抓起他们的毯子,丢向火堆,叫道:"起来,你们两个!到树丛里搞去吧!让我躺在这里睡个觉。"提克娜起身,我们开始打架,打到塔沙伊把我们分开。后来,我们都躺下,努力睡着。

第二天上午,我操起把刀子,要捅塔沙伊。提克娜把它夺走。这时我的怒火随着我的话喷了出来:"提克娜,滚出去!回你村子去!男人那么多,你干吗不找他们?非要嫁我老公?"

提克娜说:"事情不是这样的——是你老公把我带到这来的,可不是我自己跑来的。"我说:"我可不管你怎么来的。男人多的是,我不要跟你共用老公!只有他有那玩意儿吗?不是男人都有吗?塔沙伊的这玩意儿是我的,你以为它也属于你吗？现在，滚回你的村子吧！"

最后，我把她赶走了，她回到她爸妈那里。直到她走了以后，我才准塔沙伊碰我；直到我把她赶走以后，我们才又一起过活、做爱。

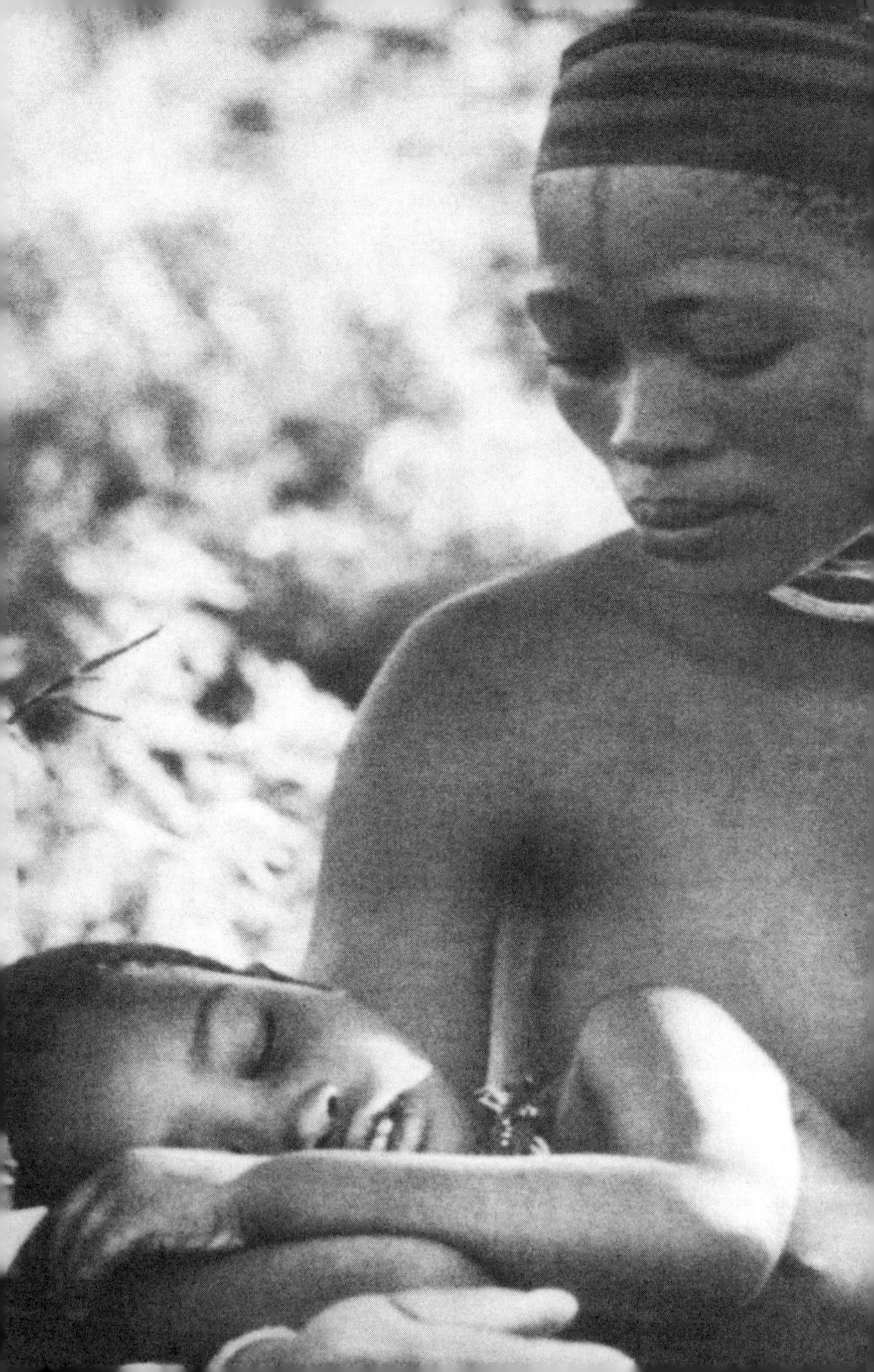

八、头胎

坐在自家屋前砸檬戈果,在火上煮肉,喂大孩子吃饭,给小孩子喂奶,跟来访的亲戚谈笑,如果有人发起,就弹奏乐器或者跳降灵舞,等客人散去、孩子睡了后,陪丈夫坐着——这是昆族女人理想的生活场景。但要过上这种生活,妇女得经历一系列不怎么愉悦的阶段。昆人女孩若要得到社会的认可并获得成人的地位,必须要有为人母的经历——在此之前,她们得克服往往很可怕的怀孕和生育的考验。

昆人知道怀孕(他们有时称为"孩子在子宫里挥拳")是性交引起的,也清楚来月经说明没怀孕。但他们相信,经期快结束时,精液与经血混合会使人怀孕。他们关于怀孕时间的观念更正确些:如果丈夫长久在外,而妻子怀孕了,他会怀疑孩子不是他的。

妇女根据月亮的变化判断经期。如果月亮来了又去了,但月经没来,她们开始怀疑是不是怀孕了。如果还伴有其他迹象——乳晕发黑,无缘由地不喜欢某种食物,容易恶心呕吐,特别想吃肉以及不同寻常地闹情绪——就更怀疑了。月亮周期过去两三次以后,她们便能确认是否怀孕。尽管其他人可能已经疑心,但是怀孕的女子不会公开提,直到又一个月亮周期过去——或许,这也符合他们遇到好事要保持低调的一贯风俗。怀孕的头几个月容易流产,因此,沉默也能在心理上对流产的妇女起保护作用。

昆人宣称懂得一系列"毁掉"胎儿或者终止怀孕的法子。有一名妇女声称,如果她在别人的火上烹煮食物,或跟不是胎儿父亲的男人交媾,就能流产。其他办法还有物理方面的,比如通过骑马或者骑驴导致流产,以及化学方面的,即服用从某些植物中提取的物质。目前还不清楚药草的应用程度如何,也不能确定它们是否真的有效。无论如何,妇女只有在觉得胎儿的生存环境比平时恶劣——至少不能确定环境是否良好时,才考虑流产。

大家得知妇女怀孕后,都会来帮忙——带大孩子,提供食物,帮忙打理家务。尽管如此,但昆人一般不认为孕妇需要特别保护,也不要求她停止日常活动。她往往照常去采集,背着平时的负重回家。如果她不舒服,可以休息到身体好转。但大多数妇女照常劳作，直到分娩那天。怀孕被认为是上天的赐予，是"妇女的活儿"。

但是，情感往往干扰这些妇女渴望保持的平静。妇女大多在怀孕期间情绪波动极大。这种喜怒无常被视为正常，大家都接受，表示理解，但并不鼓励。有位妇女在怀第三个孩子时解释说："有的妇女很愤怒，但我没有。她们比较闹腾。我只安静坐着。"她说她母亲告诉她，怀孕期间哭叫的妇女更容易难产，甚至死掉。这或许是她保持镇静的一个原因——或者她相信自己理当如此。但她自己可远没做到这一点，她婆婆在采访中披露："上周，我媳妇特别愤怒，从村里逃走，睡到了树丛里。第二天早上，大家都去找她，找到时，她孤零零待着，甚至没给自己生把火。她脾气暴躁又嫉妒心重，指责我儿子跟别的妇女私通。但这是没有的事。只是肚里的孩子让她这样愤怒罢了。"

昆人大多爱孩子，希望有很多孩子，但只有妇女私下里清楚怀孕得付出多少生理上的代价，清楚孩子多了以后得干多少活，负担多少责任。有位过早怀上了第四个孩子的妇女，这样不悦地说道："孩子太多很难带，累得你瘦巴巴的。"

但昆人看重孩子，认为有了孩子才能使生活更加幸福。

有名男子,他的妻子到了更年期却从未生育,他说:"我想要孩子想得要命。当你打猎回来时,他们跑来,陪你坐着,说:'爸……给我些肉!'有了他们才有幸福。"他又补充了一句,袒露了昆人普遍存在的观念:"我要再找个老婆生娃。我不想要别人的娃。别人给我也不要。我只要自己的娃。"

孕妇分娩时,没有医疗设备,没有产婆,也没有可以求助的专家。分娩往往令人害怕,第一次怀孕的妇女更害怕;她们最有可能遭遇危险,甚至丧生。但昆人分娩的总体死亡率较低(据统计,500例里有2名母亲死亡)——这么低的死亡率在缺乏现代医疗的社会很罕见。一般认为,昆人妇女的分娩死亡率没有预想中的那么高,原因并不是她们在分娩时更坚强,而是因为她们坚持独自分娩,或只有很少的人陪伴,从而降低了感染的风险。

尽管独自分娩是一种理想的情况,但其他妇女经常也提供帮助,尤其当孕妇生头胎的时候。年轻的孕妇更爱让母亲或其他娘家人陪同。但她如果在丈夫家过活,则由婆家看护。不过,即使别人在场,大家也认为只有产妇本人对分娩负责——除了神横加干预的极少数例子。顺产说明她完全接受分娩:她在这个过程中安静坐着,不哭也不求救，自我控制得很好。反之，难产说明她排斥分娩，甚至认为她不想要这个孩子。

畏惧分娩被认为是危险的，因为它令产妇产生压力，给分娩带来困难。而且，它还会带来更大的危险：神见妇女畏惧，以为她不想要这孩子，就会杀了孩子，"带回灵界"。在这种情况下，母亲也会被带走。昆人坚信，勇敢面对分娩非常重要，任何表现出懦弱的妇女私下里都被非议，而"正确"分娩的妇女则被视为楷模，人们鼓励女孩们去观摩她们的分娩过程。

有位 15 岁的女孩，还没来月经，这样回答我关于分娩的问题："人们说我是女的，将来要结婚生娃。他们还说，生育就像打仗。害怕的会死了埋掉，不怕的能活下来。不怕的妇女安静坐着，不会走来走去，甚至不去赶脸上的苍蝇。如果那样做，别人就说她怕了，笑话她。她丈夫也会骂她，再找个不害怕的老婆，他们的婚姻就完了。想到大家说的这些话，我觉得生育跟死亡是联系在一起的——这让我害怕。我能不怕吗？"她就这么想的，尽管她并不认识哪个在生育时死亡的妇女。

要真发生危险，通常不在场的父亲会现身，用治疗绳捆住孕妇的胸口——大家认为，这样能加快分娩。另一种办法是治疗师进行降灵,劝说神灵别带走母亲和孩子。

昆族女人一生平均生育四五次。随着接连生孩子,她更可能达到独自分娩的理想。她不告诉任何人,走到离村几百码①的地方,准备好一个用树叶制成的垫子,便开始分娩。不管是否有人陪伴,孕妇大多挑离村较近的地方生,这样孩子一哭其他人就能听到。哭声提示女性亲友,孩子生了,母亲需要人帮忙切断脐带,擦净孩子。其他妇女帮母亲抱孩子,陪她回村。只有最有经验也最有毅力的妇女才坚持独自完成后面的步骤。

尽管妇女大多渴望达到这种理想,但她们其实会遭到近亲的反对。有位妇女晚上自个儿出去生育,带着孩子回来,遭到亲属们的批评,认为她在冒险。她没向任何人求助,婴儿出生后也这样。面对指责,她只是说:"难道我不是做了女人该做的事吗?我出去生了孩子,就这样。"

回村后,母亲躺下休息,乳房分泌的初乳不会喂给新生儿吃;如果附近没有其他正在哺乳的妇女帮忙喂,孩子可能两三天没奶吃。(刚生的婴儿有足够的脂肪储备,保证他们即使没奶水吃也能产生热量。)条件允许的话,母亲在

---

① 1码约合0.914米。——中译注

生娃后的一些天可以待在村里。虽然昆人没有"坐月子"的观念，但她也会尽量减少日常活动，直到觉得身体恢复得差不多。因为迁徙不定的采集生活很锻炼人，妇女大多能很快康复。

孩子回村没多久，大家就按惯例用活着的亲属的名字给他起名，特别是祖父祖母、姨妈或者叔叔的名字。孩子与"同名人"的关系，对双方的生活可能都很重要。因为昆人认为，母子关系是不可动摇的，他们坚信，前面几个孩子应当以父方成员的名字取名。这有助于通过"名字关系"巩固父方跟孩子的关系。几个孩子都以父方成员的名字取名后，后面生的孩子才会更加平均地从父母双方的亲戚中选名字。

妇女生下头一个孩子以后，标志着她完全成人。昆人对待头一个孩子的态度跟后来的孩子有明显差异。有种独特的说法——字面意思是"从我额头里出来的孩子"——指的就是这个孩子。此外，大家开始用父母与孩子的关系来称呼这些大人，比如"奈的父亲"，或者"昆沙的母亲"，而不再称呼他们的本名。后面的孩子出生以后，父母的称谓也许还会发生变化。

年轻妇女成人以后，获得了家庭、朋友和公婆的亲切关爱。她会觉得她证明了自身的价值,因为她经历了分娩的磨难,而且大多数情况下,生下的又是一个健康的孩子。她也稳固了自己的婚姻,妇女生了第一个孩子以后很少离婚。照看新生儿是她此生肩负过的最重要的责任,而将孩子带大则会成为她今后人生的头等大事。

但是,生孩子也要冒失去他的风险。近20%的孩子在第一年死去,只有54%能活到结婚。因此,丧子对于昆人来说相当常见,但常见不意味着他们的悲痛就有所缓解。这种情况迫使昆人意识到孩子的生命是脆弱的,然而他们并未因此停止抚养孩子,也未放弃对孩子的爱。

年轻时,丈夫摸你的阴部,促进它发育,跟你做爱。[①]等你大些,会想:"我的阴部现在很美了吧?"也正是在此时,丈夫老是跟你做爱。然后,你怀孕了。在你怀孕的头几个月,可能是头两个月,你丈夫可能继续跟你做爱,或者在你整个怀孕期间,他都继续与你做爱。

但你生完孩子以后,他有一阵不跟你做爱,因为怕沾

---

① 本篇的大部分回忆发生在妮萨18~21岁之间(约1939—1942)。——原注

染你康复期间的血。他可能得等几个月,直到孩子大些,才又跟你做爱。但大多数妇女在生孩子以后,只能歇一个月左右,然后又跟丈夫同睡一张毯子了。

听着,当孩子才一个月,刚会笑的时候,有的妇女又开始做爱了。茨瓦纳人和赫雷罗人不这样①,他们跟我们不是同族。我们皮肤比他们白,做事的方式也不同。在我们这,就算孩子还不会坐,他父亲就开始跟老婆做爱了,这就是为什么第一个孩子还小,母亲就可能又怀上了。

我亲眼看见我妈生我弟。她没有怕,也没有喊叫,很勇敢。她告诉我:"妮萨,你长大以后,有一天也会怀孕生娃。生娃很疼,疼得简直要了你的命。但别怕。如果你怕了,肚子会裂开,你就死了。如果你怕了,喊了,在沙地上滚来滚去,会伤害娃娃。娃娃就会从你的屁股眼里钻出来,要这样,你就死定了。

"但如果你不怕,静静坐着,坐姿正确,孩子会从阴道活着出来,你也不会死。"

看我妈生孩子时,我不害怕,因为这,到我生时,也是自己出去,只管坐着,直到孩子出来。人们找到我后,

---

① 妮萨对其他民族习俗的描述,有的准确,有的不准确。——原注

八、头胎

说我糊涂，为什么走前不说一声，让他们跟我去。我说："我不要生娃时，大家都盯着我的阴道看。"但他们说："这不成。听我们说，下次你怀孕，神没准不肯让孩子出来；神不让孩子出来，你就会难产，会特别痛。下次生时说一声，大家好帮你，这样孩子也生得快。"

但我不肯："神会照顾我的。如你们所说，即使我很疼，神也会与我同在。因为神让我在哪，我就在哪。是神让生娃痛苦，也是神让我生娃。神会照顾我，我不必求助他人。不必了，我永远都自己生娃。你们听到孩子哭后来找我就行。"

因为如果妇女怕了，哭了，就会产下死胎。她那的骨头会弄死孩子，这女人没准也得死；肚子要是被撕裂，她就死了。

生娃前，孩子还在你肚里时，你会想得很多，心想："生娃那天，我会足够勇敢吗？我会害怕吗？我能活下来吗？生的那天，我能忍得了吗？"

有时候，你很愤怒，心想："我到底该怎么办？"但你心中有另一个声音告诉你："怀得顺利，没准生得也顺利。因为我是女人，不是男人，所以某天我会感到有胎动，某天我会临盆。"

其他时候，你很愁苦，心想："娃娃本身不让人痛苦。但这无害的小家伙为什么出来时这样让人疼，疼得像生病一样，疼得那么厉害？"

你一边生活，一边想来想去，看身体一天天变化。一天，你感觉到了胎动，他在你肚里跳得很欢。另一天，你感觉他移动到了其他部位。你一面过活，一面感受胎动。

很快，胎动更频繁了——在靠近后腰的位置，或者无处不在。随后他移到要出生的部位。这时他开始弄疼你；这是你们两人的第一次遭遇，你跟他打架，孩子像是一把抓住了你的心。你的心剧烈跳动；疼得太厉害了，你顾不上别的。

然后开始疼了，来了一次又一次。火辣辣的！来了一次又一次，然后停歇一会儿，他不闹了，静静躺着，然后又活动起来，使劲戳啊，弄疼你，越来越厉害，一遍又一遍。然后又不闹了，甚至停歇时，他也在不停地挤。但他又活动起来，你越来越疼，他越来越挤你，开始从你肚子的口子里出来。他在出来的路上，又歇下来，又开始活动。然后你的阴道口火辣辣地疼，他的头和头发开始出来了。这些都让你疼；正是这些部位让你疼痛，而不是他的身体，他的身体出来时，你不会觉得疼。然后又屡屡停歇，屡屡推你挤你。最后一次，他又挤你，出来了。

八、头胎

娃娃就是这样出来的。

娃娃,对……娃娃生的那天,你会疼。但他一旦躺到沙上,就是个漂亮的小家伙。你幸福极了,因为你爱孩子。你跟娃儿唧唧咕咕,虽然他还很小。

但生育的愤怒①和痛苦……我不想要。

女人很顽强,生了双胞胎的更顽强;那女人无比顽强;那女人啊,她的心顽强着呢。我就认识这样一个女人——一天生了两个娃。两个啊!先是一个娃在你肚里弄疼你,接着是另一个。这时女人没准疼得晕了过去,她如果意志薄弱的话就更容易这样。第一个娃娃出生时,她哭叫,第二个出生时,她又哭叫。我不知道如果换作是我会怎么样,但想想怀着两个娃娃得多疼!除了疼得要死之外,你还能干什么?

我还认识一个女人,生了个特别小的孩子。我不清楚是不是早产,也不清楚她是怎么生了这么小的家伙的。这女人生下孩子后,带回村里,一到家就躺倒,用毯子把他盖住。

老人们说:"这娃怎么可能活得了?不可能的,不管照顾得多好,他都会死的。因为这小家伙生得太早啦。他要

---

① "生育的愤怒"是产痛的另一种说法。——原注

能活下来，那就是上天保佑了。"

我跟我妈去看她，她告诉我妈："我刚生了，但肚子不舒服，为什么现在还疼呢？"人们开始治疗她，用手抚摸她的肚子，病魔是从肚子进入她的血液的。他们想救她，用手抚摸血液伤害她的部位，但她还是死了。生孩子那天，也是她死的那天。

大家说："哎，什么害死了她？她生孩子时表现得很好；就算生孩子很疼，她也不怕。那是什么杀了她？"她丈夫说："既然事情都这样了，我就把这孩子放在老婆身边，杀了他吧。"但大家说："什么话！你不能这样做。相反，你不是有一个未婚的情人嘛，她了解你，也和你做过爱。她可以带这个孩子，照顾他，把他养大。"

那女人接过这孩子，照顾他。她当了这孩子的父亲一阵子的情人，后来结婚了，共同养这孩子。

孩子长呀长呀，后来死了。

来月经以后，过了很长一段时间，我已经是大人了。我的乳房，一只开始鼓了，另一只向外突出。这时我怀上了第一个孩子，一边过活，一边看自己的肚子一天天大了。

我很暴躁，老哭，烦得不行，又疼，但不知道为什么。

八、头胎

每次吃肉都吐,每次吃甜浆果也都吐,但吃水根、捣碎的桂阿叶(gwia)、多根(do roots)就不吐。

我问老人:"为什么我吃肉就吐呢?"那时我的肚子还很小,他们就说:"你乳头发黑,肯定是怀孕啦。"甚至塔沙伊的母亲也告诉我:"你这样吐,说明肚里有小家伙啦!"我说:"但我老公出门了,我肚里哪来的小家伙?"

因为,我第一次怀孕期间,塔沙伊到东部的村子给茨瓦纳人打工,我独自生活,有了些情人。塔沙伊不在期间,他们过来跟我睡。

塔沙伊和我生活以后,教会了我男人的事。坎特拉,就是那个想娶我,要我跟他和他第一个妻子过的男人,教会了我情人的事。他听说我结婚了,过来找我,说:"这是怎么回事?我把你交给你父母时,告诉他们你还是我的,要他们照顾你,以后让你嫁给我,他们干吗把你给了别的男人?"

他成了我的情人。之前,我只有塔沙伊,但我成年后,坎特拉教会了我情人的事。塔沙伊不知道他的存在,因为他只在塔沙伊不在时才来找我。坎特拉很精明。

但推,塔沙伊的弟弟,也就是我的第二个情人,就不这样了。他根本没脑子。他跟我好时,我已经成年了,知道男人是怎么回事。但即使我独自在自己屋里,他也径直进来,跟我待在一起。如果塔沙伊这时候回家,就会发现我们俩正坐在一起聊天。你说这男人有脑子吗?对,他可没脑子了。

推过来跟我睡,总等到塔沙伊不在的时候。一天晚上,我说:"你哥今晚可能要回来,所以跟我只能待一会儿,然后回你的屋去。"他跟我睡了,然后走了。我自己躺到天亮。他哥没回来。

第二天早上,推问:"你不是说我哥要回来吗?为什么今天不见他跟你在一起?你只是为了赶我走吧?"我说:"不是,我很怕。我怕你哥。如果他发现了我们的事,会杀了我的。你们同父同母,他不会杀你,但我呢,我是外人,他会杀了我的。"他说:"胡说,他不会杀了你的。最多打你,也就算了。"我说:"不,他跟我说过,他会杀了我的。"

那天下午晚些时候,推和我又一起在屋里休息、聊天。这时塔沙伊回来了,叫我,又叫他弟。他弟起身过去,塔沙伊说:"去给我打些水来,一起喝。"推就去打水回来。

我浑身发抖,很快出了屋子,加入他们。我们坐在树阴下。大家一定是都出去采集食物了,因为村里谁都不在,除了我们。我们坐到其他人回来。我一直等塔沙伊问我,

八、头胎

推和我两人待在屋里干吗。但他没问，这挺好。我心想："神呀，现在可别让这男人张嘴问我。"

但晚上，就我们两人在屋里时，他问了："为什么每次我离开些天，回来时总看到你和推一起待在屋里？总是你们两个待在一起。你们两人腻在一起干吗？"

我回答说："推和我什么也没干。他不是我小叔子吗？我不还只是孩子吗？他能跟我干啥？你不在时，我们只是坐在一起聊天。你认为他会对我做什么？"

他说："好吧，但改天……下次我走后，会夜里回来查看，到时候就知道了。"我说："好的，就算你夜里回来，也不会发现有什么不同。"

我们接着过日子，后来有一天他外出，说："今天我要出去，可能去好几个月。"他在骗我，他只是去了附近的一个村子，在那里待了一整天。

下午晚些时候，推来找我。我说："你哥说过他出去后，会在晚上回来。这次别让他逮住我们。你是男人，逃得掉。但我可不行，他会打死我的。"推说："要是这样，我今晚不留下来。我们聊聊天，然后我回自己的屋里睡。"

晚上，推来了，我们聊了聊，又干活，干完他走了，回自己的屋里睡。

那天深夜，塔沙伊回到村子，悄悄走进屋子，慢慢摸进来，坐着把我的身前身后摸了个遍，没发现有人。然后他躺下，叫我的名字："妮萨哦……"我说："嗯？"然后我问："你干吗在我身边这样摸来摸去，在找啥？我不是告诉你，你就是半夜回来，也不会有别人的吗？也不可能见我干什么坏事。我还小，没有情人。女人只有大了才会找情人。但今天我才知道，孩子也可以找情人的。老人们可没有这么说。就连我妈也说我还小，不能找情人。"

他说："好吧，今晚我见到了我想要见到的。我不会再晚上回来了。我只会在周围转转，看会发生什么事。"从那以后，他不再怀疑我，因为什么也没发现。

我们继续生活。推和我继续偷情，只是改到树丛里幽会。后来，过了很久，塔沙伊又去给茨瓦纳人干活了。

他走后，我怀孕了。一开始，我不知道自己怀孕了。要知道的话，可能就想办法流产了。这样塔沙伊回来时，我就不会有孕在身，而是只有我自己。但我太年轻，不懂有一种植物的根可以堕胎。我还小，不是吗？我也不懂，跟别的男人睡觉或许也能堕胎。我都不懂，就让肚子不停变大。

一天早上，推过来找我，我们一起出去。我说："推，你把我弄怀孕了。我只是个娃娃,你就把我弄怀孕了。"他说:"那有啥?你怀孕了,有什么不好的?"我说:"我老公出去了。回来后,他会杀了我的。"

那天我们待在一起,后来就回村了。我吃东西,却吐了。人们见我这样,都知道我怀孕了。

我的肚子越来越大,后来鼓了出来。我的心变了,不再喜欢推,转而想念塔沙伊,老想他啥时回来。

后来,一天晚上,大家正聊天,有卡车声划破夜晚。有一个茨瓦纳人买了辆敞篷货车,我老公就搭他的车回来。我问:"听起来是白人的货车吧?"他们说:"估计不是。应该是你老公搭茨瓦纳人买的那辆车回来了。"我心想:"我拿这肚子怎么办哟?把它藏到哪里去?"另一个女人说:"噢,妮萨!你打算拿你的肚子怎么办?"我又想:"怎么才能让它消失,这样丈夫回来时,肚里什么也没有呢?"

车声越来越近,来到我附近,然后我听到老公喊我。我想:"我该怎么办?"我拿起一条毯子,又拿起另一条毯子,裹住自己,坐到黑暗处,不想让他看清。他又不停喊我,说:"妮萨,到这里来。好让我看看你。"

哦嗬!我吓坏了!我到了他那里坐下,裹住肚子,不让他看见。他问:"你还好吧?"我说:"嗯,还挺好的。"

他说:"你遇到过什么麻烦事了?生病了?"我说:"什么事都没有。"

我们一起坐着。他问:"你吃了什么,看起来这么胖?"我说:"吃了很多食物和肉。"他没再多说。后来,我们把毯子铺在地上,一起躺下。他在后面,我在前面,他用一只手搂住我,另一只手摸我的肚子,上下移动。他停了会,接着又摸来摸去,摸遍我全身,然后才停手,说:"妮萨,你肚里有什么东西在踢我?"我心想:"我能说啥?这娃干吗不老老实实躺着?还踢他!"他说:"我问你呢,什么在你肚里动来动去?"我说:"生病了,可能是。可能病了。我肚子不舒服,总感觉里面挤来挤去的。"

然后我们睡了。第二天早上,我们醒来坐着,我忘了裹住肚子,只剩下一块小布,他死死瞪着我看,看了半天,说:"你的眼珠子是白的,就像孕妇。我知道你怀孕了,告诉我,谁让你怀的孕?他在哪?"我说:"你错了,我没怀孕。"他说:"昨天我想相信你是吃多了,但现在看见了你的大肚子。现在告诉我,谁让你怀的孕?"

我说:"没有别人。你在时,我还来月经,你走前弄停了我的经血。是你,就是你停了我的月经的。你走后,我就不来月经了,怀了他。这娃是你的。你走后,他就开始

八、头胎

长。我还小,不懂怎么找情人。"

他说:"嗯……这话当真?"我说:"是真话,难道我不还是个小孩吗?正是你走的那个月,我的月经停了。"他说:"嗯,那就这样吧。或许你一直挺规矩的,或许你没干坏事。"我说:"你自己的种,甭瞎猜,说他不是你的娃。别疑心了,这娃是你走前怀上的。"

我的肚子越来越大,脾气越来越暴躁。我骂塔沙伊,咬他,说:"带我回我妈那里去,让她帮我。"但他不肯让我去,也不肯带我去,说我应该在他妈的村里生孩子。因为我们结婚以后,我们跟他和他的家人住在一起。母亲离得很远。我已经离开他们,在塔沙伊的家人这里过活了。是塔沙伊带我来的。我在这里怀孕,也在这里生娃。

怀孕以后,我心想:"我在这里,还只是个娃娃。大人说生娃会令人受伤,怀孕以后,会有胎动。孩子会在肚子里变换姿势,我会哭。"但我想:"不行,不能哭。哭了,人们就会笑我,说我怕了。我不要哭。"又想:"嗯,嗯。我肯定会哭的。谁都说生娃很痛?我知道到时候自己该怎么做!快生时,我去找白人,让他们处理这事。他们会打开我的肚子,把孩子拿出来,这样就不痛了。"然后又想:

"不成,就算痛得要死,我也只坐着忍。然后孩子就出来了。"

生娃前几天,我们到树丛里扎营,好方便男人打猎。那里只有几个人:塔沙伊、我和他祖父祖母。

一天,塔沙伊和我在树丛里闲逛,抱着对方。我后腰第一次疼起来。我心想:"后背和肚子怎么这样痛呀?"我让塔沙伊别再抱我,我们接着走路。过了一会儿,我们坐下时,他又跟我开玩笑——把我肚子上的衣服掀起来,说:"老婆!你今天怎么没穿衣服啊?"我说:"你闹什么呀?我正疼着呢!"

这天的剩余时间,我们都在挖沙根,走路。我的肚子很大,鼓得高高的。后腰又开始疼了,我心想:"今天就要生了?我只是孩子。为什么就要生孩子了呢?我会怕吗?"

那晚我们睡了,然后天亮了。又过了一个晚上、一个早晨。娃娃还在肚里。该出来了,但他赖着不想出来。我开始担心他会害我生病。

下一晚,我们还在前几晚扎营的地方过夜。塔沙伊弄来柴火,生了火。我坐在那儿,感到孩子又活动了,很痛。我心想:"这就是以前大人们跟我说的吗?他们说的孩子会弄疼你,指的就是这个吗?"因为,妈妈哟!尽管见过别人生孩子,但我第一次生孩子时,不知道孩子在做啥,会有多疼,他是怎么出来的。之前我只知道生病的疼痛。

我坐着,开始哭,心想:"不行,不能哭。我……我不要哭。"我就坐在那儿,让自己那么想。疼痛又来了,痛了一阵,停了。来了,又停了。我心想:"真痛呀!嘿……嘿……天哪!……肚子怎么这么痛呀?"但我没吭声。

那天深夜,疼痛又来了,我心想:"为什么这么痛啊?要是只有我妈在,就可以哭了。但现在是跟别人在一起,不能哭。要哭了,他们就会笑我,说:'你都大人了,生娃怎么可以哭呢?'以后他们就会笑我,说我生孩子时一直在哭。"

我真想离这些人远点,这样我就没那么想哭了。

那晚,我们全躺下睡了,天刚亮,也就是公鸡开始啼叫时,我醒了,又痛了。我心想:"这到底是病,还是孩子呀?"因为我不是很清楚,很疼,不知道该怎么办。我心想:"难怪人家说,肚里的孩子弄疼你,就跟生了病一样。"

躺着又疼了,一阵又一阵的。然后我感觉到羊水破了,要生了,我心想:"哎哟,可能是娃要出来了。"我起身,塔沙伊还在睡，我拿起毯子盖住他，又拿件毯子和小块小羚羊皮裹住自己，就出门去。你是问我就一个人出去？家里是还有个女人，塔沙伊的奶奶，还在她的屋里睡呢。我就自个儿出去了。

我离开村子，走了小段路，在一棵树下坐着等；她还不想出来。我躺下，但她还是没出来。我又坐起来，靠着树，这回真开始生了。疼痛一次又一次涌过来，没完没了。感觉这娃要撑开肚皮蹦出来！然后又不疼了。我自个儿叨叨："干吗不赶快出来？快点出来，让我歇一会儿啊！你这小家伙在肚里赖着干吗？神啊，你就不能帮帮我，让她快点出来？"

正说着，孩子开始出来了。我心想："可别哭。就坐着。看，就要出来了，会没事的。"但真的好痛啊！我大喊，但只有自己听见，心想："噢，我差点在公婆的村里大哭。"又想："生了没？"因为原先拿不准是不是要生，以为可能只是不舒服，结果我走时，和谁都没说。

生下娃娃以后，我就坐着，不知道该干啥，傻乎乎的。她躺着移动小手，想吮吸自己的手指。她开始哭，我只是坐着看，心想："这就是我的娃？谁生的？"又想："这么大？它怎么从我那里出来的呀？"就坐着看，看了又看。

八、头胎　*191*

天冷了。我脱下肚上的小羚羊皮盖住娃，又扯下更大些的斗篷盖好自己。过了一会儿，胎盘脱落，我把它埋了。我开始发抖，坐在冷风中哆嗦。我也不懂该把孩子的脐带扎紧，只看着娃娃想："她不哭了。我把她留在这，回村去拿些木炭来生个火。"

我用毛皮把孩子裹住，走开了（我哪懂该做什么呀？），用小毛皮裹紧肚子，往村里跑去。路上，孩子哭了一下，又停了。我跑得喘不过气来。你是问我下身疼不疼？那时候我只顾命令自己跑，已经没有感觉了，真不知道自己到底疼不疼。

到村后，我的心怦怦跳，坐在屋外的火边歇歇，暖暖身子。塔沙伊醒了，发现我肚子瘪了，腿上有血，问我咋了。我说啥都好。他问："我好像听到有哭声？"我告诉他，娃娃还躺在生下来的地方。他问是不是男孩。我说是女孩。他说："噢！你这么个小妞自己把娃娃生下来了？身边连个帮手也没有！"

他叫醒还睡着的奶奶，骂她："你到底咋回事？你这老女人，自己待在这里，却让小女孩自己到外面去生娃？生不下来害死她咋办？你就把她丢在那里，等她妈来帮她？她妈还不在这里。你不知道生娃多疼？生娃就像在过鬼门关！但你没去搭把手！她只是小女孩。这没准要了她或者娃的命，她估计吓坏了。你作为大人，就不该多操点心吗？"

这时，娃开始哭了。我怕有胡狼来伤害她，就拿起火把，跑回她身边。生了火，坐着。塔沙伊还在骂骂咧咧："还不快去找她！割脐带去呀！你到底咋回事，居然让我老婆自己生娃？"

他奶奶起身，跟塔沙伊找到我和娃娃。她凑过来，柔声柔气地跟我说："媳妇哟……我的媳妇哟……"她跟娃娃说话，用各种亲昵的名逗她。她割掉脐带，抱起孩子，我们走回村里。到家后，他们让我进屋里躺着休息。

第二天，我老公出去找吃的，带回沙根和檬戈果，砸碎了给我吃。但我肚子还疼，人也不舒服。他又出去，捉了只野兔回来煮了，熬肉汤给我喝。大家都说，肉汤催奶。但奶水没来。

我们生活在树丛里，没人帮我们奶孩子。娃娃只能躺着，三个晚上都没吃东西。后来，我的一只乳房开始涨奶，晚上另一只也满了。我挤掉不能吃的头茬奶水，当乳房里满满都是好奶水以后，我的娃吸呀吸呀吸呀，吸饱后，就睡了。

八、头胎

我们继续过活，其他人出去采集，她和我一起躺在屋里。我看着她，看呀看呀，心想："噢，躺在我膝上的是多可爱的小家伙呀！"她在吸自己的手指。只有我们两人，在一起。

我看着她说："我的小妹妹……我的小妹妹！"她咿咿呀呀："哦哦……哦哦……哦哦……"我真的听懂了吗？后来我老公跟我说："不对，是你自己生的娃，现在叫她'我的女儿'，别叫妹妹。[①] 我们两人生了她，她是我们两人的孩子，长大以后叫我'爸爸'，叫你'妈妈'。她是个小女孩，你该说'我的女儿'。"甚至我婆婆也说："你的孩子对你笑，为什么你不回应她，叫她'我的女儿'呢？"

没过多久，我出了屋子，带她到处走。我带她去采集。她会哭，过了一阵，我就带她回村，跟村里人坐在一起。

她会笑以后，他们带我去见我妈。我妈见了我就说："你啥时生的娃？好好照顾她，让她长得结结实实的。"我跟我妈生活了很长一段时间，孩子也在长。小雏果（Little Chuko）——她很漂亮！皮肤挺白的。我看着她心想："我

---

① 称呼在昆人社会交往中很重要，从彼此的称呼可以看出双方的情感深浅。——原注

的情人有了个漂亮孩子！"她到处爬，想站起来；很快，她站起来了。

但随着她逐渐长大，看起来不像我老公，倒像推：脸是他的脸，嘴也是他的嘴。我一看，就知道是推的娃。甚至塔沙伊也说她是推的孩子，说她的脸像推，眼睛也像。他说："这孩子是推的。你说是我停了你的月经，让你怀了孕，但现在看看你膝上的孩子。那孩子坐在那里，一看就像我弟。"

我说："对，推是你弟，你最亲的人。雏果看起来像你的家人。但你不能因为她像推就说我和推是情人。"塔沙伊说："我不会报复的。既然是我弟生的她，他就该来照顾她。"

但神不肯要这孩子活着，不想让她好好长大，要杀了她，因为她是我情人的孩子。她长呀长呀，长到开始会走路。这时，病魔进了她的胸口。过了些天，她死了。

这事发生在我们回塔沙伊家人的村子住以后。一天，我们去树丛，路上停下去附近的某个村子。我带着孩子坐在一群男女中间。妇女们要我把孩子从背巾里抱出去，好看看她。她们把她抱起来，纷纷赞美说："哦，多漂亮的娃呀！又可爱又漂亮！塔沙伊的确有个漂亮女儿！"

塔沙伊过来，告诉我要走了："起来吧，我们走。你还坐在这里找什么？"他走开了。妇女还要跟雏果玩，叫她可爱的名字，跟她说话。塔沙伊又回来了，东看西看。那里不是有很多男人吗？[①]他东看西看，又说："这个妮萨是怎么回事？我跟她说了要走，她却还躺着不动，让其他人逗孩子玩。她怎么不起身跟我走？我告诉过她，只是去跟坐着的人要些水就走的。"

我抱起雏果，放进背巾，然后起身。走过塔沙伊身边时，他骂我，说我不想跟他走，他非常嫉妒，抓起根树枝就开始抽我，抽我的手我的背，离我的女儿很近。人们很快把他推开，说："你在干啥？你老婆背着孩子呢。你是要弄死这娃吗？就算你吃醋，也不能打妈妈背上的孩子呀？打妮萨时，你就不能挑孩子不在的时候？你怎么可以打跟着妈妈的娃娃？"

雏果哭个没完。她被怒火吓坏了，开始发抖，一边抖一边哭，老是不停。就在这时病魔抓住了她，最后杀了她。它进入她的胸口，结束了她的生命，就一眨眼的工夫。

那天晚些时候，我们去别处。到了以后，塔沙伊说我

---

① 意思是塔沙伊吃醋了。——中译注

们该一起去附近树林搜集檬戈果。我们去了，开始收集果子。但我们到那儿以后，雏果哭起来。就是那个在她害怕发抖时抓住她的病魔在作祟。我给她唱歌，带她走路，但她哭呀哭呀，就是不停。塔沙伊来抱她，但她还是哭，哭呀哭呀。他背她，我们继续走。最后，她睡了，但不是真睡，是病魔影响到了她的眼睛。

我心想："娃娃哟……今天娃还没吃奶。"我把她从塔沙伊手里接过来，背着。她醒后，我喂她吃奶，但她不肯吃，只吃了一丁点。我们就这样继续走，背着檬戈果，直到最后回到村里。

我告诉大家："我的娃病了，我这漂亮的娃病了。我们在檬戈林时，她哭起来，就像现在这样哭着。我的奶，她只吃了一点点。直到现在，她吃奶，我却几乎没感觉到她在吃。我可急坏了。"

他们为她做了治疗仪式，治疗师一次又一次地降灵，想治好她。有个治疗师说："是她父亲抽你的那条树枝害她生病的。那条树枝把她吓坏了，于是病魔逮住了她。"别人给她治病时，我们为她祷告，但我们够不着她。他们做了降灵，但没什么效果。她没好，因为神说父亲不要她了。

孩子们跟着我总是活不下去。她那晚睡了，早上就

八、头胎　197

死了。

她死后,我到处找箭袋,骂塔沙伊,说要用箭头扎他:"你杀了我的娃!你说,你没有生她,她不是你的。你说她像别人,像你弟。但就是你用来抽我的树枝害死了她。你心里老不肯接受这孩子,现在你害死了她!"

我又说:"你虐待我,现在,或许我自杀算了。你想要我生个你的孩子,但你杀了我的孩子。你从不肯让我去我妈或者我的亲人身边生孩子。我是在你们家人身边生的。

"你就这样把我毁了。每天都在毁我。现在你毁了我的孩子,我的第一个孩子啊!"

他说:"不是这样的。她是我们两人的;我们两人孕育了她,生了她。是神把孩子从我们这里带走,杀了她。"

我的心还是很痛,开始号啕大哭。我的乳房奶水太多,溢了出来。只是因为太伤心了,我才这样对我老公说话。但我的心没厌弃他,我的心还是爱他的。

我们在那里生活了一阵,然后搬走了。很快,我又怀了孕,这回还是个女孩。

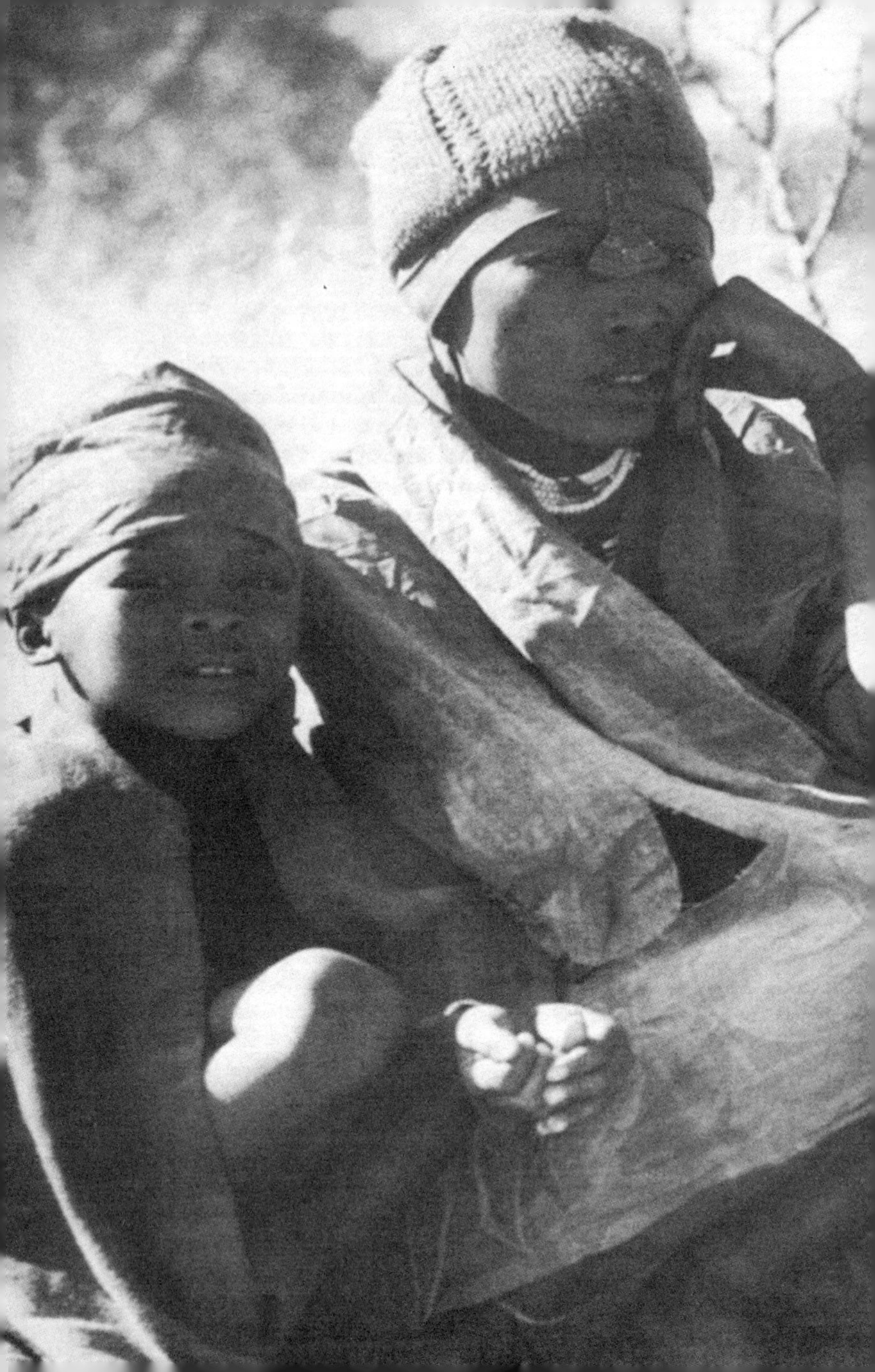

九、丧子

在很多方面，采集狩猎为昆人提供了相对健康而又安全的生活。他们的饮食数量充足，营养丰富。每天劳作的劳动量很大，成年人（即使是已到中年）一般都长得瘦削结实，身体状况良好，没有跟饮食和压力相关的疾病。

但昆人的总体健康情况并不好。尽管较高的海拔（海拔3 300英尺以上）和干燥的气候阻止某些热带非洲传染病传入多比，但传染病和寄生虫病仍是导致各个年龄段昆人死亡的罪魁祸首。感冒、肺炎、支气管炎、肠胃炎、风湿热和肺结核非常猖獗，疟疾在雨季随处可见。近年来，淋病也开始流行。很多成人死于壮年，婴儿和孩子更易患病死亡。

昆人相信，人死了后，肉体会留下，但精神和灵魂会前往祖先的灵界——天上世界近似地面的人类世界，其他灵魂和神也住在那里，包括两个最著名的昆人的神：最伟大的主神（宇宙的创造者）通常被视为善神，还有服从他的次神，后者导致了大量不幸和死亡。

昆人把灵界视为引发人生病或死亡的潜在原因。人类的行为有时能影响灵魂，如果谁被忽视或者虐待后死去，人也负有一定责任，但是，神灵的所作所为通常跟人类无关，最具合作精神与最具爱心的人，也跟那些小气或者坏心眼的人一样遭遇不幸，死于疾病。昆人认为，次神及其他神的邪恶本性应当为这些恶行负责。那些次要的神灵们，虽然有时候报复心重，但更多的时候只是傲慢不羁，人们经常能够说服他们，使某人继续活下去。人神之间的沟通工作，按习俗由治疗师负责。治疗能否成功，取决于治疗师的劝说是否有力以及神灵们的顽固程度。

昆人鼓励父子和夫妻之间保持深厚情谊。夫妻睡在一起，吃在一起，分享食物，共同打理做饭捡柴之类的家务。出门采集食物或打猎的时候，他们也经常互相陪伴。总而言之，他们大部分时间都待在一起。丈夫、妻子与孩子组成了基本的生活单元，同时还有来自夫妻双方家族的其他成员。昆人成年后跟父母保持亲密关系；我们社会往往把这种亲密关系视为不健康，昆人则截然不同，认为这些情感发自天性，并且自然而然地表达这些感情。[1]

在这样一个亲密团体里，任何成员去世后，活着的人都不得不做出大的调整。死者可能原先维系着团体的某些社会网络，他一死，这些网络可能就消失了。生者不得不习惯死者不在了的生活，摆脱对死者的依赖，这些依赖可能是肉和其他食物，可能是知识和经验，还可能是治疗能力，甚至仅仅是爱和亲密关系。

跟男人成为鳏夫相比，昆族女人更易成为寡妇，因为妇女往往比丈夫年轻 10 岁，也因为男人更易患病。年轻的寡妇很可能再嫁，跟新丈夫重新开始家庭生活。老女人也大都再嫁；如果找不到其他男人，她们可能会进入姐妹或者其他近亲的家庭，充当平妻。有的老女人选择不结婚，跟长大的孩子同村过活，住在一所单独的屋子里。

如同大多数人类社会，昆人赞成表达哀痛要强烈，但不宜过长。当某人去世以后，住在别处的亲友要聚到一起举行葬礼，或者过了一阵过来看看死者去世时和举办葬礼

---

[1] 作者为美国人，美国社会比较强调个体的自立与隐私，因此孩子长大后跟父母的关系比较疏离，但中国并不如此。事实上，自 2008 年世界经济危机以来，美国社会的啃老族大大增加，跟父母长期同住的儿女也越来越多。——中译注

九、丧子 203

时的地方。葬礼是所有人表达悲痛的时刻，公开的哀悼仪式会持续一些天。妇女哭号，男人则坐着聊天，尽管有时也哭。大家在村边挖坑把死者埋了，或在遍布沙漠的坚硬的白蚁堆里挖个深洞埋了。

其他习俗则努力把活人和死者隔开。如果某个孩子死了，昆人禁止其他孩子去看他的尸体。昆人认为，这会让健康的孩子患病。人死了埋了后，村人就遗弃这个村子，到附近再盖新的。传统式样的屋子几小时就能盖起来，新的村子则需要一些日子。

至亲哀悼死者，再激烈，周围人也都会理解和支持，但最终还是鼓励他回归正常生活：寡妇或者鳏夫会再婚，丧子的母亲可能再孕，丧失父母或者兄弟姐妹的人则搬到其他近亲的村子住。

昆人对死亡不陌生，但就个人而言，重要成员的去世影响巨大，绝非小事。有个女孩，我问到她多年前去世的妹妹时，她表现出这事伤害她有多深："神是不帮助人的，神先是给个孩子，然后又杀了她。这让我特别愤怒，我想知道神为什么要挑小孩子下手，而不是其他较大的人，比如我。我妹死时，我很伤心。心很痛，不愿跟任何人说话。我真的好爱她。"

另一名妇女讲了她弟在母亲去世后的行为突变。她弟跟一个女人深深相爱，说服了不赞成婚事的双方家庭，最后结了婚。但母亲死后，他变得又愤怒又抑郁，开始到附近赫雷罗人的牧场里喝啤酒，不再去打猎和放牧。回家后老骂老婆不忠，喝多了甚至打她。她把她弟的性格转变归结于母亲的去世，他们的母亲活了72岁，长期患病，六个月前刚刚去世。大家都不赞成他这样，但也没人质疑或贬低他对母亲的依恋以及他因母亲去世而表现出来的悲痛。

对于生者，死者并没有完全消失。人们相信，死者的灵魂会时不时来看望仍然活着的家庭成员。一位妇女描述了早已去世的父亲是如何救了她妹的孩子的："昨天，我妹生娃，但孩子生后，眼睛没睁开，也没呼吸。心跳很微弱。我想尽了办法救他，但看来都不管用。最后，我祈求父亲和祖父的灵魂，请求他们让孩子活过来。我不停用水摩擦他的脸、头和背。最后，他睁开眼睛，开始哭了。然后，他好了。"她继续讲她的故事："昨晚有场治病舞会，有一名医师在降灵中看到了那一幕。他告诉我：'就是因为你叫来了你爸，才救了孩子。其他祖先的灵魂想带走孩子，但你叫来了你爸，帮了我们——他呵斥他们，不让他们带走孩子。'昨天，我很悲伤，怕我妹的孩子活不了。今天，我特别开心。"她停顿了一下，激动地补了一句："昨天，我爸真的帮了我！"

有个老男人告诉我一个大约20年前的事。他宣称，那时他病得特别重，眼看就要死了。当他病得开始胡言乱语的时候，一位刚死不久的兄弟的鬼魂来看他，见他病了很生气，骂他，叫他不要死，说："现在，你从病床上起来，找个老人给你唱那首大羚羊治疗歌，这曲现在没人会唱了。学了它，你就会好了。"那人好多天都不能动，爬起来去找那些老人，告诉他们这事，于是老人们回忆起那首早已多年不唱的歌。没多久，他就好了。20年后，他成了出色的治疗师，他相信，只有大羚羊之歌能让他保有治疗能力。回首往事，他说要不是兄弟的鬼魂来看他，他没准也死了。他觉得自己好像是因为死去兄弟的庇佑才活到今天的。

我生雏果时还年轻，以前没生过娃。[①] 生她痛得受不了。我的阴道还很窄，痛得厉害。生第二胎时，我大了些。尽管如此，还是一样痛，甚至没减半分。

---

① 本篇的大部分回忆发生在妮萨20～30岁之间（约1941—1951）。——原注

孩子们——生第一次很痛，生第二次很痛，生第三次还是很痛。没有一次不痛，痛得像得了重病。

小雏果，是我第一个死去的孩子，在我怀上第二胎之前就死了。她死后，我哭呀哭呀，过了几个月后，我才不再难过了。

然后我怀上了奈（Nai）。生她那天，太阳很晒。我跟别人去树林。太阳特别热，晒死了。我们坐在树林的阴凉处休息。过了一会儿，我说："现在，我不想休息了，我要去找水根。"我走开了，这时产痛来了，我心想："哎哟，现在要生啦？我要到那边开阔的草地去，顺便多挖些水根。"

我走了一小段路，挖了些水根，堆成一堆。这时疼痛厉害起来，我就坐下来。没人陪我。很快，小奈就生了。我剪断脐带，把她抱起来，收拾好那堆水根，又回去找其他人。大家都在树阴下睡觉。我坐下来。过了一会儿，奈哭起来。她们被惊醒了，说："谁的孩子在哭？哪来的哭声？"然后说："哦，塔沙伊的老婆生了……妮萨生啦！她干得多漂亮！"她们赞美奈，赞美我，深情地喊我们的名字。

我们待在那儿，用水根挤水喝，因为我找到了很多水根，就在那里多待了一阵。

九、丧子　*207*

奈慢慢长大，我把她带在身边。但我又怀孕，然后流产了。这是塔沙伊的孩子。但没多久，他又外出，推又成了我的情人。一个月过去，第二个月来时，我发现身体变了，又过了一个月，塔沙伊回来，发现我怀孕了，大为震怒："这次又是怎么回事？我走时，你还没怀孕；月经刚结束，你肚子为什么又大了？"我说："老公，别这么说话。我们最后在一起的那个月，这孩子就在我肚里了，就是你眼前看到的这个。你以为这孩子是谁的？"他说："我走了好几个月，但现在看你这样子，怀孕也没几个月。我不清楚谁让你怀的孕，只知道我走了好几个月。"

这次，他没完没了地说这事，从早到晚都盘问我，天亮了又再问。他短期出门，一回来就问："我出去时，有男人来跟你做爱，就是他让你怀孕的。他是谁？"我心想："这男人想要我怎么做？用毒箭扎死自己？"然后他说："好吧……你照顾好奈，我要外出干活了，但我要是发现谁跟你在一起，我就离开你。我要不走，就杀了你。因为你是个婊子！你太年轻了，满脑子就知道那龌龊事！"

我说："你以为我不知道你和你嫂子的事？只要你哥在，你就怕得要命，跟我待在屋里。但一旦他捆好毯子去打猎，你以为我睡着以后，就起身去跟她睡。我坐起来，发现你不在身边——但我什么也没说,没跟踪你,也没悄悄跟在后面去偷窥。你以为我怕你?我才不怕。我只是随你们两个鬼混罢了。就是到了早上,我也从不说什么。你回来家里,我就给你准备吃的。"又说:"但这毫无疑问,你们俩肯定是情人。"

我继续说道:"现在你说,是你的某个亲人让我怀了这娃。其实是你自己让我怀上的。你以为男人睡了女人后,不让她怀孕的吗?现在,别再让我听到这些话。"他咆哮道:"你要再坐着跟我啰唆这些,我就割开你的肚子,让这娃流出来。"

我考虑这事。他基本确定是推干的。我心想:"好吧,我要开始在别人的火上烤食物。老人们说这会导致流产。从现在起,每次我烤沙根或檬戈果,都去别人的火上烘烤。我什么吃的都到别人的火上烤,不在自家的火上烤。"

我就这样做了,到大家的火上烤食物。我心想:"因为这次怀孕,因为他弟弟,这男人要伤害我。他问个没完,弄得我筋疲力尽了。"

没过多久,我的肚子痛了起来,火辣辣的。塔沙伊见了,说:"是什么弄疼你,把你疼成这样子?"我说:"没事。"我们坐着。后来,我躺下休息。他说:"太阳还在,干吗就躺下了?这是怎么了?"我说:"我只是想躺躺,没事。"到了傍晚，塔沙伊生了火，煮了些大羚羊肉干。他把肉捣碎，端上来，我们吃了。他说："妮萨，你怎么了？尽管吃了肉，但我瞅你的眼睛，像病了。"我没告诉他原因，只说后背痛。我们吃了，然后躺下睡了。

我睡了很久。天亮前，我起身出了村子，带着小奈一起去，因为她醒了，怎么也不肯待在家里。我坐在树丛里，开始流产，心想："事情正像我想的那样。如果男人像塔沙伊这样说话，你就不得不这样做了。"我坐着，很快他就出来了，我没看见孩子，只看见血。我折下树枝，挖了个大坑，把他埋了——连血带娃娃埋了。我心想："嗯，结束了。我老公要我这么干，不是吗？"我很伤心："唉，我老公要我毁了这可爱的娃。"但这只是我流产的一部分原因。这也是因为推和我私通。我跟推做爱的时候，我的身体排斥他，不许别人当这孩子的爸爸。这也毁了这娃。

我回到村里，把奈从斗篷里抱出来，躺到屋外的火边。我没进屋里，就这样躺到天亮。我睡觉时，塔沙伊醒了，看到了我；他躺在我身边。天亮后，他说："妮萨，我的老婆。告诉我，昨天发生了什么事。甚至现在，看你的眼神……你在想推？要不是，你在伤心什么？"我说："没，我没想他。我病了。"

但我起身时，他瞅见了我站着的样子，说："现在我老婆成了这样子？"我说："是的，昨天我还带着他，直到日落睡觉时还带着他。但晚上我起来，他就走了。他被毁掉了。"他说："你的胎儿被毁掉了？谁毁了他？"我说："你……就是你。因为作为我家的男主人，你说我肚里的孩子是别人的，不想再要我了。而我，是你屋里的女人。"他说："所以你弄掉了他？"

我没回答。

下一个孩子，我起名叫宝（Bau）。这次怀孕很顺利。我来了几次月经，就停了，我就跟肚里的小家伙一起过。过了一段时间，她开始胎动，动动停停。她长得很顺利。然后有一天，我外出时，在一棵雌合欢树下生了她。

宝开始长大。到处爬呀，玩呀。爬一会儿，坐一会儿，又接着爬。她死时，还没开始走路，跟第一个孩子差不多大。病魔进了她的小胸口，害死了她。治疗师想治好她，但他们说，这病来自一只在空中盘旋的鸟，它是神从天上派来的。鸟的灵魂进入她的身体，杀了她。[①]

[①] 昆人相信婴儿患病大都是因为被鸟的灵魂附身，明确认为这种病不同于祖先鬼造成的病。对于这种病，昆人有专门针对婴儿举行的独特治疗仪式。——原注

九、丧子

我生最后一个孩子克肖（Kxau）时，我们住在茨瓦纳人的一个村里。[①] 茨瓦纳人的酋长伊萨克（Isak）也住在那里。我已经成年，懂得怎样生育。

我出了村庄，雨特别大，但我感到产痛，知道是时候了。我就像现在这样起身，自个儿出去，找了片草地坐着。我坐着，产痛来了，来了一遍又一遍，停了。又来了多次，又停了多次。然后，最剧烈的产痛来了，我的身体开始颤抖。哎哟，但那个疼哟！要换别的女人早哭了，但我没哭，就坐着，浑身颤抖。特别是脑袋出来的时候，啊，啊……我感到我的心在抽搐，大声叫了出来。克肖出生后，村里人听到他哭，就跑过来，割断了脐带，把他抱起来，然后我们回到村里。

生孩子时我向来不肯带别人一起去，总是自己出去。因为，尽管人们想帮你，抱住你的肚子，给它按摩，但这会让我更痛。我不想他们把我搞得更疼，害死我，因此总一个人去。生克肖很顺利，生完后，他们才来找我。

住在茨瓦纳人的村子期间，也就在克肖出生以后没多

[①] 这次搬迁在妮萨的生命里是一次重大变化。从那以后，她跟茨瓦纳人和赫雷罗人的联系更为紧密。这大约发生在她30岁之时。——原注

久,塔沙伊死了。① 当时月亮第一次来,停在傍晚的天空中,他就病了。他只病了些天,还不到一个月;之后,他就没多少个夜晚可活了。

生克肖那天,我们睡了。第二天,我们躺着休息,后面连续三天,我们也都躺着休息。但克肖出生多天以后,病魔进了塔沙伊的胸口;它在晚上碰他,进入他体内。只一下就打倒了他。

第二天早上,他醒了,觉得疼。那天,人们想治好他。那晚他睡了。过了一天,治疗师还想医好他,但找不到病因。那晚他睡了,过了一天,疼痛依旧。病魔在伤害他,让他难以呼吸,开始咯血。又过了一天,晚上我们挨着睡了,但很快,早晨公鸡开始叫的时候,东边天亮的时候,他死了。

我听不到他的呼吸,就摸他,一遍一遍地摸他,但他再也没有呼吸了。我喊:"塔沙伊……塔沙伊……塔沙伊……"但他没回答。我又喊:"塔沙伊!"喊了一次又一次,但他都不回答。我探他的鼻息,还是没有呼吸;摸他的心跳,但也没有心跳。我说:"哦,我老公……死了?我

---

① 塔沙伊死时大约在35~40岁之间,比他父母死得早。——原注

老公，跟我躺在一起睡觉的人，就在这晚上……死了？刚才我们还一起挨着睡觉，现在他就死了！"

我躺着心想："为什么会发生这事？我们为彼此付出这么多，一块过得这么幸福。现在我孤零零的，没了丈夫，成了寡妇。神为什么这样玩弄我，带走我老公？神太卑鄙了！他只从你身边带走你的亲人，真是太无情了。"

我抱起刚出生的儿子，开始哭。我坐着哭呀哭呀哭呀。人们听到了，就过来安慰我。他们坐在我身边，其他女人也开始哭。哭了很久以后，他们说："你还要照顾孩子，就别再躺在你老公身边了。你老公已经死了，事情结束了。躺到他身边也不会让他活过来。现在，带你的孩子躺到这里来吧。把你的丈夫盖上，就让他留在那里吧。留着他也没用了，因为他已经死了。你不能把尸体当人，他已经走了。所以，把他盖起来，就让他躺在那里吧。然后跟你的孩子们躺到这里，盖好他们。"

我听了，就到屋外用毯子铺了张床。其他人去把躺在那里的塔沙伊盖上。第二天，茨瓦纳人的酋长说："噢！一个同族就这样悲惨地走了。这事为什么会落在他身上？这里没人像他这样不幸。我们两人是老朋友了，但现在他死了，这事我们还是得处理的。"又说："现在，你们其他人，到白蚁堆上挖个洞,在那里把他埋了。我不想再看,因为他的死太令我悲伤。"人们就挖了洞,把他埋了。

我就这样没了丈夫,内心很悲痛。每晚我都想他,每晚都哭,心想:"我没了丈夫,到哪去找吃的,把孩子们养大呢?谁帮我养这刚生的娃?我哥我弟都离得太远,现在谁来帮我?"克肖刚出生,太小了,根本不懂事。于是我说:"我得准备好每天的食物,现在得开始采集食物,把他们养大。"于是我出门去,尽我所能地带回食物。

但每次见到孩子们,见到他们长得那么像塔沙伊,我都会想:"为什么不是其他女人的丈夫死了呢?这里有那么多人,有那么多像我一样年轻的女人,她们的丈夫还活着,为什么是我老公呢?为什么是跟我结婚的男人呢?为什么,当我们躺在一起,带着我们的孩子的时候,他就死了呢?"我很悲痛,哭呀哭呀哭呀。

最后,茨瓦纳人的酋长说:"这个妮萨……这个妮萨,在哭她丈夫,但哭有什么用?"他问我:"现在你有什么打算?"我说:"我就待在这里,直到见到熟人,让他们叫我妈过来找我。我在这里没有亲人。我想我老公,对我来说他就像父亲。既然他已经死了,我就没了家。现在我想回我父母那里去。"酋长说:"好吧,我让路过那附近的人把

九、丧子

你带回去。"

我想走还有一个原因。塔沙伊死后,消息传到他父母那里,他们过来找我,见面后就问:"谁杀了我们的儿子?"我说:"是死亡杀了他,是神。你认为还有谁?只有神。"他们听了后,开始哭。后来,他们说想把我带回他们的村子,好照顾我。但我不想去:"现在,我想回我妈那里去,不想再去别人的村子生活。以前,我曾跟我老公去你们村子过活,但既然他死了,我也就不想再去了。我要去了,你们会开始恨我,一直骂我的。"

事实也是如此。因为,没过多久,塔沙伊的亲人就开始说是我杀了塔沙伊。他们知道了坎特拉,也听说塔沙伊死后,他想娶我。他们开始认为是坎特拉的灵魂杀了他。[1] 我听到后,心想:"嗯,塔沙伊村里的人已经不可能再帮我了。是神杀了我老公,但他家人说是我干的。我不会再回他们村子。我要去找我自己的家人,在那里生活,在那里睡觉。我不要去我公婆的村子,他们指责我杀了我老公,去的话,最后他们会杀了我的。"

---

[1] 昆人很少认为患病是由其他活人的恶意造成的,但茨瓦纳人的确有这种观念。对坎特拉和妮萨的指控可能反映了茨瓦纳人对昆人的影响。——原注

于是，我没跟他们走，而去跟我父母生活，在那里生活，在那里悼念——度过了炎热的旱季——吐露自己的悲痛。最后，我的心平静了下来。

我在父母村里生活了很长一段时间，孩子们也不断长大。我采集食物给他们吃，采蜂蜜给他们吃。我的兄弟们也帮我，每次采到蜂蜜或者打到猎物，我们的孩子也都有的吃。甚至我妈也给他们采集食物。

很快，克肖会爬了；他抬起一条腿，放在地上，又拔起另一条腿放到地上，然后摔倒了。我看着他，心想："噢！我把这娃喂得壮壮的了。"

我就这样在他们的村里过活。

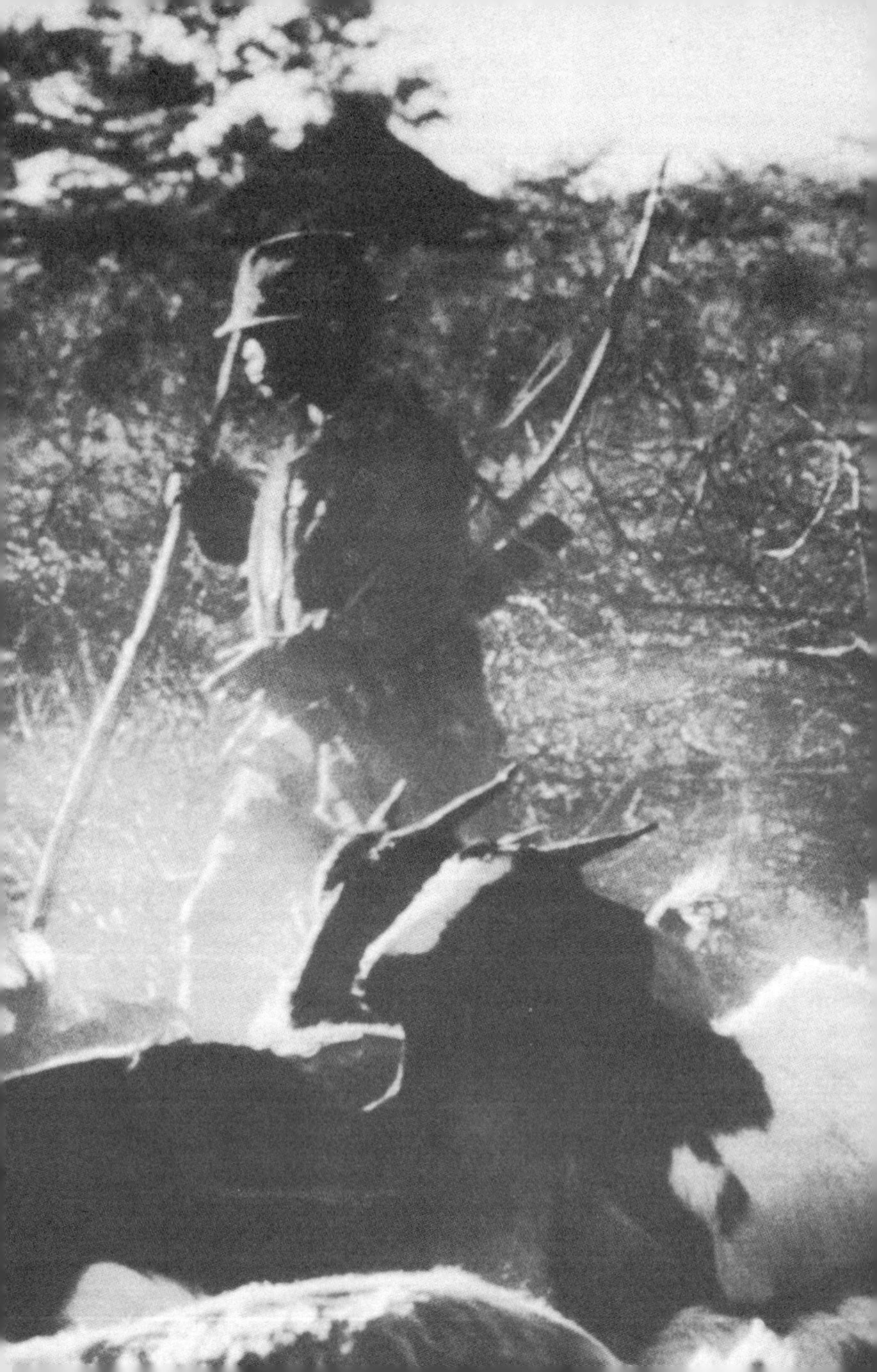

十、变化

茨瓦纳人和赫雷罗人最初来到多比地区居住的时候，昆人多半是被迫接受的，因为接受好过斗争，但可能也有一部分昆人欢迎他们的到来。昆人生活在树丛，居无定所，而这些体格高大、信仰基督教、说班图语的人有固定的住所，食物来源稳定。茨瓦纳人和赫雷罗人的生活相对轻松——喝牛奶，农耕，饲养家畜以供肉食和贸易，衣装鲜艳（赫雷罗妇女的服装仿制19世纪女传教士的款式，得用12码以上的布料）——这必定对昆人充满吸引力。他们定居的村子，房屋结实，跟畜栏分开，对于经常缺少食物的昆人，这些村子是重要的生活保障。必要时，昆人可以用劳力交换牛奶和谷物——当然，得这些说班图语的人们有剩余的食物（也有很多年里，庄稼失收迫使他们靠昆人的树丛植物知识维生）。

但是，对于昆人，外来者带来的坏影响也很明显。泉眼被附近喝水的牛羊污染。牲畜密集、牲畜的排泄物，还有一罐罐刚挤出的新鲜牛奶，招来大量苍蝇。因为茨瓦纳人和赫雷罗人来往于更大的人口集散地，性病和其他疾病在他们中间非常流行。他们也把这些疾病传给了昆人——有些疾病过去在昆人中从未出现过。大群牛羊吓跑了猎物，将原本养活昆人及其猎物的青草、根茎、浆果和其他野生植物啃噬一空。这些畜群所到之处，只剩下荆棘丛，的确如此——它们到处都是。越来越多牧群前往永不干涸的水坑附近吃草，持续蚕食昆人还在觅食和打猎的区域。

随着茨瓦纳人和赫雷罗人的村庄扩展到了很多昆人的水坑，维持传统的昆人生活方式变得越来越难。向比较富裕的邻居乞讨不仅变得可以接受，而且变得必不可少。除了有的女孩嫁给了茨瓦纳人和赫雷罗人之外，还有很多昆人住在定居村庄里或者周围，实际上沦为乞丐，或者处于被奴役的境地，长时间劳作以换取微不足道的实物报酬。曾经，昆人为家人提供肉类和蔬食，独立而有尊严地生活着，现在则生活在社会底层，被其他族群轻蔑。考虑这种环境变动的心理影响，毫不奇怪，喝村里出售的自酿啤酒成了很多昆人喜爱的娱乐。但是，其他昆人大都能适应这种变化，甚至从茨瓦纳人和赫雷罗人那里获益。找不到积水喝的时候,他们以劳动换牛奶。但雨季来临以后,他们就离开这些村子,渴望到远处采集丰富的树丛食物,渴望捕捉大动物。看望远方的亲人和对移居到干净的新地区的憧憬,也促使他们离开牲畜丛集的村庄。

1948年,博茨瓦纳政府开始介入多比地区的部族管理,首次任命了一名官方代表伊萨克·兀突里(Isak Utugile)出任这里的酋长。之前,昆人、茨瓦纳人、赫雷罗人的内部冲突以及族群冲突向来无人管理。伊萨克有昆人血统,精通这三种语言,负责协调各种纠纷:某家的牛被偷、受雇的昆人被欺诈,甚至包括通奸、斗殴甚至谋杀。他依据部落法进行裁决,施加惩罚,包括必要时判决入狱,也经常过问婚姻问题。他赢得了所有部族的高度尊敬,促进了公平对待昆人的风气——昆人给其他部族打工,但没有其他部族给昆人打工的情况。1973年,他因为身体不好,被迫把权力移交给另一位酋长。

尽管晚到1960年代,还有小部分昆人远离定居村庄,主要依靠树丛食物维生,但一个公认的发展趋势是,昆人越来越趋向于在村庄定居。每年都可以看见越来越多的昆人侍弄自己或其他部族的牛羊,清理和耕种园地,养鸡,出售手工艺品,挣钱买谷物盐糖。他们也越来越多地使用从贸易和商店中买来的物品——锅碗盘碟、银器、煤油、灯烛、彩布、机织布、毯子、鞋子、手电筒，有时甚至还有录音机。昆人的房屋样式也在改变：现在屋子盖得很牢，有结实的框架、泥巴墙、分离的茅草顶——完全仿造班图人的房屋式样。可能更意味深长的是，在更大些的村庄，昆人甚至开始标明自己的私人领地。

日常生活也不可避免地在发生变化。以前，孩子们有时玩耍，有时学习采集狩猎技巧，现在则侍弄羊群。大人也忙于定居村庄的活儿：为保护园地建起精巧的灌木篱笆；耕种除草；盖起通常得一周完成的新式房屋，涂上泥巴，加以维护；洗碟子；缝纫、刷洗、修补衣服和毯子；长时间准备新食物。

照顾孩子的方式也受到了影响。越来越多的妇女开始过定居生活，生育间隔缩短了。出现这种变化的一个原因可能是获得牛奶或者羊奶，改变了哺乳方式。或者是妇女的饮食更好，活动也更少了，更容易怀孕并保胎。无论如何，妇女要照顾两个孩子的话，就很少出去采集，变得更依赖农牧业的新食物。昆族女人要照顾更多孩子，做更多家务，她们提供的食物实际上比以前少了。随着昆人男子逐渐参与部族政治，这种趋势有可能削弱传统昆族女人所享受的相对较高的影响力和社会地位。

对于老一辈，变化同样是真真切切的。以前，他们被视为传统文化的传承者。但他们的儿孙要上学，给奶牛挤奶，放牧羊驴，甚至学习挖井和使用机器，他们掌握的传统知识和技艺对儿孙还有多少用处？曾几何时，受人尊敬的"主人们"掌控着土地和食物资源，但现在这些土地已由政府的土地管理部门接管并划片分配，只有那些拥有大量畜群并且知道如何填写复杂表格的人才能申请到，过去这些土地的主人何去何从？尽管问题重重，但也存在好的方面。对于老一辈，放牧和耕作的定居生活相对轻松：较少去树丛了；大孩子留在村里看管牲畜，也能照顾老人；驴子从远方驮回食物，使出行更便利，时间也更短。

对于这些生活方式的变化，昆人虽说不是始终满怀热情，但也在想办法灵活适应。他们知道，适应新的生活方式是他们生存的最好机会。因此，他们开始跟国家当局打交道，保护自己传统的土地权益。因为博茨瓦纳政府及喀拉哈里人民基金会，他们在使用炸药、开挖水井等方面获得了不少帮助，要是没前两者，他们是不可能获得土地使用权的。政府也把学费拨给愿意上学并能读书的孩子。诊所正降低死亡率；农业专家和兽医正教导他们如何耕作土地，照料牲畜；政府承包商正鼓励他们制作传统手工艺品以供出售。人们希望昆人能在不牺牲丰富传统文化的同时，过渡到新的经济形态。

这个希望还是有可能实现的。在定居村庄生活的昆族女人不时前往树丛采集食物，他们的饮食结构一直比讲班图语的邻居更多样。她们说："来自园地的牛奶和食物是村庄食物。即使在村里够吃了，我们也要去往树丛采集我们的食物，我们怀念树丛食物的味道。"尽管现在不再由人把装檬戈果的袋子从树丛背回来，改由驴子来驮，但富含营养的檬戈果仍是昆人的重要食物。昆人的孩子要上学，学习现代知识，但他们还是置身于很多传统之中，跟父母和祖父祖母长期共处。传统的狩猎和追踪技巧大都保持着，尽管形式上起了变化：在狩猎上罕有其匹的昆人男子被茨瓦纳人和赫雷罗人雇用，带枪骑马跟他们去狩猎，或者为他们狩猎。

另一个令人鼓舞的发展是，降灵舞及妇女的擂鼓舞在定居村子里蓬勃发展。因为搬迁减少了，人们更喜欢把精力投注于整夜跳舞；人多也营造了一种激动而充满欢乐的氛围。茨瓦纳人和赫雷罗人信赖昆人的治疗能力，这有助于维持其声誉。其他部族也经常来跳舞，参加治疗仪式，还在患病时请昆人治疗师去治病。在文化交流和变迁的历史语境中，他们的支持使昆人在情感上增添了尊严。

我在我父母的村子里生活，过了一段时间，我表姐告诉我，她老公想要我当他的第二个老婆。但我不喜欢他，甚至他没结婚时就拒绝过他。我问："我是你要的人吗？我的食物跟你的食物不一样吧？你想要什么样的婚姻？"他回答说："我想要你当我的第二个老婆。"我说："不行，我不同意。你已经有老婆了，年纪又比我大，她会杀了我的。"他老婆说："不会这样！我不会杀了你。我老公娶了你，你对于我就像自己的妹妹一样。我们一起过日子，一起过活。"

我说："不，我不要。如果他娶了我，我们两人一起干活，可要是他喜欢我却不喜欢你，甚至会骂你，你怎么办？那样的生活，你不痛苦吗？你会痛苦的，知道吗？有一天，他跟我做爱，而不肯跟你做爱。于是，当我们在屋里躺着的时候，你起身假装添柴……但你捡起木炭，丢过来烧我们。"

她说："你错啦。我们是一家人，我需要你跟我坐在同一个屋里。即使我老公要你,我也不会骂你,只会继续全身心地爱你们两人。"我说:"说什么我也不愿意。我有孩子,不会到另一个女人的屋里去当平妻的。要这样,我根本睡不着。我又不是小女娃。哪个像我这样的女人会到另一个女人的屋里去?不,我就一个人过吧。我的男人刚死,我不想再结婚啦。如果要结婚,我也会找个只为我捕猎的男人。我会继续跟你分享肉,甚至继续交换珠子。但为什么我们要坐到一个屋里呢?"

我妈赞同说:"对,妮萨说得对。我这个当妈的也反对,因为有平妻的婚姻很难。就算有过这类婚姻的老人也觉得苦。年轻点的妻子去找老的妻子讨要食物的时候,老的妻子有时不肯给。她们丈夫带肉回来时,年轻的妻子不得不坐在那儿,等第一个妻子把肉分给她,我不喜欢这样。"又说:"你说想带走妮萨,让她住你的屋里。但妮萨还有孩子要照顾。如果你们处得不愉快,如果你们吵架,那怎么办?到时你会说妮萨人很坏,到处说她坏话。"

我表姐的丈夫问:"这都说的什么呀?我老婆说她想让她妹当平妻,但你不肯。难道你想别人娶走她吗?"我妈说:"是啊,弄到了吃的愿意捧给我的妮萨,哪个男人做得到就可以娶她。可你呢,你可能也有吃的,但记挂着第一个老婆，不会把吃的全给妮萨。她不得不坐在一边，等表姐分给她些。这时她才有的吃。我要妮萨嫁给一个男人，做他唯一的妻子。她老公把食物带回家给她，这样她可以养娃。至于平妻……嗯，嗯……要靠别人施舍给她吃，她的孩子也会饿得哭闹。这让我不安心，我不肯让女儿嫁给你。"

我表姐说："你干吗说我不把肉分给我妹，又说我只顾坐着自己吃，让孩子们哭？我会帮助照顾孩子，把他们养大。我不也是他们的妈吗？"

我还是不答应，最后我走了，回茨瓦纳人的村庄过活。① 过了几个月，我表姐和她老公又来找我。我告诉他们："亲人呀！我还是不答应！要怎么说你们才肯听？我老公死了，我想要坐在这里安慰我自己。我痛苦，要坐在这里忍受我的痛苦。我自己找吃的，自己准备食物，吃自己的食物。我不跟你或者别人讨吃的。我够吃了。"

他们走了，回他们的村庄，而我接着过我的日子。

我住在茨瓦纳人的村庄时，比萨（Besa）② 开始来纠缠我。比萨，这人后背很宽。现在他跟别人结婚了，但那时

---

① 从此妮萨主要住在茨瓦纳人和赫雷罗人的村庄附近。——原注
② 这与前文提及的妮萨的童年伙伴不是同一个人。——中译注

还没。塔沙伊活着时，我们不是情人，他没进过我的屋子。直到塔沙伊死后，他才来找我，说："现在我想爱这个女人，睡她，娶她。"

一开始我拒绝了："我老公刚死。我不要跟别人结婚。我要嫁了你，这叫什么事啊？"但茨瓦纳人的酋长跟我说："就嫁给比萨吧，让他帮你养娃。"我说："我不正在养他们吗？我不正给他们喂奶吗？我不正给他们弄吃的吗？比萨能帮我啥？"他说："拒绝的话，那你就太糊涂了。我认为你该跟他结婚。"我说："我不喜欢他，他肚子太大，后背也太宽。尽管我的后背可能也宽，但我的肚子不像他那么大，我不要跟他结婚。"

我给自己盖了所屋子，住进去。没多久，比萨进了屋子，成了我的情人。

坎特拉，我的第一个情人，仍想跟我结婚，让我当他第一个老婆贝的平妻。在我跟塔沙伊结婚之前，他就想这样。他告诉酋长："我要娶这个女人，因为我跟她睡过，给过她礼物。你干吗说要把她给比萨？"坎特拉甚至告诉比萨："你别娶妮萨。我比你大，这是事实。我说了我要娶她，你干吗来和我抢？"他们几乎打起来，但我说："不，我不想嫁给坎特拉，也不会嫁给比萨，你们两人只是我的情人。"

但我的心向着坎特拉,很爱他。我的心向着他,只有小部分向着比萨。我心想:"为什么我不嫁给坎特拉呢?在这件事上比萨做得不讨人喜欢。比萨说要和我一起睡的时候,我说他不是我想要的人,让他走,好让坎特拉娶我。"因为这一次,我不再拒绝当贝的平妻了。多年前,她和我还小的时候,他们就想这样。坎特拉要娶我们两人,我拒绝了。但塔沙伊死后,我愿意重新考虑了。

没多久,坎特拉把贝留在他们村里,在我的村里为他自己盖了所屋子。后来,我们就一起生活——比萨、坎特拉和我。比萨睡一个屋,坎特拉和我睡另一个屋。比萨问:"我们两人来这里跟这女人过,但为什么只有你能睡在她身边?"坎特拉说:"因为她是我的女人。比萨,这女人是我的。"又说:"看看这,妮萨的丈夫死后,她公婆几乎杀了我,说是我的灵魂杀了他们儿子,反过来要杀我。他们指责我,到处说我坏话。如今事情过去,全结束了,该由我来娶她,而不是你。我躺在哪,就继续躺在哪。你躺在哪,也就永远躺在哪。"

那晚,我们睡了。第二天早上,比萨走了,坎特拉留了下来。因为坎特拉和我,深爱着对方。

那时，我的生活里还有其他男人。其中之一是提撒阿（Tsaa）[①]。有一阵，我跟提撒阿坐在我的屋前，小克肖在我的膝头吃奶。坎特拉过来，开始跟提撒阿吵架。

坎特拉骂他，特别愤怒；从火中抓起火炭，到处乱撒。我跳起来，从膝头抱起克肖，递给提撒阿；我把火炭从身上弄掉。我们才又坐下来。

还有一次，比萨回来，问："为什么你老跟提撒阿坐在一起？甚至昨天，我也见你们两人坐在一起。"他责备我有别的男人，开始打我。你的情人是不是有时也这样对你？他打我的背，把它打肿了。最后酋长制止他："你别把妮萨打死了！你甚至还没娶她，所以别打了。你这是图什么？你打她对她有什么好处？"又说："的确，妮萨的丈夫刚死，但我不喜欢她不结婚，而只是这样找很多情人。"因为比萨进我的屋很久了，酋长说我们该结婚。

我爸听说比萨要娶我，几乎杀了他。他带着我妈和我兄弟离开村庄过来找我。到达时，比萨和我正待在我的屋里。我爸径直冲进屋里，拿着根长矛（这男人真的很没理智！），说："是这混球要娶我女儿？起来，滚出去！"我起

[①] 这与前文提及的妮萨的第二任丈夫不是同一个人。——中译者

身夺过长矛,说:"你没见我带着娃吗?干吗这样恨我身边的这个男人?"

他说:"我不喜欢比萨,你不准跟他结婚。你老公刚死,你不回来跟我们住,却跑到茨瓦纳人的村子来住。你又告诉我们你要嫁人了?不成,跟我回去,我再给你找个老公。在婚事上你以为可以自己做主?"

他又对比萨说:"而你呢,你甭想娶她,因为她老公刚死。你纠缠她干吗?你干吗要娶她,而不是就这样跟她同居?"比萨说:"我要娶你女儿。干吗不?就算你要杀了我……你要杀了我,我当然就没法娶她了,但你要没杀我,我就要娶她。我要娶她,照顾好她的孩子。"

比萨特别爱我。但即使那样,我也不是很爱他,从我们最初同居起就是这样。我从没为他哭过,我的心其实只有很小一块地方向着他。于是我回答说:"我会照顾自己的孩子,用我采集的食物把他们养大。家人会给我肉,我爸会给我食物。他们会这样被养大。既然他们的父亲死了,我干吗要其他男人帮我抚养呢?"比萨说:"胡说。你的家人可以待在这里,但我也会帮你抚养你的孩子的。"

我爸说:"比萨,我不喜欢你。我要我的女儿跟我走,给她再找个在树丛生活、了解树丛的男人。我不许她嫁给

十、变化　231

村里人。"我妈也这么想。他们走时把我带走了,比萨留在那里。

我重回茨瓦纳人的村庄生活时,比萨在等我。我的心还不是特别接纳他,但我允许他进入我的屋子,跟我睡。我还记得他是怎么打我的,我不喜欢跟这样的男人过日子。我心想:"我情人很多。最后,比萨会跟我分手的。"

但是,比萨跟我一起过后,谁都说我该嫁给他。最后,我也同意了,心想:"嗯,好吧。现在我该嫁给他,因为我发现他对我很好。"茨瓦纳人的酋长说:"比萨,既然你进了妮萨的屋子,你一定要好好照顾她和她的孩子。你总是纠缠她,坚持了这么久,她终于同意了。所以,好好照顾她吧。"

我嫁给了他。① 这时坎特拉已经放弃了,最后,我父母也同意了这门婚事。② 结婚以后,甚至我的感情也改变了,开始深深地爱上了他。我们一起过了很多年,过了很多雨季。我们到处游逛,一起干活。有时候我们去树丛,他射中了一头动物,可能是大羚羊。第二天早上,我们找到它,把肉切成块,带回村里。还有一次,他杀了别的动物,可

---

① 妮萨嫁给比萨时大约在 31～32 岁之间(约 1956)。——原注
② 但十多年后,作者重访妮萨,她的说法发生了微妙改变,说从未跟比萨正式结婚,事见《重访妮萨》。——中译注

能是石羚。或者,大羚羊。然后人们跟我们去那里,把肉切碎,帮忙把肉带回来。我们有很多肉吃,我很幸福。

比萨也帮我抚养克肖,因为塔沙伊死的时候,克肖还小,还是小奶娃,只有那么一丁点儿大。后来克肖大些以后,叫比萨爸爸。他姐不叫。奈记得她父亲,记得自己的父亲是怎么把自己养大的,因此不愿叫比萨爸爸,只叫叔叔。因此她往往跟我兄弟和他们家过。

每次奈听见克肖叫比萨爸爸,都说:"你没脑子吗?比萨不是你爸。他只是娶了妈妈而已。去问妈妈,她会告诉你,你爸死了,然后比萨来娶了她。所以,干吗管不是你爸的人叫爸爸?跟我这样叫叔叔就好。"

后来,克肖大了,问:"他不是我爸?那他怎么可以老是这样骂我妈?"

比萨和我的确经常吵架,总是因为性。他就像个毛头小伙子,几乎就是个孩子,天天想睡他老婆,也不管完事之后,她的下面疼得要命。

每晚比萨都想要我,每晚都要做爱。这比萨,有时脑子有问题!我心想:"不成,这男人太糟糕了。什么样的男人才会这样做爱啊?难道我不是他老婆吗?他把我当成什么了?"我就说:"比萨,你不知道我跟你结婚了,是你屋里的女人吗?干吗不只跟我做一次爱,然后另去找其他女人呢?"

他说:"什么话?你让我去睡别的女人?你是我老婆呀。"我说:"是的,因为我不喜欢这样。你一个晚上要的太多了。你到底哪儿不对劲啊,像只公鸡似的。公鸡总是没完没了地干母鸡,跟你对待女人一样。这样你会弄残我的。"

他说:"你肯定在外面有男人。所以你不肯跟我做爱,还来说我。"我说:"不,不是那样。现在,听我说。女人的阴道是她身体的一部分,不是你可以没完没了弄的某个东西。在晚上,做一次爱就好;一次就够了,然后你就去睡觉。第二晚,再来一次,也不错。但像你这么瞎干,一晚上就把女人弄死了!所以啊——你自己出去找点乐子不好吗?"

我们老这样争吵。他甚至要拽我去见茨瓦纳人的酋长论理,但我不肯去。这男人,满脑子都是那事!过了一阵,我意识到自己不喜欢他这样,心想:"或许我该离开他,另找一个男人,看他是什么样子的?"

我没离开他,一直处了好多年。但我的确有情人,他也如此。因为,我妮萨可不是一般人,当然有很多情人。

当时就有提撒阿和纳瑙（Nanau）。一天是提撒阿跟我做爱，另一天则是纳瑙。他们互相嫉妒，有一次提撒阿甚至跑去找比萨，说纳瑙和我是情人。比萨说："那我能咋办？"

另一次，我离开村子去捡柴火。纳瑙跟着我的脚印走，在捡柴火的地方找到我。我们躺下做爱。比萨也离开村子，去找茨瓦纳人走散的牛。他在路上发现了我留在沙上的脚印，跟着它们走。他也发现了纳瑙的脚印是如何跟我的脚印汇合的，便跟着脚印走。

纳瑙和我做完了爱。两人靠在一起，坐在树下聊天。我们听到不远处有人说："妮萨哪去了？她的香粉味在这里特别浓烈……"我的心开始怦怦跳。"是比萨！"我小声说。纳瑙和我分开了些，但还是坐在那儿等。很快，比萨到了，站在我们面前。他叫我，又叫纳瑙，说："你不是说你不想找情人的吗？"我说："对，我是说过。"他说："现在，跟你坐在一起的是谁？"我说："纳瑙。"他说："你们在干吗？"我说："做爱。"因为无法否认，怕确实是怕，但也没有别的办法了。我被发现了，死定了。比萨说："跟我回村里去。"

我们一起回到村里。纳瑙和我害怕得发抖。到了以后，比萨去见茨瓦纳人的酋长，说："妮萨和纳瑙偷情。"酋长叫我们去见他。我全身发抖。他问纳瑙："你们俩干了啥？比萨亲眼看到了？"他说："嗯，是的。"然后他问我："妮萨，比萨逮住你们了？"我说："嗯，他逮住了我们。"他说惩罚是鞭笞。

我不干："不行，不能抽我。我是女人啊，挨不得抽的。你要抽我的背，我会疼很久。不如换个惩罚，这样吧，拿枪打我。因为你要抽我的话，我会气恼，会恨你的。"

他们饶了我，只抽纳瑙。他躺下，酋长抽了他四次，然后我们就回家去了。我很难过，心想都是因为比萨才让纳瑙挨抽的。

不久，我去我妈的村庄看望她，在那里住了好些晚上。纳瑙也跟去了，跟我在那里生活。比萨肯定猜到了什么，因为我还在外面时，他就砍了一根小树枝晾着，干了之后变得硬邦邦的。然后他等我回来。我到家那天，我们睡了。第二晚也如此。但到了第三天早上，他说："现在，老子要给你点颜色看看了，老子要给你放点血了。"

我去给茨瓦纳人的奶牛挤奶，回来后把奶倒进葫芦里。这时比萨过来，夺走葫芦，开始抽我，喊道："看我不把你打成个丑八怪。你以为自己长得漂亮，你以为自己是美女，觉得我丑是吧？很好，我看你现在还美不美？"我说："我不在乎，我不怕。"

他坐下，然后又去给酋长办事，办完回来，又揪住我的胳膊抽我——抽我的后背，抽我的身体，抽了个遍，抽到我的后背都肿了，都是印子，就像以前一样。酋长说："够了！你快抽死她了。妮萨不是驴，但你从早上起来就一直在抽她。现在天都黑了。够了！你会抽死她的。"

他住了手。我的背还肿着，我哭起来，哭呀哭呀，止不住眼泪，也消不去疼。随后，我搬出比萨的屋子，住到村里一所空屋里。比萨自个儿住在我们的屋里。他从水井打水回来给我，但我不要："我不喝你的水。"他倒牛奶给我，我说："我也不喝你的牛奶。"我拒绝要他的任何东西，只喝别人给我的牛奶。

我的背很快开始好了，尽管还是痛。但即使这样，我也让提撒阿跟我睡，心想："我真倔！我是因为情人挨的打，但我还要接着干，不肯罢休。"提撒阿晚上跟我睡，天亮才离去。

直到后背全好了，我才回去找比萨，又搬回我们的屋里住。

年轻时，我有很多情人，但提撒阿真是特别重要的一

十、变化

个,我们在一起很久。但后来他撇下我去找其他女人,我们就断了。他的女人特别多!他谁也不怕,甚至不怕我。

事情发生在某天晚上,我们一群人去别的村子跳舞,打算跳完后在那过夜。但那晚,提撒阿和别的女人睡了,尽管我也在那儿。他不怕我,也不在乎我看见,就跟她睡了。

第二天早上,我说:"这样啊,你就这样做事的呀?不在乎我看见?"他说:"你不也有其他男人,你的丈夫?所以老子也不必在意你,可以和别的女人待在一起。"我说:"哦,是这样吗?她不也有丈夫吗?她有。但现在,你当着我的面跟她睡,说明她重要,我不重要。对你来说,我毫无价值,所以你挑了她。"我又说:"既然这样,你我就完了。你和她是情人。我可不要跟她分享你。"

我们分手了,他们两人当了很久的情人。但我很忌妒,下唇总是噘着。提撒阿问:"干吗这样闷闷不乐?"我说:"因为你真的让我很痛苦。"

我们继续生活,我始终不爽。还有一次,提撒阿问我:"妮萨,干吗不肯倒点水给我喝?"我说:"不给,因为你喝了以后,会说我的水不好喝。去找你其他女人讨水吧。"他又过来,要我倒水给他洗手。我说:"不给,我要倒水,只倒给我老公。什么也不给你。"我嫉妒伤心,闷闷不乐。

后来，那女人的丈夫从外地回来了，我心想："太好了！提撒阿要遭报应了！现在他得不到想要的女人了。喝沙子去吧！他认为我不够好，那让他喝沙子，苦着脸去吧！"

提撒阿怕那女人的丈夫，便回来找我，要跟我睡。我瞟着他说："要跟我睡？你，提撒阿，现在想跟我睡了？永远都别想！我们分手了，完了。"

我们继续生活，很快提撒阿就离开这里，到东部过活去了。

那以后，有个叫卡舍（Kashe）① 的男子要当我的情人。过了一阵，我同意了。有一次，比萨有几个晚上外出，我就去我妈的村子住。卡舍跟着我到了那里。但一天晚上，我们躺在一起的时候，比萨来了，偷偷半夜摸到屋子。我听到了声音，小声说："卡舍，我感觉比萨就在外面。"我又听到了声音，随后看到了他。我用手指轻轻戳卡舍，想悄悄弄醒他："比萨来了……卡舍……比萨来了。"卡舍醒了："比萨？他不会怎么我的。我不怕他。"我说："你疯啦？"我开始发抖，跟他小声说话，但他还是埋头大睡，什么也不听。我一遍又一遍地推他，说："起来。去那边坐

---

① 这与前文提及的妮萨的童年伙伴卡舍不是同一个人。——中译者

十、变化

着。你没理智了吗？"但他说："我就不起。我就躺在这里，看他能怎么办？"

比萨见他不怕，说："他是故意的？他还想接着侮辱我，看我咋办？他还想侮辱我？"比萨扑向他，要揍他，但卡舍跳起来，逃出屋子。比萨跟在后面追，抽出把刀子。

大家都惊醒了。我妈大叫："别动刀子……别动刀子……"最后，比萨回来了，丢下刀子，骂我妈："你怎么搞的？你就跟你女儿住在一起，但别的男人来跟她乱搞。你居然不把他们赶走！"

我妈回骂他："你傻不傻啊？母亲能拎着自己的女儿吗？叫我监视她？我才不干。你爸妈拎着你了吗？"他说："每次她来看你，都跟情人幽会。每次都带男人回来鬼混。"我妈说："撒谎！妮萨没带男人一起来，是他们自己找上门来的，是他们自己跟来的。不管怎样，你怎么可以这样跟我说话？看看你自个儿吧，你刚才不是撞见卡舍了吗？我也没见你敢怎么样他。"

比萨把卡舍赶走以后，又回我们村去了，而我继续待在我妈的村子里。但过些天以后，卡舍又来了。我爸跟村里人坐着，正见卡舍来了。他说："怎么回事？这个卡舍又来了？"又说："卡舍，那天晚上你都被比萨撞见了，我不许你再来了。因为，尽管上次他没杀你，但他要再撞见你，会杀了我女儿的。所以，我不想再见到你了。现在走吧，回你的村子去。"

卡舍坐着没动。我爸说："这没头脑的东西！"他拿起拐杖，打卡舍的肚子。他疼得弯腰捂住肚子。我弟责备我爸："你在干什么？你叫他走，让他走就是了。要打死他，你怎么交代？"

我爸说："我不想杀他。但我……我不想见到这小伙子。我不喜欢他惹出来的这些事。现在他又来了，会害你姐姐被杀的；这次她老公会杀了她。所以，他必须走；我打他，是赶他走。"

很快，卡舍起身走了，回他的村子去了。

那以后没多久，卡舍和我分手了，比萨和我继续在一起过。

过了很久。一天，坎特拉回来，说要带我去我妈那。我很高兴，就跟他走了，把比萨丢在后头。他什么也没说，因为怕坎特拉。

对，很怕。人怕人能怕到什么样子，我猜你没见过。比萨很怕坎特拉，因为这人发起火来真的很凶猛。

这也不是第一次。在我和比萨结婚没多久，比萨和坎

十、变化　241

特拉都到别的村子里干了好几天的活儿。他们是一起骑驴回来的。比萨走向我的屋子要进去,这时坎特拉说:"你甭进去,就躺在这儿。我进去。"比萨说:"什么话?你进去找我老婆,我求婚并娶了的女人?你进去跟她睡,而我躺到树丛里?你是这个意思?想得美,那是不可能的。"但坎特拉不管,走进屋子就躺下。比萨只能躺在火堆旁。

第二天上午,比萨又嫉妒又愤怒。坎特拉对他说:"去把驴子牵来,我们要走了。"比萨不干,坎特拉说:"别拒绝我。去把它们牵过来。"比萨还是不干,坎特拉说:"很好,那老子就把妮萨带回家,告诉贝,她又要跟我们一起过了。"

他真这么做了。他把我带到他的村子。贝不在,我就住到她回家才走;然后比萨和我才一起过了。

当时我还有另一个情人——坎特拉的弟弟灯(Dem)[①]。他要求当我的情人,我后来同意了。一次,我去看我妈,他跟着我去了,一起在那里生活。

坎特拉想必听说了,因为他跑过来找我们。他到那天,灯和我正在井边洗澡。坎特拉没看见我,就问我妈。她说我在井边,他到那里时,灯和我正坐在一起。他和他弟开

[①] 这与前文提及的想娶妮萨的男人灯不是同一个人。——中译注

始吵架，互相咆哮。坎特拉责备我跟他弟睡，妒火满胸。争吵中，他抓住我的手臂拽向他。灯也抓住我的另一只手拽向他。他们要把我撕成两半！我叫起来："你们要把我拉断啦！救命！妈妈！他们拽着我的手臂，啊，要断啦！"

我妈听了跑过来，大喊："你们两个在干啥？你们没脑子的吗？不知道快把她的手拉断啦？你们快弄死她了。她还背着娃呢！你们要把她拉成两半了！"坎特拉说："好吧，但灯是个没脑子的雏儿，不知道他不该抢我的情人。他是要羞辱我？干吗跟她搞到一起？这事是要做给谁看？他以为自己跟我平起平坐了吗？他以为自己能睡他哥的女人？"

灯说："这女人不是你的，她不是你老婆。我们两人都是跟她偷情而已。你跟她有婚外情，我也跟她有婚外情。你不能搞得好像自己是她老公似的，娶她的人可是比萨。"

我们全回到村里。坎特拉很快就走了，灯和我一起留下来。我的手臂拉伤了，很痛。我和灯生活了一阵，又回自己的村子继续生活。

比萨起初不知道这些，后来有人告诉了他。他问我："也就是说，你不仅跟坎特拉有一腿，还跟他弟也好上了？"我说："灯不是我的情人，而坎特拉呢——在我们结婚前，你就知道有他。你甚至还知道提撒阿。你娶我之前，就知道这些男人早就跟我好了，以后还接着跟我好。你知道这些，但不管如何，你都要娶我。不过灯，他不是我的情人。"

比萨很愤怒："不，你……你不是个女人，没准这就是原因。没准你是个男人，因为你的所作所为就像男人——找一个情人，又找一个，再找一个。你到底算什么女人，这样滥？是因为精神错乱？"我说："比萨，你听我说。这是因为我不接受你，不想要你。就算现在我跟你结了婚，那也是因为谁都坚持认为我该跟你结婚。我怕说不，所以嫁给你。你无权用你的妒忌来责骂我。你要这样的话，我就离开你。一开始我就不想嫁给你，即使到现在，我的心也只有一点点向着你。你没有得到我全部的心。所以，让我跟我的情人们过吧。如果你怀疑谁是我的情人，那就告诉你自己说他是。就算是，你又能咋的？"

我又说："反正，你跟梯娃（Twah）是多年的老情人，甚至跟她有个孩子。但我什么都不说，也没吃醋。那你为什么要责骂我呢？你把你的心给你的情人，我把我的心给我的情人。尽管如此，你还是老吃醋，可我从来没有。"

他说："你干吗这样说话，说咱们俩各找情人，各管各的？大家结婚后……我跟你结婚后，你的心变成我的心，我的心也变成你的心。你说你的心只属于你，我的心也只属于我,这话我不爱听。我真搞不懂你怎么会说这种话。"

我说:"因为我不想这样。我不想我的心属于你,也不想你的心属于我。这样的话,你的醋劲太大,会打我杀我。因此,我们以前咋样,现在还咋样吧。"

比萨大怒,喊道:"你这样子像个女人吗?……你不尊重我!想干吗就干吗。当我不存在,根本不考虑我的感受。但我揍你都揍到烦了。"我喊道:"来呀!打我呀!你以为你打我,我就听你的了?"

我们开始打架,就是这次,我大腿根落下这个伤疤。比萨威胁我,拿刀子逼过来。我把刀夺过来,喊道:"到底是什么让你这样疯狂,想杀了我?我不跟你睡,你心里不痛快对吧?"比萨的父亲说:"杀女人,你疯了吗?女人是弱者,你可别动她。"

血从我的伤口流出来,我的大腿肿了起来。我疼了好多天,后来才慢慢好了。我说:"比萨,你差点弄死我,我要回我妈那去。"但他不肯放我走:"你哪都别去,我们两人就在这里坐着。现在我们怎样坐着,以后也怎样坐着。"甚至他爸也说:"别,你几乎杀了你老婆,现在把她送回她妈的村里去吧!你怎么可以差点杀了她,又还跟她过?"

但比萨不肯,我们就继续一起过。

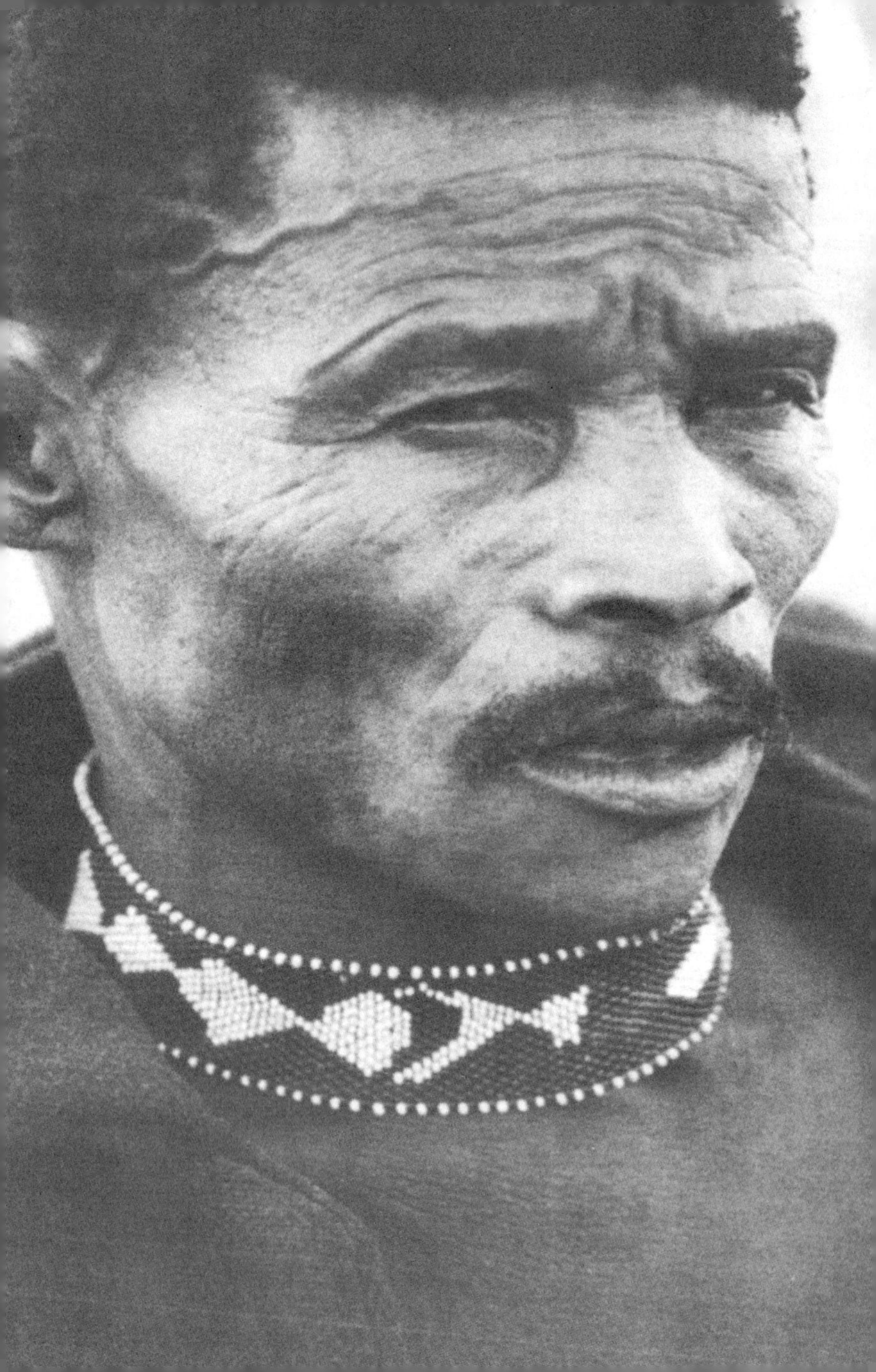

十一、男女关系

有些人类学家和其他学者想了解不同文化中女性的角色与地位有何差异,对昆人女性的社会地位很感兴趣。尽管不同社会的妇女在生活和工作上差异很大,但大家都有一个共识:在绝大多数社会,女性的地位比男性低(当事人和观察者都这么看),而对女性活动的评价往往也比男性活动来得低。1949 年,玛格丽特·米德(Margaret Mead)[①] 谈了这一点:"任何已知社会的男性都需要成就感。男性可以做饭、编织、打扮玩偶或者捕蜂鸟。这些事如果是男人做的,那么整个社会都认为这些事很重要。如果是女人做,大家则认为不怎么重要。"

这个观点不是很适用于昆人。这个社会从古到今,男

---

① 美国著名女人类学家(1901—1978),代表作为《萨摩亚人的成年》,其著作对欧美世界影响巨大,不过去世后爆出该书存在学术作伪,人类学界至今争论不休。——中译注

性和女性都是平等相处的，两性的平等程度令人吃惊——或许可供我们社会借鉴。但是，男性看来在昆人社会也一样处于优势地位，一般占据更多有影响力的位置——充当同族代言人或者治疗师——在很多生活领域里都更具权威，这一点男女都承认。观察这种平等不完全是出于学术兴趣。当代的其他采集狩猎社会，两性平等程度也很高——至少，比多数农业社会和游牧业社会来得高。这也使我们猜测，史前大部分时期盛行的两性关系，可能近似于今天昆人社会的两性关系。很可能，今天见于大多数社会经济"先进"的文化里的女性依附男性的极端模式，在漫长的人类史里只是相对晚近的异常现象。

无论是在家庭责任方面，还是在经济功能方面，昆族女人都是重要角色。从孩子出生起，她们在很多年里都对孩子影响极大。孩子出生时，昆人文化通常不赞成男人出现，完全由妇女控制整个生育过程，包括是否杀婴。孩子的性别似乎跟杀婴并无关联，在孩子出生前，昆人也没表现出特别的性别偏好。

照顾孩子的工作近90%由母亲负责，但是，村庄生活的公众性——活动大都发生在家门外、族里，而非发生在家门内——减轻了妇女负担，她们所做的工作也就是这些了。母亲很少独处，孩子从不缺少玩伴。母亲自己带着令人厌烦的孩子，这一幕在昆人生活里很少见。母亲外出采集时，大孩子可能留在村里，跟其他大人待在一起，这样，大家族的妇女也就能跟小家庭的妇女一样，对家计贡献良多。

据观察，昆人的父亲对婴儿和小孩的照顾，也多于大多数社会的父亲，尽管他们花在孩子身上的时间远远少于妇女。孩子看起来跟父母都处得很愉快，经常可以看到他们触碰父亲，坐着聊天。父亲不是经常发火、令他们害怕的人物；父母都教导孩子，父亲的话看来跟母亲一样有分量。孩子可能对父母有失尊重，但父母避免直接批评孩子，体罚孩子。

昆人的生活缺乏隐私，这保护妇女免于家庭暴力，也保护孩子不被父母虐待。夫妻争吵经常在邻居眼皮底下发生。要是争吵变为打架，其他人总会过去劝架。

在某些社会，人们认为母亲的影响会削弱孩子的男性气概或者能力，影响他们成为男子汉，因此把孩子带离母亲，以削弱女性的影响。相反，昆人允许男孩和女孩在父母的屋里睡觉，往往就睡在母亲身边，在很多年里，孩子往往可以自行决定睡在哪里。特意把男孩跟母亲隔离的情况，只发生在15～20岁的某些时期。在此期间，男孩们参加一种叫柯玛（Choma）的成人仪式。仪式又紧张又严格，他们没完没了地跳舞，体验到饥饿、寒冷、干渴与极度的烦躁。仪式持续六个星期，被视为神圣时刻，在此期间，大人们把关于男性的仪式性知识传给下一代。

但仪式结束后，孩子们又恢复原先的村落生活——吃饭、睡觉、干活，一般不会刻意跟异性隔离。村里的空间基本是公共的，谁都可以到处走动。尽管存在某些禁忌，比如禁止妇女触摸男人的箭（特别是来月经期间），或者禁止来月经的高峰期行房事，但夫妻睡在一起还是可以的。有男人说，外去打猎之前不宜行房事，但这看似更多是为了保持体力，而不是担心染上女性的"晦气"。而且，来月经、怀孕或者带着婴儿的妇女也不必跟其他社会常见的那样与大多数人隔离开。因此，昆人生活的少许禁忌，并未把妇女从昆人高度重视的社会、政治、经济生活中排除出去。人们不认为妇女会威胁到男性保持其性别身份和履行社会职能的能力。

随着孩子长大，昆族妇女的影响与日俱增。（不孕的妇女尽管丧失了一项重要的人生内容，但不会被排斥轻慢，反而会被同情。）孩子到结婚年龄以后，妇女在确定他们跟谁结婚和何时结婚上具有重要作用。选择配偶对于家庭的社会经济生活有重大影响，经常也对整个群体的社会政治生活有重大影响。婚姻把夫妻双方的家庭联系起来，两个家庭经常互相拜访、交换礼物，有共同责任，有时甚至建立起长久的生活关联。结婚后，夫妻可能住得既靠近女方家庭，也靠近男方家庭。这进一步证明女儿得到了跟儿子一样的关爱，因为两者同样能提升他们家庭的社会地位。

女儿过10岁以后，通常父母就开始跟其他男性长辈一起为她们准备婚事。毫不奇怪，这些婚姻特别不稳定。丈夫可能达不到岳父岳母的期望，或者熬不到妻子长大——妻子可能不好相处，甚至排斥他。不过，在早期的婚姻中，主动要求离婚的一般是女方，因为这些婚姻其实是不平等的。丈夫年纪比女方大，体格也更强壮；而女方虽有家人撑腰，但丈夫强迫她（尤其在性事方面）的情况经常发生。后面的婚姻往往夫妻之间更趋平等，特别是夫妻年龄比较接近的话。（20%的婚姻，丈夫比妻子年轻，妻子的影响力往往也比丈夫的大。）昆族女人能把握自己的这部分生活，其他社会的女性则别无选择，只能服从父母和丈夫。

男女双方都认为昆族女人是家庭经济的主要劳力。她们大约每周去野外采集蔬果根茎三次，为家人及其他依赖者提供大部分日常食物。她们的经济活动是自主进行的。男人很少要求妇女什么时候去采集，不要求她们采集哪些食物、去哪里采集，也不管食物如何分配。妇女出去时，会跟丈夫说一声，但这与其说是暗暗的束缚，不如说是出于礼貌，并且男人一般也这样。要是丈夫不准妻子外出，说村子附近有更多的家务要干，或者他们应该一起出去，她可能听他的。但男人不可能太约束妻子，因为他们也要吃妻子带回的食物。

尽管有时妇女独自去采集，但大多数时候跟其他人搭伴去，这既有社会的原因，也是出于安全的考虑。即使两个村子没多远，也最好搭伴去。因为可能会遭遇不时出现的猛兽、陌生人的威胁，甚至意图不轨的熟人，所以妇女们都把单身出行看作一件不大不小的麻烦事，尽量避免。如果男人要为获得特权找说辞，他们完全可以说女人在树丛或村子之间往来不安全，需要男人保护。但昆人男子没想以这种方式获得特权，妇女前往营地外5英里左右、进入无人的野外时，男人并没有拿着武器陪同护卫。妇女从一个采集地点走向另一个采集地点时，大声说话，吓跑大动物，毒蛇则用挖土棍就能打死。

男人可以在外过夜，而女性一般不行，这是唯一的重要区别。女人总在采集结束后的当天回村。如果有必要整夜采集，大家就一起去。相反，打猎时，男人经常一次离开好几天（尽管他们不愿这样）。这种区别可能暗含男性的偏好，但也不难想到其中更现实的原因。打猎得手与否很难预测，经常需要几天才能杀死一头猎物。反之，采集食物的话，一天半天就够了。而且，女人还要照顾孩子。整夜在外就得在陌生甚至危险的环境里照顾孩子，或者把他们托给别人照管。

作为一种生存策略，采集算得上是比较轻松的活计。不管家庭成员是多是少，都不至于让家里的女人累到无法应对。采集时间也比较灵活，节奏自己掌握，有别人陪同。尽管每个妇女主要是为自家采集，但她总是和其他妇女一起忙活，也会把劳动所得相互赠送，以表善意，搞好关系。这项工作当然也有考验能力的地方：她们得掌握辨别食物的能力，她们要从200多种认识的植物以及容易混淆的蔬菜中辨别哪些可吃、哪些熟了、哪些最值得花费精力。这工作也很有效率：干一天经常就够全家吃好几天。跟猎手不同，家人饿了时，采集者有信心找到食物——这让她们很自豪。正如有个妇女说的："我喜欢采集。如果我只是坐着，孩子们什么吃的都没有。如果我去采集，孩子们都会饱饱的。"最后，尽管采集要求较强的耐性，但妇女一周只去三天，这让她们有空去看亲友，或者去找乐子。

妇女回村后，如果不是把食物全送人，她得决定哪些送人，送给谁。她挑出要送人的食物，把剩下的放在屋子里头，或放在自家火旁。当晚、次日甚至以后几天她和家人的食物，占其中大部分。从头到尾，她的劳动和收获都由她自己掌握。

昆族女人地位高的另一个表征，体现在她们在进行"呼匣罗"（hxaro）活动时起到的作用——这是一种相互馈赠礼物的活动。所有成年人（包括一部分孩子）都可以参加，按自己的意愿和很多人相互交换物品。妇女的作用跟男性基本相同，无论是交换者的数目，还是交换物品的数量和质量，都没有显著差异。

另外，群体的主要成员身份以及水坑或其他资源的"主人"身份，可传给男性，也可传给女性。可见，连对于社会生活中重要资源的掌控，男性也毫无特权可言。

这幅昆族女人的生活图景，似乎挑战了玛格丽特·米德认为男权偏见（male bias）普遍存在的论断，但很遗憾，昆人也只是看似特例而已。昆族女人的确拥有很大自治权，但男性在促使整个社会评价他们的行为上明显享有特权——这既体现在经济和精神层面,也体现在他们对族里生活层面更具决策权。

男人捕猎到的肉类,普遍认为比女人采集的蔬果更珍贵。大部分采集的食物,除了檬戈果之外,一般被视为"垃圾"。但谁都爱吃肉,以至肉往往被视为"食物"的代名词。妇女采集归来时,孩子们会兴奋地迎接,但男人用树枝高高挑着肉回村时,不分男女老少全都互相庆祝。有时甚至跳降灵舞。妇女带回的食物,能引起同样反应的是蜂蜜,但找到蜂蜜更罕见,而且经常需要男人搭把手。对于采集的蔬果根茎,女人说了算;对于如何分配肉食,有着严格的规定,但无疑男人的影响力更大些。

女人们采集使用的工具都是男人做的:携带东西的毛皮(婴儿背巾、斗篷、布及小袋子)、挖土棍、研钵杵臼、用于缝补和串缀东西的动物肌腱、珠子、饰物,连鞋子也是男人们做的。这些东西都很耐用,由女人自己保管维修。但女人不允许做狩猎工具,实际上,女人甚至连碰也不能碰:昆人禁止妇女触摸狩猎用具,禁止她们参与狩猎,特别是来月经的时候——尽管这些禁忌其实不会真有什么影响。

如果进一步分析昆人的采集和狩猎活动,就会发现其中牵涉到更为复杂的经济关系。提供动物蛋白的不只是男人，妇女也收集蜥蜴、蛇、乌龟蛋、鸟蛋、昆虫及毛虫，不时还抓到些小的或者没长大的哺乳动物。妇女去树丛时，也会为男人提供她们看到的动物脚印、动物行踪等关键信息，但昆人不会真的把妇女视为猎手。我听说的唯一特例，是一位中年妇女，据说她捕到的猎物太多了，也厌倦了抱怨自己丈夫懒惰，因而决定自己去打猎。遗憾的是，我从未见过她。认识她的人（包括男性）都说她是相当老练的猎手，但很清楚，她显然是特例，绝不被视为其他妇女应当效仿的典范。她的成功所获的尊敬，也远少于男性猎手，没人认为她不对，但老谈她恰恰说明这只是特例。不过，大家都觉得，她的行为只代表她自己，跟她老公无关；不认为她显得她丈夫无能，也不认为给她丈夫掉面子。这种看法跟包括我们社会在内的其他社会大不相同。

昆人女性不能参与狩猎，男人从事采集则没有严格的规定。昆人禁止来月经的妇女触摸箭头，但不存在禁止男人采集的社会禁忌，大家不认为男人会影响女性采集；男性去采集，人们也不视为不同寻常，出乎意料，甚至值得评论一番。（在大多数社会，男人耻于从事经常跟女性相关联的工作，昆人则不如此。）男性对植物的知识可跟女性媲美，他们什么时候想去采集都行。整体而言，男性提供的食物占昆人采集食物的20%以上。

在昆人的通灵领域，男性特权就更突出了，主要体现在传统的治病舞蹈（相关描述见第十三章）上，在治病舞蹈中，治疗师通过降灵产生治疗能力。大多数治疗师都是男人。有些女人也掌握了医术，特别是由女人主导的擂鼓舞，但女人大都把医术用于治疗近亲，而不用于仪式化场合。因此，只有少数女人能获得作为治疗师的地位和尊敬；毫无疑问，男性历来垄断这一领域。

或许，权力平衡中最关键的是领导权和决策权。要判断昆人具体是怎样做出重要决策的很难。昆人没有正式领导，没有等级制度，也不存在传达权威意见的政治机构或者官方机构，决策是按照舆论的偏好来定的。每个部族里总有些人，他们的意见比其他人更有分量——或者因为年龄，或者因为他们的祖先在这些地区生活得更久，或者因为他们在智力、知识、魅力等个人禀赋方面更出众。这些人在大家决策时往往表现得很突出，能让大家清楚了解自己的意见，把它说得头头是道。虽然他们没什么正式的权威身份，但他们所起的作用无异于部族的领导者。

这些人往往是男性，尽管年长的女性，特别是大家族的老年妇女，有时也有这样的地位。男性在集体决策中，往往话语权更大。随着昆人跟其他社会的交往日益密切，越来越需要部族的代言人，男性的作用也日益突出。这些男性懂得其他语言，出席政府会议，代表这一地区的昆人利益说话。

还可以找到更多男权偏见的事例。比如，是男性主动提出性要求，男性成人仪式是秘密的而女性成人仪式是公开的。昆族女人谈到男性的主导地位，貌似也不反对它。存在男权偏见这一事实很重要，不应淡化——但也不应夸大。

昆人社会压抑很多其他社会鼓励的助长男性统治的行为。竞争、地位、炫耀、往上爬等全部不被提倡。各种形式的侵夺——在很多社会属于男性领域——在昆人社会是不存在的，男人不花时间学习怎样竞争，也不教育男孩们这些内容。贫富差异也通过分享食物、物品及馈赠礼物得以缩小。性别分工没有死板的规定。村庄生活太紧密了，使得昆人的家庭生活和公共生活基本无甚区别——其他社会则很容易产生这种区分，这也有助于促进性别平等。

总之，跟世界上大多数农业社会和工业社会的妇女相比,昆族女人拥有较高的社会地位,享受着令人惊讶的自治权,对自己以及孩子的生活拥有很大影响力。昆人女性从小就受到这样的教育(这让她们意识到自己在社会生活中的重要性,并以此为傲),所以长大后她们多才多艺,能干自信,充满爱心而又擅长合作。

比萨跟我生活很久以后,到东部探望亲友,在那里一家茨瓦纳人的牧场找到了工作。回来后,他要我打点行李,跟他去那里生活。于是我们动身,长途跋涉到了老德贝(Old Debe)的村子,那是个靠近茨瓦纳人和欧洲人的我们族人的村子。我们在那里生活了很久。[①]

我们在那边时,我爸过世了。过世时,我哥、我弟和我妈都陪在身边,但我不在,我在比萨带我去的村庄过活。有人把消息捎给我,说我哥道想医好我爸,施行神抚术,竭力要治好他。但神不肯给予援手,道找不到病因,结果医不好他,说:"神坚持要带走我爸。"

我听了说:"啊,我要到他过世的地方去。"比萨和我、

---

① 本篇从妮萨过30岁开始(大约在1950年代中期)谈起,涵盖了5年左右的时间。——原注

我的孩子们,还有其他人,动身向西走了很长的路途。我们走了一天,晚上休息;到了早上,我们继续动身,晚上又休息;接着又在路上睡了一晚。赶路时,我一边哭一边想:"为什么他过世时我不在身边呢?"我们一边走,我一边哭,就这样走了一天,又走了一天,再走了一天。

太阳特别晒,几乎要把人烤焦;我们快晒死了。一天,我们休息得特别久,我心想:"太阳是不想让我到我爸过世的地方去吗?"天凉快了点,我们就开始赶路,又在路上睡了一晚。

傍晚时,我们赶到了村子。我弟昆沙最先见到我们,他见了我,过来抱我。我们开始哭,一起哭了很久。最后,我哥劝住我们,说:"够了。泪水不会让我们的父亲再活过来了。"

我们不哭了,都坐下来。我妈也陪着我们。尽管她跟情人私奔以后,我爸再也没有肯接纳她,但她还是回来了,住在他附近,直到他过世。尽管她一个人过,但还是爱着我爸。

后来,我妈和我一起坐着,一起哭。

我们住了一阵,后来又和比萨回到东部生活,他继续为欧洲人干活。过了很久,我兄弟捎来口信说,我妈就要过世了。我们再一次走远路回家，到家时见到我妈，她还活着。

我们住在那里，在那里生活。一天，一群人要去树丛。我说："妈妈，跟我们走吧。我照顾你，你也帮我看孩子。"我们白天走路，晚上休息；又走了一天，睡了一晚。但第三天晚上，潜藏在她体内的病魔又抓住了她，这次死死抓住了她。这病跟杀死我爸的病是一样的。又过了一天，她开始咯血。我心想："哦，为什么血这样子出来？就是这东西要杀死她？她就要死了？这病到底要怎样？她在咯血……就要死了！"又想："如果道在这里，他就可以医好她，每天为她降灵。"但他和我弟都留在村里了。比萨跟我在一起，但他没有治疗能力。在场的还有旁人，但他们帮不了我们。

那晚我们睡了。到了早上，按照习俗，其他人都走了，只剩下我、我的孩子、我老公和我妈，只有我们留下来了。但这时她的生命的确走到了尽头，虽然她还活着。

我去给她打水，回来时，她说："妮萨……妮萨……我老了，现在，我的心……现在你和我可以再待一阵，还能陪着对方。但过一阵，等太阳升到下午的天空、新的弯月出现的时候，我就要离开你了。那时我们就要诀别，我就走了。"

我问:"妈妈,你在胡说什么?"她说:"是这样的,这就是我要说的。我老了,你不要再骗自己,我就要死了。等太阳移到那个位置,我们就要诀别了。从此以后,我们就不再在一块了。所以,好好照顾你的孩子吧。"

我说:"你不要这么说!你这么说自己,真走了我们怎么办啊?"她说:"对,我要走了。你老公会照顾你,陪着你和你的孩子们的。"

我们一起度过了那天的剩余时间。太阳慢慢爬到天空,到达我妈所说的位置时,她说——平平静静地——"嗯,现在……要好好的,你们所有人。"然后她去了。

那晚我自己睡,哭呀哭呀哭呀。家里没人陪着我①,我哭了整整一晚,到了早上,比萨挖了个墓坑,把她埋了。我说:"让我们把东西收好,回村里去。我要告诉道和昆沙,妈妈走了。"

我们白天走路,晚上休息。第二天接着走,晚上又休息。第三天早上,我遇到了我弟昆沙。有人已经告诉他母亲病了,他听说后,拿着弓箭过来找我们。太阳刚升起,

---

① 实际上,她的丈夫和孩子都跟她在一起。——原注

他就开始动身向我们这边过来,而我们也正向他那边走去。太阳升到头顶时,我们相遇了。他停下看我们,说:"妮萨,你在这里,带着你儿子、你女儿和你老公。但没看见妈妈……"

我坐下开始哭。他说:"妈妈肯定走了,因为你哭成这样子。"然后也开始哭。比萨说:"是的,你姐姐把你母亲留在那了。你母亲和你姐姐是两天前诀别的。我们从那里赶过来。你姐姐赶来这里,告诉你这事。你们一起想念你们的母亲吧。这就够了。"

我们在那里哭呀哭呀。后来,昆沙抱起我儿子,放在他肩上,我带着我女儿,我们开始往回走,回到村里。我哥带着嫂子来了,一见我们也哭了。

从那以后,我们又共同生活了一阵。我边生活边哭,边生活边哭。我妈曾是那样漂亮……她的脸很美。她的过世,让我非常痛苦。直到过了很久,我才平静下来。

回东部前,我跟比萨去看望他的家人。住在那里时,我患了重病。这病是我妈传给我的。因为她患病时,我背过她。她过世后,我背过她的地方开始疼。想必有一支神的灵箭从那里戳中我,随后进了我的胸口。

我病了很久,开始咯血。我弟(他真的好爱我!)来看我，见到这情况，赶回去告诉他哥："妮萨快死了，现在她的情况跟妈妈死时差不多。我赶回来找你过去给她治病。"我哥听了，两人赶来见我。太阳还在下午的天空高挂时，他们就到了。道开始为我治病，他施展神抚术，通过触摸给我治病。他花了很长一段时间给我治病。很快，我就能睡着了；随后，血止了，不再从我的胸口流出来，最后，尽管还咳嗽，但我不再咯血了。

我们在那里住了好些天。后来，道说："我要把妮萨带回我的村子。"比萨同意了，然后我们一起回去。我们住回我兄弟的村里，直到我完全康复。

比萨和我后来又重返东部过活。但过了很长一段时间以后，我们的关系恶化了。有一天，我问："比萨，你干吗不带我回我家人的村子，让我在那里生活？"他说："我对你已经不感兴趣了。"我说："出了什么事？为什么这样？"但我又接着说："嗯，如果是这样，那也没什么。"

当时我正给一个欧洲妇女干活。我把比萨的话告诉她，她就跟他说："听我说。你打算把妻子赶走。你要再跟她这样说话，她真会走的。现在，我怀孕了。为什么不让她还待在你身边？我生完娃后，妮萨可以给我干活，帮我看孩子。"

我们就这样做了。我们接着一起过,直到她孩子出世。然后我帮忙刷洗孩子的衣服,料理其他杂务。我为她工作了很久。

一天,比萨撬开我的小盒,偷走了她付给我的钱。他拿着钱跑去喝啤酒。我去找那个欧洲女人,告诉她比萨拿走了我的5兰特①,要她帮我要回来。我们到茨瓦纳人喝酒的屋子去。那位欧洲妇女进去,踢翻了一个酒桶,啤酒洒了出来,她踢翻了一个又一个酒桶,啤酒淌得哪都是。② 茨瓦纳人全走了。她转头跟比萨说:"你干吗这样对待你的同族女人?别再这样欺负她。"她要他把钱给她,他把钱给了她,她又还给我。我把钱装进小盒,又放进她的厨房里。

事后比萨说:"你干吗告我的状?我要揍你。"我说:"来呀。打我呀。我不在乎,我不会挡你的。"

那以后没多久,我怀上了比萨的孩子。但孩子很小、还在我肚里的时候,比萨就离开了我。我不清楚他为什么要走。有了情人?我不清楚。他说怕我脸上那个臭虫咬的

---

① 兰特为南非货币。这在贝专纳(Bechuanaland,独立前的博茨瓦纳)是法定货币。1兰特大约价值1.2~1.5美元。5兰特对于那时的昆人来说是很大一笔钱,大约相当于一名仆人的两个月工资。——原注
② 欧美禁酒风气很盛,普遍把喝酒视为不端行为。——中译注

十一、男女关系

疮。这疮肿大了，后来是欧洲人帮我治好的。不管是什么原因，他变心了，但我还爱他，而他内心只有一点点还爱我。因此他抛弃了我。

这事发生在他干完欧洲人的活儿那天，太阳还在天边低垂的时候，他回来了，说："明天，我要去看我弟。我干完了活，拿到了钱。我要走了，但你得留在这儿。以后，老德贝和他老婆会带你回你兄弟的村子的。"我说："你要走，干吗不带我跟你走？"他说："不成，你不能跟我走。"我说："你干吗撇下我？如果我跟着你走，在那里生孩子，那挺好。别把我丢在这里，让我跟你走，到你兄弟的村里生娃。"但他说："不，老德贝会带你回去见你家人的。"

我见到老德贝的时候，他问我："出了什么事？"我说："比萨干吗这样对我？如果他不要我了，为什么不彻底了断？我知道他早就不想要我了。"我心想："比萨……他把我带到这个遥远的村子来，让我怀了孕，现在，他就这样把我丢在这举目无亲的异乡。"

后来，我跟比萨说："你干吗带我离开我的家人？我的兄弟还活着，但你不肯带我回去跟他们团聚。你说别人会把我带回去。但是，你让我怀孕以后，干吗让几乎陌生的人带我回去？我认为你该带我回去，带我到那里，然后说：

'这是你们的姐妹。现在我跟她分了。'可是呢,你却就这样把我丢在这里,让我跟这些陌生人过?我跟你来到这里,来到你干活的地方,因为是你叫我来的。现在你就这样丢下我吗?为什么这样做?这样做有什么好处吗?"

我又说:"是你要到这里工作的。但是,你没钱也没毯子。而你没工作也没钱的时候,我有工作。我自个儿,一个女人,给欧洲人干活,自己挣钱买了毯子,买了箱子。一个人买了所有东西,你用的是我的毯子。你没活干,用别人的东西。经历了这些事之后,你居然要把我丢在异乡?"他回答说:"当时根本没有活儿干啊,我能咋办?"

我说:"我不是说这个,因为我也看得出你只是想在这里混一阵,就走了。现在我明白了。但是,如果今天你这样离开我,那在你去跟你兄弟过活以后,如果你还打算来找我,我可不会再收留你,也不再是你老婆。因为你在我怀孕时抛弃了我。"

第二天一大早,他捆好东西就走了。他把屋里所有东西全捆好带走了,包括所有毯子,前去他兄弟村里过活。我心想:"嗯,毕竟,这不算什么。我就坐着,让他走吧。"他啥也没留给我,村里人不得不借我毯子用。

比萨,这男人特别坏。他就这样抛弃我,让我流落在外。

他一走，我就明白自己必须在这里住一阵了，心想："现在，我别再拒绝其他男人了，只跟他们相处就好。然后，可能我得把孩子弄掉。因为这是比萨的孩子，他不是抛弃他，走掉了吗？我别再拒绝其他男人，跟他们相处就是。我也得弄掉这孩子，然后回家去。"

这时南舍（Numshe）进屋跟我过。他跟我表白，我接受了。人们说："她跟他好没错，但他品尝她①以后，胎儿就完了。"老德贝的老婆说："那也不算多坏的事。她的胎儿要毁了，也不是坏事。因为比萨抛弃了她。因此，我会坐在这里照顾她，然后带她回她家去。"

我在那里生活了很久。一个人过，给欧洲人干活。后来有一天，正如我的心说的，我的身体感觉火辣辣的，肚子特别疼。我跟老德贝的老婆说："哎哟，今天我病了。"她问："哪里疼？想要点水不？害你的病在哪个部位？"我说："全身都疼，不只肚子。"我躺着，感到疼痛一次次涌过来，心想："这男人真让我感觉糟透了。唉，直到现在，我还得躺在这儿疼得要命。"

---

① "品尝她"，昆人对性交的委婉表达。——原注

她查看我的肚子,见我的肚子都挺得很高了,说:"噢,我的孩子。你是要堕胎?现在打算怎么办?你是要生下它,还是要弄掉它?这里,只有我们两人,我不知道谁更能帮你。你要堕胎的话,最好是只有我们两人在。"我说:"对,这样就好。我把胎儿弄掉就好了。弄掉它,我就能离开这了。因为我老公肯定不要它了。"

我们待了一整天。太阳快落下去的时候,我告诉她是时候了,就一起到树丛里去。我坐下,孩子很快就出来了。已经很大了,有头有手,还有小鸡鸡。但他生下来就死了。可能是我的心毁了他。我哭道:"这男人几乎毁了我,不是吗?"老德贝的老婆说:"对,他毁掉了孩子,毁掉了来自神的孩子。但要是神不帮你,你也会死的。因为死胎会杀了母亲。但神……神给了你这孩子,也算祝福过你了,尽管他在肚里就死了,但你还活着。"我们离开树丛,走回村子。然后我躺倒了。

自那以后,我继续在那里过活。有一天,我遇见从比萨村里过来的人。我让他们转告他,我们的婚姻结束了。我说:"告诉他。就算他内心还有些想念我,但他不要再以为他还有个老婆在这里,或者以为下次在我们村里重逢时,他还可以再要我。"我是这么说的,也是这么想的。

因为他把我丢在这里，让我去死。

不久，有个叫推（Twi）的男人①遇见我，说："你老公离开你了？"我说："是啊，他早就离开我了。"他问："那你干吗不跟我过呢？"开始我拒绝了，第二次，第三次，我也拒绝了。但当他第四次提出要求时，我接受了，开始跟他一起过。我继续为欧洲女人干活，直到活儿干完了，她说我可以回家了，并为我们所有人——老德贝和他老婆、推和我——准备了食物，让我们可以长途跋涉，回到我家人的村子。

推和我在我兄弟的村里一起生活了很久。后来，有一天，比萨从他的村子跑过来，说："妮萨，我带你回去过活。"我说："怎么？今天我大变样了？突然变漂亮了？我以前啥样，现在还啥样。我现在跟你抛弃我的时候一模一样。那你在说什么呀？你先是把我丢在白人那里，现在又回来说我该再跟你过？"他说："对，我还是想跟你一起过日子。"

我要晕了！我说："你在说什么？这男人，推，帮我回

---

① 这里的推，跟妮萨之前的情人、塔萨伊的弟弟推，不是同一个人。——中译注

到这里。他才是要娶我的男人。你是那个抛弃我的男人。"我辩得他无话可说。他低声下气,最后说:"你是屎!你就是屎。"我说:"你说我是屎?你早就认为我是屎,一清二楚。所以在东部时我就告诉过你,要你带我回我家,在这里离婚。但现在,我自己回来了,你只是跟着屁股追过来而已。现在我拒绝再跟你有任何关系。"

比萨拽我们去见茨瓦纳人的酋长,要求部落裁决。裁决开始后,酋长了解情况,问我说:"所有这里的女人,所有你身边的人,你见过谁同时有两个男人的?"我说:"没见过,这里哪个女人都没有……谁都没有两个男人,我没见过。只有我,有两个男人。但这全是因为这男人,比萨,虐待我,伤害我。所以我跟了另一个男人,推,他对我很好,为我操劳,给我吃的。"我又说:"他也是我要嫁的男人;我想离开原先的男人。因为比萨很无耻。他在我怀孕时抛弃了我,那次怀孕几乎害死我。另一个男人才是我要嫁的。"

我们谈了很久。最后,酋长告诉比萨:"我已经问了妮萨,知道了事情的原委,她谈到了跟你的事。是你对不住她,没什么可说的了,她比你有理。因为你害她怀孕差点丢了性命。因此,现在她和推应该继续一起过。等过一阵,我会让你们两人来这里。"后来，推和我走了，到我兄弟的村庄过夜。

第二天，我哥在树丛里发现一个蜂窠，回来告诉我们，带我们去；我们打算在树丛里过夜。我们到了以后，白天都在收集蜂蜜。收集完后，我们前往计划宿营的地方。这时我发现了比萨留在沙地上的脚印，说："喂！看这里！这里有比萨的脚印！你们在别处发现了没？"有人说："胡说吧。你怎会认得他的脚印……"我打断他："我老公……那个跟我结婚的男人……我认得他的脚印。"这男人的老婆过来一看："对，是比萨的脚印，他老婆说得对。"

第二天早上，比萨走进营地，开始跟推打斗。我哥骂他们："你们两人想杀了妮萨吗？现在她谁都不想嫁，只想自个儿待着。"我附和说："嗯，现在我不想再结婚了。"

自那以后，推和我继续一起过。但后来我们分开了。我哥反对这门婚事，因为他想比萨跟我重归于好。他喜欢比萨，不喜欢推。结果他赶推走。推发现道和比萨对他特别愤恨，怕了，最后就走了。

我见我哥这么做，很难过；我真的喜欢推。我说："那么，这就是你想要的？好吧，但就算你赶走了推，我也不会再跟比萨好了。"这时我开始彻底厌弃比萨。比萨去见酋长，说："妮萨不肯跟我好。"酋长说："妮萨早就不要你了。现在我怎么可能帮你？"

又过了一阵，有个多年前的情人又跟我好了。很快，我们深深爱上了对方。他特别帅！他的鼻子……他的眼睛……哪里都帅！浅色的皮肤，俊俏的鼻子。我只见他一眼，就爱上了他。

我们生活了一阵，但后来他死了。我很伤心："我的情人死了，我到哪去找像他这样的男人？——这么帅，这么好，有欧洲人的鼻子，又有那样漂亮的浅色皮肤！现在他死了。我到哪去找这样的男人？"

我很伤心，想他想得要发疯。我一门心思想着他，弄得自己筋疲力尽，慢慢地这种感觉淡了，我才又平静下来。

过了好些年，该经历的也都经历了，我才开始跟波过，他是我生命中又一个重要的男人，跟我相伴至今。

比萨和我分开过活，但他还是想要我，住得很近。这男人，他不听我的话，不了解我。他不长耳朵，因为他还是说："这女人，妮萨，我不会跟她离婚的。"

有人告诉波："你找死啊。那个男人，比萨，会杀了你的。现在，离开妮萨吧。"但波不肯："我……不会到别处去

十一、男女关系

的。我只跟妮萨待在一起,哪怕比萨杀了我,我也哪都不去。"

起初,波和我偷偷相处,但比萨猜疑我们。他非常嫉妒,老是骂我。就算我去撒尿,他也说我是去找波。我去打水,他也说:"你是要去见情人吧?"但我说:"谁让你觉得可以这样跟我说话的?"他说:"妮萨,你不还是我老婆吗?为什么我们不能一起过?你现在这样子算什么?"我说:"你是没有女人呢,还是她们也不肯要你?要是有了别人,那你干吗还说我不像样?"

一天晚上,波和我躺在我的屋里,我透过柴门看见有人在动。那是比萨,我能看清他的脸。他想逮住我们,指望这样能让我后悔,没准就重新回到他身边。

我说:"怎么?比萨在这里!波……波……比萨就站在那儿。"波起身,看到比萨来到门边站着。我起身,这时比萨冲进来抓我。他紧紧抓着我,威胁要把我丢进火里。他抓住我后,我咒骂他:"他妈的比萨!是你先抛弃我,去搞其他女人的!现在你倒回来找我,说我是你老婆?"他把我推向火堆,但我使劲挣扎,没掉进去。随后他又冲向波。波身体比他弱,又比他老,所以比萨能揪住他,把他推出屋子,推倒在地,咬他的肩膀,波疼得直叫唤。

我弟醒了,跑过来,嘴上咒骂着。他拦住他们,分开他们。波咒骂比萨。比萨回骂波:"我要杀了你,波,让妮萨哭死!如果不杀你,那我就要杀了妮萨,好让你也受罪!你以为就你有让女人爽的那玩意儿,老子没有吗?为什么她老是向着你,不要我?"

我骂他:"不是因为那个!而是因为你!你是个下作男人,脑子里都是下作的念头!波这人,行为正派,心肠好。而你呢,烂泥一堆。看吧,你刚才不是咬了波吗?你就是这样让人恶心。你还抛弃了我,让我去死。而我怕死。所以,你不配再拥有我了。现在,我有别人疼。不再是你的人了。波才是我老公。"

比萨还是继续纠缠我,在我身边晃来晃去,问:"你干吗不回来跟我过?回来吧,我是男人。干吗怕我?"我不吭声。有一次波回答说:"我不理解,你要是男人,为什么没完没了地纠缠她?你就不会做做好事吗?因为我是不会走的。就算你咬了我,在我身上留下了伤疤,还是应该你走开,而不是我。我准备娶她。"

还有一次,我告诉波:"别怕比萨。你和我要结婚,我不会再跟他好了。别听他吓唬你。因为即使他带着箭来找,他也不敢怎么样。"波说:"就算他敢,又有什么好处?我也是男人,也有毒箭。我们两人互相扎对方就是了。所以我不停劝他离开你,因为现在我是你的男人了。"

下一次,比萨带着满满一袋箭过来,说:"我要把妮萨带回去。"他带着另一个男人,到我的村子找我。他们到达时,太阳高挂天空。我正休息。他说:"妮萨,来吧,跟我走吧。"我说:"怎么?你那玩意儿不舒服吗?痒了吗?"

大家听到我们斗嘴,很快围过来,包括我哥我弟。比萨和我继续争斗,直到我勃然大怒,叫道:"好吧!今天老娘啥也不怕了!"我脱掉所有衣物,先脱一件,再脱一件,最后脱掉护住阴部的遮羞皮裙。我把它们全脱了,放在地上,喊道:"这儿!这是我的阴门!看,比萨,看着!这就是你要的玩意儿。"

跟比萨来的男人说:"这女人,她心里真的没有你了。你自己看啊,妮萨根本就不打算和你过了,一丁点也没有,她也不肯再跟你亲热了。你们的关系完了。看吧。她脱光衣服,把它们丢在地上,把那地方都给人看了,她的态度还不是明摆着吗?她不要你了,比萨。我要是你,现在就跟她断了。"最后比萨说:"嗯,你说得对。现在我跟她算完了。"

他们两人走了,我拿起我的遮羞皮裙穿上,又拿起其他衣物穿上。

妈妈哟！我就是这么干的。

比萨最后又努力了一把。他跑去找酋长，回来后跟我说："酋长要见你。"我心想："如果是他要见我，我可推脱不了。"

我到了以后，酋长说："比萨说他还想继续你们的婚姻。"我说："继续我们的婚姻？为什么？是我傻到不知道自己是谁吗？我还要再跟这个把我丢在异乡的男人过吗？要不是老德贝和他老婆在那里，我真的就回不来了。我，还要跟比萨过？我都没法说服我自己。"

我转头跟比萨说："在东部的时候，我没说过这些？"比萨说："嗯，你说过。"我说："而你走时，我没告诉过你，你这是在抛弃怀着你孩子的我？我没说过吗？"他说："是的，你说过。"我又说："而我没说过我想跟你一起走，要你帮我养大肚里的孩子吗？我没说过这些，你也没拒绝过我吗？"他说："是，你说过。"于是我说："嗯，所以现在在酋长面前，你说应该继续的婚姻已经不存在了。我妮萨一见你只想吐。现在，我一见你只想吐。坐在这里，见到你的嘴脸，我只想吐，忍都忍不住。"

酋长笑了，摇头说："妮萨是没法挽回了。"又说："比萨，你最好听她的。你听到她的话了吗？她说你在她怀孕时抛弃她,她流产了,过得很惨。现在,她不再当你是她丈夫了。"比萨说:"这是因为现在她跟波在一起,不愿离开他。但我还是需要她,需要继续我们的婚姻。"

我说:"什么话?比萨,你看不见我的吗?看不见我已经找了别的男人吗?或许你认为,我太老了,找不到男人?"酋长又笑起来。"对,我是女人。你有那结实的长玩意儿,我也有同样珍贵的玩意儿。就像酋长的那玩意儿……对,我也有酋长的那玩意儿。它像钱一样贵重。因此,想喝它的男人……就像从我身上拿到了钱一样。但你不能拿,因为你在拥有它的时候,抛弃了它,任它坏掉。"

酋长说:"妮萨疯了,说的真是疯话。"又说:"你们两个今晚去休息吧,好好考虑。妮萨,再好好想想。明天,我要你们两个来见我。"

比萨回去休息了。我也回去休息,仔细考虑了这一切。早上,我去见酋长。我为昨晚的话感到害臊,就一声不吭地坐着。酋长说:"妮萨,比萨说,你会跟他复合。"我回答说:"我肚里有他孩子的时候,他抛弃了我,那时他干吗不跟我保持婚姻关系呢?就算是神也不希望我跟一个抛弃我的男人复合。这男人在我肚子里有孩子的时候,卷走了我的所有毯子,迫使别人不得不借我毯子,好让我的孩子们有盖的。让他去找别的女人结婚吧。"

酋长转向比萨说:"妮萨说清楚了她的想法,我看没什么可说的了。即使是你,也能听出她辩赢了。所以,离开妮萨吧,作为酋长,我宣布你和她的婚姻终止了。现在她可以跟波结婚了。"①

比萨又去见酋长,想再说这事,说:"请帮帮我,把妮萨还给我。"酋长说:"你不是跟我谈过了吗?你喋喋不休,我都听腻了。你是说我还没裁决吗?是觉得我镇不住你??我的话不够分量,所以你不肯听?现在没有什么理由把妮萨还给你了。"

我听到这话,真是千恩万谢。我的心充满了幸福。

那以后没多久,波和我结婚了。② 我们一起过,一起坐着,一起干活。我们深爱对方,我们的婚姻非常非常牢靠。

比萨没过多久也结婚了——这次是跟个比我年轻很多的女人结婚。一天,他来找我,说:"看看你拒绝我有多糊涂啊!可能你以为自己是唯一一个女人。但妮萨,现在你老了,你自己看看我娶了个年轻女人,多漂亮!"

---

① 在传统的昆人社会,离婚程序不复杂,可能进行得更快一些。——原注
② 妮萨和波大约于1957年结婚,这时妮萨36岁左右。——原注

十一、男女关系 279

我说："好啊！我告诉过你，如果我们分开，你会娶到年轻女人，跟她一起睡的。这对我很好，因为我根本不图你什么。但当然了，你得知道，将来她也会跟我一样变老的。"

我们继续生活，但没过多久，比萨又来了，说他的年轻老婆很麻烦，要我再回去跟他过。我拒绝了，甚至把这事告诉了波。波问我为什么拒绝他。我说："因为我不需要他。"不过他说的倒是真的。他老婆有种可怕的病，疯病。是神让她得了这病。她长得很美，后来就变丑了。我奇怪为什么这么年轻的女人会成那样……

直到现在，比萨每次见到我都吵吵嚷嚷，说他还是需要我。我说："看，我们已经分开了。现在让我待着吧。"我甚至有时不肯给他食物。波说我不该拒绝他，但我怕如果我给了他，他会更来烦我。因为，他心里还想要我。

有时候，我给他食物，他也给我东西。一次，我在我的村子里遇见他。他过来说："妮萨，给我些水喝吧。"我洗了个杯子，给他倒了水。他喝了以后说："现在给我些烟草吧。"我拿出烟草，给了他些，然后他说："妮萨，你真的成熟了，懂得怎样办事。现在，我娶了个女人，但跟她特别不合拍。而你……你使我痛苦。因为你离开我，嫁给了别人。我也再婚了，但因为娶了坏女人，弄得自己筋疲力尽。你能干懂事。有了你,我有东西吃。你会打水给我洗手。现在,我真的很痛苦。"

我说:"干吗要想起我们结束了的婚姻?当然,我们结过婚,但已经各走各路了。现在,我不再需要你了。毕竟,你带我去东部,在那里生活,在那里工作,我爸去世,我妈过世,还有你给我带来的所有悲惨生活,所有这些发生以后——你说我们还能在一起吗?"

他说事情是这样,可当时他也不知道啊,我没跟他说。

一天,他跟我说,要把我从波手中夺回来。我说:"怎么?告诉我,比萨,谁让你再提这些的?"他说:"好吧,那让我当你的情人吧。你要眼睁睁看着我受苦吗?"我说:"不是有那么多男人要当我的情人吗?干吗要挑你?"他说:"看着这里,妮萨……是我帮你养大你的孩子,你和你老公的孩子。你还怀上了我的孩子,这是好事。你怀了他,跟他一起过活,直到神杀了他。所以你这样对我说话,这样排斥我。"

我说他是错的。但他也是对的。因为,在比萨之后,我再也没生过娃。他把孩子从我这里夺走啦。跟塔沙伊,我有孩子,但比萨,他毁了我。尽管后来我还怀过一次孕,但流产了。这是因为他毁了我,谁都这么说。

十一、男女关系

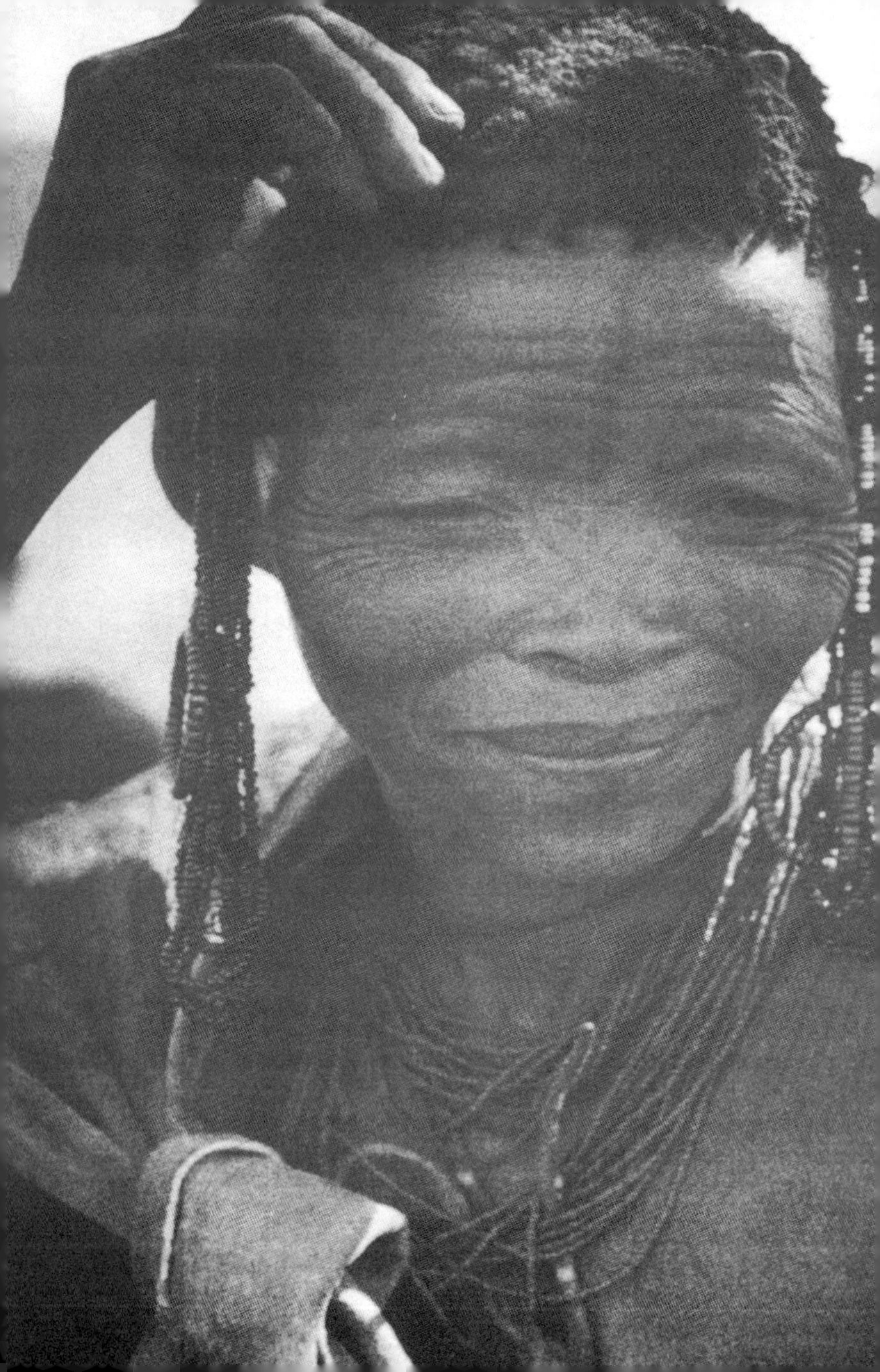

十二、情人

神给了人性欲，昆人说，他们给了我们美妙的东西。性常被比为食物：好比人没吃的就不能活，昆人说，性饥渴也会害死人。对于时饱时饥、始终担忧食物匮乏的昆人，这个比喻的确说明了性有多重要。

谈论性事似乎也同样重要。当妇女在村子里，或者外出采集，或者男女共处时，他们花很多时间大谈性事的细节。除了面对要维持"尊敬"和不宜提及性的人外，昆人经常开各种荤笑话。人们经常大声地互相戏谑，指涉对方的生殖器和性行为（人们提及性的时候，要么是开玩笑，要么就是真的意在侮辱对方，看情境而定。）辱骂对方的时候，常常还要故意配上一些不雅的动作。有时候，这类争吵甚至吸引了兴趣盎然的观众。当男人假装揪起对方的睾丸丢到空中、挂到树上的时候，观众一通喝彩。说别人被秃鹫啄烂啦，被别的猛兽撕碎啦，也是昆人平时喜欢开的玩笑。

昆人有时故意用荤笑话来纾解压力。我在田野调查时，有名男子想从屋子的茅草堆里驱赶一条眼镜蛇。他显然走得过近，结果蛇把毒液射进了他眼里。人们用水给他清洗毒液，然后等他的视力慢慢恢复。后面的半小时里，大家坐等的工夫，有两名男子开始又生动又夸张地谈论这事，想分散男子的注意力，让他振作精神。他们讲这事时，手势很夸张，渐渐充满了暗示。最后说受伤男子被毒蛇挺起头来"射"了，简直是露骨极了，又让人觉得很滑稽。人们捧腹大笑，揉眼睛的受伤男子也忍不住笑了。由于其他人的加入，原先的压力被兴致勃勃的充满感染力的幽默消减了。过些天后，这名男子的视力恢复了。

当然，不是所有关于性的事都能随便拿来谈论和开玩笑的。昆人也意识到，性能激发人类最强烈也最具爆发力的感情——尤其是在产生极大诱惑的时候。在这类事例中，性很危险：很多婚外情暴露后引发暴力，以前还死过人。因此，除了存心激怒配偶的人之外，人们卷进这类关系时都特别谨慎。

爱存在于昆人的婚姻中，以各种方式体现出来：夫妻俩一起去采集狩猎，有时候一去好几天；送礼给对方；陪对方打理家务。妇女乐于承认对丈夫的深情。但是，结婚没多久，妇女大都有了情人。婚外情的时间往往很长，从几个月到几年，有的甚至持续终身。

这就存在一个问题：婚外情在传统昆人生活里是否普遍，是不是因为受了赫雷罗人和茨瓦纳人的影响？这个问题，就连昆人自己也讲不清楚。但不忠在昆人的口头历史和神话里屡见不鲜，而且早在1950年代，马歇尔一家（Marshall family）在多比地区以西30英里的奈奈（Nyae Nyae）地区研究一群传统昆人的时候[1]，人们已经承认并谈论婚外情了。由此可见，婚外情不可能最近才有。

为免婚外情招来麻烦，最好的办法是别被发现。情人要特别小心，必须选择安全的时间地点约会，免得被人看见。"亲眼看见"者的话属于第一见证，会被严肃对待，但他们清楚最好保持沉默。说出来的人可能成了引发争斗的焦点人物，甚至要为斗争的后果负部分责任。

---

[1] 马歇尔一家为20世纪中期著名的昆人研究家庭，其成员分别为：父亲劳伦斯、母亲洛娜和子女伊丽莎白、约翰四人。其中，以女儿伊丽莎白的昆人研究《无害之族》最广为人知，她也是目前国内较著名的著作《狗的秘密生活》的作者。——中译注

在情人关系中，保持一定的克制也很重要。不管感情是多么浪漫或者多么激动，永远要先考虑自己的配偶。不忠的最微小痕迹——拒绝丈夫的性要求、不同往常的争吵或者火气、离村太久——都很容易引发愤怒的指控或者妒忌。但控制这些情感可能很难，特别是一方被新情人迷得神魂颠倒的时候（至少暂时如此）。在很少的事例中，情人之间的感情变得特别深厚以后，长期的婚姻事实上就名存实亡了。另一些时候（尽管也很罕见），则是因为妇女怀孕了：如果丈夫在外，这孩子的父亲是谁就很清楚了。在这类事例中，情人们会跟原来的伴侣离婚，再跟情人结婚。即使这事没引发暴力，当事人也都付出了情感上的代价，决定了它不会令人愉悦。

要维持婚外情，并从中获益，情人必须接受妇女对丈夫的情感（"最重要的人""来自同一个屋的人"）与对情人的感情（"不重要的人""来自树丛的人"）存在本质上的区别。丈夫意味着过富足生活，家庭温暖和踏实可靠；而情人是热情销魂、令人激动的，但是难以长久，靠不住。有些昆族女人（和男人）认为既有丈夫（妻子）又有情人最好。她们说，想要婚外情，不纯粹是为了性；私下对视、偷偷亲嘴、匆匆碰个面，生活中就多了点小刺激。在女人们看来，婚外情无异于让人心痒痒的冒险，是她们最喜欢的话题之一，谈起来就没个完。

部分是因为昆人的生活缺乏隐私，真正的婚外性行为似乎不常发生。而且，也不是所有妇女都有婚外情：有人是怕被发现，其他人则是怕最近出现的性病。

但是，对于一些人而言，婚外情特别有吸引力。我跟一个小伙子聊过天，他的情人我刚采访过。几天前，他们当着我的面交换礼物，坦率承认了他们的关系。

那天，营地没什么活动，直到傍晚，欢叫把我引出屋子，见一对新婚夫妻在追逐嬉戏。我站着看，发现那个小伙子也坐在树阴里看。我说："他们很恩爱，对吧？"他回答说："是的，他们很恩爱。"他停了一下，又说："只是现在而已。"我问他什么意思，他说："两人刚结婚时，他们的心熊熊燃烧，充满激情。过一阵就淡了，就那样了。"我要他再解释解释。"他们还是爱着对方，但方式变了——温暖而可靠。"他看出我的疑惑，又说："看，你结婚后，你们坐在屋前，一块做饭，把食物给对方——就跟在你父母屋里成长时那样。你老婆变得像你妈，而你呢，变得像她爸。"这得多久？"因人而异吧，通常是几个月，有时更长些。但最后肯定是这样。""情人们也这样吗？""不，"他解释说,"情人的激情更持久,有时能保持很多年。"他对我访谈过的那个女人的感情又如何——他们不早就是情人了吗?

我一提她的名字,他的神情就变了,一丝微笑掠过他的脸。他形容她是多么出众、多么漂亮,而他是多么爱她:"以一颗燃烧的心。"他证实了她告诉我的——他们经常计划一起私奔。我问:"你觉得你们的关系怎么样?"他的神情变得很温柔,笑了,说:"最初的几个月很美妙!"

因为婚外情不允许公开,情人有"理智"很重要——他得言行谨慎,遵守规则。他也得通过约会、忠诚和礼物来表达爱意。尽管送礼不是必需的,但互赠礼物很普遍(双方经常互赠礼物,不过男方送得多一些)。大家都觉得,有魅力的男人修长强健,瘦腰小腹,但其他模样的男人也能吸引女人,娶了她们或者让她们成为自己的情人。还有一点,他们也得有做情人的资本:要让女人开心,阴茎不要太大,恰到好处,有"强壮的背"(意思是性能力强)。如果时间充裕,他不能太"猴急",得让女人充分享受之后才"完事",让她心满意足。

昆人往往以自己的容貌为傲,对此非常自信,这似乎是他们的成长方式造成的。最明显的情况便是女性从孩子成长为女人的社会环境。村里人少，同时进入青春期的女孩本就没几个，甚至没有，所以她们不用在发育成熟的过程中刻意和谁攀比。每个女孩在很多年里都是大家的关注中心。随着她逐渐发育成熟，村里男人竞相评论她的身体变化——因为不遮挡胸部，所以大家看得清清楚楚——开玩笑说要娶她或者跟她私奔。有人没准认真提议娶她当第二个妻子。这种关注不可能对她没影响。

　　这种体验看来给予了女人自信。一次，我注意到一名12岁的女孩，她刚开始发育，正用我们路虎车的小镜子聚精会神地端详自己的脸。她踮起脚尖，检查自己的胸部及全身上下，又端详自己的脸。她又后退几步，好看得更真切。她长得不错，尽管除了非常健康以及年轻人的美丽之外，也不是特别突出。她知道我在观察她。我用已经谙熟的昆人谈话方式逗她："太丑啦！这女孩咋这么丑呀？"她笑了。我说："你不同意吗？"她微笑着说："不同意，根本不是这样。我漂亮着呢！"她继续端详自己。我说："漂亮？可能是我老眼昏花啦，根本看不出漂亮在哪。"她说："每个部位——我的脸，我的身体。没有一点丑的部位。"这话是她咧嘴笑着，轻轻松松说出来的，但没有一丝傲慢。她

十二、情人　289

为自己的身体变化而喜悦，不存在什么青春期的焦虑。①

昆人女性在童年和青年时期养成的泰然自若的态度会影响终身。她们总是很自信，不会徒劳无益地追求所谓的"完美"，而我们社会的女性总在苛求完美，并由此不断受挫。昆人知道人有美丑，也承认有些人长得特别俊俏或者特别美丽，但他们并不详细探讨这些。谁都有法子让自己有吸引力：只要洗完澡后，给脸和身体涂上油，打上用野生植物提炼的化妆品，再穿上最好的衣服——缀有珠子的传统毛皮斗篷，或者最近流行的色彩鲜艳的衣服——这就行了。

除了生病、太瘦或者太老的妇女之外，昆族女人大多认为自己有吸引力。我经常听到她们如此表达自信，大致的意思是："我能干活！""我能生！""我很有价值的！"因此，尽管不是谁都找情人，但昆族女人大都觉得找个情人不是问题。至于吸引一名男人跟她结婚，这是所有昆族女人都要实现的人生目标。

玛乔丽，谁要说树丛里的女人不找情人，或者说我们

---

① 关注全球各个文化的青春期焦虑问题，历来是社会人类学研究的重要内容。——中译注

是最近才跟黑人学的，她们都在骗你。她们跟你撒谎，想耍小聪明糊弄你。而我呢，好比你妈，不会跟你撒谎的，只告诉你实话。我是老女人，一听别人跟你说的话，就能看穿她们。因为婚外情——已婚妇女跟她老公之外的男人做爱——老早就有啦。甚至我父亲的父亲的父亲就懂。人们总是为这种事争斗，放毒箭，杀人。婚外情是神给予我们的。

我已经谈了我的情人，但谈不完的，因为太多了，跟我的手指和脚趾一般多。① 有些情人死了，有些还活着。我嘛，是个坏女人，跟你们这些没情人的可不同。因为，如果你是女人，就不能只是静静坐着，什么也不干——你得找些情人。一个男人能给你的很少，只能给你一种食物。但有几个情人，这个给你些，那个给你些。这个晚上送肉，那个送钱，再一个送珠子。你的丈夫也会做各种玩意儿送你。

但只跟一个男人过？我们不这样。男人会只想着你吗？

女人得干很多活，不管去哪都得有些情人。要是她单身去某处，那里的某个情人会给她珠子，另一个会给她肉，再一个会给她其他吃的。她回村后，还有人疼。

---

① 本篇的回忆涵盖了妮萨成年后的全部生涯。——原注

甚至跟丈夫一块出去时，她也还是可以有情人。因为每个情人都会给她些礼物。某个情人给她些礼物，另一个也给她些礼物，再一个还给她些礼物，仿佛她的阴道很值钱——英镑！兰特！先令！（笑）她从不同男人手里拿到礼物，珠子、遮羞皮裙和钱塞满了斗篷。

回家以后，她跟朋友们说悄悄话："某个情人给了我这个，另一个给我那个，再一个给我这个……"朋友们说："哦，你去的地方有这么多出色的情人呀。他们对你太好啦。"她说："听着，我觉得你们很漂亮，如果你们也表现得很有魅力的话，那你们去了那儿，男人见了你们也会喜欢的。他们怎样对我，也怎样对你们。"

在家里也一样。一天，她和她老公照常过日子，她老公说："我要出去些天。"她留在家里，这时就跟情人们见面。如果某个情人住在附近，又捕到了猎物，他就割些肉去见她。这肉很棒，都是油脂。两人坐着煮肉，熬到肉汤又浓又稠。她喝了后，内心非常幸福，心想："哦，我老公刚走，我就在这里喝这美味的肉汤啦。"

另一天，情人可能来找她，一起睡。他问："你老公什么时候回来？"她说："一时半会儿回不来。我的腿还没有抖呢。"意思是她丈夫还不会回家。他们做爱，天亮前，鸡叫后,他走了。

另一天,他又来了。两人躺下睡觉,他问:"我好想跟你过夜,上次来找你,做完爱就走了。现在,今天……你的腿怎么说?""今天上午我坐着的时候,大腿开始抖动,尽管很轻微。我老公可能过一会就回来,或者半夜回来。我不清楚具体的时间。但我的腿在抖,所以应该是今晚回来。"她的情人说:"好吧,那我只跟你躺一会儿就走。"

两人躺在一起,然后分别。情人走了没多久,丈夫就回来了。第二天早上,她干活的时候,可能就是在水井边打水时,情人遇到了她,问她丈夫回来了没有。她说:"回来了,你一走他就回来了。我不是说早上我的腿抖吗?很准的兆头哩。"她情人说:"你老公回来了,我很伤心!真的很伤心!过一会儿,太阳快落下的时候,你干完活后,咱俩到别处碰面吧。"她说:"行,但你得等我把活儿干完。我有很多活。打完水以后,还要给我老公干很多事情,因为他刚回来。只有等到再晚一点,太阳就要落下的时候,我才可能放下他的活儿去见你。"

接下来的白天,她跟丈夫待在一起,为他洗刷做饭。她心想:"我的情人说了,今天要碰面。"她整个白天都在干不得不干的活儿,特别辛苦,结果错过了约会的时间。

十二、情人　　293

她一直忙到睡前，心想："哦，明天情人见我时，会很生气的！"她很害怕，又想："他也没什么理由生气。我没去见他，是因为我在给老公干活啊。"

到了白天，她到井边打水，情人过来了，说："那天我怎么跟你说？不是告诉你要见面的吗？"她说："我告诉你了，我有我老公的好多活要干——洗刷做饭。他让我去捡柴火，回来后又要我干别的活儿。他使唤得太厉害了，我甚至都没意识到见面的时间过了。全是因为忙忘了。"情人生气地说："既然是因为你老公，那就算了。但如果你再这样，我会揍你的！你的阴道坏了吗？老到都不想润滑润滑啦？"她说："我做错了啥，得挨打？我在给我老公忙活呀！"

那以后，她照常过日子，继续给丈夫辛苦干活。后来，有一天，她说："我要去捡柴火，你照看下锅里煮的东西好不？"她出去，到离村很远的地方捡柴火，跟情人幽会，跟他做爱。分别后，她又背着柴火回村，内心很幸福，因为跟情人见了面，而丈夫不知情。她就那样生活。

对于别的妇女，情况可能又有所不同。她情人可能外出了。但他回来以后，她一见他，就知道他们又会复合了。她和平常一样打发日子，等到有机会跟他单独见面。见面以后，他说："估计你没想我吧？"又问："你每天过活时，有没有想过我呀?"她说:"什么话?我总是想着你。啥能挡住我想你呢?我是不得已啊。我不是人吗?"因为只要是人,就会想念对方。

他说:"我想你可能早忘了我。"她说:"不对,我总是想你,全身心都在想你。"他说:"嗯,所以我过来找你,想弄清楚你的想法。"她说:"现在你知道了,那你对我呢?"他说:"你……你真要让我发疯啦!我走后,内心为你痛苦,好想你。"她说:"我也这样。我也想要你,一直为你而痛苦。"他们等到她丈夫外出后,到离村很远的地方见面,然后办事。

有时,有的妇女甚至在她和她丈夫睡了以后的夜里见情人。她的情人事先告诉她哪晚见面。他到村以后,去找她的朋友,让这朋友去叫醒她。朋友走进屋子,跟她小声说:"你的人在这里,起来去见他吧。"她心说:"噢!那我怎么跟我老公说?怎么办?"她摇醒丈夫说:"我到大家聊天的屋子去待一会儿,再回来睡。"然后她去跟情人幽会,办了事。情人走后,她去跟大家坐着聊天,再回丈夫身边躺着。

对,女人很狡猾的!

甚至我妈也有情人。她跟他们幽会的时候,我就在旁边。但我爸有没有情人，我就不知道了。因为他从不带着我，我只跟着女人。所以，就算他有情人，我也从没见过。但女人……打我还小的时候，就认识她们所有的情人——甚至我妈和我姨妈的情人。

我记得，小时候见我妈跟一个男人在一起。他见了她，搂她，跟她做爱。我坐在附近等。她背柴火回家的时候，我心想："我要说出去！"又想："该不该告诉爸爸呢？"但回到村里以后，我什么也没说，怕说了我爸会杀了我妈。

只有托马（Toma）我说出去了。我妹坎煦死后，我妈的姐姐从东部过来，带我们回去跟他们一块住。那时我还小，没胸。没多久，托马，她姐的丈夫，跟我妈好上了。后来，他甚至把我妈从我爸身边夺走，把她骗走了。我亲眼见了整个过程。他跟她说："我要跟你做爱，把你带走。我要娶个新女人。"

他们成了情人，这事我爸最初不知情。他们在树丛里幽会。母亲撂下我，到附近跟他幽会。我坐着等。有时，我站在那里哭。有一次，我大声说："爸爸回来后，我要告诉他。妈妈，现在你别再让那个男人毁了你。告诉他我们得走了。我要告诉爸爸他跟你那个！"我妈回来了，说："你得明白，你要告诉你父亲的话，他会杀了我的。别说出去，否则你就见不到我了。"听了这话，我回去以后，什么也没说。

但有一次，我真说出来了，他俩让我等得太久。我又累又气，心想："我要回家。这男人是怎么回事，干吗不让我们回家？不管怎么说，别人怎么可以跟我妈在一起？我爸从树丛回来后，我要告诉他。"

回家后，我就这么做了。我说："爸爸，妈妈和我去捡柴火时，托马也在。他把妈妈从我身边带走，跟她做爱。我就坐在那里等。"

我父母开始打架，我爸打了我妈。我心想："我干吗要说呢？妈妈死定了。我做错了，说了出来；再也不要这么干了。就算见她跟男人在一起，我也只是坐着。再不说了。"

有时候，爸爸出去打猎，托马就来跟我们待在一起，大家全躺在一起，我很难过，心想："这是怎么回事？"但父亲回家以后，我什么也没说。

就这样过了很久。然后又开始争斗。我记得有一次，我爸骂我妈："雏果，我要用毒箭扎死你，再扎死托马。他是个什么玩意儿啊？不跟自己的老婆过，也不照管她，占了你的便宜也没见给你啥好处啊？他到底有啥了不得的能勾了你去？"

后来，他骂托马："再惹老子就饶不了你。我是树丛里的男人，不像你们村里的这帮货色；我揪住你，用箭扎死你。然后带着我的孩子们回树丛去。现在，去找你自己的老婆，离开这里。我要跟我娶的女人过。"

其他时候，我的兄弟也跟托马打架。我哥打完了，我弟接着上。那时托马不是老一些吗？昆沙说："把我妈还给我爸。你以为把我们带到东部，就可以从我爸身边夺走我妈？"

有一次，昆沙抓住他，把他摔倒在地。两人一直打到人们把他们分开。另一次，昆沙冲我妈叫喊："起来，到我爸身边去！干吗跟其他男人坐在一起？你想要什么？再不回父亲身边，我杀了你。"又说："你在干什么？为什么跟你姐夫鬼混，到现在还不肯离开他？不管怎样，你为什么要迷恋这个老畜生？"

他抓起东西打她，骂她，骂到人们把他拉开。他们说："你母亲糊涂了，现在让她待着吧。你母亲是女人。你要那样打她，会打死她的。那个人是男人，你去打他吧。"他们说："总之，托马干吗这样？他的第一个老婆是个老女人，还活着。她要死了，他也不会去埋她的。他只想把你母亲从你父亲身边抢走。所以别打她,而要打他——去吧,去找他算账才对。"

昆沙就过去找托马,他们开始打架。打完后,我们继续过日子。

直到有一天,托马带着我妈走了。在那之前,他们已经打了很多次架。我哥骂我妈,打她:"你想抛弃爸爸?你想丢掉他跟托马走?你身边的小儿子咋办,让他每天从早上哭到晚上?你怎么可以丢下孩子们不管不顾?"

但他们走了。托马从我爸身边拐走了我妈,我心想:"妈妈错了,她丢下我爸,嫁给了别的男人。"

昆沙和我哭呀哭呀。我们待在我爸身边哭。

没多久,我爸追到他们村子。见到我妈以后,他说:"雏果,你在干吗?干吗不跟我过了?我们两人还是继续一起过吧。"

他们又开始不停打架。我妈的姐姐说:"雏果,回你老公身边去,照顾你们的孩子吧。为什么这样子吊着我老公,他去哪你也去哪?"

我妈就跟我们走了,留下托马,又回来跟我们一起过。

我们过呀过呀,过了很久。然后,有一天,托马又来了。我心想:"他们两个又要这样在一起了?"

十二、情人

我爸还是想保住我妈，但保不住。我爸骂他们，侮辱他们，跟他们打架，甚至在争斗中咬了我妈的手。我说："你要总这样，等你打完了，就会杀了她。随她去吧。"

最后，他认输了，放弃了，把我妈让给托马。他心想："哎哟，这就是这男人想要的？那我离开这女人，让给他，再娶一个新老婆。"他跟托马说："好吧，带走你的这个玩意儿吧，你跟她想干什么就干什么。"托马又成功赢得了我妈，而我爸彻底放弃，最后把我妈让给了托马。

没多久，我爸带着我、昆沙和道走了；托马和我妈留在东部。我们去一个村子住一阵，又去另一个村子。我们过呀过呀，然后，我爸把我们交给别人照顾，说他要去别处取些自己的东西。他回来时，带回个老女人，她是他的新老婆。然后，他带我们到她村里过活。

托马的第一个老婆没再婚，正像别人说的，她生活了一阵后，就死在别处了。她不肯让我妈当平妻，所以离开他们，走了。她死时，托马没跟她待在一起，而跟我妈过。他甚至连她的墓也没去看一眼。

我们过呀过呀，跟我们父亲待在一起，在他身边成长。然后有一天，托马死了，我妈又回来找我们。我兄弟和我都很高兴他死了，感谢神，说他为我们做了件好事。

但我爸不肯接纳她。她要我爸重新回她身边睡。但他说，她已经抛弃了他。现在他也不再想要她："我不再要你，因为你抛弃了我。即使你老公死了，我也不再跟你复婚，让你跟我过了。现在，你就只能自己睡。如果你要找别人再婚，那请随便。因为，你走了以后，我再婚了，有了另一个老婆。你以为世上只有你一个女人？现在你得自己睡了，因为，我们两人的婚姻完了。"

他又说："但我们的孩子会跟我们两人生活，因为他们属于我们俩。我们可以像以前那样生活，继续交换礼物，进行'呼匣罗'交换。如果你有珠子，可以给我，我也会回赠你其他东西。这都没问题。食物也是这样。如果我有吃的，或者如果你采集到食物，你给我，我也会给你。甚至我娶的女人，我的老婆，她也会给你食物和肉，给你珠子。"

他接着说："我们跟我们死了和活着的孩子一起生活。但你扯断了我们之间的婚姻纽带。所以，现在你得跟我分开过。不管发生什么，我们都这样相处，直到神杀了我们，或者直到神杀了你或者我。"

那以后，我妈就这样跟我们过。她住在她的屋里，我爸和他老婆住在他们的屋里。再没发生什么。

十二、情人

昆沙、道和我，在我爸的火堆边坐一会儿，然后起身到我妈的火堆边坐一会儿，跟她吃饭，再回去跟我爸吃饭。

我们就这样继续过日子。

我喜欢找情人，但他们做的事是伤我的心，用精液喷我一身。

我曾有个男人，我们做完爱后，他跑去告诉他老婆。下一次幽会，他又告诉她。他老婆就过来找我叫骂。我心想："这什么男人啊？他跟女人偷情，居然去告诉他老婆？"我告诉她："你老公撒谎，我们不是情人。"但我很生气："如果你是因为这个来找我，这让我想弄死你。尽管你块头大，我个子小。你老公是疯子，他这么说话，是因为我不肯跟他睡。"

下次见到他，我说："你这人，你要我，跟我谈情说爱。我没去招惹你。我是女人，你是男人，是你自己来找我的。这我才同意了。所以，你怎么可以跑去告诉你老婆？如果这是你想要的，我就去告诉我老公。你告诉她，你有脑子吗？"

但从那以后，他老婆每次见我，都跑过来骂我。我回骂她。最后，有一天我说："我受够了我们整天吵架了。每天你都跑来侮辱我,每天都要听你骂街。所以,现在,我要告诉你,你老公就是我的情人,而且永远是。你该闭嘴了吧。现在你还想咋的?我倒要看看。估计你也不能咋样。"

树阴下还坐着别人,包括我老公。下次,她又侮辱我,咒我,我没吭声,心想:"这贱货……今天我得收拾她!"她骂个没完;尽管这样,我还是没吭声。等她走近时,我说:"你妈的!我真想揍你一顿,把你吊死在这里!"我大笑一声,然后说:"你这样侮辱我,以为可以就这么走掉?"又说:"但是,既然你是来找茬的,我想我们该干他妈的一架。"

我褪下手镯,打她,正打在肚子上,她摔倒在地。她爬起来,向我扑来,但我一遍遍揍她,把她打倒了。她又起身扑来,我喊她的名字,说:"这次,我要弄死你。"我又笑着说:"我会杀了你的,你最好去坐下。你要再来,我会把你揍得很惨,揍到你死。你最好去那边坐好。"

有个妇女抱住她,按她坐下。我气炸了,气疯了!接着骂她,跳过去咬她的手臂。她叫道:"哦哇!妮萨咬我……妮萨咬我……"我说:"我恨不得把你揍出屎来!你以为我个子小就不会打架?我能打架,甚至能揍你这样的大块头。我这身子骨能逮住你,把你揍出屎来。我是你妈亲戚的孩子,就能随你谩骂吗?我是这家的,你是别家的。

十二、情人

你老公是你的，我老公是我的。"

最后，老人们说："婚外情不光彩，你们消停消停吧。"我们听了，就住嘴了。她和她丈夫回去他们村子。从那以后，他和我断了。我看出他是多么烂的一个男人，就想让女人们为他打打杀杀，根本没脑子。

他不像其他男人。

有时，女人们聊天。某某有了个情人，说："那个谁，我的情人，昨晚来找我了。"她的朋友说："跟你睡了？"第一个妇女回答："是的，他跟我睡，跟我做爱做到天亮。然后我们分开，他走了。"她的朋友说："嗯，嗯……昨晚，天刚黑时，大家一块儿聊天，聊完就去睡了，我的情人过来跟我做爱。但只做了一次。然后，我们就躺在一起睡了。我真不知道怎么回事。或许我们就是这么过夜的，但他没再跟我做爱。我不清楚。或许他不是真的喜欢我，那他到底为了什么来找我呢？"前一个女人说："我的情人可不这样。他跟我做爱，一直做到分开，各自去睡了。他要我今晚到另一个屋里幽会，又要做爱。"

妇女喜欢聊男人。一个女人说："那边的那个男人……他怎么样？"另一个说："嗯……那边的那个？他的那玩意儿好大！太大了，弄得疼死我了。如果他再来找我，我可不要干了。他好扎人！"

妇女们也聊其他方面。一个说："我怎么了？阴门老了吗？因为，就算有男人跟我睡觉，我似乎也没啥快感。是我太老，阴门不能用了？他好像也是这样。我们都满足不了对方了。"

有时会发生这样一种情况：女人的阴门太宽，男人的玩意儿太小。结果两人不是很合套。男人在里面动啊动，但女的阴门太宽。尽管他的性能力很强，但他们的性生活还是很乏味。最后，男人说："就这样吧。这事真不是那么重要。"

第二天早上，女人问她的朋友们："我该咋办？朋友，我的阴门变老啦。昨晚男人跟我弄到天亮，但他没啥快感。"

这男的也会跟别的男人说："那边的那个女人，榨干了我的全身精力。她的那个太大了，特别宽。昨晚做爱，尽管我整晚都在干，却什么感觉也没有。她太宽了，就像赫雷罗人的嘴！老子使劲往里面捅，却啥感觉也没有。我不清楚她感觉怎样，但现在我腰酸背痛，累惨了。现在，我可不想再去找她了。"

我们族女人还彼此谈她们男人的问题,抱怨他们活儿不行。某人谈论她老公,谈他如何不能令自己满足。她把跟丈夫说的话学给朋友听:"我们出了啥问题?你是我老公,跟我睡觉,尽你的义务。但你停下离开我的时候,我还没完事呐。[1] 结婚后怎么变成这样子?你睡我,办你的事,也该办我的事呀。你不知道你害我病了?我们必须做爱,让两人都能享受。"她朋友说:"在你满足前,丈夫就完事了?为什么在你体会到任何快乐前,他就起身了呢?"有时,她们这样谈论她们的丈夫,但不常这样谈论情人。因为情人懂得怎样满足她们,活儿往往都干得很好。

我们族的女人谈的就是这些。女人不全谈这些吗?

有各种各样的情人。有的男人那玩意儿很小,有的很大,还有的精液多。那样的男人可不适合做爱,因为做爱时,他们把精液喷得哪都是。你心想:"这男人的精液太多了,弄脏了我的衣服。这是第一次跟他做爱,但他为什么有那么多精液呢?"从那以后,你不肯再见他,换了一个精

---

[1] 关于性高潮的委婉说法,还有"完事"(finish)、"满足"(be full)、"让我有活力"(得劲儿),这些说法男女都用。——原注

液少的男人。这样的男人适合当情人。

男人那玩意儿要太大,也不是特别好。他会让你的阴道疼痛。你心想:"不成,他的玩意儿太大,会搞死我,把病弄进我体内的。"

那玩意儿比较小的男人最好,这样的男人不会让你生病。

大部分后背有力气的男人,他们老了以后,还有性能力。这些人,就算不是他们先想干,但你一摸他们,他们那玩意儿就会变硬,然后你帮它们进去。但也有些男人,那玩意儿总是软塌塌的。他们的心想要你,但他们的那玩意儿死了。你跟这样的男人睡,尽管他努力了,但那玩意儿真的直不起来,进不去。即使直了,也只能进去一点点,完事特别快。这样的男人,他的背没有力量。这类情况,老人和青年都有。他们的那玩意儿软软的,像块布。

某女答应了某男,某男去睡她的时候,他的玩意儿还是软软的,他心想:"这是出了啥事?"他摸自己那里:"咋办?"他摸自个儿:"出了啥事?"女的问:"怎么了?你不是要我吗?它咋啦?……让我摸摸……呀?你的东东死了?"他们两个摸它,想办事,但只能弄得射精。它总不能变硬。因为,尽管女人很兴奋,但男人不兴奋。最后,女人说:"我们是情人很久了,这次有机会又待在一起。但尽管我们努力了,你的玩意儿还是不顶事。我不知道为什么。我们深爱对方,但那玩意儿根本不顶用,完全不能满足我。你最好现在就走,因为你让我太不爽了。"

我跟这样的年轻人处过。后来,他生了好多孩子,真让我大吃一惊!他是怎么让他老婆怀孕的呢?或许他吃了药,让他的背有了力量。因为,在他们结婚之前,他的玩意儿就像布那样软绵绵的。我们躺在一起,我的阴道就在那里。但不管我们怎样努力(而我们努力了!),那玩意儿都不行。我就问:"出了啥事?你的那玩意儿在干吗?它不想吃东西吗?"我们一再努力,但还是不行。我说:"嗯,嗯。我想我答应你,是认为你行。但是……你就这样子吗?"他说:"我不知道怎么回事。它为什么不管用了呢?"我说:"如果我们再待下去,我老公就会发现我们了。你要行,我们早完事了。但你要不行,我找你有啥用?"他最后做成了,但一下子又软了。

第二天,他去找他的朋友:"喂,大伙!我感觉坏透了。尽管我跟某某提出要求,她同意了,但我去找她的时候,却没法睡她。我努力让它直起来,可就是不行。求求你们行个好,给我些药,好让我帮帮自己。我的背没力气了。你们不能帮帮我吗？"

他解释说："昨天，那个女人答应我了。她真的很漂亮！但我去找她时，我们只能互相触摸身体，没法做爱。我的心想她想得不行，但我的那玩意儿不顶用。但我真的喜欢她，想再回去找她。朋友们，你们不能给我些药吗？我跟你们一样喜欢女人。但你们能干，而我却不行！"

这个男人就这样请求他的朋友们。朋友们问："如果她真像你所说的这样漂亮，为什么你不行呢？昨天我们都到那个村子里找女人。但我们都跟她们做了爱，而不只是玩耍而已。"

男人说："求求你们，你们不愿帮我吗？这女人太漂亮了！我一见她的脸蛋，太动人了！迷死我了。但我们躺下以后，我办不了事。我作为男人，做不了爱。现在我很害怕。不管看在什么份上，我今天必须讨些药吃。昨天我的背要有力气的话，本可以待在那个漂亮女人身边，跟她干到天亮。"

某个男人给了他药。他喝了，这药让他的玩意儿重新变得又大又硬。后来，他跟女人干得很欢。

男人要是强壮，背有力……他的玩意儿就很硬，直挺挺的！当这样的男人跟女人掏心肝……当这男人站在屋前说着情话，凝视对方的时候……它已经直了！这男人有强健的背。这样的男人跟女人谈到做爱时，那玩意儿会直的。

女人心想："我听到了他的心里话，也听到了他那玩意儿的话。我喜欢那玩意儿。"于是就同意了。然后，就像你和我共处一屋那样，玛乔丽，他们两人也进了一个屋子，他搂住她，跟她做爱。

做爱时，女人动，男人也动。如果他们对彼此都有欲望，就干得很起劲，两人都很欢乐。但是，如果女人不是真的想要这个男人，只有男人使劲，那他们的欢乐就很少了。

有时是女人先完事，然后才轮到男人。有时是两人同时完事。这两种情况都很好，唯一不好的情况则是妇女没完事，男人完事了。男人第一次睡某个女人时，有时会出现这种情况。她太让人爽了，太美好了……就像糖，或者像蜂蜜！因此，他才开始就完事了。女人还兴奋着呢，心想："这家伙，才跟我干就完事了。可我还没完事呢！干吗就这样子撂下我呢？"他们躺了一会儿，他又勃起，重新进入她。她心想："好了，现在我能完事了。"他们又做爱，这次他进去很长一段时间，非常久。或许是她先完事，然后到他。也有可能是同时完事，然后一块睡。

其他时候，女人的心还没完全接受。如果她没有欲望，如果她的心还没有唤起，只是男人自己想做爱，她想："尽管他要跟我做爱，但我没感觉。这是怎么回事？"男人完事了，她没有。但随后她的心意变了，有了欲望，他又进入她，两人同时完事。我的意思是，虽然女人一开始不见得想做爱，但因为她体内本来就有欲望，就是没有男人，也还是想那个的。因此有给男人吃的春药，而没有给女人吃的春药：性欲直接来自女人的心。

但有一种药，女人吃了，会让男人喜欢她。它很香甜，女人把它抹在身上，她丈夫和其他男人都会想要她。男人也有一种药。男人涂上了它，会改变女人的心意，喜欢上他。他跟女人躺下时，她会喜欢他，谁都不会拒绝彼此的要求。

女人全知道干那事很舒服。有些女人，她们真的很喜欢，如果她们没完事，而男人完事了，她们会等这男人休息完后，再跟他做爱。因为她也要完事。她会跟这个男人做爱，直到自己也满足。否则她会病的。因为，如果女人没有完事，病就会进入她的背。

女人真的沮丧的时候，偶尔也会自慰。男人也自慰，有时在树丛里，有时甚至就在他们的屋里。但他们只有被女人拒绝以后才这样。

女人不给男人口交,男人也不给女人舔阴。男人只吻女人的嘴。因为舔阴会烫伤他的嘴。所以他只亲她的嘴,等那玩意儿变硬后,就躺到她身上。

小女孩玩性游戏的时候,她们不清楚她们的阴道可以做什么,只是装作在做爱。但大人清楚,大人知道怎样正确地触摸妇女的阴道。男人跟女人躺下以后,摸她的阴道①,跟她做爱,又摸她的阴道,又跟她做爱。他就是这样完事的,她也是这样完事的。

是的,懂得怎么做非常重要!

跟真心喜欢的情人做爱非常快乐。跟丈夫——她屋里的男人——做爱也是如此。两种快乐相同。除非妇女的心已经冷淡情人,那跟他处就没什么快乐了。

有了情人以后,女人的心放在他身上,也放在丈夫身上。同时深爱着这两人。但如果她的心冷淡了重要的男人,亲近别人,如果她只热恋情人,冷淡丈夫,这就非常糟糕了。她丈夫会察觉,会想杀了她和她的情人的。

妇女必须平等对待丈夫和情人;这样才好。

---

① 昆人有一个词"tsunn/n",特指阴蒂,都清楚阴蒂有性唤起的作用。——原注

妇女很强大；女人很重要，我们族的男人说，妇女是酋长，最富有也最有智慧，因为妇女拥有让男人活命的最重要的东西：她们的阴道。

哪怕男人快死了，女人也可以让他活过来。她可以给他性，让他重新充满活力。如果她不给，他就死定了！要没女人在身边，男人的精液就会害死他们自己。你知道不？如果世上只有男人，他们全都得死。是女人让男人能活着。女人有很美好的东西，如果男人有了它，那玩意儿在里头抽动，才能得到性高潮，才能活命。

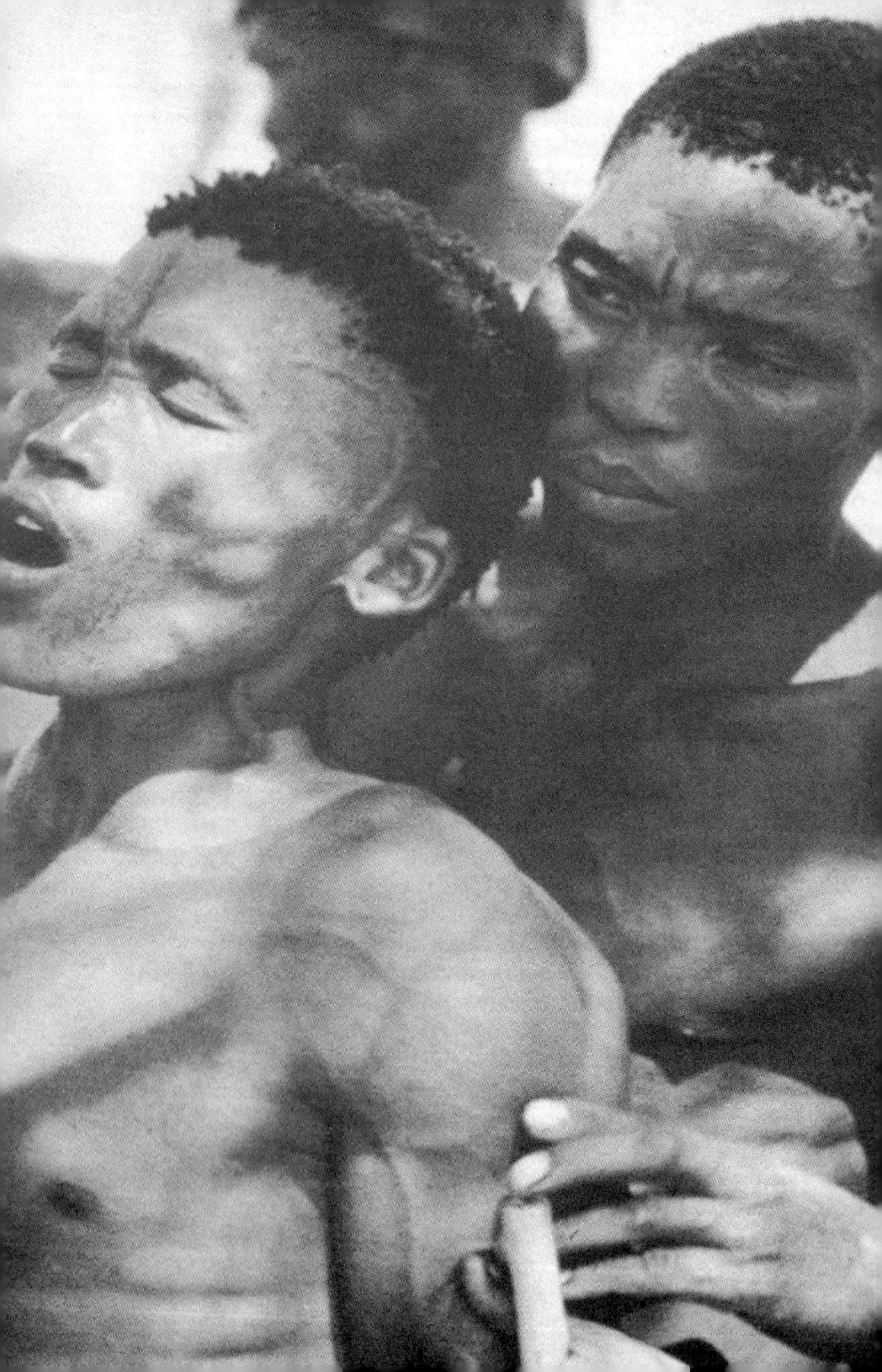

十三、治疗仪式

灵界处处弥漫在昆人的物质生活和社会生活之中，被视为使生与死、疾病与健康、雨季与旱季、丰足与匮乏保持微妙平衡的决定性力量。它由一名主神领导下属的群神负责管辖。神灵都以人为原型，性格也反映了人类精神的内在复杂特性。有时，他们和蔼、人道、大方；有时，他们行事乖戾、睚眦必报，甚至冷酷无情。昆人认为，他们经常变幻莫测的行为，导致了人类不可预知的生死。

神影响人类的一种方式，是用携带疾病、死亡和不幸的隐形箭头射向人类。如果人们避开箭头，就不会得病。如果中箭了，疾病就渗进人体，只有拔出箭头才能使患者康复。如果某个女人被其他人虐待，祖先的灵魂就会用这种力量来伤害她。如果大家老跟她争吵，如果她丈夫明目张胆地出轨，明摆着毫不在意她，如果大家不跟她来往，也不跟她互赠礼物，祖先的灵魂就会认为，没人在意她是死是活，就会"带她升天"。

向神求情，拔出他们射出的隐形之箭，是治疗师的工作，这些男女治疗师拥有一种叫作"能"（n/um）的强大治愈力量。"能"通常蛰伏在治疗师身上，需要作法才能唤醒。尽管有时治疗师可以通过独唱或者弹奏乐器来唤醒它，但常用的办法是借助医用治疗仪式或者跳降灵舞。治疗师在妇女波浪般的歌声中绕火舞蹈，有时要跳好几个小时。那音乐、那热烈的舞蹈、那烟、那火的热流以及治疗师的聚精会神，都能使他们的"能"热烈起来。当它开始沸腾，就能降灵。

这时，治疗师就获得了作为强大治疗力量的"能"，为族人治病。降灵中的治疗师施展神抚术，仪式性地治疗坐在火旁的每个人。他的手在每个人的头胸或者明显的患处轻轻摆动，他浑身颤抖，呼吸又长又重，汗如雨下——这是因为他全身被神力灌注。任何在患者体内发现的"病灶"都被拖进治疗师自己体内，与涌动在他脊柱中的"能"相对抗。治疗师在激烈的搏斗中越叫越大声，与此同时，疾病被猛地从他体内甩进空气中。

在降灵的过程中，很多治疗师会看见神和灵魂环坐在火堆边观赏舞蹈。有时能辨认出这些灵魂——死去的亲友——他们曾经"只是人类"。不管他们是谁,降灵中的治疗师经常为大家遭遇的不幸谴责他们,不断用东西砸他们,骂他们,严厉警告他们别把哪个活人生者带到灵界去。

要治好重症,就得请最老练的治疗师,因为只有他们懂得施行危险的灵魂出窍,这对于治疗特别重要。降灵以后,据说他们的灵魂会离开身体,前往灵界,查找病因或问题所在。他们往往发现病人得病是得罪了祖先或者某位神灵,就请他们开恩。如果治疗师说的在理,神灵同意了,病人就会康复。如果神灵模棱两可,或者无动于衷,治疗就无效。治疗师还可以向最高的神求助,但就这样也不是都能管用。正如一名治疗师说的:"有时,你劝说神,他回答说:'我要这人死,不能帮你让他活过来。'有时候,神肯帮忙;第二天上午,原先躺着病得要死的病人就能起身走路了。"

昆人认为,灵魂出窍非常危险,因为这时治疗师处于"半死"状态。这种状态近似昏迷,医学和科学的研究者已经对这种现象进行观察分类。昆人认为,其他治疗师的"能"可以保护降灵中的治疗师避免真的死去。他们对他进行特殊护理——使劲按摩他的身体,用汗水摩擦他的皮肤,把手放在他的身上,直到他的灵魂归来——归来的信号是他的灵魂回到身体——他们才停手。

治疗师在降灵中查到的潜在病因,看来说明他们认为心理因素也可能致病。比如有一位青年妇女患了疟疾,治疗师怀疑可能是因为她父亲最近去世,影响了她的健康。于是治疗师的灵魂开始前往灵界查找病因,结果发现她父亲的灵魂坐在地上,手里抓着女儿的灵魂。他温柔地握住她,旋转她,对她唱歌。治疗师问为什么她的女儿跟他在灵界,而非人世。她父亲解释说,没了她,他在灵界形单影只,所以他把她带到这里来,好有个伴。治疗师竭力为这女人继续活着的权利——和义务——辩护:"你女儿在人世还有很多事要干——养孩子,支撑家庭和亲人,带孙子。"经过激烈争辩,治疗师说服了父亲的亡灵,允许给他女儿时间,让她继续生活,慢慢变老,然后"再见你"。父亲勉强同意,松开了女儿,她的灵魂便返回了她的身体。于是治疗产生了效果,她康复了。

"能"反映了昆人生活本质上的平等特征。拥有"能"并非少数人的特权:近一半的男人及 1/3 的女人都拥有"能"。"能"很多,够所有人用,可以无限使用,并且谁都可以通过学习获得。几乎谁都可以通过严格的学习获得"能"。但是,不是谁都能获得。多数新人是因为害怕,或者缺乏雄心，半途而废。其他人，尽管只是少数，努力了，但也没获得"能"。尽管往往谁都能通过努力增加自己的"能"，但据说获得多少"能"取决于神。

青年男子往往是从某位正跳仪式性治病舞的老治疗师（往往是他的近亲）那里获得"能"的。这位学徒跟着治疗师跳舞——单独跳舞，或者用手臂轻轻环绕治疗师的腰——从黄昏跳到天明，跳了一个小时又一个小时，其间只有短暂的歇息。每次，当治疗师因为神灵附体而达到癫狂，全身充满神力时，他就把不断渗出的汗水点到学徒身上，如同在进行治疗一样，而且还会在对方的腰部不断拍打，用这种方式向他射出"灵箭"——据说"能"就这样传入对方体内。这个过程可能整夜重复好几遍，也可能持续好几个月，甚至好多年——但不管时间多长，新人（通常是十多岁或者二十出头）最后获得了"能"。

这位学徒对老师产生了比较复杂的依赖心理，这位老师貌似帮助学徒解除了他的精神防御，改变了他的知觉状态——或者，正如昆人说的，进入一种高级的灵性现实。学会降灵以后，初学者往往经历巨大的情绪起伏。有一阵，他可能抓起燃烧的木炭，或者跳进火里，或者晚上冲进树丛。他可能哭号，对其他人大发雷霆，向人们丢掷木炭或者滚烫的沙子，或者破坏周遭的东西。接下来，人们可能发现他忽高忽低地哀哭，如同小孩子，讨要食物和水；给他吃了以后，他又把它们吐到地上。如果降灵的力度太猛，他甚至会猛然倒地，昏死过去。

这些行为其实不会吓住身边人。坐在火堆旁的妇女阻止学徒烧了自己，男人则追赶他，把他从树丛里拖回来。其他治疗师，特别是他的老师，在新人昏死后，有责任确保他的灵魂返回身体，教他学会怎样控制降灵。只有掌握降灵后，才能把它用于服务族人。青年男子在降灵中表现特别猛烈，因此他们的治疗水平不如老治疗师，后者能控制降灵释放的强大力量。

有位老人这样说："我的'能'太强了，就是降灵时也能跟人聊天，甚至起身给火添柴。"这样的治疗师往往也很容易就能降灵，几乎随心所欲，很少仰赖外界刺激。但对于其他人而言，随着逐渐年老，身体渐趋虚弱，他们的通灵力量也会渐渐削弱。

托马（Toma）①，另一位强大的治疗师，告诉我他是怎样获得"能"的。他父亲是个老治疗师，受人尊敬。托马

---

① 这与前文提及的妮萨母亲的情人托马不是同一个人。——中译注

是他的小儿子，从十多岁起，父亲开始教导他怎样获得"能"。后来有一晚，在开始通灵教育后没多久，托马便有了他称为神示的经历：他入睡以后，神把他从屋里带出来，跟他坐在一起，因为"他要见我"。托马吓坏了，哭了起来。他母亲醒了，发现他孤零零坐在屋外的黑暗里。他父亲下一次降灵的时候，神就跟他解释说，他是要帮这孩子获得"能"。

过了一阵，神晚上又来找托马，在他手里放了一只小龟。托马在梦里把龟埋在一棵树下。早上醒来，他模糊记得跟神见面的情形。他核对梦里的记忆，找到了深埋在沙土下的龟——正在"梦"里的同一处地方。托马把龟交给父亲。父亲把龟煮了，吃了。下一个晚上，神又来了，问："给你的龟呢？"托马说："我给我爸，他吃掉了。"神大为震怒，说："我要杀了他。"次日早上，托马的父亲病了，病得"几乎死去"。他母亲也跟他父亲学得了"能"，便实施降灵，想把病魔拖出来。神跟她说："现在，只有托马能治好你老公。让你儿子去找他爸，坐在他旁边，抓着他。让托马就这样子做，直到他父亲康复。"托马紧紧抱住他父亲，陪他坐了一天。他们坐呀坐呀坐呀。日头快要落下去的时候，他父亲睁开了眼，晚上便好了。

那晚神又来找托马,说:"你父亲太糊涂了,居然吃神给的东西?告诉他,他要再这么干,我真杀了他。"这是托马跟他父亲关系的转折点——也是他跟神关系的转折点。从那以后,托马的"能"超过了他父亲。正如托马所说:"我爸犯了错。"

尽管"能"本质上是庄重的、不可思议的,仪式性的治病舞的氛围却不是虔诚尊敬的,而是一种重要的社交聚会,充满大众化的热闹与狂欢,人们举办它是为了祈求安全、缓解矛盾、进行表演和加强联系。人们聊天,开玩笑,调情,对发生的一切评头论足。除了治疗重症的情况之外,舞会很少是事先计划好的,通常随机举行:在雨季的第一场雨之后,在捕到一头大动物之后,或者是孩子们学跳降灵舞后,人们情绪高涨,意犹未尽,于是便跳舞。尽管治疗师和学徒是主角,但要没其他人积极参与,舞也跳不下去。谁有兴趣都可以参加。在冬天,人们在永不干涸的泉眼附近聚集,吸引了大量人跳舞。(大批人一起降灵时,治疗师的降灵程度也更深。他们也相信,他们的"能"在这种时候更强大。)

听到大伙儿都操着不同的嗓音唱起了歌,一个比一个唱得卖力,女人们也会更富有激情地跟着唱起来,打着拍子。跳舞的有些男子虽然不是治疗师，但也以漂亮的舞步、复杂的韵律、环绕膝间的舞蹈节拍，甚至纯粹调情的魅力，给大家留下深刻印象。即使是背着孩子的母亲也会被不断变化的节奏歌声打动，或者就是看别人跳舞跳得那么带劲，甚至只是因为一下子来了兴头，她们也起身加入舞会的圆圈。背巾里的孩子一会儿醒来，一会儿又睡着了。随着舞蹈持续到深夜，有些参与者退出，回到火边，或睡或醒。天亮之前，热烈的降灵活动可能再度开始，持续到太阳升起。

妇女组成了合唱队，她们的歌唱和节拍是这些舞会的重要内容，影响到治疗师能召唤到多少"能"。她们的另一个重要作用是保护降灵中的人别被火烧伤。有些妻子抱住丈夫，按摩他们的身体，直到他们重新控制自身的降灵状态。有一两名妇女，自己就是治疗师，也施展神抚术，跟男治疗师肩并肩为人治病。但是，降灵往往由男人来做，跳仪式性的治病舞，目的也是为了降灵。这项与全族人的安康相关的事务只能由男人负责。

不过，还有另一种舞，女人能更主动参与，去探索"能"以及神灵的世界。尽管妇女舞或者擂鼓舞 100 年前就有了，但貌似最近才在多比出现。这种舞跟仪式性的治病舞的第一个区别，是它由男性负责擂打节奏分明的鼓点。

其次，妇女不是坐着的，而是围成半圆形站着，以明确的韵律与节奏来唱歌打拍。最饶有兴趣的区别是，妇女在歌唱、打拍、舞蹈和降灵中都处于主导地位。现在，摇鼓舞越来越多，在昆人的宗教生活中产生了重要影响。尽管有些男人不感兴趣，但其他男人很喜欢去坐着看。

但是，这两种舞里关键的通灵经验，似乎可以进行比较。当妇女围成半圆形唱歌和打拍的时候，拥有"能"的人就被鼓点、舞蹈的热烈以及火所感染。她们的"能"沸腾以后，跟男性降灵常见的强烈的精神集中很像。不过，降灵后的身体反应则有区别：妇女站着，从头到脚剧烈振动，下半身振动得尤其厉害，就像是在跳希米舞①。老练的降灵者能长久维持这种振动；初学者往往失去控制，或者吓坏了，只得赶紧坐下来让自己恢复平静。而对于那些决定尝试被完全降灵的妇女，她们遇到的困难跟那些想控制在降灵中释放的强烈情绪的男人一样。她们没准失去控制，冲向树丛，或者用火戏弄自身和别人，或者疯狂地以头抢地。

大约有1/3的妇女懂得降灵，但其实只有少数人掌握神抚术为人治病——毫无疑问，能用神抚术治病在昆人精神生活中是最有声望的行为。其他妇女则不把她们的"能"运用

---

① 爵士舞的一种。——中译注

于为人治病，而意在达到强有力的降灵状态。很多妇女都表示渴望向更高的通灵境界发展，但多数人没有实现这一目标。有人宣称这是因为妇女比男人怕疼（普遍认为，强烈的生理痛苦跟降灵紧密关联）。但这更可能是因为女孩和妇女学习"能"的课程不固定，学习及使用它的机会也非常受限。

有位女孩8岁的时候，母亲喂她吃小量的"呱"（gwa），一种含有致幻剂的根，让她第一次进入致幻状态。她怀孕后，这种训练逐渐减少，因为大家认为"能"对胎儿和小孩有害。如果女性在小时候便停止学习通灵术，也可以在她40岁左右、最后一个孩子长大后重新学习。这时，同龄的男性治疗师早在身体强健、善于学习的青年时代就已掌握了通灵术。

尽管存在以上障碍，少数昆族女人还是掌握了高超的通灵能力。当她们施展神抚术的时候，人们认为她们的"能"跟男治疗师的一样强大有效。最近，昆人对女性擂鼓舞的兴趣，可能鼓舞更多妇女积极投身其中。少数成功的女性治疗师，通过到各个村庄跳擂鼓舞、教导妇女降灵、传递"能"和教导其他女性运用神抚术治病，正在促进这样一种发展趋势。

"能"——治疗的力量——非常好。它是一种医术,很像你们的医术,因为它很强大。你们的医术能帮助他人,我们的"能"也如此。但用"能"治病意味着你必须懂得怎样降灵,因为,只有降灵后,降灵者体内的治疗力量——"能"——才开始工作。男女都可以学会如何用"能"治疗,但不是谁都得懂。降灵治疗真的很伤身体!你开始降灵以后,"能"在你体内慢慢发热,用力推你,直到占据你的身体,使你昏昏沉沉。你丧失了思想和意识,迷迷糊糊。世界变得陌生,开始变化。你听不到别人说话,也听不懂他们在说什么。你看向他们,发现他们突然变得非常渺小,心想:"出了什么事?这是神干的吗?"你体内全是"能",只能感觉到"能"。

你用手触摸别人,施展神抚术,治疗你摸到的人。治完以后,其他人抱住你,拍你的头,拍你的脸。突然,你的意识"哗!"一下回到了体内。你心想:"哎哟,大伙在这呢。"你又恢复正常了。

我爸能用降灵术和大羚羊之歌降灵术给人治病。某些动物——大羚羊、大角斑羚和长颈鹿——拥有以它们命名的降灵歌，这些歌是很早以前由神创造的。神把这些歌传授给我们，让我们唱，让我们用它们治病。这工作重要而美好，是我们生活的一部分。

它对于万物也是如此——甚至树丛的动物。如果某个猎手走在树丛里，神愿意的话，就会跟他说："那边有只死了的动物是留给你的。"这人只管走，很快就看见树丛里躺着头死了的动物。他说："谁杀了它？肯定是神给我的礼物。"然后他把它剥皮吃了。他就这样过日子。

但是，如果神不想给他礼物，那猎手就算见到了再多的动物，他的箭也永远射不中。因为，如果神不肯舍弃一头动物，这人的箭头就不可能杀死它。就算这动物离得很近，他也还是射不中。最后，他放弃了，或者动物逃走了。只有神说，某某该射中某只动物——大羚羊啦长颈鹿啦，他才能逮到它。他会说："好大一头长颈鹿呀！作为人的我捕到了神的一只小动物。"或者，他射中的是一头很大的大角斑羚。

神就这样行事，就这样做，就这样在生活中帮助我们。因为神掌控万物。

是神创造了人。他跟人很像，有人的身体，穿着美丽的衣服。他有一匹马,让学习降灵、要成为治疗师的人骑上去。他让降灵中的人骑马去他那里,这样神可以见到新的治疗师,跟他谈话。①

学会降灵、成为治疗师有两种不同的途径。有人只懂得降灵,只会用擂鼓医歌来治病。我妈懂降灵,但从没学过用它治病。还有人懂降灵,懂用擂鼓医歌和仪式的舞蹈歌治病。两者的"能"是一样的。如果谁病倒了,眼看就要死了,有人奏起擂鼓医歌,治疗师就进行降灵来治疗他,直到他好转。男人和女人都有"能",他们的力量一样的。男人能起死回生,女人也可以。

我爸是很厉害的治疗师。他能用两种歌曲降灵。他把"能"传给了我哥,也传给了我弟。但我爸死时,偷走了昆沙的治疗能力,只让道拥有"能",不给昆沙。现在,就算谁病得要死,昆沙也不去治疗,只有道去。

我现在的丈夫,波,没有"能"。他害怕。有人想教他,但他拒绝了,说太伤身体。

"能"很强大,但运用它也很需要技巧。有时候,它能帮助人,有时候则不,因为,神不总是想让病人好转。有

---

① 到过灵界的治疗者貌似都会有一些自己的新鲜见闻。——原注

时，他告诉降灵中的治疗师："今天，我要带走这个病人。明天的病人也要带走。但后天，如果你想治好她，那我就帮你。我会让你暂时救活她。"神观察这个病人，治疗师为她进行降灵。最后，神说："好吧，我只让她生点小病。现在，她可以起来了。"病人好转以后，心想："哦，要不是这个治疗师，我就死定了。他救活了我。"

这就是"能"——非常有用！

我妈和她妹开始教我擂鼓疗法的时候，我还是个少女。有种根可以帮人学习降灵，她们给我挖了来。我妈把它放在我的小皮袋子里，说："现在，你得开始学这个，因为你已是少女了。"她让我把根在小袋子里放些天。然后，有一天，她把它取出来，跟球根、豆子一起捣碎，煮了给我吃。它有种可怕的味道，吃起来很臭。我把一些吐掉了。她要不把它跟其他食物捣碎了吃，我的胃没准更难受，会全吐掉的，这样它对我就完全不起作用了。我喝了好多次，吐了一遍又一遍。最后，我开始发抖。我坐着，人们抚摸我的身体，我感到效果越来越强烈，身体抖得更厉害，开始哭。我哭的时候，人们在一边抚摸，教我怎样控制身体里产生的神力。

最后，我学会了怎样超越自我，实施降灵。擂鼓医歌一响，我就开始了。其他人会把珠子和铜环串在我的头发上。我开始降灵的时候，女人们说："她开始降灵啦，现在，小心看着她。别让她摔了。"她们看好我，抚摸我，帮助我。如果别的妇女也在降灵，她就抚摸我，帮助我。她们把油涂在我脸上，我站着——在降灵中颤抖的一个美丽少女——直到结束。

我喜欢我妈教我降灵，学会以后，非常开心。每次听人们击打摇鼓医歌，我都发自内心地感到高兴。有时候，如果想降灵，我甚至自己去挖那种根，煮了吃掉。也有人跟我讨，但如果他们不懂怎样降灵，我就说："不能给你，给你的话，你控制不了它。"不过，等真的掌握降灵以后，我就不再吃这根了，我只是在学习初期需要它。

等侄女大了以后，我会给她挖些根，在她的斗篷里放些天，然后让她吃。她喝了后，要学习怎样降灵，我会站在旁边教她。

跟我妈不同，我懂得怎样用摇鼓医歌治病。几年前，有位老伯教过我。他用治疗的灵箭戳了我；谁都是这样学的。现在，我一听到摇鼓，"咚……咚……咚……咚"，我的"能"就上身。这时我就能为人治病，让他们康复了。

但是，最近我不愿再给人治病了，即使他们求也不肯。

我不肯是因为疼。有时候，我特别怕"能"在肚里一次又一次拉扯我，拽我。我怕痛，就不再行医了。而且，有时候，我治好了某人，自己得病一阵。前不久，我治好了我嫂子，第二天，自己就病倒了。我心想："别再干了。治好人家，病了自己！"最近，道又把她医好了。我坐在旁边为他唱医歌。他要我搭把手，但我说："不行，上次我差点病死。现在，我的治疗能力不够强了。"

在擂鼓歌曲的降灵中，我掌控一切。我用手抚摸人们，他们往往就好了。我知道怎样劝诱神放弃杀人的打算，懂得怎样让神容许病人活下来。但我自己从没跟神直接说过话，没有去见过他，也没到过他的住所。谈到治病救人，我的能力还是比较弱的，我不能开展灵魂旅行。有人有这样的能力，但像我这样级别低的治疗师没有。因为我不常治病，只是偶尔才干。我是女人，女人可不能太多行医。她们怕治病时体内的疼痛，因为真的很痛！我真的不清楚为什么女人不能太频繁给人治病。男人就不怎么害怕。这真的挺有趣——女人不怕生娃，却怕行医！

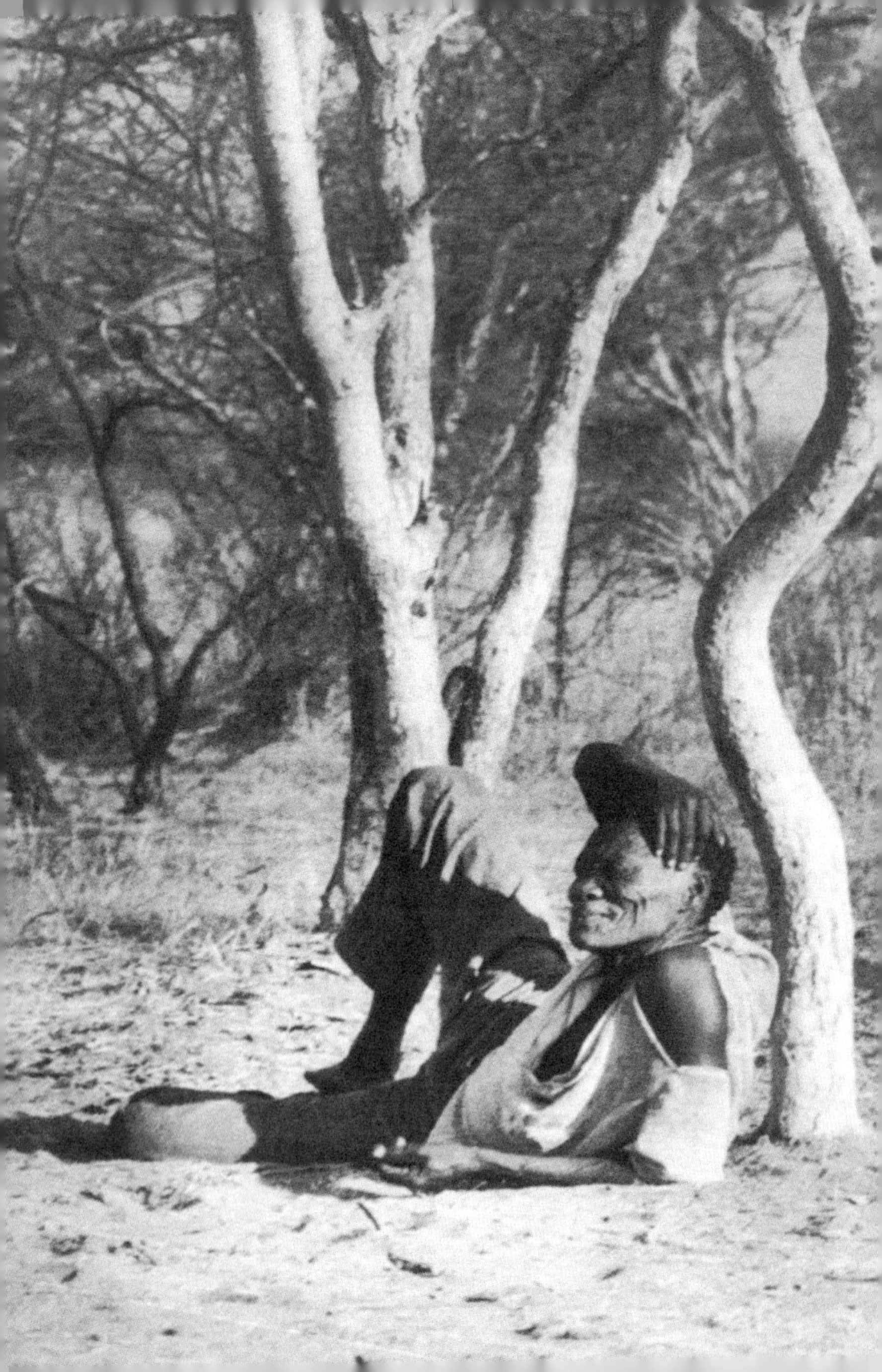

十四、丧亲

昆人特别担心不巧遇到树丛里的危险生物。半沙漠化的多比是危险动物（狮子、豹子、猎豹、鬣狗、水牛和大象）及毒蛇（树眼镜蛇、蝰蛇、眼镜蛇、非洲树蛇）出没之地。野狗、野猫、獾、豺、狐狸及其他小哺乳动物也很多，还有蝎子、蜈蚣、蜘蛛及其他有毒刺的昆虫。这些物种往往不主动攻击人，而且，除了水牛、岩蟒和一些较小的哺乳类之外，昆人也很少捕食它们。但是，昆人的猎手带村里人前往所杀猎物的放置场所时，往往会遇到前来吃他们捕到的猎物的狮子或者其他大型猫科动物。大声驱赶呵斥，或者持长棍子驱赶，才能平安地赶走它们。最大的危险是遇到老了或者伤了的独行猛兽，它们渴望马上吃到东西，有可能会袭击人类和家畜。实际上，没几个昆人因此被杀，但少数牺牲品足以令大家时时警惕。猛兽是昆人不愿夜间出行的主要顾虑，甚至梦见也被视为危险迫在眉睫的恶兆，可能导致一两天内禁足树丛。

比野生动物更大的威胁是人与人之间的暴力。过去不时有战争，大家都听说过，或者记忆犹新，冲突失控令人害怕；对暴力的畏惧是昆人日常生活的一股潜流。因此，昆人千方百计要抑制公开冲突。我们在营地里可以听到昆人没完没了地聊天——跟自己人聊，跟其他人聊，甚至聊了又聊，几乎没完——以此纾解日常生活里形成的压力。[①]降灵导致的释放以及随之而来的身心疲惫，可能也有这个功能。甚至两性的分合自由，也有助于为冲突升级提供缓冲。

但是，有时冲突是免不了的，这时，也可能采用温和的戏谑——尽管不是不伤人，但还是相对安全的。两人之间的互相戏谑大致是这样的。某个年轻女人走进村庄，腰间缠绕着闪亮的珠子。某个年龄较大的女人见了，打趣说："喂，这些珠子归我啦！以前你这人很小气，今天突然变大方了！"年轻女人以同样的口吻反击："瞧，是谁在说别人小气呢！我要等你送我珠子的话，就是等到我又老又丑，那也没戏。"对话发展成了不肯示弱的相互挖苦，两人扯着

---

① 昆人好聊非常出名。——中译注

谁更招男人和其他恶意的话题相互攻击。斗嘴归斗嘴,其中暗含的批评大家都心领神会。事后,年轻妇女把珠子(或其他东西)送给了跟她打嘴仗的女人。几星期后,这些礼物又以同样方式转送给别的女人。妇女矛盾由此得以暂时解决。

如果两名妇女是亲家,得保持面子上的尊敬,情况就略有不同。年龄较大的妇女可能会坐在她的屋里,大声自言自语:"年轻人还要东西让自己变漂亮吗?怎么也没人帮帮老女人,让她觉得年轻一点?"很可能,她说话的对象(或者附近的谁)透过屋子薄薄的草墙听到了哀叹。或者,老女人以拇指琴或者多弓竖琴伴奏,独自坐在夜晚的黑暗中,把不满唱给大家听。每当出现这种情况,大家就会慷慨地赠送礼物。

但是,愤怒当然不可能总是这样轻易消解,要是两名妇女关系特别不好,一方可能憎恶对方的戏谑,直接回骂,而非温和的回击。这很容易导致双方激烈地互相翻旧账,然后是尖刻的侮辱、诅咒和威胁,甚至打起架来。旁人赶紧过去拉开她们。尽管她们继续骂对方,但冲突也就到此为止。双方冷静下来以后,大家可以发现两人居然在后半天坐到一起,互相谈笑。

冲突大都在口头阶段便解决，但打架也不是不常见。尽管妇女没有男人好斗，较少动手，但要是火了，动起手来也是又狠又快的。不过男女之间的斗殴大都发生于夫妻之间，而且是丈夫先动手，尽管两口子打架一般也就是一时冲动压不下怒火，持续不了几分钟。亲友这时候就发挥了作用，负责劝架，拉开撕扯在一起的两人，免得他们闹得更凶。谁是谁非不是重点，事再大也说不上什么惩罚。但大家的意思很明确，那就是最好别用暴力解决矛盾。

尽管有这种态度，但矛盾有时还是会发展成为暴力冲突。这种爆发引发了整个群体的关注和情绪。人们纷纷站队，想起旧怨，又引发新一轮争斗，这时大家经常已经忘掉了事件的起因。混乱中，有人会用武器威胁对方："我是男人。我要拿起弓箭。我可不怕死。"如果不加制止，大家就会拿起长矛、棍棒、刀子及毒箭加入战团（昆人没有战争仪式，也没有禁用的武器）。如果真放箭，那就会到处乱飞。因为没有解药，谁要被毒箭射中了的话，存活率低于55%。

在20岁到50岁之间的昆人男子，最有可能卷入冲突（在多比地区，过去50年里因武器而死的全是男人）。尽管偶尔也有误中旁观的女性的情况，但冲突中丧生的主要是男人。因为村里人不多，死者往往跟杀他的人认识，但很少是近亲。尽管杀人事件大都只是因为口角，但也有小部分属于血亲复仇。为了终结暴力，两个世仇家族可能彼此通婚。

过去，杀过人的人大都从原来村子搬走，搬到暴力较少的地区过活。但是，如果有谁被反复证明为危险人物，族里可能处决他。博茨瓦纳法律在这一带建立秩序后，法庭判定有谋杀罪的昆人都被送进了监狱。从前谋杀事件屡见不鲜，现在则显著减少，从1955年至今，多比的昆人再没听说过有谋杀这回事。①

只根据这些行为就对两种文化进行比较显然说服力不够，但确实有少数证据表明昆人的暴力事件发生率与美国的相当。但是，昆人没有发起过战争，而如果我们把阵亡人数算进去，我们美国的暴力发生率还是要高多了。此外，因为有现代急救医疗机制，美国很多暴力事件最后没有死人，所以进不了统计数字，而昆人是没有这类急救医疗机制的。因此，这样统计暴力行为的话，昆人显然是没我们美国人来得暴力的。但跟所有社会一样，冲突对昆人生活

---

① 本书完成于1981年。——中译注

具有重大影响。[1]

----- ✦ -----

在生过几个孩子以后，你就清楚其中有一个可能会死。我就遇到了这种情况。我生的第一个娃死得最早；还没怀别的娃的时候，就死了。我伤心死了，哭呀；我挤掉了奶水，洒在沙地上，因为奶水太多会杀死我的乳房。我伤心了几个月后，开始心想："我还会再有孩子的。"

我又怀孕，肚子变大，生下第二个孩子，奈。她成长的过程中，我又怀上了第三个孩子，她在长大。第三个孩子是女孩，很小就死了。我又怀孕，生下最后一个孩子，克肖。我养他长大。他，小男孩，她，小女孩，一块成长。

但他们都死了。我的儿子大到结识女孩，跟她们做爱了。我女儿变成了姑娘，来月经了。她的乳房又大又挺，个子也高——不像我这么小个。她很漂亮！她死在我儿子前面。

奈和克肖——他们两人长大了，大到能给我搭把手了。他们的死让我伤心。啊，妈妈哟！我伤心死了，哭了好多

---

[1] 在1960—1970年代，欧美学界一度热衷探讨暴力的起源，以及原始社会和文明社会在暴力上存在何种差异。——中译注

个旱季。因为他们跟我一起干活，一起出去，一起聊天。奈的弟弟已经开始打猎，带回肉了。克肖去世前，只杀了一头大动物，是头大羚羊，但他逮到了很多小些的动物——石羚和小羚羊。他把肉给我，我们坐着聊天。克肖的姐姐也能帮忙了——奈提着水罐去打水。其他时候，就算我不出门，她也会跟其他女人去采集，回来后，她把采集的食物交给我。

记得有一次，我带她去树丛，只有我们两个女的。那时我还跟比萨是夫妻，但已经跟波好了。比萨特别嫉妒，总是责备我，骂我。一天，我几乎气炸了，就带着奈出去，心想："她够大了。"克肖跟比萨留在村里。我们走呀走呀，走了很长的路，直到到达了柠浆果生长的地方，在那里采集。

我们离村没多久，比萨也跟着出来。他跟我们的脚印走，找到我们，说他跟着我们来的，要给我们火把，让我们能在树丛里生火。他说："你走时，我知道你生气了，你们就两个人走了。但你是女人，独自在树丛里会害怕，这也会让奈害怕的。所以，为她着想，让我跟你们一块去吧。"

我说："我不在乎你干吗，因为我不爱你了。你太啰唆！别人说话是为了生活，而你呢，你说话是为了啰唆死我！所以，我带这孩子走了。如果神爱我们，会保佑我们平平安安，我们就沿这条路一块走。"比萨回村子去了。

奈和我走呀走呀，走到一处水井，在那过夜。我生了火，奈玩她带来的竖琴。她躺着玩耍，我坐在身边吃柠浆果。她玩了很久才停下来，我们坐着聊天，聊呀聊呀，聊到月亮落了才睡。没什么来伤害我们。我们两个就躺在那里美美地睡了一觉。早上，我们醒了动身，继续走，一直走到我兄弟的村子。

道看见我们后，说："怎么？谁逼你带着你女儿离开的？就你们两个从你们村子这样走过来的吗？你是睡在树丛里，还是走了一晚上？"奈回答："妈妈和我昨天离开的，因为她又跟比萨吵架了（奈总叫他比萨，因为他不是她的亲生父亲）。她突然受不了了。因此，我们就走了。我们在路旁的水井边睡觉，现在到了这里。"道说："比萨是啰唆。但野兽，哪怕是小野兽都可能在树丛里杀了你和你妈。你妈就这样带你来……野兽会杀了你们两人的。"

我们在我兄弟的村庄里住了一阵。在那里时，有个同族要求跟奈结婚。最后，我同意了。我继续跟我兄弟过，而奈到她丈夫村里住。一天，有人过来告诉我："你女儿来第一次月经了。"我就去看她。为了庆祝，我们跳了好几天的舞，每天都跳。结束以后，我们给她洗澡，她出了一直躺着的屋子。仪式结束以后，我又回到我兄弟的村子。

从那以后，奈的丈夫开始骚扰她，要求和她亲热。她不干，心想："我不是才来第一次月经，刚洗澡吗？这人干吗要求现在就做爱？"因此，她不肯。但他总是纠缠她。

结果就发生了那事。一天晚上，他特别愤怒，抓住她，想强暴她。他们扭打起来，他猛地推她。她重重摔倒在地，摔得很厉害，脖子摔断了——其中一根骨头甚至凸出到可以看见。

那以后，她只活了几天，伤得很厉害。有人过来告诉我："妮萨，你女儿伤得很厉害，去看看她吧。她丈夫打了她，现在，她只能静静躺着。我不清楚她哪里疼，还是什么在伤害她，但我过来跟你说一声。"

我去她的村庄看她。她几乎不能说话，用手在空中比划，告诉我她丈夫是怎样抓住她的。她很艰难地说："我老公要睡我，但我不肯。他就抓住我，推搡我，现在我的脖子摔裂了。"她抓起我的手，让我摸她的脖子。我能感觉到那根摔裂的骨头。

我们把她带回我们村子，她伯伯，道，想治好她。但他发现已经没救了，说："你的孩子……她脖子的骨头摔裂了，她就要死了。现在，你该为她哭了。但你这么坐着，难道还希望有什么转机？说实话，这孩子长得确实好看，皮肤是浅色的，现在躺在这里还是这样。所以你还是盼着她能活下来，不肯哭，对吗？"

他放弃去治她，坐了下来。我看他这样，就哭了，又停了，说："不行，那个混蛋杀了我的孩子，我不要为她哭。我等他来，他没准明天就来了，他来了后，我要杀了他。或者，我也要他吃这样的苦头——等他来以后，杀了他姐，把她埋在这里。"

我们陪我的女儿坐着，一直到她死。只活了两天。她死后，我哭呀哭呀："怎么会发生这事？我女儿已经大到能生娃了，可以生个娃让我抱，笑着跟他打招呼了。可这么大的人，都成了真正的女人了，死了。"[1]

第二天，她丈夫带着他姐来参加悼念仪式。我一见她，就抓住她，用膝盖撞她，哭叫说："你可以生孩子，但我女儿是不能了。"我把她推倒，像那死男人对我女儿一样——

---

[1] 奈 15 岁左右出嫁，死于 16～17 岁之间。这样的事例尚未见第二例记载。——原注

勒住她的喉咙,想拧断它。她开始口吐白沫,其他人跑过来,把我拉开了。我们被拉开时,我踢了她的肚子。她的兄弟,奈的丈夫,说:"就算奈的母亲要报复,她也有理。是我杀了她。"

我跑过去找我的挖土棍,攥在手里,抢来抢去,打他。(我打他的身体,没打头,怕打破他的头,血喷得到处都是。我不想这样,也怕这样。)打了他很多下,最后停手,说:"现在我打完了。我打伤了你姐姐,也打伤了你。现在我打完了。你和其他人抬我女儿的尸体去埋了吧。我不要跟你们去。"

他们就这样做了,他们带走她,埋了,我只留在村里哭。

后来,我去找茨瓦纳人的酋长,告诉他发生的一切。他要求进行部落裁决,问奈的丈夫:"那个女孩不肯跟你睡觉,于是你就强暴了她,是吗?"又说:"你杀了她,让妮萨没了女儿,你拿什么赔妮萨?她在你旁边哭着呢。"奈的丈夫站起来回答说:"是的,我跟我老婆在一起,说我要睡她,但她不肯。"

酋长说:"你这笨蛋。女孩第一次来月经的时候,你是不能跟她做爱的。你得等到月经结束。奈没答应你,合情合理。但你居然过去杀了她!"然后他说:"我判你明天带五头羊去赔给妮萨。"①

我叫道:"不要,我女儿死了呀!这男人杀了我孩子。我不要羊。我要你把他送进监狱,杀了他。"我开始哭,哭呀哭呀哭呀。

酋长没有这么做;其实根本没碰他,甚至没打,就放了他,让他走了。现在,这人还是在我们中间生活。但他的确过来,给了我五只羊。我留下三只,其他的给了酋长。

但那以后,我哭了好多个月,不停地哭,好多个月后才不哭了。

这样,我只剩下我儿子。奈死以后,在他胸口疼的病发作之前,克肖和我一起生活了很久。他长成小伙子,成了"树阴老手"②,帅得不得了,哪个女孩都想嫁他!

他跟一个赫雷罗人去东部,回来后就发病了。他回来当晚还好,第二晚也睡得着。但又过一天,病进了他的胸

---

① 提供山羊意在了结诉讼,而非杀人的赔偿。的确,这个年轻男子没被指控谋杀,但其所为相差无几。尽管他感到内疚,但并没有像妮萨要求的那样被送进东部的监狱。——原注

② 昆人习语,意为经常待在树阴下无所事事的人。——原注

口，跟他父亲当年那样。

这一切都是始于他到树丛打猎时，在白蚁窝里发现了个蜂窠。里面的蜂蜜已被蜜獾①吃掉了些。剩下的蜂蜜害死了他。克肖采集蜂蜜，一边采集一边吃。这时神向他的胸口射进了一根灵箭。可能是神不许他吃蜜獾吃过的蜂蜜。因为，他回来以后，说："妈妈，我找到了蜜獾留在蜂窠里的一点蜂蜜，吃了些。但现在我的胸口很痛，好像有什么在这里戳我，好像有根树枝堵在胸口，想弄死我。"

我哥给他治病。但他在降灵中找到了病因，说："对，是神用这树枝戳了他，害他生了病。神说他毁了那些属于蜜獾的蜂蜜。他本不该碰它的。"

死前他病了很久。一天一天的，病了好几个月。先是一个月，又一个月，再一个月，每个月都一点点死去。啊，啊……我太痛苦了！他是我唯一剩下的孩子了。我说："我只剩下这孩子了。他是唯一可以帮助我、给我干活的孩子，能给我吃，给我穿。而他就要这样死了！太残酷了啊！"我

---

① 蜜獾（Honey Badger），主要生活在非洲、亚洲西南部、阿拉伯一带。——中译注

哥和其他人想救活他，用神抚术给他治病，但病不肯离开他的胸口。

病不肯走，最后，他死了。① 我哭道："现在，为什么连个孩子也不肯留给我？我做错了什么？我哪里对不起神？我没做错任何事，从未损害神的任何东西，哪怕是最微小的东西。现在，神这样带走了我所有的孩子，是要我伤心到死吗？我怎么医得好这伤痛啊？"

这次我哭得更久。我儿子是最后剩下的孩子了。我哭了一个月又一个月，直到眼泪几乎弄死我，哭到病倒，眼看就要死了。我哥来看我，想帮我，用降灵治疗我，施行神抚术，竭力让我康复。最后，他说："等到这个月结束，你就不要再伤心了。就是神也不许你这样了。就是神也说你该停止为孩子哭泣了。你别哭了！"其他人也这样劝我："够了！为什么到现在还不停？"

我听进去了，不哭了，累垮了。我的孩子全死了，我也心疼得快死了，一丝力气也不剩。追问神为什么这样弄得我筋疲力尽。

---

① 克肖死时大约 15 岁。他第一次猎到雄鹿以后，便有资格结婚了。——原注

最后，我重新开始生活，每天都生活，干活。尽管我已经不再哭了，但还是不时难过，因为我总是想念他们。当我独自坐着，没人跟我聊天时，我想念他们。于是我的心情就会变坏。我跟别人争吵，被人骂了，也想念他们。我想念他们两个。因为，以前每次有谁骂我，哪怕只是个小孩，奈都会护着我。她就是这样。她死后，谁跟我吵架，都让我想到她，就开始哭。每次波见了，都劝我别这样："别这样了。你要哭了，会把自己弄病的。现在，别哭了。"他们两人……我的女儿和我的儿子……他们让我无比痛苦，惨重的痛苦。

现在，我很少想到死去的亲人。我老公塔沙伊……我不想他。都过去了，不是吗？他不再在我心里了。甚至孩子们，我也不再一一想念了……只是偶尔想想。

不久前，我弟昆沙和他老婆把他们的一个孩子，奴克哈（Nukha），交给我照顾。他们把她交给我，让我帮忙养她。他老婆怀了第三个娃，想给她断奶。但奴克哈不肯，老在哭。我弟说："姐姐，为什么你不帮我们照顾照顾她呢？"我答应了，把她接过来跟我住。现在我还在照顾她。是我在养她，是我在她长大时陪着她，她叫我妈妈。她说，她的亲妈是别人，不肯到她屋里睡。有时候，她白天在那

十四、丧亲

边,晚上过来跟我睡。①

照顾她让我非常幸福,虽然我没有生她。我爱孩子。所以,我弟弟有了新孩子以后,我把她接过来跟我过。

在你的心中,你的孩子、你的母亲和你的父亲全是平等的。谁死了,你都伤心。你的孩子死了,你心想:"这小家伙,你带在身边,看他的一举一动,为什么现在就死了,离开我了呢?只有这孩子陪伴我,没别人了。我们两人一起过,一起聊天。神……太毒了!为什么给了我孩子,又把她带走呢?"

你就哭呀哭呀哭呀。如果死的是你母亲,你也这样伤心,跟哭你的孩子一样。你脱掉珠子和饰物,脖子和身上什么也不戴。你为她伤心,怀念她,感到痛苦,心想:"是母亲给我吃的,送我珠子。现在她死了,谁还帮我呢?"如果你住在公婆的村里,想的则是:"现在我住在别人家里,自己的亲人不在身边。神来了,把妈妈带走了。现在,谁会疼我呢?他们会骂我,先是一个人来骂,然后是一个又一个人来骂。"

---

① 据作者14年后写的《重访妮萨》,后来妮萨的弟弟又把女儿带走,不给她养了,怕孩子跟妮萨太亲。——中译注

你的想法发自内心。你的内心不也这样说吗:"是谁规定了我们得这样活呢?神戏弄我,从我身边带走了妈妈。我能看到她,仿佛她还活着,但神已经把她带走了。"

或许,你父亲还活着,跟你一起过。但过了一阵,他的生命也走到了尽头。他也病了,死了。于是,你又想到了死:"谁说事情就该这样子呢?先是我妈死了,只剩下父亲帮我。现在,他也死了。现在谁还帮我呢?谁给我吃的,给我穿的呢?神不要我了。神这样对待我的父母,不想帮我了。"

你舍不得死去的父亲,哭呀哭呀哭呀。最后,别人劝你说:"看,就算再这样哭下去,又能见到他吗?你看你到哪能见到他呢?神已经把他带走了,结束了。再这样哭,神会也把你带走,让你再见你爸的。哭有什么用呢?哭能帮你再见到父亲吗?"人们就是这样劝你的。很快,你不哭了。你不再伤心,只是坐着。

你老公死时也是这样。他病了,人们在他身上割个口子治疗他,治疗师努力要医好他。尽管如此,他还是死了。你哭他,也哭其他人。

你父母、你老公和你孩子死了——失去他们给你的伤痛是一样的。但他们全死了以后,你无依无靠,才真的感到痛苦。没人照顾你，什么都得自己做。如果你母亲死了，你父亲死了，但丈夫还活着，那还好。你心想："是的，尽管我父母死了，但还有人照顾我。"或者，如果你老公死了，而你父母还活着，这让你很难过，但过一阵痛苦就淡了；你知道你父母会陪着你。

但是，孩子死了就不同。就算身边的其他人还活着，孩子死了还是特别令你伤心。你爱你的孩子，好几个月都悲痛不已。心都碎了，直到过了一阵，你怀了新的孩子，悲痛才消失。

哪个家庭成员死了，你都难以承受，但其他的还活着的话，过了一阵，你的心就不再痛了。但是，当每个人逐渐死去，直到最后全死了，你的痛苦会持续一个月又一个月，一个月又一个月。你见别人都有家人陪着，自问为何自己全家都死了。你伤心极了，泪水怎么也止不住。你哭呀，吃不下东西；你变瘦了，瘦得要死。直到过了很多个月，痛苦淡了后，你才重新过日子。

事情就是这样。是神毁了他们，人做不了这事，只有神。

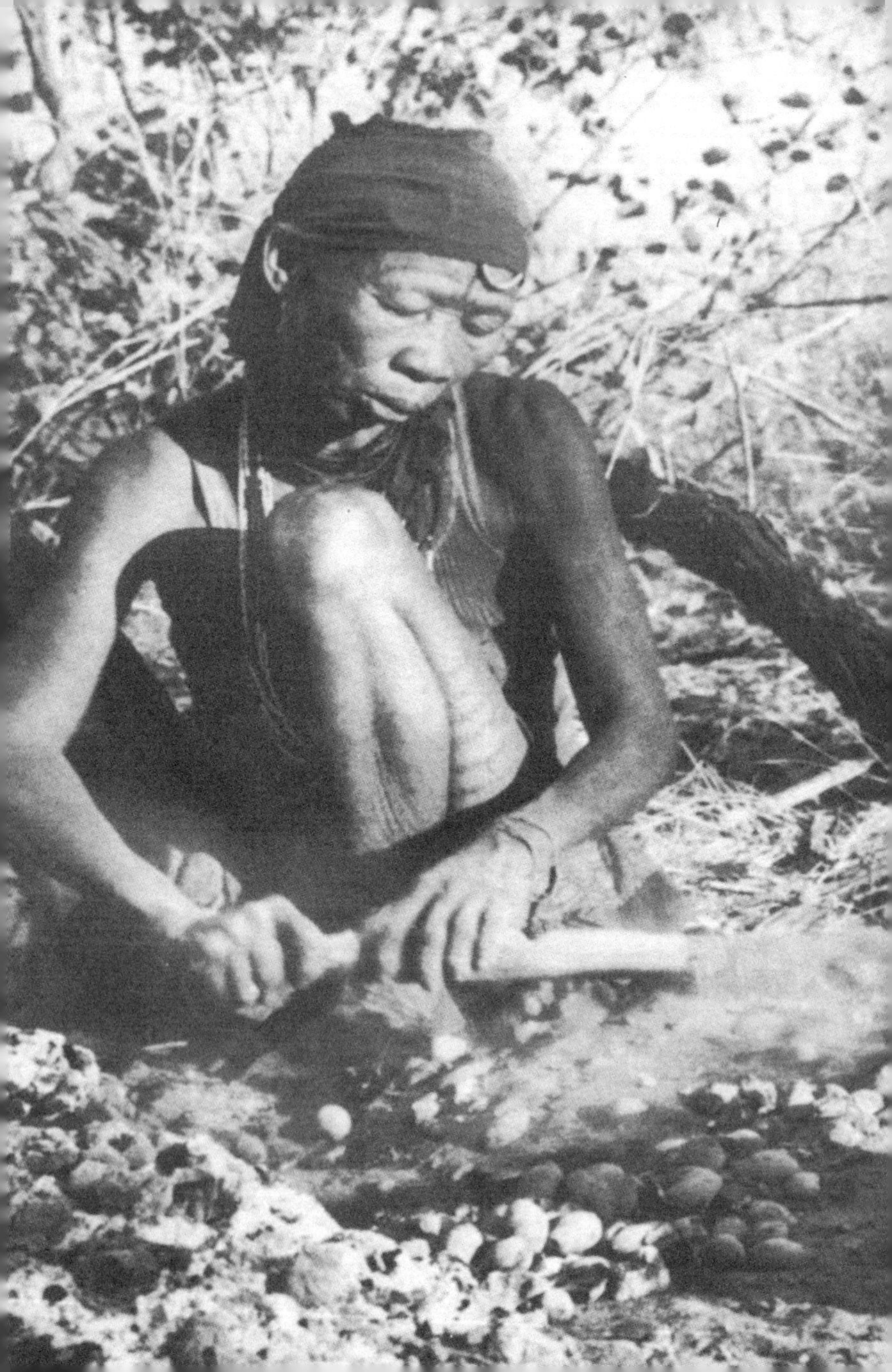

十五、变老

谈到死,你想到什么?

死很可怕。死后,你啥也看不见,就到天上去了。

去那做什么?

去死人要去的地方。我们哪知道他们在那里做什么?

大人没告诉你吗?

没,他们只是说,你要去天上,在那里生活,跟先前死去的人一起过活。

那很可怕吗?

当然,你不会是死人吧?

你怕吗?

我怕。死很可怕。死了看不见任何人,也看不见任何东西。

变老又如何?

那也可怕。老了,你还能干啥?

(作者与一名 14 岁昆人女孩的谈话)

昆人大都不喜欢变老,但他们认为老人能给社会提供独特的东西。昆人在很多方面都富有人性,对待老人也如此。老人很受尊敬,通常对族里有影响力,在某些方面拥有年轻人没有的特权。

对于大多数昆人,活到老年可谓福分:只有20%的人能活到60岁。(在现代社会,这个比例接近83%。)因此,死亡不只是老年人的事,哪个年龄段的人都可能会死。老年昆人跟其他年龄段的昆人一样,有可能染上传染病,或者遭遇意外,但他们很少患有其他社会老年人常患的疾病,包括动脉硬化、听力失聪、高血压及更多明显跟压力相关的疾病,比如溃疡和结肠炎。60岁的昆人大都身体强健(强健到足以抵抗其他人容易感染的疾病),自己过活,但过半有生理问题,必须仰赖他人。最常见的疾病是丧失部分视力。行动困难和呼吸性疾病(肺结核、慢性支气管炎和肺气肿)也很常见。牙龈溃烂较少见,可能是因为昆人很少吃到糖和提纯的碳水化合物(他们定期用植物茎秆摩擦牙齿,把它们弄白弄净)。但是,因为经常咀嚼坚硬的食物,很多老人的牙齿大都磨平了。

活到60岁的昆人,一般还能再多活10年(当今美国则为约20年)。当然,有的昆人可能活得更长寿。在我的两次田野调查中，很多老人在日常生活里很活跃，甚至有小部分"非常老"的人——人口学家南希推断他们已经80多岁了。有个老头已经近90岁。但是，老人占人口的比例很小（60和60岁以上的老人只占10%，在美国则占16%）。

因为昆族女人经常嫁给大她5~15岁的男人，所以，60岁以上的妇女中，高达40%都当过寡妇。尽管她们在40多岁或者50岁出头时成了寡妇后，大都一年左右又结了婚，但更老的妇女可能选择不再结婚。如果她的孩子都死了，或者孩子和近亲都离得很远，她可能决定再婚当平妻。当平妻后，她可以得到伴侣和安全，但也有代价。因为她身为早已存在的婚姻里的新人，地位较低，可能得做很多家务，也不怎么受宠，还会被第一任妻子妒忌。如果她有孩子孙子，或者附近有近亲，她就决定不过一夫多妻的婚姻生活，"在她家人中间"盖间自己的屋子住。

昆人不根据生理年龄来计算年龄，而采用不怎么准确的事件——季节变化、月亮盈亏及日夜更替——来计算。人的生命历程按大多数人都经历的生理事件和社会事件的发展顺序来计算。比如，童年分为如下几个环节：会笑、会自己坐稳、会站、会走路和会说话。成年和老年也分为类似的环节。尽管昆人不用数字记录年龄，但他们清楚大致的年月。因为年岁事关地位，"谁更老"（老几年，还是老几天）很重要，影响到所有关系。除了远来的稀客之外，人们一般都清楚周遭人的年龄排序。

有个跟名字连用的尊称——n!a——表示承认这人成熟了。它偶尔可能用于赞扬有成就的年轻人（比如，在狩猎、降灵或者弹奏乐器的时候），但一般用于40多岁的男女，这年龄是他们精力最旺盛也最具创造性的时期，也用于区别跟这些中年人同名的青年。但是，对于快60岁以及60多岁的老人，昆人则用n!a n!a表达更高的敬意。≠Da意为"非常老"，用于指称快70岁的老人，而70或70岁以上的老人则往往幽默地呼为≠da!ki，意为"太老了，快死了"。

大多数昆人衰老的速度似乎可以跟我们社会和其他社会进行比较。因为不断被风吹雨打，他们的皮肤很早就起了皱纹。但是，人类学家目测的昆人年龄经过南希仔细调查核对，发现和昆人的真实年龄偏差很小。这或许说明，昆人并未随年岁增长而有多余的脂肪，因此容颜相对年轻。

对于女人的年龄，一个确凿的衰老征兆是绝经。绝经大约发生于快50岁的时候，但确切时间一般不好确定，甚至连妇女自己也不清楚。对于30多岁近40岁时生最后一胎的女人，在生育多年以后才绝经，绝经的时间一般很确凿。但是，对于40多岁还生育的女人（年龄最大的昆人生育者为46岁），哺乳最后一个孩子可能推迟了绝经的时间，长到足以掩盖住她的更年期。她们停止哺乳以后，月经也就不来了。因为某些疾病会导致暂时停经或者永久停经，情况又变得更复杂。但昆族女人大都承认，50岁时，她们的月经就彻底停了。

昆族女人怎样看待绝经，往往取决于其生育史。对于不育或者孩子都死了的妇女，意识到自己无子无女是非常悲痛的。膝下儿孙健在的妇女，更容易接受不能再生育这回事。正如某个妇女所解释的："停经以后，你很开心，因为不用再生娃啦。"但是，停经免不了是衰老的征兆，预告死亡逼近，当然也不是什么好事。

大部分妇女谈起绝经，如同对待月经一样，觉得没那么重要："你的身体很健康。不疼。只是你的'月亮'结束了。"我问某个妇女，这有没有让她难过，她说："年轻的话会难过。但我老了。"和我们不一样，昆人妇女并不认为绝经是身体机能退化的标志。第一个月会感到有点不舒服，但没见她们提到热潮红（hot flashes）①和长时间的身心痛苦。有人认为，因为饮食、习俗或者尚未清楚的原因，绝经对昆族女人和美国妇女的影响有本质上的差异。这种观点不是不可能，但也可能两者的差别只是因为昆人妇女对绝经安之若素——她们甚至得独自分娩，因而对这种生理上的不适也就不怎么在意，很少提及。

到了60岁以后，昆人的生活跟40岁时相比，发生了本质上的变化。妇女的生育早已停止，男人虽然在生理上还能生育，但50岁中期以后可能性也减少了。昆人断言很多老人还热衷于性事，但这样戏谑地谈论老年人的性生活，或许正说明老年人性生活频繁的比较罕见。

到了这个年龄，经济活动也减少了。老年人也没有多少劳动成果拿去交换了。大部分老年人已经无力为群体提供食物，尽管很多人还能养活自己。（他们根据自己的活动能力量力而行，只能在村子附近采集年轻人不喜欢的蔬果根茎，这些东西吃起来没那么好吃。但因为植物性食物一般都是一家人共同采集分享的，所以老年人也有可能和年

---

① 女性更年期因女性荷尔蒙减少分泌，会出现些不舒服的症状，热潮红即其中一种。——中译注

轻人一样吃到各种食物。）有些男人老得不能再跟人去狩猎，没法为人分析脚印或者提供建议，便干别的补贴生计——设置陷阱，采集蔬菜。只要身体允许，夫妻经常一起活动。年龄再大一些的，就几乎只能依靠更年轻的家人了。

尽管有些老人抱怨精力衰减，但其他人则说，他们的能力在增强。后一种情况尤其贴合于妇女，她们要等到把孩子养大后，才能开始认真学习降灵和治病。老人在通灵领域有重要作用，因为他们不再有青壮年要遵循的食物禁忌和其他限制，可以安心地摆弄那些据说会影响生育的仪式用品（比如跟男女成人仪式相关的仪式物品）。

老人见多识广，熟悉当下的历史和更远的过去。他们清楚谁跟谁结婚，人们之间有什么关系，某某哪年生的。如果当地发生了异常情况，以前可能只有老人见过，清楚它的来龙去脉。老人也清楚这一带食物资源的逐年变化情况。所以环境恶化时，人们想知道到哪寻找食物，老人能提供好的答案。

除去这些，老人还有的也就不多了。有些物品向来有价值，但也不可能存一辈子。所以，很少有什么物品（如果有的话）能传给下一辈。昆人经济的互惠交换是持续终生的，但上一辈交换网络里的大多数参与者（父母、兄弟姐妹、近亲和同辈人）都会死，还活着的或许倒算是留给下一辈的"遗产"。

不过，有些老人的确"拥有"某些可以传下去的东西。昆人承认水和食物资源的所有权——使用权——这往往是由族里最年长的成员掌握，他们的家族在这一带生活得最久。财产权引发争议或者主人拒绝别人暂时使用资源都很罕见。但拥有财产权是一种有影响而令人垂涎的地位。

不同老人的生活质量是差别较大的。如果配偶还活着，如果孩子还活着，如果孙子在附近生活，如果村里有近亲，老年生活可能很惬意。年轻人打猎采集归来后，为每个人都带回足够的食物。傍晚可以讲创世时代的故事消磨时间——动物怎么像人一样生活啦，树丛里的生灵们怎么变成了现在这个样子啦。孙子大了，不方便再和父母睡，于是过来跟祖父祖母过，或者交给祖父祖母照顾几天或几星期。儿孙们会听取他们的建议，征求他们的意见，他们可以大方地奉献爱心。有些年长的女性随丈夫过，但还是被家人环绕，在族里极有威望。

但是，那些配偶和孩子已经去世的人——男人占5%，女人占20%——就很有可能晚景凄凉了。别人不怎么帮他们。他们成了族里的负担——大家不得不为他们特别采集和准备食物,搬家不得不走慢些,搬家的范围不得不限制在最小范围。据说在过去,没有近亲的老人病了得不到好的照顾,很难熬过饥荒。

于是,某位昆族女人(或者男人)老了以后,前景变得岌岌可危:她对族人的经济贡献无疑在减少;她没准成了寡妇;身体不便,日益依赖他人;她甚至不得不搬到茨瓦纳人或者赫雷罗人的牧场,依靠他人的施舍维生。

但是,因为年长,她还是受人尊敬的,特别是年轻一辈还指望着她讲述过去的故事,不管是神话故事还是历史故事。赫雷罗人最早搬来这里时,25年以后,第一批人类学家抵达这里时,她早就在了。她熟悉这里人的历史和逸闻,清楚代代口头相传的民间故事。她会讲神话人物的滑稽故事,逗得大伙儿哈哈大笑——比如说,考哈(Kauha)骗人的故事,这位昆人信奉的神在升天之前怎样骗了他的妻子;还有月亮和兔子辩论的故事,兔子觉得死了就是永远死了,不会再活过来,而月亮觉得死其实是暂时的,因为它自己就能一次又一次地重生。她通过讲述这些故事和自己的生活经历,一定程度上保住了正逐渐丧失的丰富传统。

孩子们死后，我只是继续过活。① 嫁给波以后，我差点又生了一个娃。我有三个月没来月经，但后来有病进入我的身体。我病了一阵以后，流产了。② 我甚至见到了它，一个小小的胎儿。波说流产是因为我跟其他男人做爱。但我说："不是的，我病了很久，是这让我流产的。"

那以后，就再没有了。我再没怀孕，只是接着来月经，来了很多月，很多年。但现在，甚至月经也离开我了。停经的过程也就那么几个月吧，三五个月的时间。有一个月，我觉得有点痛，然后来月经了。第二个月，我觉得更不舒服。从那以后，月亮就离开我了，我再没来过月经。但身体还是不舒服。因为，当月亮不再来以后，它让你体内疼痛。③

或许，你可以给我些药？我想再来月经，这样身体就

---

① 妮萨此时大约 37 岁，孩子全死了（约 1958）。——原注
② 这次怀孕时妮萨大约 40 岁；1970 年，她 49 岁左右时绝了经。——原注
③ 这是唯一一次昆人提到绝经导致身体不适，因为妮萨当时正绝经，她可能比回忆更准确。昆人妇女在回忆的时候，总否认有过任何绝经的症状。——原注

不疼了。或许，你也可以给我些药，让我能再怀孕。我听说欧洲人有这样的药。如果能再来月经，我会很高兴，觉得自己又康复了。

生娃真的疼，疼死了。现在，有很多年了，我很高兴自己不再怀孕了，我已经把该流的血流完了。神觉得我这样挺好，就没再给我孩子。

神不肯留给我孩子。我的孩子全死了。生下来，又死了。因为神拒绝给我孩子。我生了好多孩子，但神把他们全杀了，一个都没留。现在，我怎么可能再生呢？就连我的月经也去了。神把它也带走了。于是我知道，我终究是没有孩子，不能生孩子的了。因为，你还来月经的话，过几个月，就可能怀孕。但停经后，就不可能怀孕了。然后你就老了，只是过一天算一天。

这就是现在的我。头发全白了，老了。所以我不再来月经，跟这一切都没关系了。

现在……我仅仅是活着而已。

前不久，我做了个梦[①]，梦到自己怀孕了，生下个小女孩。我心想："怎么？我不是已经停经了吗？怎么可能还生

[①] 昆人的"梦"一词，表面意思就是"亡灵聚集"。——原注

十五、变老

下这娃，这么漂亮的娃呢？"因为我生下了她，就像有了自己的孩子。我抱着她，叫她："女儿哟……我的女儿哟。"我照顾她，她开始长大。然后她死了，我哭呀哭呀哭呀。我说："神干吗这样对待我，总不肯帮帮我？是谁要杀死这漂亮的娃，用这来毁了我呀？"

我哭呀哭呀，哭得很伤心，抽泣的声音太大了，把自己哭醒了，这才知道是梦。

为什么停经以后，我又梦到自己怀了孩子，然后孩子死了呢？是神想用梦来耍我？是神玩弄我？神不帮我，那我又何必想再怀孕呢？

我经常做梦。几个月前，我梦到坑里有一只手脚像人的动物：食蚁兽。我梦到自己拿矛戳它，它叫道："噢哇！谁用矛戳我呀？"我说："波，听听这。听啊！人杀动物时，它会说话？它怎么对我说起话来了呢？"因为，尽管它是动物，但会说人话。

我们吓得大叫，开始逃跑。我使尽全力，却跑不动。波也吓坏了，逃走了。食蚁兽还是留在坑里说话。它这样说话，是人吗？我使劲逃，却跑不动。我叫道："拉我一把……拉我一把……"波跑回来，抓住我的手，然后我们一起逃走了。那头食蚁兽还是待在坑里。

神带来的事物，对我都不善。

有时候，我每晚都做梦，然后有很多晚却没有梦。有时候，我梦到自己死了，病了很长时间，然后死了。要是做了这样的梦，天亮以后，我的身体会觉得难受，开始生病，就这样过了一阵开始好转，身体又好了。

我还做过一个梦，梦见自己走了很远去找一口井，井边有象牙棕榈树。我梦见跟一群人在那里，全坐在井边，我摔了下去。我想抓住水井的边缘爬上来，但每次爬上来，又摔下去。我试了一遍又一遍，但总是又摔回水中。即使在今天早上，神还用落井的梦打击我。

我梦见自己在爬树，找些松脂吃，结果摔了下来。摔下来的时候，一根树枝戳中了我的腿。我痛叫起来："噢！树枝正扎着我！"因为树枝正戳进我的腿，断在里面。

然后你，玛乔丽，你来了，帮助我。你说："哦，妮萨……你死定了！"你叫来其他人，想把树枝从我腿中弄出来。最后，你们把它拔出来，给我涂上药膏，把伤口处理好了。你还给我喝了别的药水。

今天凌晨，这梦把我吓醒了。醒来以后，我怕得要命，腿的那个部位很疼。我一直在发抖，心想："这梦是啥意思？神真的喜欢捉弄我，托梦让我从树上摔下来。"又想：

十五、变老

"那个玛乔丽,她帮我,我才好起来。"

我就躺着,不许自己再睡着,怕又做同样的梦。我躺着,竭力让自己保持清醒,直到天亮都清醒地躺着。

还是小孩子的时候,我就做过梦,但不记得梦见了啥。我甚至不知道说:"我是在做梦。"因为那时候不懂事。我只是做梦,有时会哭,但不记得原因。

有一次,我比较大了,记得自己做了梦,记得梦中的东西的名字。有时候梦见自己生活,吃肉。另一些时候,梦见自己在哭。有时候,我梦见有动物在咬我,或者有什么东西在咬我。

玛乔丽,神的梦让我很尴尬(笑)!我最近梦见这里的一个男人,他过来跟我睡觉。我说:"别,我老公会逮住我的。别跟我睡。"但他不听,他想要我,所以我们就一起睡了。我老公没逮住我们。但早上我醒了,心想:"神想害我,让我这样梦到男人。"

另外一个晚上,我梦见我跟某个人睡了,然后我老公真逮住了我们。他打我们,打了一遍又一遍。我醒来以后,心想:"我梦到了这样的事!神老给我跟男人有关的梦!"

另一个梦是我老公正在跟别的女人做爱,而我看见了。我不知道她是谁,只是在梦里见到他们。我骂他,然后他们分开了。后来，我老公只要我，不要其他女人。

关于男人的梦都是好梦——这意味着男人被你吸引，想要你了。这时，你梦到了那事。

我老做这样的梦。神真的用梦来折磨我呀（笑）！但梦到男人跟我做爱，这让我很高兴。这意味着我有情人，我喜欢这样。

我，老了。但精力还在，对性还有兴趣。有精力，但现在只有一点点了。是我的心吗？我不清楚。我的心已经死了吗？或许吧。因为我的心并不想要男人，也不想找情人。我只是坐着，日复一日。然后有一天，我心动了，有一点点需要了。这时我去找男人当"食物"——某个肯跟我过一阵的男人。

但比如说今天吧，我没那个心情，我的心像睡着了一样没反应。可它的里面还有激情，我打起精神来的时候，就会特别精神，人们见了我就说："哇，看看波的老婆，多漂亮呀！波婓的女人多漂亮呀！"我用珠子缀满全身，拿一块头巾包好头，到处逛，让人家看看我有多漂亮。我好开心……好像又回到了青年时代。

现在，我感觉自己老了，不再需要情人。我的好日子都过去了。现在，我觉得自己很丑，不像以前，觉得自己

十五、变老

漂亮。年轻时，我真的很漂亮！现在我又老又瘦，不再有吸引力了。所以呢，现在我也不再需要性了。

或许有一天需要。有一天，当我的心渴望性的时候，我会问男人："是因为我没有吸引力，所以你不要我跟你睡了？"

还有很多男人要我，不会因为我老了就拒绝我。他们来我坐的地方，对我提出要求，但我全拒绝了。我告诉他们，我老了，不再需要情人。他们问："为什么？出了啥问题？其他老女人都有情人，为什么你说男人不跟你做爱呢？"我玩笑说："不，我不肯。因为，如果我挑你们年轻人当情人，你们这些'树阴老手'会弄死我的。你们有体力，又壮又重，会弄死我的。"

他们说："你不知道，就是老母牛也要那个的？老女人也这样，即使她老了，还是要做爱的。所以，你怎么了，干吗不肯要了？"我说："母牛老了，公牛要跟她做爱，她可撑不住。你看老母牛蹄子一滑跌倒了，就躺在那儿起不来了。所以，为什么要跟我做爱呢？要做了，你会弄死我的。"

年轻人听了，走了。只有某个年轻人又来了，但我还是把他撵走了。

有一天，我又有点心痒痒了。有一天，我又想男人了。然后，我涂上些粉，把珠子穿起佩戴。我就戴着珠子，打好粉出门，又很漂亮了，漂亮到男人们都说："妮萨，你可真漂亮。"我浑身香喷喷的，于是他们说："为什么这拒绝我们的老女人闻起来这么香啊？"我笑着说："一边去！谁在那儿发骚勾引我？我美我的，关你们什么事？谁又想来我这里勾勾搭搭了？我是不年轻了，老了也要美要享受啊。我还不想就这么放手。你这人是怎么回事啊，每次见你，你就黏过来，我都说不肯了，你还这么厚脸皮？"我拒绝了他，把他撵走了。

最近有件跟男人的事。他问我："妮萨，肯给我些东西不？"我说："现在我屋里没吃的。"他说："我要的可不是一般的食物。"他指着我说："我要吃的是这个，就在那儿。给我尝尝呗？"我开玩笑说："吃不了啦，已经被别人吃得什么也不剩了。肉都空了，只有个空壳子。吃着不甜又不养人。就像那些咬人的虫子，你不会喜欢的。"

要是这个冬天，天气特别冷，没准我就同意他了。但现在还太热，我只想跟老公躺在一起。因为像我这样的老女人怕冷。现在是旱季，不用担心冷。但冬天来了以后，我会答应他的。我老公出去打猎的时候，我会跟年轻的情人偷情。我的新情人就他这么一个。

我有几个男人、几个情人，还在跟我来往。有德贝(Debe)，有坎特拉，坎特拉从小就跟我好了。现在，我最重要感情也最深的情人，是德贝。我真的爱他。甚至昨天咱俩坐在一起时，他还过来跟我说话。他真的爱我。这也是为什么我爱他这样深的一个原因。如果他不爱我，不是这样全身心爱我，可能我也不会爱他这样深。

有一次，波发现了我们的关系。德贝和我跟其他人到檬戈林里过了些天。回村以后，人们见到我们，说："哦，你们全死定了！妮萨，你和你的朋友都要完蛋了。你们的老公要来杀你们了。"因为我的朋友也是跟情人待在那里。我吓坏了，说："要真是这样，那我就坐在这里，我老公来后，就让他打死我吧。"

我朋友的丈夫最先到，开始打她，打得很惨。我不知道自己会怎样。我走开去拿些烟草，回来又坐在人群中；德贝也坐在那里。我起身把一些檬戈果送人，又坐下来的工夫，波到了。他站了一会儿，瞪着我们，然后越过我，揪住了德贝。他们开始打架，抓住对方，互相斗殴，直到别人把他们拉开。波满怀愤怒，来到我坐的地方，一脚正中我胸口。他踢得很重，只听"砰！"的一声，就把我踹到附近的树丛里。

有人把我扶起来。其他人斥责波:"你在干吗?妮萨是女人。你快杀了她啦,你不是真想杀了她吧?你不知道你可能踢断了她的肋骨?"我静静坐着,怕波生气,所以一言不发。其他人在那里谈论这事。

那晚,我们睡了。但第二天早上,有一辆茨瓦纳人的卡车从这里经过回东部。我心想:"现在,我要坐进这辆卡车;它开走时,我要跟它走。"我听到自己在盘算:"真要这么干?"我自问自答:"对,真的。"我走向司机,说:"我怕我老公杀了我,想加入那些人,跟你回东部去。"

卡车开动以后,我上去了。我老公瞅见了,开始跟着车辙追。卡车一直开,直到下一个村庄才停,司机下来喝赫雷罗人的牛奶。我就在卡车的后车厢里等。

波跟着沙上的车辙不断追赶,直到赶上我们。他向坐着的茨瓦纳人跑去,喊道:"嘿,黑鬼,还我老婆!把她留在这,把她还给我。"他开始叫喊,侮辱他们,诅咒他们:"你的那玩意儿烂掉了?干吗带走我老婆?去死吧,黑鬼!现在,把我老婆留下。"

最后,一个司机说,"你老婆在这",把我还给了波。我们一起走回村子,事情就是这样。我们继续一起过活,

十五、变老   *371*

但从那以后，我就怕找情人，拒绝新的男人。有一阵，我甚至拒绝了德贝。

这事过后没多久，德贝来找我，说："妮萨，我要娶老婆了，可以不？"我说："当然可以，娶吧。"于是他就结婚了。但尽管我拒绝他，他还是需要我。有一次，他来找我，我把他赶走了："你，你自己，已经有个年轻老婆啦。"

他走了，但另一个晚上又来了，说："妮萨，铺好床，我们一起睡吧。"我没答应，他又走了。但他又来的时候，我最后同意了，又接纳了他。

情人，是的。因为德贝，我几乎被打死，那次我老公几乎杀了我。最让波烦恼的是我们到外面幽会。如果我们只在屋里偷情，我觉得他也不至于这么生气。后来有一次，他甚至跟德贝说些好话、软话："德贝，那次我几乎杀了你，因为你干得太过分——你带走我老婆，跟她一起出去。因此我特别愤怒。但如果你要不再这样，不再使劲羞辱我，我就不骂你了。因为看来谁都有婚外情，也不只是你。因此，大家都不怎么讨论这些了，因为谁都干。所以，现在别说我对你不公平了。"

从那以后，他不再那么嫉妒德贝了，可能也是因为德贝后来娶了别人——波的一个侄女，不再单身了。而且，波的确喜欢我，不想我离开他。甚至昨天，德贝在我们营地附近，波见了他以后，对我说他知道我要跟德贝出去做爱。他是这么说的。但我能看出他的话发自内心，发自一个男人的内心。所以波在附近的时候，我不跟德贝约会。

昨晚，附近的村里有场舞会，我去了又回来拿东西。到家时，发现德贝来了。他要我跟他出去约会，但我拒绝了，说："不行，我老公会骂我的。如果他舞会上见不到我，立马就会骂我的。"于是德贝就亲亲我的嘴，走了。我的心非常幸福，又回舞场去了。

但我真的爱他！可能也还会跟他幽会！没准明天晚上，我就背着老公去约会，就骗他那么一下下——一点点！

坎特拉吗？我还是牵挂他，他还是我生命里的重要人物。直到现在，如果波出去了，他还会过来跟我睡。前不久我们还见面来着。波和坎特拉的老婆贝都不知道这事。但多数时候，我们怕人知道。人多的时候，我们只是看着对方，凝视彼此的眼睛，但心在燃烧。这种时候，我心想："哦，我的情人。我们不得不这样，因为人太多，我们怕波和贝知道。"

有时候，波特别忌妒，一见坎特拉，就问我干吗挑他

十五、变老

当情人。我能看出他是多么妒忌。因此，只有波和贝不在的时候，我才跟坎特拉幽会。但有时候，波似乎接纳他了，甚至把他当朋友招呼，叫他"我的老伙计"，尽管他们不是亲戚。因为，说到底，早在我跟波过以前，坎特拉就跟我在一起了。

当然，贝也知道我们的事，但从不吃醋。甚至很久以前，我们还年轻的时候，她就不吃醋。即使贝就坐在旁边，坎特拉也敢过来找我，摸我。但要是别的女人跟他在一起，贝会骂道"别碰那个男人！"，咬她。我也这么干。但我们从来不这样对待对方。我们一直喜欢对方，叫对方"平妻"。

但现在，我的心只有很小一部分还爱坎特拉，因为他伤了我的心。他骗了我，很差劲，找了别的女人。他有了她以后，我能做什么？昨天，我跟他谈了，要他离开她，但他不听，说我吃醋。我说："不，我没吃醋，只是怕她传给我病。"

因此，有时候我拒绝他，但其他时候，我心里还是非常喜欢他的。我也不知道我还会和他相处多久。你说我可以既跟他好，又跟德贝好吗？德贝讨厌见我跟坎特拉好，要我离开他。坎特拉呢,也要我离开德贝,说德贝只是娃娃。但我说:"德贝可能年轻,但头脑很清醒,我不会离开他的。"

我对他们都感情很深。如果去了别处,我会想他们,念他们。见到谁,我的心都会怦怦跳。于是,一切都好了。

我不明白我这颗女人的心为什么这么复杂!男人的心也这样吗?

我还是需要我老公。当他对我说,"现在,我要找你要'吃的'",这时我就会很开心。他来要我,办完事以后,他躺着,我也躺着。

有时候,我也拒绝他,尽管最后一次拒绝他已是很久以前的事了。我跟他说我病了,身体很瘦,或许我们该不做一阵。他问我:"这关我什么事?别扯上我,是神让你又瘦又病的。"于是我们躺下睡了。

另一次,他骂我,说是因为我有了别的男人。我说:"不,不是这样。女人有了情人以后,拒绝自己老公吗?"他说:"你有情人!要没有,你不会拒绝我的。"我说:"胡说!你见过谁像我这样又瘦又病,还要跟别人干这事的?"

那时他还经常跟我睡。但现在有一阵,几乎不跟我睡了。他跟我睡一晚,然后很长一段时间不跟我睡,我们只

十五、变老

是一起过活。直到下一个月，月亮第一次来的时候，他又跟我睡，也只睡一个晚上。直到月亮再来，我们才又一起睡。他就喜欢这样。

或许，他不再需要我了。所以他不怎么和我睡了，可能吧。我真的不清楚，也不了解为什么他现在对性这么冷淡。现在他很少跟我做爱，对于性的兴趣很淡。以前我们一起过夜的时候，可真好。可能他觉得我老了？他说过我太瘦，要再壮些就好了。

不管什么原因，这都不是好事，让我很不爽。

我对男女之间的事还有兴趣，可我想要的时候波根本不理我。他没兴趣，因此我不得不另找别的男人。因此我要德贝，爱德贝。他之于我，就像丈夫，他懂得怎样办事。如果你跟他共度一晚，他会跟你做爱到天亮的。

我的其他丈夫不像波。我跟塔沙伊在一起时，某个晚上做爱，另一个晚上则不。有时候，在天亮以前，我们一晚上做两次爱——第一次是躺下的时候，第二次是天亮前。而比萨呢，总是兴致勃勃，总是很亢奋，那玩意儿永远直挺挺的。他不让你休息！做他的老婆，永远都不得歇息。他跟你做爱，一直干到你筋疲力尽，疲惫不堪。他完事以后，你整个人都累垮了。那个男人只要那个！我永远都不能理解他。谁知道他究竟吃了什么，这么有劲？他把我累坏啦！我心想："干吗做这么多爱？要干死我啊？"

因为那个男人，他真的爱干那事。妈妈哟！

波和我还是情人、没结婚的时候，一个晚上也跟我做很多次爱，甚至结婚后也是如此。他对我的性欲总是熊熊燃烧。他的心充满温暖，强烈地爱着我。他经常跟我睡觉，并且事做得很棒，甚至几个月前还跟以前那样好。

因此，最近发生的事，我不喜欢，因此我问他，他不像从前了，为什么变成了这样。我不清楚怎么回事。这不是因为他丧失了体力，也不是因为他不再强壮了，因为他在这方面还是非常强壮的。或许他丧失了性欲，因为我从没听说他有别的女人。如果他有情人，是不会告诉我的，因为我们族的男人怕老婆，不会说出来，只管偷情，不会谈论的。所以我不确定他到底有没有情人。但因为我没听别人说过他有，所以我想他可能真的没有。

或者他可能只是对我没欲望了而已。

就在四个月以前，我第一次跟他谈了这个问题。之前，我清楚他有多经常跟我做爱，做得有多好。我们是在树丛里生活时谈这事的。我问："尽管我们从不在别人在的地方做爱，但这里只有我们两人，你为什么不来睡我呢？这里

十五、变老　*377*

只有我们的屋子,没有其他人,那为什么我们不来那个呢?"他说:"因为我病了。如果病了还要做爱,就会死在对方身上。你真是不懂事,居然在我生病的时候要求做爱。"

他都这么说了,我觉得自己应该不提这事了,先放一放。因为我不相信他病了。肯定有什么问题。他是这样说了,但这不是真的。你觉得他这是为啥?他只是想让我以为他病了。因此我决定停止谈论这事,不问了。

但我心里转着很多念头,还在想这些事。

我相当确定这不是因为其他女人。他在娶前一个老婆以及跟我过前,有过很多女人。但跟我结婚后,他跟她们全断了。有情人的是我。我纳闷是什么原因……

有一天,我跟他说,他是否该找个年轻女人,但他拒绝了,问:"为什么?你见了别的女人,想把她给我?"我说:"为什么不?我允许你再有其他女人。去吧,去找个年轻女人。"但他说,他不要跟有夫之妇有关系。万一她丈夫在自己的屋里发现他,会杀了他的。此后我便不谈此事。

有时候,我想起来这些就伤心恼怒。他问:"你烦什么?生啥闷气?"我说:"因为你没有真的娶了我。你要真娶了我,应该来睡我。"他说:"你干吗总念念不忘这个?

你作为女人，干吗老为这事抱怨不休？"我说："你认为跟我结婚以后，你应该给我什么？你跟我结婚时，你想跟我做爱，还是只一起生活不做爱？我们结婚就只是为了帮助对方打理家务吗？"

因为，你们结婚以后，你老公要求你帮他干活，还要跟你做爱。但如果他不跟你做爱，你就死心了！如果你们两人不能一起分享那个，你的心就会离开他。你能明白不？如果你老公不跟你做爱，你就会困扰；欲望搅乱了你的头脑。只有做爱以后，什么事才真的安稳了。

因此，我才会想："嗯，身体强壮那才算得上是男人。波是强壮的，但他没尽男人的义务。每天都要我跟他问这个？我干吗不放手，由着他去？大活人难道自己饿死？我自己去找男人得了。"

有时候，我想，要没跟波结婚，嫁了别人，别人会整天睡我，这样我会又怀孕。因为，男人整天睡你，你会怀孕，生育，怀孕，生育。这也是你作为一个女人应该知道的事。或许这也是为什么我再没怀孕，因为我老公不常来跟我睡。

波也想过我们为什么一直没孩子。他不也想跟我要个孩子吗？但我说："看，当你还来月经时，是能怀孕的。但

十五、变老

停经以后，就不可能再有孩子了。"

他的确跟别的女人有过一个孩子。那个女孩很漂亮！她长大了，来了月经，结了婚，怀了孕，生了一个孩子。但生后没多久，她们俩都死了。

只有我跟他过，却没孩子。他只跟我没孩子。

我永远不会离开波。如果遇到其他喜欢的男人，我会让他当个不重要的人，也就是情人。如果别的男人想娶我，波出门以后，我会跟他睡觉，也可能允许自己爱上他。但我永远不会离开波。没必要。

我老公跟我总是吵架，整天抱怨对方，骂对方。但我们一开始就是这样子。他要我去干活的时候，我们总吵架，我不肯干。他让我干活，我不肯。他骂我，我们开始打架。他说："今天你不是要去打水的吗？"我不肯去，他就说："告诉我，女人是干什么的？男人娶了女人，让她干活、打水、捡柴火、铺毯子睡觉。这些都是女人的活儿。现在，你不肯铺床，不肯打水，也不肯捡柴火，算什么女人？"

但我说："其他男人不帮老婆的吗？老婆出去捡柴火或者打水，她丈夫不一块去，帮她们背柴打水？谁说你不可以搭把手？"我们经常就这样吵架。

我们也因为别的吵架。有一天，他向我要东西，我不给。他骂我："妮萨，你真坏！甚至别的男人也说你是个坏婆娘。跟你要东西，你还不给，这是为什么？你怎么了，变成这样一个坏女人？我要离开你，再找别人结婚，我要这么干！"

我说："好啊！去啊！再找个老婆吧。就算我真的很懒，就算你真的要走，跟别人结婚，那也没啥。我不在乎。你以为我会不爽吗？我不会。我有情人，他们要啥给啥。你以为世上只有你一个男人？"他又说："对，就因为你情人多，所以我要你干活，你推三阻四。都是那些男人作怪，让你不听话。"

一次，有刺扎了他的脚。他说："妮萨，过来帮我把脚底的刺挑出来。"我说："你自己挑。为什么找我挑？以前我求你帮我挑刺，你不也是不肯吗？"他说我撒谎。

当然，我帮他把刺挑出来了，但事后我说："看，现在我把刺挑出来了，但如果刺在我脚底，我要你挑的话，你肯定不干，说：'我不要挑它，你见过男人帮女人挑刺的吗？'而我会说：'胡说！我要是其他女人，你早帮她把刺挑出来了。我求你，你干吗拒绝？'"

我到屋子的另一边躺着，不跟他躺在一起。他问："为什么我们老这样吵架？现在，你躺那一边，我躺这一边。

十五、变老

你干吗不跟我睡?"我说:"因为你满嘴脏话,不体贴人,老是骂我。每天老这样,总没个消停。"

我们昨天还在吵架。我要他把他的烟管给我抽,他说我已经弄丢了最后一根烟管,不肯再给我用。我说:"撒谎。你抽哪门子疯?干吗不帮我把烟管点了?"他说:"太可恶了!太他妈烦了!我不要给你点烟。"事情就是这样。

晚上我们又吵了。在我们跳了一阵舞以后,波说要回屋子去。我说自己要待在舞场,他要愿意,可以自己回去。但他要我跟他回去,于是我们一起回去了。

我们吵得太多了,以至于我哥有次跟我说:"妮萨,你怎么了,老骂你老公干吗?"我说:"嗯,嗯。是他骂我的。我是女人,火气不会大。是他老爱发火。"但他说:"别,我真的不喜欢你这样,妮萨。这很不好,你总骂他。他干了啥?他是好人,为什么你老骂他?"我说:"是波恨我!他老骂我,甚至我打水回来他也要骂我。他要我给他点水,但我给了以后,他嫌不好喝,还抱怨。"

有时候,我的确不愿干活。如果波要我干活的时候,我累了,就不肯干。但如果不累,他有要求,我不会拒绝的。他认为,我们之间总吵架、意见不一,都是因为我不好。但我只有在不肯干活这一点上不够好。所以呢,我有时不肯干活,他就真是气得跟什么似的朝我嚷嚷。

我们争吵一般不怎么厉害,但也有厉害的时候。一次,我们因为某些事吵了起来,他骂我,变得特别愤怒,打到了我的眼下角。我叫起来,冲向他,开始打他。他把我抱起来,摔倒在地,压着我,直到别人把他拉开。他坐着,我站着骂他,跑过去找木棍要打他。但别人制止了。于是他坐着,我站着骂他。

我们还狠狠打过一架。这是因为我们照顾的小侄女,奴克哈。波、我和我侄女跟其他人去树丛生活一阵。我在营地附近割草,准备盖屋子。正忙的时候,我听到小奴克哈在哭。我接着干活,她还在哭。我停下来,飞跑回营地。到了后,我很生气,心想:"小奴克哈干吗哭个没完?谁伤了她?她哭什么?"我跟她说:"他干什么了,弄得你哭成这样子?"我又转头冲波说:"谁叫你把她弄哭的?"他说:"你这娃是个混蛋,肯定是个泪罐子,为什么老哭哭啼啼的?她莫名其妙哭起来,我可没惹她,你干吗说是我把她弄哭的?"

我们开始吵架,然后动手打架。他推了我一把,我摔倒在地。我跳起来抓他,咬他。他用拳头狠狠打我,在我头上留下了这个疤。然后我想抓住他,咬他的手,要咬破他的皮。但其他人把我们拉开了,这架也就打完了。

后来,我们和解了,和好如初。大家都说:"嗯,妮萨和波做得很好,打了架以后又和好啦。"这是真的。我们继续爱着对方,待在彼此身边。打架后,我们没有怨恨对方。没有。我们只是继续爱对方。我们打架,爱对方;我们争吵,爱对方。我们俩就这样过活。

这就是我的生活。我的生活就是这样,我呢,还是这样子,我照旧有情人,仍旧干各种各样的活儿。我过呀过呀,现在老了。到了我这岁数呢,懂的事情多了,原来别人跟我讲过的事情,我自己亲眼见过的事情,全都在我心里。这些事情,我都告诉你了,你走的时候,可以把它们都带走。

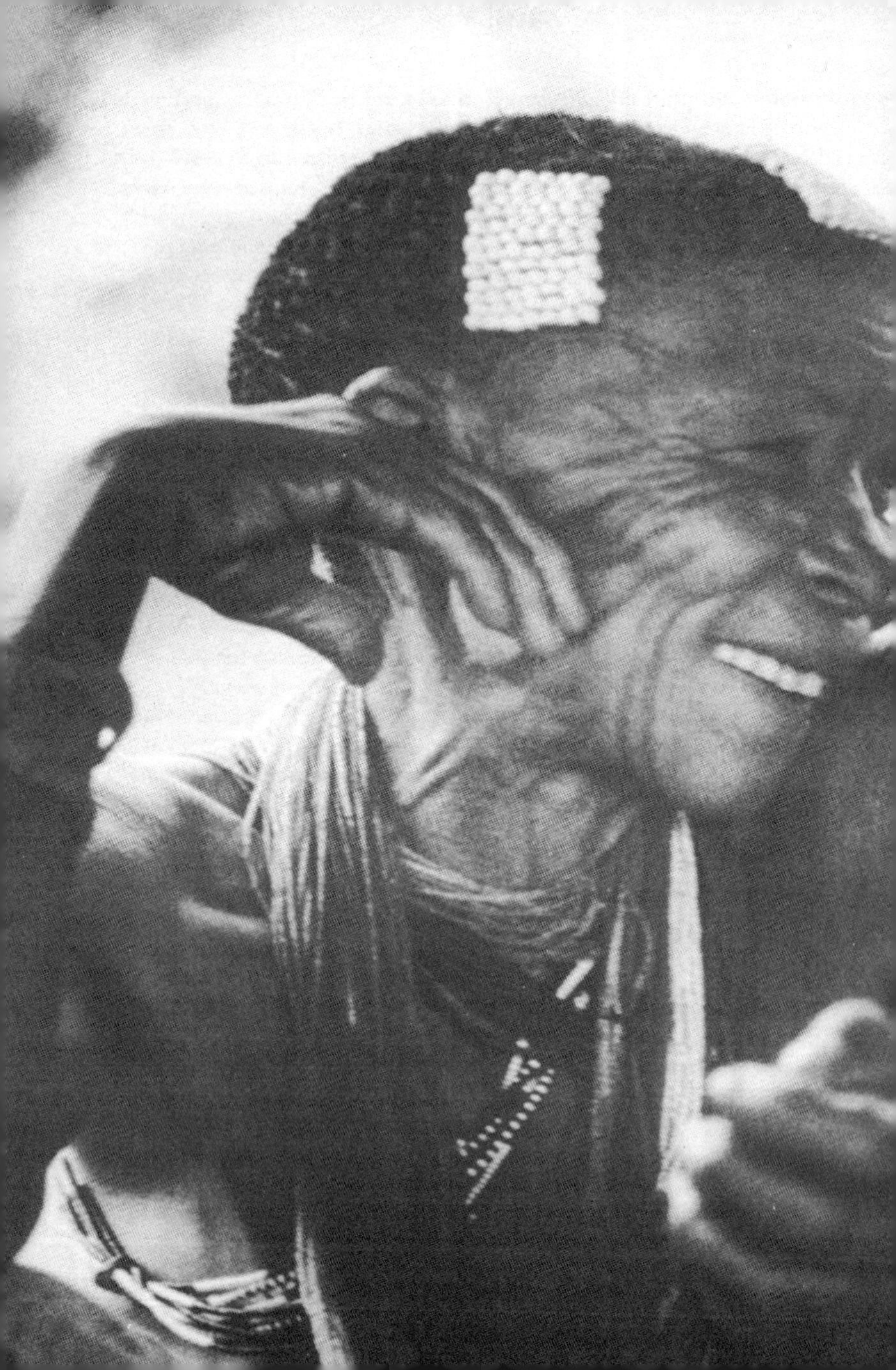

后　记

根据考古发现，在文化上类似于现今科伊桑人的民族一度占据整个非洲的南部、中东部和东部。大约从2 000年前开始，北部的这批民族最终被来自苏丹的使用铁器的农耕族群——说班图语人的祖先——所代替，被压向南方。很多世纪以来，尽管迁徙始终以稳定速度进行着，但撒哈拉以南非洲为采集狩猎族群及其文化的繁荣兴旺充分提供了便利。更早的考古证据表明，采集狩猎族群在非洲南部存在了大约1万年。

早在1652年荷兰人抵达南非之前，残酷的竞争和战争就已形塑了桑人跟说班图语的邻居之间的关系。但是，最后是由荷兰人——今日阿非利卡白人[1]的祖先——致使约20万南非的桑人在200年里几乎灭绝。在17世纪的大部分

---

[1] 也叫布尔人。——中译注

时间和整个18世纪，劫掠和反劫掠形塑了逐渐开拓而基本无法无天的南非疆域。最后，弓箭和长矛抵挡不住火器，也抵挡不住遍布全国由官方支持的民兵志愿者（"突击队员"），最孤立的桑人惨遭屠戮。

在附近的其他国家，桑人的政治遭遇没这么残酷。说班图语的放牧民族——巴喀拉哈里人（Bakalahari）、茨瓦纳人和赫雷罗人，他们拥有武器和马匹，最终占据了桑人的地盘。但不像南方的胜利那样，这一征服没有导致桑人大规模灭绝。今天，全部桑人——至少由三大语言分支和文化分支组成的混杂民族——估计大约有4万~5.5万人，过半分布在博茨瓦纳。小部分最与世隔绝的桑人其实能像祖先那样过活。晚到1950年代早期，最北部的桑人——博茨瓦纳、纳米比亚和安哥拉的昆人——还是以采集狩猎维生。

1963年，理查德·李和艾芬·德沃尔抵达这里时，博茨瓦纳多比地区的桑人大都还按照传统方式过活。尽管1969年我首次来此时，昆人已经普遍感受到了改变的压力，但传统生活模式还是占据主导地位。但是，到了1975年春天，我进行第二次田野调查时，变化的节奏加快了，到处都可以看到改变的痕迹。采集狩猎仍然很常见，但昆人已经开始耕种园地，驯养山羊，用驴子到树丛驮食物，用出售手工艺品获得的钱买牛。最重要的是，昆人的态度改变了，开始把从事农业和畜牧业的邻居的生活模式视为自己的未来。

这些变化，部分是昆人跟赫雷罗人和茨瓦纳人多年接触的结果，1920年代初期一群赫雷罗人最早迁入多比，在此定居。他们往往欢迎昆人来他们村庄，给他们照料牲畜、增添人手；昆人一般用劳动交换食物和住所。尽管他们来此居住很久以后，才开始威胁到昆人的采集狩猎生存模式，但博茨瓦纳到处都很干旱，大部分人口密集地区过度放牧，这使未曾开垦和放牧的多比地区吸引了附近的族群陆续迁入。另外，技术进步使打井更容易也更便宜了。到了1960年代晚期，除了最小的一口水井之外，这里的460名昆人跟大约350名赫雷罗人和茨瓦纳人共用8口水井，后两者拥有约4 500头牛、1 800头羊。树根和浆果越来越难采到，很多被践踏、被吃掉或被拔掉了。猎物也被牧群吓跑，或者跟牧群争抢牧草。现在，昆人要采集狩猎的话，就不得不离开过去经常停留的永不干涸的水坑走更远的路途。

近年来，还有其他事件在推动着变革。1967年，这里开了一家购牛店，也卖食物和其他商品。昆人可以在店里买到糖,用于制造啤酒,卖啤酒和喝啤酒已经成了大众娱乐。贸易逐渐增长,政府人员频繁来访,这也意味着经常有车来往于此。有些昆人搭车到东部的工作招募点,签约去南非的金矿工作。过了几月或几年,他们带着赚到的钱回来了,同时也不再闭塞天真,对外面的世界有了自己的认识。

雇佣劳动在这一地区不算新生事物。在过去的一些年里,有些昆人到博茨瓦纳政府在附近组织的工程里工作,或到纳米比亚充当短期劳力。从1963年到1972年,因为不断有人类学家频频来到这里考察,更是让这一变化愈加明显——人类学家以金钱和物品来酬谢当地人的劳动和协作,这对于当地人无异于提供了另一套与外界交往的模式。

1970年代中期,博茨瓦纳政府还促进了一系列变化。自1966年独立以后,博茨瓦纳政府致力于推动多民族的现代化进程,以促进各民族的平等发展。但政府意识到,如不提供帮助,桑人还会延续原有的二等公民身份(尽管没有明文规定)。只靠自己,最贫穷的桑人,比如多比的昆人,依旧会重蹈这个国家其他地区的覆辙,虽然有富饶的资源也守不住,或者不知道如何开发。桑人不熟悉政治事务,保不住祖先采集狩猎的土地。

因此，1974年，博茨瓦纳政府设立了一个巴萨尔瓦人（Basarwa）[①]发展办公室。它最首要的工作是统计这个国家的桑人人口，清查其需要。随后，在国际基金组织的支持下，政府专门拨款设立用于根本改善桑人处境的项目。

同时，人类学家、全国各地和桑人一起工作的人以及关注他们未来的相关人士都提供了帮助。喀拉哈里人民基金（KPF）的成立获得了博茨瓦纳政府的热烈支持。在政府的监督和昆人的支持下，该组织协助发展相关项目，以保护昆人和其他桑人的土地权益和文化。该组织已经筹集资金资助有关项目，其中大部分项目为桑人自己主动申请；挖井的安全炸药和其他设备，如果没有土地权就不可能挖井；支持设立联络官以促进博茨瓦纳政府和昆人之间的交流，协助他们处理登记土地、申请水权这类复杂的官方事务；为昆人孩子读书提供衣服和学费；在整个博茨瓦纳的学校帮助开设与桑人及其本民族文化相关的课程。这些行动以及其他行动将使桑人获得一个好的未来。不过，桑人并不清楚，他们依赖的政府自身的经济和政治状况也不稳定，因此政府出台的政策和优先考虑的事务也会发生变化。

[①] 桑人的另一种称呼。——中译注

但是，在南非控制的纳米比亚（西南非洲）边境正在进行的事态[1]，越来越威胁到昆人的长期利益。自1966年以来，南非跟北纳米比亚的黑人游击队进行游击战，开始在昆人及其他土著中特意扶植反对派，诱使他们加入南非军队，镇压叛乱。到目前为止，政府已从多比招了些昆人去当驮夫和侦察员。据报告，他们正在进行军事训练，学习使用武器。如果南非和纳米比亚的军事冲突不能和平解决，纳米比亚的昆人也会跟博茨瓦纳的昆人一样，可能发现自己在对抗那些没必要去对抗的人，并丧生。

事情很清楚，对于新一代昆人而言，采集狩猎不再是切实可行的生活方式。超越他们掌控的变化正在周边加速进行。他们不可能跟其他民族隔绝，也不可能跟物质商品与外界的社会、经济、政治影响相隔绝。今日存在于多比地区的道路、卡车、商店、学校甚至诊所，未来势必更多。昆人欢迎这个未来；他们不仅接受它的挑战，而且积极获取它。但是，他们的文化遗产有多少能在未来幸存，仍是未知数。

---

[1] 纳米比亚原称西南非洲，为德国殖民地，后被南非吞并。1966年，西南非洲人民发动民族独立武装运动，跟南非政府军爆发冲突，直到1990年才正式建国。——中译注

有四年的时间里，在有机会重返博茨瓦纳、再见多比的昆人之前，我一直忙于整理搜集的大量材料。我比较了其他妇女的谈话录音，确认妮萨的故事最引人入胜，随后，我开始着手翻译、誊写和编辑跟她进行的15次访谈记录。

但是，我在整理材料的过程中，也逐渐意识到其中潜在的问题。首先，我很惊讶录音里反复谈到性。"做一个昆人女性意味着什么？"我是用这样的方式来对妮萨和其他妇女发问的，这到底在多大程度上影响了她们每个人描述自己的生活，我还不能确定。后来，有个人类学家告诉我，昆人以他们特有的那种幽默（往往也相当刻薄）来形容我，我就成了这样一副样子——径直跑到妇女面前，盯着她们的眼睛，说："昨晚你跟你老公干了没有？"有一次，我的好名声甚至惹得一名男子指责妻子不忠。他责问她："你要没婚外情，那玛乔丽干吗跟你聊了一整天？"

还有其他问题。无论是生活经历，还是性格本身，妮萨都不能代表大多数昆人。我采访过的妇女，谁也没有像她这样遭遇如此多的悲剧，也没有她这样个性张扬。也许，她的故事对于我们了解昆人的生活太过特殊；或许，她不能代表一般妇女。另一个问题是，妮萨谈到的诸多暴力——孩子之间的暴力、父子之间的暴力以及成人之间的暴力——似乎过了。其他妇女的确也谈到体罚和暴力。人类学家有时也记录到拔拳相向、威胁放毒箭的情况，甚至记录到严重的谋杀事件，因此昆人的生活的确存在攻击行为，这是毋庸置疑的。我关心的是，妮萨可能过于强调了昆人生活的负面，她的故事讲述的是昆人社会的一个极端方面，充满了负面经验，她身边的人不可能都这样。很多书刊描绘了昆人充满爱的一面。妮萨对昆人另一面的描述准确吗？我是否真要通过出版妮萨的故事，以此平衡他人对昆人的描绘？

最后也是最重要的问题关乎道德：我是否有必要告诉妮萨，我想要出版她的故事？尽管为了保密，我已经仔细改了人名和地名，但如果她反对我编撰她的历史——无论以什么形式——公开出版，我的出书计划必然受影响。当然，写书的是我，她对此也给予了所谓的"知后同意"，但这毕竟是她的故事。如同对待采访过的其他妇女那样，我也跟妮萨说过，我跟她们的谈话会带回我的国家，好让那里的人们知道昆族女人的生活。她们对此没有异议，似乎也就默认了我可以把这些故事写出来，将其中的一小部分发表在期刊上。

我想写的这本书则完全不同。妮萨讲述的故事比那些论文的内容要复杂得多,其中还包括协商如何处理部分私人经历的问题。考虑到人物已经匿名,妮萨生活的村子也很偏僻,本书几乎不可能影响她的生活。但我还是觉得有必要跟她讨论我的计划。或许她会要求我删除部分她认为不宜出版的私密内容。

她理解出版、印刷、阅读和宣传的世界吗?她的确知道文字是一种记录语言以备日后阅读的工具:她跟我说过,她想要理查德·李给我写信,也见过其他人类学家和博茨瓦纳法官在各种场合使用文字。她还清楚市场——买卖、挣钱和花钱——知道作为商品的书就像衣服,有时卖得动,有时没人买。因为我计划把这本书挣到的钱抽出来,一些分给喀拉哈里人民基金会,一些则选择适宜的方式分给妮萨本人,所以和她讨论书出版以后她将分到的利润看来很有必要。总之,我希望再次跟她谈论以后,她能同意我的计划。如果她不同意,我决定听从她的意见。第二次田野工作将让我有机会探讨这些和其他问题。讨论妮萨生命故事中令人迷惑的次序及遗漏的细节,也会最终提高故事的质量。另外,这也让我有机会重新开始我跟妮萨的关系,了解我走后她又遇到了什么。

我也把第二次旅行视为研究昆族女人生活另一面的机

会。我已经清楚昆族女人如何谈论她们的过去，但关于她们如何经验当下生活的资料很少——特别是量化信息。她们的日常生活具体是怎么过的？跟谁聊天，跟谁玩，跟谁干活？日常生活中都有些什么样的情绪？是什么引起她们情绪波动？这种情况常常发生吗？大家都这样吗？情绪变化跟她们的月经周期有关吗？

我特别感兴趣最后一个问题。美国和其他地方的研究表明，妇女情绪、社会行为、身体状况以及活动方式是随月经周期变化的。我决定在昆人中研究这个问题。她们的自然环境和文化环境跟以上研究过的社会截然不同，这或许能突出文化和人种差异带来的变量因素。此外，昆人的生活与世隔绝，这使得他们的价值体系还不至于受西方人的普遍影响——包括对女性经期的认识。

我丈夫、研究生卡罗尔·沃兹曼（Carol Worthman）和我拟定了合作研究的细节：我丈夫定期找昆族女人抽取血液样本，取得她们月经周期的荷尔蒙信息；卡罗尔·沃兹曼负责接受我们运去的冷冻样本，在实验室里化验分析；我采访来月经的昆族女人，了解她们在日常生活中的情绪变化。这些采访会问及她们每天的生活、她们跟其他人的关系（包括跟她们丈夫关系的全部方面）、她们的健康状况、她们对自己和他人的感受。我希望每隔一天访谈同一名妇女，了解她自上次见我以来遇到的所有事情。

第二次田野调查是我人生中收获最大的一次。前一次旅行里苦恼的调适过程再没出现，田野现场的不便也不再令我沮丧。眼前是熟悉的景象，耳边是熟悉的声音，人们也出乎我意料的和善，感觉就像是回到了离开四年的家。我过得很愉快，获得了友善对待（我不记得昆人曾如此大方）。我重新捡起昆族语言，几周后，又恢复了原先的语言水平。

开始的几周，我都用来了解人们的生活，仔细观察妇女，以供研究。我们在以前住过的地方扎营，这里有四个昆人村子，彼此相隔半英里。志愿参加我们研究工作的妇女有7名，不太年轻也不太老，有的正怀孕，有的正哺乳孩子，都还来月经。最后，有一位3英里外村子的妇女也参加了我们的研究工作。

大多数妇女在两次月经周期里接受了采访；我总共又进行了200多次采访。抽取其中的重要信息并进行阐释的工作留待回国再做。于是，这些数据被作为100多个单独编码的变量来进行统计学的处理。

成果令人振奋。西方女性都认为自己有经前期综合征，昆人则毫无概念。她们也不认为,月经周期对妇女的情绪和行为有什么影响。我提到这个问题的时候,她们很惊讶,说月经毫不重要,不值得太在意。(我对某个妇女提到,我所在国家的妇女来月经以后,不时很烦躁,她推测可能是因为她们的丈夫在此期间不跟她们做爱。)这位妇女认为我被误导了:"你说的其实是怀孕吧?这种时候,妇女是很怪。"她们认为生理上的某些不适确实和月经周期有关,尤其是来月经的那几天会有点难受,但这种不适——就像不能让别人看到自己的经血一样——只是身体的真实感受,而不是由更深层的心理因素导致的。

以上跟西方妇女的差异,基本跟荷尔蒙无关:从 8 名昆族女人采集的血样表明,她们每月的荷尔蒙数据跟西方妇女基本相同。但是,对访谈数据的分析表明,其他地区记录到的月经周期对情绪和行为所产生的影响,对昆族女人影响甚微。得知某个妇女正处于月经周期的什么阶段,很少能预测她的行为或者情绪,甚至根本无法预测。丈夫和亲友做了什么、得到了食物和水,或者生了场小病,这些小事的影响没准更大些。月经周期的影响只是字面上看起来重要,其实并不重要。

当然,这个结论不是我在田野调查中得出的,虽然搜集了一批数据，但也不可能事先知道会得出什么结论。因此，我的目标是尽可能完整收集妇女的生活资料。访谈非常耗时间，得马不停蹄，但持续两个月询问8名妇女的生活，总感觉像一场奇遇——每次访谈以后，生活的情境变得越来越清晰，我对她们的了解也越来越深入。这些访谈让我捕捉到了很多她们的生活细节，为本书归纳昆族女人的总体生活打下了基础。这200个额外的访谈也为之前我跟妮萨的访谈提供了珍贵视野。她讲述的内容和观点不是不具普遍性。看来，昆族女人都爱聊天，喜欢开荤笑话。我也还是愿涉及这个话题，但不再像四年前那样有兴趣了，而想聚焦于不怎么浪漫的主题：友谊、养家的妇女、照顾孩子、如何表达自我、如何创造——这些问题也变得跟我自己的生活更息息相关。

尽管我已经明确自己的研究比多年前计划的更广泛，但我发现，谈话的主题逐渐转向了性（如果不是完全偏转）。而且，妇女通常认真报告她们每天的活动，但每当谈到跟男人关系的时候——不管是幻想的还是真实的——她们总是格外兴奋。

除了访谈时这样，其他的不少事情也让我有这样的印象。一天，一群妇女坐在我的营地周围，等着跟我丈夫开始工作。我坐在她们中间，听她们聊天的。但是，她们热烈的音调、面部的表情以及笑声很快让我反应过来，其实她们是在拿性事开玩笑。我鼓起勇气加入她们，想让她们也知道我口舌上的厉害。我必定成功了，因为妇女开始惊呼，说我已经真的成了昆族女人，纷纷赞扬我的说话技巧。我故意装作似懂非懂的样子，其实是为了进一步挑起她们开玩笑的劲头。所有人都愣了一下，然后是一阵狂笑。

一天，我随同妇女去采集，发生了件小事。我们走进树林采集檬戈果。过了一个小时左右，妇女们把袋子丢到树阴底下歇息。我利用这段时间整理背包：相机、镜头、笔记本以及坚果、树根、浆果。妇女们抽烟、聊天、谈笑，开始唱歌，看来情绪不错。大家都相互开着玩笑，比谁采得多，谁采得好。就在我整理背包时，一位十多岁的熟人过来，说她觉得我肯定吃不饱。我头也没抬，大声回答说怎么可能，我采到的果子多得都快背不动了。她又说了一遍，意思很明显——我没听懂她在说什么。我这才抬起头来，然后恍然大悟：她站在那里，把遮羞皮裙撩到腰部，露出阴部。我赶紧抓住机会，顺着她的意思掉转话头说，我当然够吃的，丈夫和我可"饿不着"；我又说，从她裙子底下的状况看来，她也"吃得很饱"。其他人哈哈大笑，然后跳起舞来，她们跳的是庆祝女人来月经的成人仪式舞蹈——跳舞时女人们会反复露出臀部与阴部，炫耀自己的女性特征。

通过这些以及其他小事里的荤笑话，我明白了：我对和性有关的话题感兴趣，常常谈起，但和她们比起来我说得并不过分，甚至还更收敛呢！过去我给昆人留下了喜欢谈性事的印象，所以她们常把这当作谈话的重点，但如果她们不愿谈不喜欢谈，我也是没办法的。

我也开始意识到，这种时刻其实表达的是彼此的友谊、信任，甚至群体的团结。性这个话题或许饱含争议，但并非禁忌。和我像拉家常一样谈论性事，可比回答我问的更头疼的事情或者某些特别经验来得轻松。妮萨和我再度开始合作后，似乎也是这个样子。第一次访谈开始后，我问她我走后的生活。她问我："你指的是跟男人吗？"我解释说我希望我们能谈论她的任何事，也包括男人，但现在我只想听真正重要的事。后面的一个小时里，她谈了过去的很多情人。不管我怎么努力把话题转到别处，也没怎么奏效。直到后面，她似乎又感到跟我聊天够舒心，才谈了些更"私密"的话题。

在第二次田野调查中，我跟妮萨第一次见面是在到达当天，我们开车抵达多比没多久。我们路过一个又一个昆人村庄，给沿途欢迎的人们发放礼品。我在原来的村里没见到妮萨，开始担心，但别人告诉我她搬走了。我们的车停在她新住的村里的时候，妮萨跟其他人过来欢迎我们。她看上去老了些，但依旧精神矍铄。波陪在她身边。我们互相拥抱，她欢迎我说，"侄女哟……我的侄女……"，问我是否还记得我们几年前说过的话。因为大家簇拥着我们，我只能简短地说个当然，又说："我都记得很清楚。等我们住下来后，你要愿意，我希望能再跟你工作。"她热情同意了。我们本可以多谈点，但因为我们的到达引起轰动，我不得不全神应付。在驱车前往从前的营地前，我告诉她，再见到她我是多么激动："在我心中，你非常重要。"我是这样说的，也是这样想的。但那一刻，我也很奇怪地有种恍惚的感觉。她看起来那么瘦弱，那么小个，在喧哗的人群里几乎毫不起眼。这就是那个人吗？就是那个我多年来一直在思考、研究她的人生的人吗？

因为忙于开展新研究，直到一个月或者更晚以后，我才重见妮萨。她和波从某个蜂窠里找到了新鲜的蜂蜜，给我送了一份厚礼。这礼物显然是精心挑选的，蜂蜜里的蜡壳都已清理干净。我们简单叙了一下家常，敲定等我完成手头的研究后，两人再一起工作。

再见到她是在一个傍晚。我拉了一卡车人去参加某个政府组织的讨论土地权的会议，回来路上在她的村庄停留。卡车一在她的村庄附近停下，妮萨便跑过来，慌忙跟我打招呼，说波和她侄女病得很厉害。她觉得波可能要死了，问我能否带他们去我的营地，给他们吃药，照顾他们。波盖了件毯子躺着，明显病得很重。她侄女坐在旁边，明显好些，但他们看起来虚弱得可怕。我们把他们两人扶上卡车，但车上人太多了，于是妮萨要求自己走6英里到我们的营地去。她到后没几个小时，就在我的营地附近为家人搭起了一个临时棚子。吃了三天药，小奴克哈完全康复了，波也开始恢复体力。妮萨说，这是他很多星期以来第一次走路，说我们救了他。

尽管住得近，我们也很少见面。我每天的日程排得很满，到了晚上就已筋疲力尽。妮萨也经常出去采集，或者到附近的四个昆人村庄去串门。后来有一天晚上，我在火堆边歇息，两个熟人从某个村里来看我。我拿出水壶沏茶，我们在凛冽的空气里坐着喝茶取暖。妮萨很快也加入我们，后来波和她侄女也来了。气氛很友好，茶又香又热，我们有一搭没一搭地闲聊，聊各种话题：昆人和西方人的医术差别、附近村里人的消息，还有日常生活里的事。

这样轻松而又随意地跟妮萨重新接触，我很兴奋，悄悄观察她的一言一行。她看来精神焕发，非常愉快，显然为波恢复健康而高兴。她开玩笑，她笑，滔滔不绝地聊着，让大家听得很入神。她讲的趣闻轶事一件接着一件，慢慢地，别人都插不上话了。她的话很能感染人；我们不时被她生动的描述逗得哈哈大笑。其他客人看来也像我一样，很享受她的幽默谈吐。

我沉浸其间，努力把眼前这人跟磁带里的声音相印证。她再次深深打动了我。几个月来，我第一次有机会重新想起她，仿佛再一次走近她、了解她。

我越观察，越更加确定我们的工作可以继续，应该继续。我对其他女人的访谈证明，妮萨跟周遭的女人没有本质上的差别。她只是口才特别好而已，加上她经历的坎坷也更多，所以显得和别人有些不同，但在其他重要方面，她仍然还是一名典型的昆族妇女。

突然，我注意到一只飞蚁，有虫子一样长长的身体，几近透明的大翅膀。它落在火旁的热砂上，拱起后背，弯曲身子，使劲把自己推离火焰。它飞走后，转个了弯，又飞向火焰，再次落在热砂上，躲开火焰，然后又冲向火炭，再次重复危险的俯冲。

我们观察它,静了下来;它吸引了所有人的注意力。最后,这虫子落得太靠近火炭了,怎么也没法把自己弄到安全的地方。妮萨赶紧抬手,把它耙到凉砂上。这虫子歇了一会儿,又自寻死路,飞回火炭上,妮萨又把它救了出来。

但是,这一次,妮萨把它捡起来,用细枝扎透了它的下半身,但没碰上半身(翅膀和脑袋)。她把树枝插在地上,让扎穿的昆虫竖在枝头,用手指轻轻地敲着。飞蚁拼命摆打翅膀,似乎在飞行,一次又一次用没被扎到的部位推着树枝;后来,它不动了。妮萨就反复敲那树枝,每次这虫子都疯狂拍翅回应。

我在一旁瞅着,感到惊骇。从第一次田野调查起,我逐渐接受了人们杀戮野生动物食肉的行径,尽管心理上还是有些抵触。我也见过几百只这样的小动物被放在木炭上烘烤——无论是昆人、欧洲人还是其他地方的人都将其视为美味佳肴。但妮萨的所作所为不同,看起来分明就是在折磨这只飞蚁。

我的目光不由得又被妮萨吸引过去了:她的头和上肢开始有规律地摇摆。一开始,我不明白她在干吗,过了一会儿才看出来：飞蚁挺直，妮萨的身体也挺直；飞蚁转动、弯曲、绷紧，她的身体也跟着做。她的脸和躯干微妙地扭动，应和着这虫子的悲惨处境，每个动作都模仿得惟妙惟肖，甚至颇有美感。虽然我还是对她反感，但与此同时我也越来越清晰地意识到她的创造力是我所远远不及的。我渴望再次跟她合作。

尽管我急切地想和妮萨合作，但这件小事也提醒我，我和妮萨之间存在文化鸿沟。它提示我：我的某些问题或许无法找到简单的答案，其他人没准得出我不喜欢的答案。尽管有时我想否认，但我们之间是永远存在文化隔阂的。

过了几个月，在完成关于月经周期研究的访谈后，妮萨和我又开始合作。如几年前那样，我邀请她住进我的营地，波和她侄女又陪她前来。他们计划住在我们营地里，直到我们完成工作。

第一次访谈一开始充满了温馨和友谊。录音开始后，我告诉她几年前她谈得多么好。因为之前聊过，我谈起她的人生历程，谈了很多细节，表示我对她有多感兴趣。我用昆人的方式揶揄她是不是没那么在意我："但是，过了这些年，你肯定忘掉我了。没准你不再关心我们的工作。没准我问你的时候，你会不肯说。"

妮萨的回答令我吃了一惊,她回忆起四年前我们的最后一次谈话,几乎一字不差:"我没忘记我们的工作,也没忘记你啊。你走以后,我见了什么都记在心里,就等着你回来,几年前我们不是说好了吗?你不是说,有一天你会回来,我们一起再谈这些吗?我都记得的,这不带来了很多事要告诉你吗?"她反过来问我:"但因为你回来后,跟其他人工作,却不来找我。很显然,忘了的人是你自己。"

我解释说,前阵的访谈,跟她和我几年前的访谈不是一回事。这些访谈研究的是年轻妇女的日常生活。我和她几年前就开始的工作主要是研究妇女们过去怎么生活,现在又怎么生活。我还告诉她,谁都比不上她。所以她原来那些录音我都特别认真地听了,而且现在还想再和她合作。我的解释看来让她很满意;她满怀热情地开始了,像以前那样讲述自己生命的各个时期。这样我们就能再次谈论它们,了解她全部的经历。她要求我仔细听她讲的每件事。

我建议从我走后这几年她的生活开始谈。接下来的谈话压低了声音,我亲密地听着她说自己的秘密,她谈的主要是男人啦情人啦之类的事情,这些人当过她的情人,也当过别的女人的情人。她提到些名字,又迟疑了一下:"没准你知道了,会说出去?"但这看来只是套话,因为在我否认前，她就接着讲下去了。她谈到最近跟德贝的关系（上次我还在这里时，他们就好上了），也谈到她一直爱着坎特拉——从小便在她生命里来来去去的男人——"他的确是我很重要的人——头发灰白，就像我的老公一般。"她也提到别的男人，但说："我几乎很少见他们了。我老公要发现，会劈了我的！"

他们夫妻又怎样了呢？她说："我老公和我一起生活，过了一阵；他就来找我，我们一起睡觉。我们继续生活，过了很久他又来找我。就是这样。"又说："因为他是我屋里的男人。"我想起她几年前的抱怨，问："你觉得这样好不好？"她说："这很好，挺好。"但几年前，她不是感觉丈夫不常跟她做爱，认为他可能对她没兴趣了吗？她说："直到现在，我还不时骂他，因为他不常来跟我睡，'你不要我了？'但他说我们就该这样过。自你走了以后就是这样。我们分开睡一阵，然后又一起睡，我们分开睡一阵，然后又一起睡。"

四年前，这问题曾让她痛苦，现在看来全好了。我问："你们还相爱吗？"她说："当然，我们都爱着对方，向着对方。""那还打架吗"？"我们很少打架了。如果打架，往往是因为吃的，有时候，我把太多食物分给别人。他就责问说：'你是干吗，谁都送吃的？别人啥时给过我们？我们要有吃的，自己吃就算了。'但我说：'你就爱什么都嘟嘟囔囔。'他又说：'这是因为你太混账，逮个人就送吃的。给这个又给那个，你就不想想，有吃的就该留给你和你的孩子，好让她吃饱？女人都像你这样败家就完了。'""这次架打得厉害吗？""不，小事情。我们吵了一会儿，就忘了，又和好了。"

当时我在调录音机，谈话断了一会儿，重新开始时，她又说："女人哪，要是吃不饱的话……"她停下笑了，我也笑了——话题又转移到了性事上。她接着说："人得靠这事来保持活力，可惜啊，现在没人陪我了。"我琢磨她是否在表示对波不满，又问他们俩的关系。她回答说："今天我们还好好做了一次呢——很带劲很舒服。甚至很久以前就是这样了。只是因为我绝经了，他不再跟我睡了。"我提醒她，几年前她就停经了，不过她丈夫也不是经常和她一起睡。她倒是没反驳，但接着聊她的，似乎觉得这不是什么大不了的事："做爱没那么重要。男人晚上就要干那事，如此而已。"她发现我很困惑，又说："就是这样的啊，哪有那么重要？"

她也不觉得月经周期有什么重要："我的月经不来了，停了；那是很自然的事，也不难受。"她绝经时曾极其痛苦，看来她已经完全忘了。她也没重提从前要求吃药好再次怀孕的要求，明显对不能生育已经淡然处之。

我问她："我走后这几年……他们对你好吗，还是叫你遭罪了？"她回答："这几年我忙着过活，没啥不开心的。"谈到跟男人的关系时，她又谈了这个问题："尽管我换了一个男人又一个男人，我的心也没受伤。"她解释说，有些男人需要她，甚至为了跟她在一起而差点自杀；有时候，她对他们也动过感情："不是男人都真心爱我，但这也不让我痛苦。"

她又反复强调，坎特拉在她生命中还是特别重要，接着颇为自得地补充道："但他爱吃醋，老责备我男人太多。因为他很爱我。"以前的丈夫，比萨，也还想要她："他说有一天要从波那里把我抢走。"但她没什么兴趣，说："我们早离婚了，现在就别再提了。"

访谈结束以后，我很欣慰——聊得很好，我们相处融洽，像熟悉的朋友一样轻松地交谈。她很认真，肯谈论私密话题，还关心我们的工作进行得好不好：录音机有时出现问题，重新开始前，她要求确保她之前的话被清楚录了。访谈进行得如此顺利，以至于我觉得自己好像从未离开过。

但还是发生了某些变化。那就是她的语调：轻松，自在，跟从前的妮萨相比，显得平静。这种态度，我以前没见过。对她而言，生活貌似不再那样痛苦了。尽管她跟波的关系没什么改变，但她似乎也不再特别困扰。她跟其他男人的关系也跟多年前一样，但她也不再特别在意他们。接下来的访谈证实了这个最初印象，那就是她更快乐了些，内心也更平和了。这么多年来，各种事令她痛苦，其中有些至今还在困扰她。但大部分在过去引起情感剧烈波动的问题，似乎通过某种办法解决了。

她说，生活基本是好的："过日子呗。能填饱肚子。"她主要吃自己采集的树丛食物，尽管她也不时跟附近的赫雷罗人讨些"好东西"来吃，比如牛奶或者燕麦。但她一段时间只讨一次，因为如果要太多，对方会说："你们这些尊瓦人，干吗老来讨吃的？"当然，如果她或波为他们干活，会获得更多食物。但他们俩都不愿意。他们多年前干过，但"给赫雷罗人干活不爽。我不会再干了。报酬太少。他们只给你食物，不给你钱买毯子或者衣服"。

这就是为什么她和波不肯跟赫雷罗人住，"我们只爱跟同族过"。这也是为什么她尽可能依靠自己满足家人所需："我们主要靠我采集的檬戈果、猴面包果、沙根和其他根过活。"不过檬戈林很远，波经常陪她去。有时候她待在家里，做些鸵鸟壳珠子、木珠（赫雷罗人风格）或者乐器，卖给定期来收购的政府手工艺品收购商。"于是我拿到钱，到商店里买毯子。"或者跟赫雷罗人买去壳的谷物，风干磨成粉末，煮给家人吃。她眼中的未来差不多也是这样。

她和波处得很好，一直"爱着对方"："我们喜欢坐在一起聊天。"他们很少争吵。争吵往往因为小事。她承认，一般是自己因为食物挑起事端。她跟他说自己饿了："你干吗不起来给我弄点吃的？去设个陷阱，没准我们有只珍珠鸡吃呢。为你弄得我的嘴都快淡出鸟来了！"她骂他，他回骂说："那别的女人还出去给家里找吃的呢，你怎么又不去？"最后她说："我不要跟女人出去。她们走太慢。我们一起出去采集食物吧。你不陪我去的话，我带回的食物只够今天吃，明天还得再去。如果一起去，家里就好几天都有吃的了。所以，让我们去好好干。毕竟，我们不能假装自己还是整天就知道玩的娃娃。"于是，他们就一起去树丛采集，给他们和其他人带回足够的食物。

在过去的四年里，最令她痛苦的事是克霞茹（Kxaru）[①]过世了，她是她嫂子，也是她的"闺蜜"："我不再愤

[①] 这与作者在"序言"中提及的信息人克霞茹不是同一个人。——中译注

怒了。但伤痛还在，就是你爱的人死了的伤痛。"她接着解释说："你走后，克霞茹跟我继续在高沙的村里过活，坐着聊天，一起干活。我们总这样一起过，从未红过脸。但她体内的病最终杀了她。是神干的，他把她从我们身边抢走了。她死后，大家全哭了——想念她真是太痛苦。我一边哭一边想自己是多么爱她，不停问为什么神要把她从我身边带走。我特别伤心。她老公——我哥——最后叫我别再放不下了。

"但我想念她，不想再住在原来的村里了。那里没人聊天。我找不到可以聊天的老人了。村里的大部分人都很年轻，给赫雷罗人打工。但我跟赫雷罗人处的时候，彼此观念不同，合不来。所以，我决定搬到有人陪的地方去。我很消沉，想找个好地方待着，直到自己摆脱痛苦，那死亡带来的痛苦。现在，痛苦去了，但还有一点根。"

克霞茹死后，妮萨开始照顾她十多岁的女儿："我很心疼克霞茹的女儿。我见她没娘照顾，就帮她。最后，我把她带回我的村里。现在，她叫我妈，帮我料理家务。"

妮萨也还在照顾奴克哈，他弟的女儿："对，我还在照顾她。很久以前，她爸就告诉我，这孩子简直就是我生的。因为我疼这个我养大的娃。我们在一起的时候，她什么事都跟我说，我们一起谈论这些事。我甚至打算把我弟的下一个孩子也接过来，但他不会反对吧？"

她的新村子很小，只有几户桑人，离共用同一个水坑的赫雷罗人村子挺远。在情感和经济上给她支持的是表姐可可碧（Kokobe）。可可碧和她丈夫都给赫雷罗人干活，家里养了三头奶牛。他们能喝到的牛奶很少，因为奶牛是在别的村子放牧，关在那边的畜栏里的："奶牛回来的时候，可可碧的丈夫也带回牛奶，分些给我们。"波和妮萨没有奶牛："我们差点就买了一头，但我老公最后改买了驴子。"她和波第一次在村里养了羊。几个月前，他们甚至种了瓜，把想卖的全卖了。是赫雷罗人给的种子，人家还送了甜瓜和谷物给他们。

妮萨和可可碧很亲。"克霞茹死后，我想找个地方去，但不知道去哪。有一天，可可碧来看我，见我们这样孤独过活，无人陪伴，就要我到她村里过活。于是我们就来了。"事实证明这很好。"我总是待在这里，碰到了特别照顾我的人。我们几乎每天都吵架——为了食物——但我们从没动过手，相处得很融洽。"

一方有某种食物，而对方没有的时候，她们往往就会吵架。你来我往地指责对方小气："我多次给你蜂蜜，但你从没给过我。"或者,一方向对方讨东西的时候,对方说:"我已经给了你檬戈果,怎么这么快就吃完了?"或者是这样开始:"上次你有肉,我都没跟你要。""对,但另一天我不是给了些你珍珠鸡吗?现在,你有肉,却啥也没给我。"这些争吵往往很容易和解。

这类争吵看来是没个完。妮萨详细讲了其中的一次。她在做饭,说:"今天,我谁也不送吃的了。"就自己吃掉了,心想:"别人有了食物,也没想到要分给我。他们只是一个劲吃呀吃呀。只有我分给他们。就是这样,他们也总是跟我要个没完。所以,我今天做了饭,干吗要分给别人呢?"她就自己坐着吃掉了,谁也没送,没给可可碧,也没给其他人。

第二天早上,可可碧过来找她,说:"告诉我,我们是陌生人吗,我们还算不算亲戚?昨天我明明亲眼看见你好像在做肉吃。现在,赶紧拿些来给我尝尝。你不给的话,那你可是亏了心,你可是欠我的!"妮萨说:"天哪!你这话太闹心了。如果是我的东西,我怎么就不能吃?我只是煮了自己的食物,吃了它,谁允许你骂我,说我欠你的?"

可可碧的兄弟和他妻子也住在这村里,有时也卷入这些争吵:"有一次,可可碧的兄弟和我一起骂可可碧,把她骂哭了。我见她哭了,就责备她兄弟:'看我们在干啥,一起这样骂她,现在倒好,把人家骂哭了。'我也哭起来,我们两人,就坐着一起哭。"

她不是跟谁都好。克霞茹死后不久,她哥再婚了。她抱怨新嫂子:"我们其实谁也不喜欢谁。她从没告诉我她要跟我哥结婚。我哥也是。"妮萨搬到这里以后,只回去看过他们一回,那时她病了,需要他们帮忙。他们是出色的治疗师,为她进行了传统的治疗仪式。但病好以后,她再没回去看过他们。

她跟弟媳的关系有些改善,甚至希望他们家能搬过来一起住。但他弟正给赫雷罗人干活,不肯搬过来。她觉得,如果他们也住在这里,"他老婆会整天跟我干架的"。这些琐碎的争斗,基本上只是因为食物。但她觉得,"最终会把我累得不行"。

谈到性和男人,妮萨还像多年前那样健谈,又欢乐又幽默,甚至形容自己是个"老得快死了,不时还要男人"的老太婆,这话也是甜蜜多于酸楚。她开玩笑说,她现在唯一的问题是阴道不舒服,有点痒。我听得不太懂,请她解释一下。"你真的不懂,真的吗?痒就是欲望,对男人的欲望。让我来教你,因为你还嫩哟。"她接着跟我开玩笑,笑着指着我说："这是你的阴道。要没男人进去，它就痒呀痒呀痒呀！饥渴得不行，叫着喊着就是要男人。等男人进去，它才不痒了。"

另一天，她态度正经了些，说我走以后，她找了些情人，"有些是新情人，有些是老情人"。最重要的是"要找在性事外还能帮你的，别找有东西却从没送过你的那些家伙"。波外出，或者她到树丛里采集、打水的时候，她偶尔也跟他们幽会，但不多。"因为女人怕老公，得机灵点儿，别叫人发现。"

她又谈到坎特拉，她"从小便有的"男人，说他们的关系还是很稳固，但她担心他的情人把性病传给他。"我认为他没得病，但怕其他女人传给他，再传给我。这病我真心不想染上。"她确定他有别的情人："你以为坎特拉这种老男人不喜欢女人？"

前不久，波外出，坎特拉还来找过她，要跟她睡，但她不肯。她解释说，她照顾的孩子太多——奴克哈、奴克哈的姐姐，还有克霞茹的女儿——怕她们说出去。于是她把坎特拉赶走了。他很生气，骂她，说她是骗子。"但另一天，他又来找我。我允许他待在我身边，躺在一起。因为我心里有他。他不是我非常重要的男人吗？某天把他赶走，另一天跟他睡。就是这样。"

一次，我们回顾了她的过去，聊了很久。快结束时，妮萨谈到最近生了场病，然后停顿了一下，仿佛反刍着什么，温柔地说："这就是我的生活。"她又郑重补了一句："我要谈非常重要的大事，它们让我痛苦极了。"回忆这些时，她又把声音压得很低："我的孩子，有的长大了却死了，有的生下来就死了，还有我身边的亲人，我的老公，他们都死了，我难过得差点也死了。"

最后一次访谈中，她说那天早上做了个梦："梦见自己去井边打水。但打水时跌了下去，浑身发抖，快吓死了。我想抓紧井边，但又摔了下去，爬上来，又摔了下去。最后我抓住一根树枝，爬了上来。旁边谁也没有。"

后来，我提到了公开出版我们工作的打算。我解释说，我的国家的人想了解她的人生。有朋友甚至问："干吗不写本书，让人们了解你谈的那个女人呢？"我告诉她我很想干这事，但事先得跟她谈谈。我想从录音里把全部故事提取出来，译成英语，写到纸上，再整理成书。我计划给所有人起化名，让人们不知道他们是谁。这活儿得干很久，没准好多年，我也不清楚弄完后有没有人买。我告诉她，如果有人买,我的计划是,不管挣了多少钱,都把一部分钱分给她,再把另一部分钱捐给工程建设——比如建学校、打水井——让这里的人也得些好处。因为他们也很照顾我。但首先我得知道她怎么看我的计划:"你愿意别人知道我们谈的事吗?"她问:"你指的是你们那里的人?"我说:"是的,大部分是。但是,因为取了化名,就算茨瓦纳人读了也不知道真人是谁。"我又问:"那你怎么看?你觉得这个计划怎么样,好不好?"

她一开始似乎没弄明白。在她看来,我说的事根本只跟我有关:"如果你想做,那肯定是好事。但做这事的是你,不是我。"我同意,但说她了解我的计划很重要,因为这书主要写的是她的生活。她懂了:"是的,这很好。你走后,开始写这书。别人就说:'嗯,这就是你和那个女人谈到的事。这些是她的话。这是她的名字。'如果他们喜欢,会买它,给你钱。"我插嘴说:"而这也会帮到你和其他人。"她说:"对,因为我们的工作很重要,并且我们做得很好。"

我又重申我要给他们生活的地方起化名,"这样谁也不知道你是谁。我想叫你'妮萨',说你住在……"。我停了下来。突然她有了主意,建议说:"高沙。你可以说'妮萨有时住在高沙,那儿是檬戈林的中心,真正的树丛。'他们

后记 *419*

会喜欢的。"我说："好，写到你老公时，我会说：'这女人曾嫁给一个叫塔沙伊的男人，现在嫁给一个叫波的男人。'"她听到我给她的丈夫杜撰的名字后笑了："好，波，住在高沙。哎哟，侄女啊！"

还有一个问题，是否有什么事她不愿公布于世。我仔细回忆了访谈中提到的她生命里的大事，想记住那些可能被删掉的内容。我问她："这些天我们一直在工作，谈到了你生命里的事，几年前谈到的，还有这次补充的——所有这些现在和过去的故事。有的快乐，有的不那么快乐，我打算都写进这本书里。但没准有些事，你不愿我写进去，或者不愿别人知道。要有的话，我就把它们全部删掉。要没有，你认为我们谈到的事能全写进去吗？"她断然答道："谈到的所有事，录音机——'这个老男人'——听到的所有事，都写进去。"

我又小心提及，完成这书需要时间，而且不清楚能否挣到钱，"因为，有时候，人们也就是朝书架上扫一眼，不去碰它"。她插嘴说："我懂，他们会说'不错'，但其实不想碰它。但如果他们真的愿意帮我们，买了它，然后你把钱给我，我就能买奶牛了。"我说："我们等着看会咋样吧。"

她知道这得干很多活儿："对，这个老男人会帮你的。

他说，你写。就你们两个！也是我们两个——他和我。我们两人对你说话。因为这话是我说的，对吧？"我说："对，我会把你的话带回家，即使就我一个人，我也能把它记下来。"

她开心极了，对我的计划充满幻想——觉得这事没准能成。"对，你听我说话，听到好玩的地方，你就哈哈大笑，夸我说：'哎哟，姑妈啊！我姑妈正陪着我呢。'你会爱死我的，因为我陪着你呐。"我附和她："对，我会听所有谈话，几年前的和现在的都听。到时我们就知道这事到底成不成了。"她说："侄女呀……我的侄女呀……你真为我着想呀。"

无人居住的灌木丛就在昆人村边，却仿佛跟村里人的日常生活没有太大关联。很多人在屋外坐着干活，或者闲待着，或者上别人家串门。活动全发生在户外，就连有谁孤身一人，也还是在别人的视线里。孩子们在大人中欢快地跑来跑去，或者跑到空地和附近的树丛里玩耍。大多数白天，村里人不停聊天、干活和走动；吃完晚饭后，篝火闪耀着，人们还继续干活聊天。

这就是昆人的世界——人的世界。也许正是因为人与人之间能真正敞开心扉实在难得，所以我搜集到的只是少数昆人简单的生活经历。我还年轻，妮萨的话仿佛在引导我，仿佛在谈我要成为的女人。她尊重我，给了我珍贵的礼物——瞬息万变的复杂世界的一扇窗。因为昆人世界以及妮萨看待世界的方式，我生命的几乎每次经历都多姿多彩。我一直想念妮萨，也希望她能想念我，把我当作远方的姐妹。

参考文献

序言

关于采集狩猎者的研究，以下著作比较客观：R. Lee 和 I. DeVore 合编的《狩猎者》(*Man the Hunter*, Chicago: Aldine, 1968), M. Bicchieri 的《当代狩猎和采集者》(*Hunters and Gatherers Today*, New York: Holt, Rinehart and Winston, 1972)。

关于桑人历史，参见 A. Willcox 的《历史上的布须曼人》("The Bushman in History"), R. Inskeep 的《史前布须曼人》("The Bushmen in Prehistory") 和 P. Tobias 的《布须曼人或桑人导论》("Introduction to Bushmen or San"), 均刊载于 P. Tobias 编辑的《布须曼人》(*The Bushmen*, Cape Town: Human and Rousseau, 1978)。如需了解多比地区历史及其气候生态的更多情况，可参见 R. Lee

的《昆桑人》(*The !Kung San*, Cambridge: Cambridge University Press, 1979), 31-35页。也参见 J. Yellen 的《通向今日的考古之路：重建过去的方法》(*Archaeological Approaches to the Present: Models for Reconstructing the Past*, New York: Academic Press, 1977)。

R. Lee 和 I. DeVore 合编的《喀拉哈里狩猎采集者》(*Kalahari Hunter-Gatherers*, Cambridge, Mass.: Harvard University Press, 1976) 是他们主持的跨学科项目的前期研究成果。

最早系统收集昆人资料的人类学家是马歇尔一家 (Marshall family)，他们出版和拍摄了一批著作及影片，有 L. Marshall 的《奈奈的昆人》(*The !Kung of Nyae Nyae*, Cambridge, Mass.: Harvard University Press, 1976)，以及 E. Marshall Thomas 的《无害之族》(*The Harmless People*, New York: Knopf, 1959)。John Marshall 利用1950年代拍摄的影像素材剪辑出一系列很有价值的纪录片，可从位于马萨诸塞州的纪录片教育资源库获取，具体地址是沃特敦大桥街5号，邮编 02172 (5 Bridge Street, Watertown, Mass. 02172)，其中一部影片是《奈：一名昆族妇女的故事》(*N!ai: The Story of a !Kung*

Woman)。

关于昆人的生活方式，本书主要参考 Lee 的《昆桑人》，R. Lee 和 I. DeVore 合编的《喀拉哈里狩猎采集者》，R. Lee 的《当代桑人的生态环境》（"Ecology of a Contemporary San People"，刊载于 Tobias 编辑的《布须曼人》），Marshall 的《奈奈的昆人》；另外，笔者的个人考察资料也是写作来源之一。关于礼物交换的呼匣罗的系统研究，参见 P. Wiessner 的《呼匣罗：昆桑人控制风险的地区互惠系统》（"Hxaro: A Regional System of Reciprocity for Reducing Risk among the !Kung San", Ph. D. diss., University of Michigan, 1977）。

关于昆人健康、疾病及死亡率的研究，参见 A. Truswell 和 J. Hansen 的《昆人医疗研究》（"Medical Research among the !Kung"，刊载于 Lee 与 DeVore 合编的《喀拉哈里狩猎采集者》），T. Jenkins 和 G. Nurse 的《健康与狩猎采集者》（*Health and the Hunter-Gatherers*, Johannesburg: Witwatersrand University Press, 1977），E. Wilmsen 的《喀拉哈里桑人饮食的季节影响》〔"Seasonal Effects of Dietary Intake on Kalahari San"，刊载于《美国实验生物学会联盟会刊》（*Proceedings of the Federation of American Societies for Experimental Biology*, vol. 37, 1978)], 以及 N. Howell 的《多比地区昆人的人口统计》(*Demography of the Dobe !Kung*, New York: Academic Press, 1979)。

关于昆人语言的吸气音的出色介绍,参见 Marshall 的《奈奈的昆人》,xix-xx 页。更详细的研究参见 A. Trail 的《布须曼人的语言》("The Languages of the Bushmen",刊载于 Tobias 编辑的《布须曼人》),以及 E. O. J. Westphal 的《非洲南部和非洲的吸气音方言》["The Click Languages of Southern and Eastern Africa",刊载于 J. Berry 和 J. H. Greenberg 合编的《撒哈拉以南非洲语言》(*Linguistics in Sub-Saharan Africa*, The Hague: Mouton, 1971)]。

一、最初记忆

本章内容主要采自作者的观察与采访。昆人在婴儿期和童年的其他资料,参见 P. Draper 的《昆人的童年生活:论其中的社会及经济制约因素》("Social and Economic Constraints on Child Life among the !Kung",刊载于 Lee

与 DeVore 合编的《喀拉哈里狩猎采集者》），P. Draper 的《昆人妇女：从外出觅食与在家工作看性别平等的差异》["!Kung Women: Contrasts in Sexual Egalitarianism in Foraging and Sedentary Contexts"，刊载于 R. Reiter 编辑的《走向女性人类学》（*Toward an Anthropology of Women*，New York: Monthly Review Press，1976）]，M. Konner 的《觅食者的发展行为学研究》["Aspects of the Developmental Ethology of a Foraging People"，刊载于 N. Blurton Jones 编辑的《儿童行为学研究》（*Ethological Studies of Child Behavior*，Cambridge: Cambridge University Press，1972）]，M. Konner 的《昆人的母子看护、婴儿行为及成长》（"Maternal Care, Infant Behavior and Development among the !Kung"，刊载于 R. Lee 和 I. DeVore 合编的《喀拉哈里狩猎采集者》），M. Konner 的《从幼儿到少年：一个比较的视角》{"Relations among Infants and Juveniles in Comparative Perspective"，刊载于《社会科学资讯》[*Social Science Information* 15, no. 2 (1976): 371 - 402]}，M. West 和 M. Konner 的《父亲的角色：一个人类学观察》["The Role of the Father: An Anthropological Perspective"，刊载于 M. Lamb 编辑的《儿童

成长中的父亲角色》(*The Role of the Father in Child Development*, New York: Wiley, 1976)], P. Draper 的《昆布须曼人的童年》("!Kung Bushman Childhood", Ph. D. diss., Harvard University, 1972), 以及 Lee 的《昆桑人》, 296 页, 330 - 332 页。

祖孙辈关系, 参见 Marshall 的《奈奈的昆人》, 6 章; M. Biesele 和 N. Howell 的《"祖辈赋予你生命": 昆桑人的成长历程》["'The Old People Give You Life': Aging among the ! Kung San", 刊载于 P. Amoss 和 S. Harrell 合编的《另类成长方式》(*Other Ways of Growing Old*, Stanford: Stanford University Press, 1979)]。

关于妇女负重及其工作负担的其他资料, 参见 Lee 的《昆桑人》, 250 - 277 页, 309 - 330 页。

二、家庭生活

对昆人生育间隔的探讨, 参见 Lee 的《昆桑人》, 11 章; Howell 的《多比地区昆人的人口统计》, 6, 7, 10, 11 章; M. Konner 和 C. Worthman 的《昆族狩猎采集者的哺乳频率、生育能力与生育间隔》("Nursing Frequency,

Gonadal Function and Birth Spacing among !Kung Hunter-Gatherers",刊载于《科学》[*Science* 207 (1980): 788 - 791]};N. Blurton Jones 和 R. Sibley 的《一个考察视角:文化适应中的决定性举动》["Testing Adaptiveness of Culturally Determined Behavior",刊载于 V. Reynolds 和 N. Blurton Jones 合编的《人类行为与适应》(*Human Behavior and Adaptation*, London: Taylor and Francis, 1978)]。

关于昆人杀婴的探讨,参见 Marshall 的《奈奈的昆人》,165 - 168 页;Howell 的《多比地区昆人的人口统计》,119 - 121 页;Lee 的《昆桑人》,319 - 320 页。

很多文化都将妇女行经视为污秽,规定了种种禁忌,但昆人不存在这些禁忌,参见 D. Hammond 和 A. Jablow 的《世界文化中的妇女》(*Women in the Cultures of the World*, Menlo Park: Cummings 1976),6 - 7 页。

三、树丛生活

关于昆人所处生态的详细研究,参见 Lee 的《昆桑人》,5 - 6 章;Lee 与 DeVore 合编的《喀拉哈里狩猎采集者》，1-3章；R. Lee 的《当代桑人的生态环境》("Ecology of a Contemporary San People"，刊载于 Tobias 编辑的《布须曼人》)；Marshall 的《奈奈的昆人》，1-4章。

关于昆人狩猎的研究，参考 Lee 的《昆桑人》，8章；Marshall 的《奈奈的昆人》，4章。

四、性的萌发

本章资料主要来源于 Draper 的《昆人的童年生活：论其中的社会及经济制约因素》。其他资料来源于 Lee 的《昆桑人》，9章；Konner 的《从幼儿到少年：一个比较的视角》；N. Blurton Jones 和 M. Konner 的《2~5岁的布须曼儿童与伦敦儿童的性别差异》["Sex Differences in the Behavior of Bushman and London Two-to-Five Year Olds"，刊载于 J. Crook 和 R. Michael 合编的《比较生态学与灵长类行为》(*Comparative Ecology and Behavior of Primates*, New York: Academic Press, 1973)]；Hammond 和 Jablow 的《世界文化中的妇女》；作者的个人观察。

关于昆人的空间区分，参见 P. Draper 的《群居于狩猎采集者中：昆布须曼人》｛"Crowding among Hunter-Gatherers: The !Kung Bushmen",刊载于《科学》[*Science* 182 (1973)]}。

五、试婚

昆人的婚俗,参见 Marshall 的《奈奈的昆人》,8 章。婚姻统计数据参见 Howell 的《多比地区昆人的人口统计》,6 章;Lee 的《昆桑人》,242 页;Lee 的《当代桑人的生态环境》。关于昆人婚姻史的研究,可参见 John Marshall 非常值得关注的纪录片《奈》,其中有对昆人 20 多年生活经历的记录。

六、婚姻

昆人在男女交往中被教导应该举止克制,关于这一问题可参见 Marshall 的《奈奈的昆人》,7 章。Marshall 还讨论和比较了婚姻仪式及月经仪式,见 271 - 279 页。关于昆人的生育疾病,参见 Howell 的《多比地区昆人的人口统计》,6 章和 179 页。

七、妻子与平妻

本章主要参考 Lee 的《昆桑人》，452－454 页；Marshall 的《奈奈的昆人》，8 章；Howell 的《多比地区昆人的人口统计》，12 章。关于跨文化一夫多妻制的探讨，参见 Hammond 和 Jablow 的《世界文化中的妇女》，34－36 页。

八、头胎

本章主要源于作者的观察，也参考了 Lee 的《昆桑人》，11 章；Howell 的《多比地区昆人的人口统计》，4，6 章。关于昆人命名系统的详细研究，参考了 Marshall 的《奈奈的昆人》，6 章。

九、丧子

昆人的生命预期及死亡率，参见 Howell 的《多比地区昆人的人口统计》，3－5 章和 239－242 页。关于健康和医疗的相关探讨，参见 A. Truswell 和 J. Hansen 的《昆人医疗研究》，以及 T. Jenkins 和 G. Nurse 的《健康与狩猎采集者》。

昆人的超自然信仰，参见 L. Marshall 的《昆布须曼人的宗教信仰》{"!Kung Bushman Religious Beliefs", 刊载于《非洲》[*Africa* 32, no. 3 (1962): 221 - 225]}，以及 M. Biesele 的《宗教和民间故事》(*Religion and Folklore*, 刊载于 Tobias 编辑的《布须曼人》)。

十、变化

关于 20 世纪初期以来昆人和其他桑人的文化接触与文化变迁的详细研究，参见 Lee 的《昆桑人》，1-3 和 14 章；M. Guenther 的《从狩猎者到定居者》(*From Hunters to Squatters*，刊载于 Lee 和 DeVore 合编的《喀拉哈里狩猎采集者》)；H. Heinz 的《变迁世界中的布须曼人》("The Bushmen in a Changing World") 和 G. Silberbauer 的《布须曼人的未来》("The Future of the Bushmen")，均刊载于 Tobias 编辑的《布须曼人》。

关于文化变迁对于妇女地位影响的探讨，参见 P. Draper 的《昆人妇女：从外出觅食与在家工作看性别平等的差异》。关于喀拉哈里人民基金会，见 348 页。

十一、男女关系

玛格丽特·米德的原文,参见《男与女》(*Male and Female*, New York: William Morrow, 1949)。

关于昆人妇女的社会地位,参见 Lee 的《昆桑人》,274-275 页,447-454 页;Draper 的《昆人妇女:从外出觅食与在家工作看性别平等的差异》;Draper 的《性别差异的文化压力》{"Cultural Pressure on Sex Difference",刊载于《美国人类学》[*American Ethnologist* 2, no.4, (Nov. 1975): 602-615]};Draper 的《昆布须曼人的童年》;Marshall 的《奈奈的昆人》,175-179 页;Weissner 的《呼匣罗》。

昆人父子关系的资料主要参考 West 和 Konner 的《父亲的角色:一个人类学观察》。关于妇女角色的跨文化观察,参见 Hammond 和 Jablow 的《世界文化中的妇女》,M. Rosaldo 和 L. Lamphere 的《妇女、文化和社会》(*Woman, Culture and Society*, Stanford: Stanford University Press, 1974),L. Lamphere 的《人类学论集》{"Review Essay: Anthropology",刊载于《符号》[*Signs*

2，no. 3（1977）：612-627]}，以及 Reiter 编辑的《走向女性人类学》。还可参见玛格丽特·米德的经典著作《男与女》与《性别与气质》(*Sex and Temperament*，New York：William Morrow，1935)。

其他资料来源于 B. Whiting 和 J. Whiting 的《六种文化里的儿童们》(*Children of Six Cultures*，Cambridge，Mass.：Harvard University Press，1975)，还来源于 M. Biesele 和 R. Katz 的《昆人的治疗手段：方法及性别差异》("Male and Female Approaches to Healing among the !Kung")，未刊稿。

十二、情人

几名人类学家的研究都不约而同地证实了这一点，即在昆人的生活中婚外情以及男女关系中的妒忌心理会对其产生重要影响，比较重要的可参见 Marshall 的《奈奈的昆人》，279-283 页；Lee 的《昆桑人》，383 页；Howell 的《多比地区昆人的人口统计》，59-61 页。Marshall（204-208 页）和 Lee（372-374 页）记录了一些昆人的荤笑话和口头占便宜的情况。

十三、治疗仪式

关于治疗仪式的研究，参见 R. Katz 的《传授巫术仪式：喀拉哈里昆人的治疗术》（"Education for Transcendence:!Kia-Healing with the Kalahari ! Kung"，刊载于 R. Lee 和 I. DeVore 合编的《喀拉哈里狩猎采集者》）、Biesele 和 Katz 的《昆人的治疗手段：方法及性别差异》，以及 J. Marshall 拍摄的出色影片《南泰》（"N/um Tchai"，该片可从纪录片教育资料库获取）。

十四、丧亲

对昆人有影响的动物（不管是危险的，还是有用的，或者两者兼有的）的研究，参见 Lee 的《昆桑人》，96-102 页和附录 C；Marshall 的《奈奈的昆人》，4 章；Howell 的《多比地区昆人的人口统计》，54-59 页。

关于昆人中的暴力行为及协调方式的记录及研究，参见 Marshall 的《奈奈的昆人》，9 章；Lee 的《昆桑人》，13 章；Howell 的《多比地区昆人的人口统计》，59-62 页。

关于对昆人如何教育儿童应对侵犯的探讨，参见Draper的《昆人如何学习应对侵犯及反社会行为》["The Learning Environment for Aggression and Antisocial Behavior among the !Kung"，刊载于 A. Montagu 编辑的《非暴力教育》(*Teaching Non-Aggression*, New York: Oxford University Press, 1978)]。

十五、变老

关于昆人生命史的统计数据主要来自 Howell 的《多比地区昆人的人口统计》，3，6 和 12 章；用于进行比较的美国数据来自 1970 年的人口普查。关于老年昆人的详细描述，参见 Biesele 和 Howell 的《"祖辈赋予你生命"：昆桑人的成长历程》；Lee 的《昆桑人》，58 - 61 页，242 - 243 页；Weissner 的《呼匪罗》。还可参见 A. Truswell 和 J. Hansen 的《昆人医疗研究》。关于昆人民间故事的细致探讨，参见 M. Biesele 的《狩猎采集昆人的民间故事与仪式》("Folklore and Ritual of !Kung Hunter-Gatherers", Ph. D. diss., Harvard University, 1975)。

后记

关于月经周期的研究，主要参考我的合作者 Carol Worthman 的博士论文《人类行为的心理神经内分泌研究》("Psychoneuroendocrine Study of Human Behavior", Harvard University, 1978)。Worthman 就昆人研究的现状和成果撰写过详尽论述，还评述了关于西方族群的相关研究。

关于桑人历史，参见 Willcox 的《历史上的布须曼人》和 Tobias 的《布须曼人或桑人导论》，均刊载于 Tobias 编辑的《布须曼人》。其他更晚近资料，参见 Lee 的《昆桑人》，31-35 页。还可参见 Yellen 的《通向今日的考古之路：重建过去的方法》。

致 谢

我深深感谢博茨瓦纳多比地区的昆人,他们容忍了许多研究人员的打扰,也包括我。正因他们的配合,我们才能收集到这个即将消逝世界的无数宝贵资料。我特别感谢那些跟我分享了她们生活和跟我合作过的昆族女性。我本想道出真名感谢,但这就不免会暴露她们的隐私。其中也包括妮萨。

因为来自多比地区的!Kxoma,≠Tuma!Koma,Kopella Moswe 和 Kapange 的协助,使我在昆人中生活时便利许多。

特别感谢 Irven DeVore 和 Richard Lee 邀请我参加这一长期研究项目,他们在整个研究期间都提供了无私的帮助。关于田野工作的准备工作,Nancy DeVore 和 Lorna Marshall 提供了重要建议,田野工作的同伴 Patricia Draper, Henry Harpending, John Yellen, Megan Biesele 和

Polly Wiessner 则在田野工作期间以及之后都提供了帮助。Nancy Howell，Carol Worthman 等还提供了未刊的关于昆人的背景资料。

因为在非洲南部期间获得的热情招待，我特别感谢 Richard Variend，Peter Jones，Isla Jones，Flemming Larssen，George Riggs，Derek Haldane，Vera Haldane，Revel Mason。我也同样感谢博茨瓦纳政府在过去许多年里对我们研究的慷慨支持，特别是博茨瓦纳国家博物馆的 Alec Campbell，比萨尔瓦人（桑人）发展办公室的 Elizabeth Wily，还有当地茨瓦纳人部族首领 Isak Utugile，都提供了重要支持。

在翻译、编辑和撰写本书方面，我得特别感谢 Jerome Kagan，Beatrice Whiting，Cora DuBois，DeVore 夫妇（Irven 和 Nancy），Paul Trachtman，Herbert Purluck，Gertrude Puluck，Laura Smith，Lois Kasper，Penelope Naylor，Robert Liebman，Diane Franklin，Harry Lewis，David Glotzer，Vicky Burbank，Nancy Rankin，Belinda Rathbone，Edna Shostak，Jerome Shostak，Lucy Shostak，Marilyn Gilchrist 和 Barbara Massar。

许多女作家，包括 Harriet Reisen，Celia Gilbert，Barbara Sirota、Janet Murray、Naomi Chase、Claire Rosenfield、Gail Mazur、Beth O'Sullivan 和 Laura Shapiro，对我帮助甚大。Ann Banks 批阅了全书的大部分内容。因为撰写期间的特别支持，我要感谢 Suzanne Winchester、Anula Ellepola、Carla Burke 和 Eleanor Davis，也要特别感谢 George Twitchell 和 Ann Twitchell 在他们佛蒙特州寓所的热情款待，本书的部分内容写于那里。

Elaine Markson 及其同事 Geri Thoma 提供了重要的帮助和鼓励。Eric Wanner 和 Camille Smith 在编辑方面给予的建议，促成了本书定稿。我要感谢 Elyse Topalian 和 Mary Kelly 承担了跟本书相关的许多事务。

我特别感谢 David Maybury-Lewis 以及哈佛大学人类学系和皮博迪博物馆的工作人员，也感谢 Nancy Schmidt 以及托泽图书馆的工作人员。

我开展第一次田野调查的经费来自美国国家科学基金会和美国国家精神卫生研究所，属于 Irven DeVore 和 Richard Lee 负责的项目。我进行第二次田野调查的经费来自古根海姆基金会；我特别感谢该基金会研究主管 Lionel Tiger 和 Robin Fox 的热情支持。

本书的重要内容，我完成于拉德克利夫学院的彩旗研究所。当时学院的管理人员，包括Patricia Graham，Susan Lyman，Hilda Kahn，Doris Lorensen和Marion Kilson，都特别给予支持与鼓励。我从跟研究所的学者和艺术家们的交流中也受益良多。他们的友谊和示范都鼓舞了我。

撰写此书的最后一年，我还得到了美国国家人文基金会的资助。我要感谢该基金会的工作人员，其中特别感谢Louise Lamphere，Robert LeVine和Robert Levy。

最后，我最要感谢Melvin Konner，是他陪伴我共同进行田野调查，也是他在我研究和撰写期间，坚定地支持我、鼓励我，使我最终能完成本书。

主要译名对照表

Abortion 堕胎
Abuse, spouse 虐待配偶
Adult 成人
Age 岁
Aggression 攻击性
Agriculture 农业
Alcohol 酒
Animals 动物
Ant, flying 飞蚁
Ant bear 大食蚁兽
Anthropology 人类学
Aphrodisiac 春药
Appearance 外表
Archaeology 考古学
Arrows 箭
Aunt 姑妈、姨妈

Bakalahari 巴喀拉哈里人
Bantu 班图人
Bantu law 班图人的法律
Baobab tree 猴面包树
Bau 宝（信息人）
Bau 宝（妮萨的女儿）
Beating 打
Bed wetting 尿床
Begging 乞讨
Besa 比萨（妮萨的童年伙伴）
Besa 比萨（妮萨的情人与丈夫）
Bey 贝（信息人）
Bey 贝（坎特拉的第一个妻子）

Birds 鸟
Bo 波（妮萨的第一个丈夫）
Bo 波（妮萨的最后一个丈夫）
Botswana 博茨瓦纳
Boys 男孩子们
Bride service 入赘服务
Burial 葬礼
Burns 烫伤
Bush 灌木

Caterpillars 毛毛虫
Ceremony 仪式
Childbirth 生育
Child care 照顾孩子
Childhood 童年
Children 孩子们
Chuko 雏果（妮萨的女儿）
Chuko 雏果（妮萨的母亲）
Cobra 眼镜蛇
Colostrum 头茬奶水

Community 集体
Competition 竞争
Confidentiality 保密
Conflict 冲突
Consensus 舆论
Co-wives 平妻
Crafts 手工艺品

Dau 道
Death 死亡
Debe 德贝
Dem 灯（想娶妮萨的一个男人）
Dem 灯（坎特拉的弟弟和妮萨的情人）
DeVore, Irven 艾芬·德沃尔
Diet 饮食
Disease 疾病
Divorce 离婚
Dobe 多比
Donkeys 驴子
Dreams 梦
Drought 干旱

Drum dance　擂鼓舞
Dutch　荷兰人

Eggs　蛋
Emotion　情绪
Environment　环境
Equality　平等
Europeans　欧洲人
Exchange relationship　交换关系

Family　家庭
Fathers　父亲
Food　食物
Friendship　友谊
Funerals　葬礼

Gathering　采集
Gathering and hunting society　采集狩猎社会
Gau　高
Gemsbok medicine song　大羚羊治疗歌

Genitals　生殖器
Gifts　礼物
Girls　女孩
Gods　神
Goshi　沟西
Grandparents　祖父祖母
Gwa　呱（根）

Hands, laying on　神抚术
Healing　痊愈
Health　健康
Herero　赫雷罗人
Homicide　杀人
Honey　蜂蜜
Honey-badger　蜜獾
Hormones　荷尔蒙
Howell, Nancy　南希·豪威尔
Hunting　狩猎
Huts　屋子
Hwantla　婉特拉（玛乔丽的昆族名字）
Hwantla　婉特拉（信息人）
Hxaro　呼匣罗

Illness 疾病
Impotence 阳痿
Incest 乱伦
Infanticide 杀婴
Infertility 不孕
Inheritance 继承
Initiation 加入
In-laws 亲家
Insects 昆虫
Insults 侮辱
Interviews 访谈

Jealousy 嫉妒
Joking 戏谑
Joking relationship 戏谑关系
Kalahari desert 喀拉哈里沙漠
Kalahari People's Fund 喀拉哈里人民基金会
Kantla 坎特拉
Kashe 卡舍
Kauha 考哈

Keya 可雅
Khoisan peoples 科伊桑人
Knowledge 知识
Koka 克卡
Kokobe 可可碧
Kua 羞惧
Kumsa 昆沙
!Kung 昆人
Kxamshe 坎煦
Kxaru 克霞茹（信息人）
Kxaru 克霞茹（道的妻子）
Kxau 克肖
Kxoma 库玛

Labor 工作
Land 土地
Leadership 领导
Lee, Richard 理查德·李
Lesser God 次神
Lions 狮子
Love 爱
Lovers 情人
Lying 说谎

Magic 巫术
Marriage 婚姻
Marriage oil 结婚油
Masturbation 手淫
Mead, Margaret 玛格丽特·米德
Meat 肉
Men 人
Menopause 绝经
Menstruation 月经
Milk 牛奶
Miscarriage 流产
Modesty 谦恭
Money 钱
Mongongo nut 檬戈果
Moon 月亮
Mothers 母亲
Mourning 哀悼
Music 音乐

Nai 奈（信息人）
Nai 奈（妮萨的女儿）
Names 名字
Namibia 纳米比亚

Nanau 纳瑙
Naukha 纳柯哈
Nisa 妮萨
Nukha 奴克哈（信息人）
Nukha 奴克哈（昆沙的女儿）
Nukha 奴克哈（妮萨的朋友）
Nukha 奴克哈（大女人）
N/um 能
Numshe 南舍
Nursing 护理

Old Debe 老德贝
Ostrich eggs 鸵鸟蛋
Old Kantla 老坎特拉

Pain 疼痛
Payment 报酬
Penis 阴茎
Plants 植物
Play 玩耍
Pluriarc 多弓竖琴
Poison 毒药

Politics 政治
Polygamy 一夫多妻制
Porcupine 豪猪
Pregnancy 怀孕
Privacy 隐私
Property 财产
Psychology 心理学

Research material 研究素材
Respect relationship 尊重关系
Ritual 仪式化

Saglai 莎歌莱
Salt 盐
San 桑人
School 学校
Seasons 季节
Semen 精液
Servitude 奴役
Sex 性
Sharing 分享
Shostak, Marjorie 玛乔丽·肖斯塔克
Siblings 兄弟姐妹
Snakes 蛇
Snapping turtle 啮龟
South Africa 南非
Spirit 灵魂
Spirituality 通灵
Steenbok 石羚
Stillbirth 死胎
Stinginess 小气
String, medicinal 治疗绳
Suicide 自杀

Talk 谈论
Tasa 塔莎
Tashay 塔萨伊（妮萨的丈夫）
Tashay （玛乔丽的丈夫梅尔文的昆族名字）
Tattoos 文身
Teeth 牙齿
Tikay 提卡
Tiknay 提克娜
Tobacco 烟

Toma 托马（雏果的情人）

Toma 托马（治疗师）

Tortoise 乌龟

Trance 降灵

Trance dance 降灵舞

Travel 出行

Tsaa 提撒阿（妮萨的丈夫）

Tsaa 提撒阿（妮萨的情人）

Tswana 茨瓦纳人

Tswana headman 茨瓦纳人的酋长

Tuka 图卡

Tuma 图玛（跟随玛乔丽出行的昆族男子）

Tuma 图玛（妮萨的表哥）

Twah 梯娃

Twi 推（妮萨的情人）

Twi 推（塔萨伊的弟弟）

Utugile, Isak 伊萨克·兀突里

Village 村子

Violence 暴力

Virginity 童贞

Virility 男子气概

Vision 视力

War 战争

Water 水

Weaning 断奶

Wildebeest 牛羚

Women 妇女

Zhun/twa 尊瓦人

Nisa: The Life and Words of a !Kung Woman by Marjorie Shostak

Copyright © 1981 by Marjorie Shostak

Published in arrangement with Elaine Markson Literary Agency.

through The Grayhawk Agency.

Simplified Chinese edition © 2016 by China Renmin University Press.

All Rights Reserved.

图书在版编目（CIP）数据

妮萨：一名昆族女子的生活与心声/（美）玛乔丽·肖斯塔克（Marjorie Shostak）著；杨志译．—北京：中国人民大学出版社，2016.7

（明德书系·文化译品园）

书名原文：NISA：the Life and Words of a !Kung Woman

ISBN 978-7-300-23352-9

Ⅰ.①妮… Ⅱ.①玛… ②杨… Ⅲ.①布须曼人—民族文化—研究 Ⅳ.①K47

中国版本图书馆CIP数据核字（2016）第212956号

明德书系·文化译品园
妮萨：一名昆族女子的生活与心声
[美] 玛乔丽·肖斯塔克（Marjorie Shostak） 著
杨 志 译
李 娟 刘文尧 校
Nisa：Yiming Kunzu Nüzi de Shenghuo yu Xinsheng

出版发行	中国人民大学出版社		
社　　址	北京中关村大街31号	邮政编码	100080
电　　话	010-62511242（总编室）	010-62511770（质管部）	
	010-82501766（邮购部）	010-62514148（门市部）	
	010-62515195（发行公司）	010-62515275（盗版举报）	
网　　址	http://www.crup.com.cn		
	http://www.ttrnet.com（人大教研网）		
经　　销	新华书店		
印　　刷	涿州市星河印刷有限公司		
规　　格	130 mm×183 mm 32开本	版　次	2017年1月第1版
印　　张	17.5 插页2	印　次	2017年7月第2次印刷
字　　数	269 000	定　价	65.00元

版权所有　侵权必究　印装差错　负责调换